高等学校计算机教材建设立项项目 计算机系列教材

张建忠 徐敬东 编著

计算机网络技术与实验

清华大学出版社
北京

内容简介

本书系统地介绍计算机网络理论及应用。全书共16章，主要介绍计算机网络的基本概念，讨论有线和无线局域网的理论知识和组网方法，讲述TCP/IP互联网的概念和主要的应用、服务类型，介绍网络安全和网络接入等主要技术。本书强调基础理论知识与实践实验内容的结合，因此在大部分章节设置实验和实践内容。相关的实验内容涵盖了组网方法、网络配置与管理、网络数据包捕获、路由器程序设计、网络接入等。通过学习本书内容，读者不但能够深入了解网络原理和网络协议的相关内容，而且能够增强处理和解决实际问题的能力。

本书内容丰富，结构合理，系统性和可操作性强。可作为普通高等学校计算机科学与技术专业及相关专业计算机网络技术类课程的教材，也可以作为网络培训或工程人员自学的参考书。

图书在版编目(CIP)数据

计算机网络技术与实验/张建忠，徐敬东编著. --北京：清华大学出版社，2016
计算机系列教材
ISBN 978-7-302-43695-9

Ⅰ. ①计… Ⅱ. ①张… ②徐… Ⅲ. ①计算机网络－实验－高等学校－教材 Ⅳ. ①TP393-33

中国版本图书馆CIP数据核字(2016)第084735号

责任编辑：张瑞庆 战晓雷
封面设计：常雪影
责任校对：时翠兰
责任印制：何 芊

出版发行：清华大学出版社
网 址：http://www.tup.com.cn，http://www.wqbook.com
地 址：北京清华大学学研大厦A座 **邮 编**：100084
社 总 机：010-62770175 **邮 购**：010-62786544
投稿与读者服务：010-62776969，c-service@tup.tsinghua.edu.cn
质量反馈：010-62772015，zhiliang@tup.tsinghua.edu.cn
课件下载：http://www.tup.com.cn，010-62795954
印 装 者：北京密云胶印厂
经 销：全国新华书店
开 本：185mm×260mm **印 张**：22.75 **字 数**：529千字
版 次：2016年8月第1版 **印 次**：2016年8月第1次印刷
印 数：1～3000
定 价：39.00元

产品编号：065741-01

《计算机网络技术与实验》前言

计算机网络课程不但是一门理论性的课程,同时也是一门实践性很强的课程。只有理论联系实际,学生才能真正掌握和深入理解计算机网络的精髓。随着计算机网络技术和应用的深入,各出版单位纷纷推出各种形式的计算机网络教材。这些教材在内容安排、写作方式等方面风格各异,为计算机网络技术人才的培养起到了积极的作用。但是,纵观这些教材,适合计算机网络本科教学的不多。有的教材以高深的理论知识为主,很少谈及理论知识的具体应用;有的教材以操作层面的实践为主,很少谈及这些操作背后蕴含的理论知识。作为一线教师,作者深知教材在计算机网络教学中的重要性。在总结多年理论教学和实践教学经验的基础上完成了本书。

本书是一本面向普通高等学校本科教育的计算机网络教材,具有较强的系统性和可操作性。在内容组织上将计算机网络基础理论知识与实际应用相结合,在讲解基础理论知识的同时,介绍相应理论知识在网络系统中的具体应用,使读者能够对网络的基本原理、网络协议有一个直观认识。与此同时,通过动手实践和对实践现象的解释,读者可以加深对理论知识的理解,掌握其背后的理论支撑,从而进一步将理论应用于解决实际问题之中。

全书共 16 章,除了讲述基础知识之外,各章还给出了具体的实验内容。这些实验要求的环境相对简单和统一,实验内容可以在大部分学校计算机网络实验室环境中完成。同时,每章的最后都附有实践性或拓展性的练习题,读者可以通过这些练习检查自己的学习效果和对相应知识的理解程度。

本书第 1 章对计算网络的基本概念进行介绍。讨论计算机网络的概念,介绍存储转发与包交换、协议与分层等基本技术,讨论著名的 ISO/OSI 参考模型和 TCP/IP 体系结构。

第 2～4 章介绍底层的物理网技术,对目前常用的共享式以太网、交换式以太网、无线局域网的理论知识和组网方法进行讨论,同时介绍虚拟局域网的组网等相关技术。

第 5～10 章详细介绍互联网技术,其内容涵盖了 IP 提供的服务、IP 协议、路由器与路由选择算法、IPv6 技术、TCP 与 UDP 等具体内容。

第 11～14 章讨论互联网提供的主要服务和应用类型。其中包括应用程序进程交互模型、域名系统、Web 系统、电子邮件系统等内容。

第 15 和 16 章分别对网络安全和网络接入技术进行介绍。

在本书编写过程中,作者参考了许多文献资料并做了大量实验。对于每个实验,作者都在实验室中亲自动手完成，以保证实验内容的正确性。在写作中，作者力求做到层次清楚，语言简洁流畅，内容深入浅出。希望本书对计算机网络技术教学以及对读者掌握网络基础知识有一定的帮助。

限于作者的学术水平，加之时间仓促，在本书的选材、内容取舍和安排上可能有不妥与错误之处，恳请读者与同行批评指正。

作者的电子邮件地址为：zhangjz@nankai. edu. cn；xujd@nankai. edu. cn。

作　者

2016 年 3 月于南开园

《计算机网络技术与实验》目录

第1章 计算机网络的基本概念

在现代社会中，计算机网络无处不在。工作中，人们利用计算机网络交流协作，提高工作效率；生活中，人们利用计算机网络消遣娱乐，提高生活质量。因此，掌握和运用计算机网络技术是现代社会人们必须具有的技能之一。

计算机网络的产生是社会强烈需求驱动的结果。早期的计算机之间相互独立、自行工作，配备的资源只能自己使用。随着计算机应用的广泛和深入，人们发现这种方式既不高效又不经济，资源浪费非常严重。随着共享计算机资源的呼声越来越高，计算机网络诞生了。

1.1 计算机网络的概念

计算机网络是利用通信线路将具有独立功能的计算机连接起来而形成的计算机集合，计算机之间借助于通信线路传递信息，共享软件、硬件和数据等资源，如图1-1所示。计算机网络建立在通信网络基础之上，以资源共享和在线通信为目的。利用计算机网络，不必花费大量的资金为每一位职员配置打印机，因为网络使共享打印机成为可能；利用计算机网络，不但可以利用多台计算机处理数据、文档、图像等各种信息，而且可以和其他人分享这些信息。在信息化高度发达的社会，在“时间就是金钱，效率就是生命”的今天，计算机网络为团队作业、协同工作提供了强有力的支持平台。

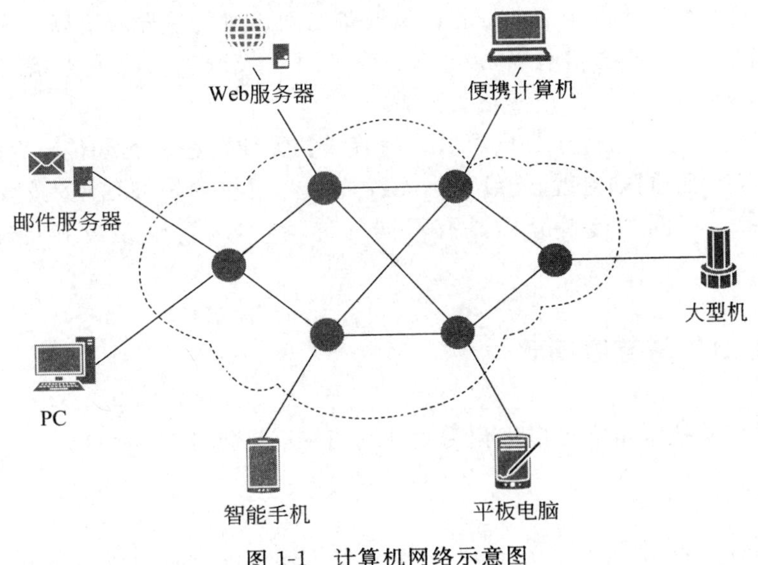

图1-1 计算机网络示意图

1.1.1 计算机网络的组成部件

计算机网络由三大类部件组成,它们是主机、通信设备和传输介质。

1. 主机

主机是信息资源和网络服务的载体,是对终端处理设备的统称。在计算机网络中,大型机、小型机、PC、平板设备(PAD)、智能电话等终端设备都被叫作主机。人们通过主机向网络提供服务,通过主机使用网络的服务。

按照在计算机网络中扮演的角色不同,主机分为服务器和客户机两类。其中,服务器是网络服务和网络资源的提供者,客户机是网络服务和网络资源的使用者。但是,在对等网络应用中,主机之间地位平等,一台主机身兼两职,既是网络资源的提供者又是网络资源的使用者。

2. 通信设备

通信设备接收源主机或其他通信设备传入的数据,在对数据进行必要的处理(如差错校验、路由选择等)后转发给下一通信设备或目的主机。

通信设备的种类很多,常见的通信设备包括集线器、网桥、交换机、路由器等。这些设备位于计算机网络路径的交叉口,尽管采用的技术路线和完成的功能不同,但都可以处理接收到的数据,并指挥这些数据按照正确的路径前进。

3. 传输介质

主机和通信设备之间,通信设备和通信设备之间通过传输介质互联。在传输介质上,主机和通信设备之间(或通信设备和通信设备之间)会形成一条(或多条)传输数据的信道,一条信道有时又被称为一条链路。

计算机网络中使用的传输介质可以分为有线和无线两种。有线传输介质包括非屏蔽双绞线、屏蔽双绞线、同轴电缆、光纤等。无线传输介质包括短波信道、微波信道、红外信道、卫星信道等。不同的传输介质具有不同的传输特性,传输距离和传输速度也相差很大。

1.1.2 物理网络与互联网络

计算机网络从技术角度可以细化为物理网络和互联网络。

1. 物理网络

在一种物理网络中,连网主机和通信设备需要遵循共同的网络协议和行动准则。它们拥有的相同的地址形式,使用相同的数据格式,运行相同的路由选择算法,采用相同的差错处理方式……由于不同种类的物理网络可以采用不同的技术方法实现,因此形成的网络特征和提供的网络服务各不相同。目前常用的物理网络包括以太网、令牌环网、ATM网、帧中继网等。

按照覆盖的地理范围，物理网络可以分为广域网(Wide Area Network，WAN)、城域网(Metropolitan Area Network，MAN)和局域网(Local Area Network，LAN)。

(1) 广域网(WAN)。覆盖的地理范围从几十公里到几千公里，可以覆盖一个国家、一个地区或横跨几个洲，形成国际性的计算机网络。广域网通常可以利用公用网络(如公用数据网、公用电话网、卫星通信网等)进行组建，将分布在不同国家和地区的计算机系统连接起来，达到资源共享的目的。常见的广域网包括ATM网、帧中继网、DDN等。

(2) 城域网(MAN)。其设计目标是满足几十公里范围内的大量企业、机关、公司共享资源的需要，从而可以使大量用户之间进行高效的数据、语音、图形图像以及视频等多种类型的信息的传输。FDDI曾经是比较典型的城域网，但是随着以太网技术的发展，利用交换式以太网组建的城域网日渐增多。

(3) 局域网(LAN)。用于将有限范围内(如一个实验室、一幢大楼、一个校园)的各种计算机、终端与外部设备互连成网，具有传输速率高(一般为10Mbps～10Gbps)、误码率低(一般低于10^{-8})的特点。局域网通常由一个单位或组织建设和拥有，易于维护和管理。根据采用的技术和协议标准的不同，局域网分为共享式局域网与交换式局域网。局域网技术的应用十分广泛，是计算机网络中最活跃的领域之一。典型的局域网包括令牌环网(Token Ring)、令牌总线网(Token Bus)、以太网(Ethernet)等。在激烈的市场竞争中，以太网独占鳌头，凭借其实现简单、部署方便等特点，占据了局域网市场的大半江山。

2. 互联网络

互联网络(internetwork)简称互联网(internet)，是将物理网络相互联接而形成的计算机网络，是网络的网络。实现互联网的目的是屏蔽各种物理网络的差异，为用户提供统一的、通用的服务。

Internet(因特网，国际互联网)是世界上最大、最著名的全球互联网，由成千上万的、各种各样的物理网络相互联接而成。Internet互联了遍及全世界的数千万计算机系统，拥有几亿用户。Internet的发展令人振奋，以至于Internet成了互联网乃至计算机网络的代名词。人们常说的"上网"指的就是访问Internet网。

1.2 存储转发与包交换

存储转发(store and forward)和线路交换(circuit exchanging)是计算机网络的两种通信方式。

线路交换方式与电话交换方式的工作过程非常类似。在交换数据信息之前，计算机网络需要通过控制信息在两台主机之间建立一条实际的物理信道。这两台计算机"独占"该物理信道，直至本次通信过程结束。图1-2显示了一个线路交换的示意图。在主机A发出与主机B交换数据信息的请求后，计算机网络为它们分配一条实际的物理信道，该信道从主机A开始，经通信结点A、C、E到达主机B。在主机A或主机B请求拆除该信道之前，该物理信道被主机 A 或主机 B 独占，即使它们之间的数据交换时断时续。

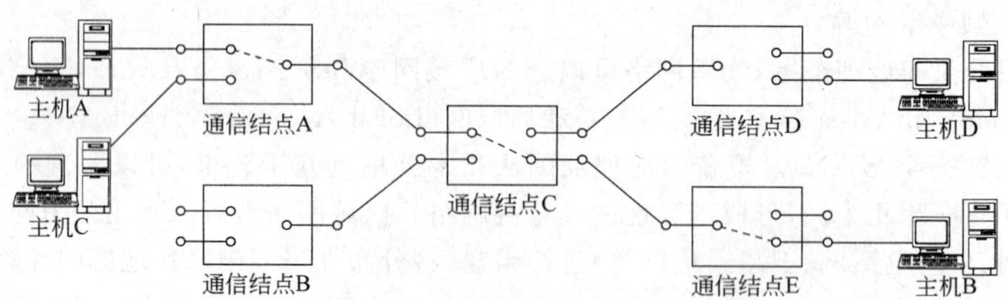

图 1-2 线路交换示意图

线路交换采用独占信道方式，通信实时性强。但是，独占方式不能充分利用宝贵的信道带宽，通信成本相对较高。如图 1-2 所示，在主机 A 和主机 B 通信过程中，由于通信结点 A 和通信结点 C 之间的信道被占用，即使主机 A 和主机 B 的通信时断时续，即使通信结点 C 到通信结点 D 的信道空闲，主机 C 和主机 D 也不能进行通信。因此，计算机网络很少采用线路交换。

与线路交换不同，在存储转发方式中，数据从源主机出发，经若干通信结点到达目的主机。途中的通信结点接收整个数据，将数据短暂存储，然后选择合适的路径转发给下一个通信结点(或目的主机)。图 1-3 显示了采用存储转发方式时，主机 A 向主机 B 发送数据 I_{AB}，主机 C 向主机 D 发送数据 I_{CD} 的情形。从图 1-3 可以看到，通信结点 A 接收主机 A 和主机 C 发送的信息 I_{AB} 和 I_{CD}，并将收到的信息在自己的内存中排队。只要通信结点 A 和通信结点 C 之间的信道空闲，通信结点 A 就依次将 I_{AB} 和 I_{CD} 转发给通信结点 C。同样，通信结点 C 接收和缓存 I_{AB} 和 I_{CD}，并将 I_{AB} 转发给通信结点 E，将 I_{CD} 转发给通信结点 D。最终，通信结点 E 和通信结点 D 分别将收到的 I_{AB} 和 I_{CD} 转发给主机 B 和主机 D。在存储转发方式下，如果主机 A 和主机 B 的通信断断续续，那么主机 C 和主机 D 就能重发利用其空闲时间发送信息而不必等待主机 A 和主机 B 的通信结束。

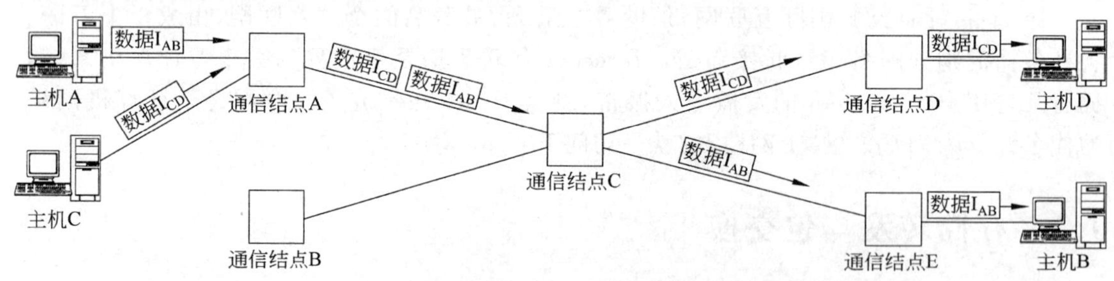

图 1-3 存储转发示意图

为了使通信结点能够为接收到的数据选择合适的转发路径，存储转发方式要求主机在发送前将数据信息的源地址、目的地址等控制信息添加到信息的前部(或后部)，形成所谓的封装数据。同时，为了避免一台主机一次发送大量数据，致使另一台主机长时间等待，现代计算机网络通常要求发送主机将大块的用户数据分割成多个小块，并为每一小块数据添加源地址、目的地址等控制信息，封装成所谓的数据包(也称为数据分组，packet)，如图 1-4 所示。作为一个数据单元，数据包经通信结点存储转发到达目的主机，并在目的主机重组成分割前的大块数据。

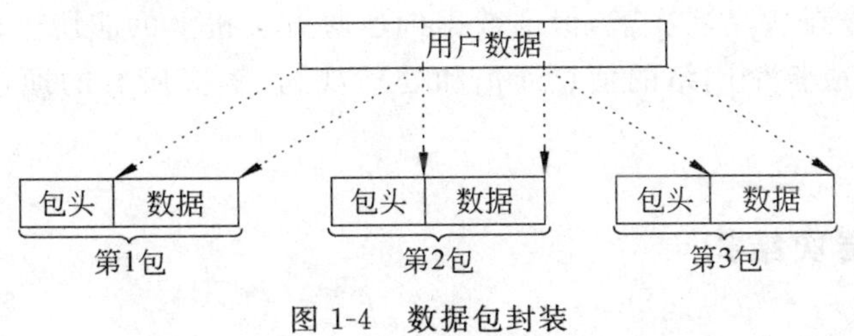

图 1-4　数据包封装

根据处理环境的不同，数据包有不同的表现形式。本书后面提到的数据帧、数据报等都是数据包。由于每个数据包的长度较短，即使一台主机需要传送大量的数据，另一台主机也可以将其数据穿插其中，因此，包交换可以提高网络的并行性。同时，在传输出错时，包交换需要的重传数据量和重传时间也相对较少。对通信结点而言，包交换对其缓存空间的要求相对较低(例如，在主机传送 10GB 的大块数据时，包交换不要求每个通信结点必须拥有 10GB 的内存空间以缓冲和转发该数据)。

由于包交换技术能充分利用宝贵的信道带宽，通信成本相对较低，因此在计算机网络中得到了广泛的应用。

1.3　协议与分层

1.3.1　协议的基本概念

协议(protocol)是通信双方为了实现通信所进行的约定或所制定的对话规则。实际上，为了实现人与人之间的交互，通信规约无处不在。例如，在使用邮政系统发送信件时，信封必须按照一定的格式书写(如收信人和发信人的地址必须按照一定的位置书写)，否则，信件可能不能到达目的地；同时，信件的内容也必须遵守一定的规则(如使用中文书写)，否则，收信人可能不能理解信件的内容。在计算机网络中，信息的传输与交换也必须遵守一定的协议，而且传输协议的优劣直接影响网络的性能，因此，协议的制定和实现是计算机网络的重要组成部分。

网络协议通常由语义、语法和定时关系三部分组成。语义定义做什么，语法定义怎么做，而定时关系则定义何时做。例如，在包交换系统中，协议的语法定义分组的长度、分几个字段等内容；协议的语义定义每个字段代表的具体含义；协议的定时关系则定义何时发送何种数据包。

计算机网络是一个庞大、复杂的系统。网络的通信规约和规则也不是一个网络协议可以描述清楚的。因此，在计算机网络中存在有多种协议。每一种协议都有其设计目标和需要解决的问题，同时，每一种协议也有其优点和使用限制。这样做的主要目的是使协议的设计、分析、实现和测试简单化。

协议的划分应保证目标通信系统的有效性和高效性。为了避免重复工作，每个协议应该处理没有被其他协议处理过的那部分通信问题，同时，这些协议之间也可以共享数据和信息。例如，有些协议工作在网络的较低层次上，保证数据信息通过网卡到达通信电缆；而有些协议工作在较高层次上，保证数据到达对方主机上的应用进程。这些协议相互作用，协同工作，完成整个网络的信息通信和处理规约，解决所有的通信问题和其他异常情况。

1.3.2 网络的层次结构

化繁为简，各个击破是人们解决复杂问题常用的方法。对网络进行层次划分就是将计算机网络这个庞大的、复杂的问题划分成若干较小的、简单的问题。通过"分而治之"，解决这些较小的、简单的问题，从而解决计算机网络这个大问题。

计算机网络层次结构划分应按照"层内功能内聚，层间耦合松散"的原则。也就是说，在网络中，功能相似或紧密相关的模块应放置在同一层；层与层之间应保持松散的耦合，使信息在层与层之间的流动减到最小。

计算机网络采用层次化结构的优越性包括：

- 各层之间相互独立。高层并不需要知道低层是如何实现的，而仅需要知道该层通过层间的接口所提供的服务。
- 灵活性好。当任何一层发生变化时，只要接口保持不变，则该层以上或以下各层均不受影响。另外，当某层提供的服务不再需要时，甚至可将该层取消。
- 有利于新技术的采用。各层都可以采用最合适的技术进行实现，实现技术的改变不影响其他层。
- 易于实现和维护。层次化使整个系统被分解为若干个易于处理的部分，使得一个庞大而又复杂系统的实现和维护变得容易控制。
- 有利于网络标准化。因为每一层的功能和所提供的服务都已有了精确的说明，所以标准化变得较为容易。

1.4 ISO/OSI 参考模型

随着网络应用的广泛和深入，各种组织和机构逐渐认识到网络技术在提高生产效率、节约成本等方面的重要性。于是，它们开始接入互联网，扩大网络应用规模。但是，由于很多网络使用不同的硬件和软件，造成有些网络不能兼容，网络之间很难进行通信。

为了解决这些问题，人们迫切盼望网络标准的出台。为此，国际标准化组织(International Standards Organization，ISO)和一些规模较大的网络公司、科研机构在网络标准化方面做了大量的工作和努力。国际标准化组织的开放式系统互连参考模型(International Standards Organization/Open System Interconnect Reference Model，ISO/OSI RM)和TCP/IP体系结构的提出就是其中最重要的成果。

1.4.1 ISO/OSI 参考模型的结构

开放式系统互连(OSI)参考模型是一个描述网络层次结构的模型,其标准保证了各种类型网络技术的兼容性和互操作性。OSI 参考模型阐述了信息在网络中的传输过程、各层具有的网络功能和它们的架构。

OSI 参考模型描述了信息或数据是如何从一台主机的一个应用程序进程到达网络中另一台主机的另一个应用程序进程的。当信息在一个 OSI 参考模型中逐层传送的时候,它越来越不像人类的语言,变为只有计算机才能明白的数字 0 和 1。

在 OSI 参考模型中,主机之间传送信息的问题被分为 7 个较小且更容易管理和解决的小问题。每一个小问题都由模型中的一层来解决。之所以划分为 7 个小问题,是因为它们中的任何一个都囊括了问题本身,不需要太多的额外信息就能很容易地解决。将这 7 个易于管理和解决的小问题映射为不同的网络功能就叫作分层。OSI 将这 7 层从低到高叫作物理层、数据链路层、网络层、传输层、会话层、表示层和应用层。图 1-5 显示了 OSI 参考模型的 7 层结构和每一层主要解决的问题。

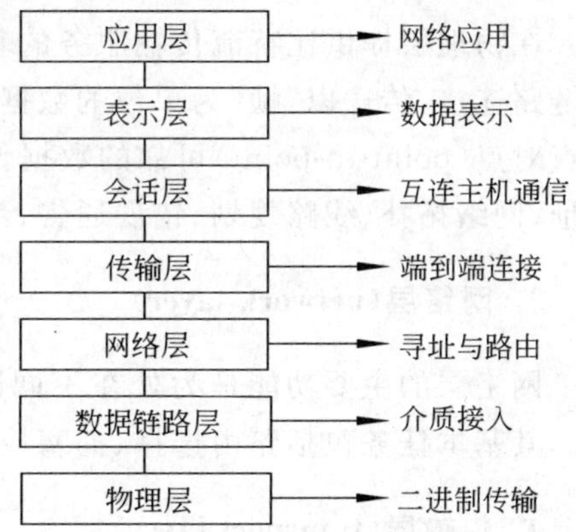

图 1-5 ISO/OSI 的 7 层参考模型

OSI 参考模型并非指一个现实的网络,它仅仅规定了每一层的功能,为网络的设计规划出一张蓝图。各个网络设备或软件生产厂家都可以按照这张蓝图来设计和生产自己的网络设备或软件。尽管设计和生产出的网络产品的式样、外观各不相同,但它们应该具有相同的功能。

按照 OSI 参考模型,网络中的主机应该实现全部 7 层功能,网络中的通信设备一般应实现下三层的功能(如路由器实现到网络层,交换机实现到数据链路层,集线器实现到物理层)。不论主机还是通信结点,它们的同等层应具有相同的功能,如图 1-6 所示。在 OSI 参考模型中,主机或通信结点内部的相邻层之间通过接口进行通信,某一层可以使用下层提供的服务,并向其上层提供服务。

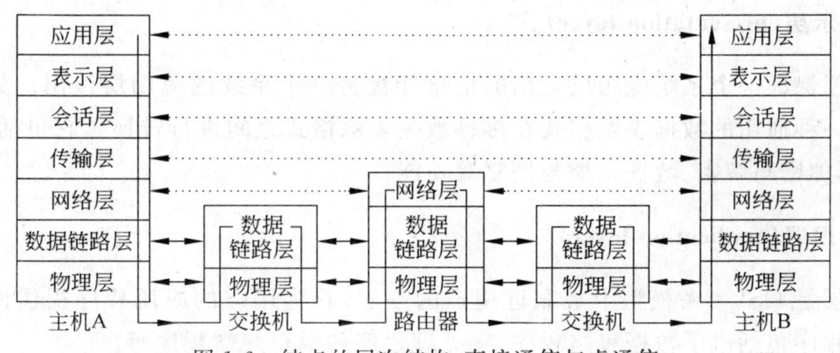

图 1-6 结点的层次结构、直接通信与虚通信

1.4.2 OSI参考模型各层的主要功能

1. 物理层(physical layer)

物理层处于OSI参考模型的最低层。利用物理传输介质为数据链路层提供物理连接,负责处理数据传输率并监控数据出错率,以便透明地传送比特流是这一层的主要功能。它定义了激活、维护和关闭终端用户之间电气的、机械的、过程的和功能的特性。物理层的特性包括电压、频率、数据传输速率、最大传输距离、物理连接器及其相关的属性。

2. 数据链路层(data link layer)

在物理层提供比特流传输服务的基础上,数据链路层通过在通信的实体之间建立数据链路连接,传送以"帧"为单位的数据,使有差错的物理线路变成无差错的数据链路,保证点对点(point-to-point)可靠的数据传输。因此,数据链路层关心的主要问题包括物理地址、网络拓扑、线路规划、错误通告、数据帧的有序传输和流量控制。

3. 网络层(network layer)

网络层的主要功能是为处在不同网络系统中的两个结点设备通信提供一条逻辑通道。其基本任务包括路由选择、拥塞控制与网络互联等功能。

4. 传输层(transport layer)

传输层的主要任务是向用户提供可靠的端对端(end-to-end)服务,透明地传送报文。它向高层屏蔽了下层数据通信的细节,因而是计算机通信体系结构中最关键的一层。该层关心的主要问题包括建立、维护和中断虚电路、数据的差错校验和恢复以及信息流量控制机制等。

5. 会话层(session layer)

就像它的名字一样,会话层建立、管理和终止应用程序进程之间的会话和数据交换。这种会话关系是由两个或多个表示层实体之间的对话构成的。

6. 表示层(presentation layer)

表示层保证一个系统应用层发出的信息能被另一个系统的应用层读出。如有必要,表示层用一种通用的数据表示格式在多种数据表示格式之间进行转换。它包括数据格式变换、数据加密与解密、数据压缩与恢复等功能。

7. 应用层(application layer)

应用层是OSI参考模型中最靠近用户的一层,它为用户的应用程序提供网络服务。这些应用程序包括电子数据表格程序、字处理程序和银行终端程序等。

应用层识别并证实目的通信方的可用性，使协同工作的应用程序之间进行同步，建立传输错误纠正和数据完整性控制方面的协定，判断是否为所需的通信过程留有足够的资源。

1.4.3 数据的封装与传递

在OSI参考模型中，对等层之间经常需要交换信息单元，对等层协议之间需要交换的这些信息单元统称为协议数据单元(Protocol Data Unit,PDU)。结点的对等层之间进行的通信并不是直接通信(例如两个结点的传输层之间进行通信)，它们需要借助于下层提供的服务来完成，所以，对等层之间的通信也被称为虚通信，如图1-6所示。

事实上，在某一层需要使用下一层提供的服务传送自己的PDU时，其当前层的下一层总是将上一层的PDU变为自己PDU的一部分，然后利用更下一层提供的服务将信息传递出去。例如，在图1-7中，结点A的传输层需要将某一信息T-PDU传送到结点B的传输层，这时，传输层就需要使用网络层提供的服务，将T-PDU交给结点A的网络层。结点A的网络层在收到T-PDU之后，将T-PDU变为自己PDU(N-PDU)的一部分，然后再次利用其下层——数据链路层提供的服务将数据发送出去。以此类推，最终将这些信息变为能够在传输介质上传输的数据，并通过传输介质将信息传送到通信结点，进而最终到达结点B。

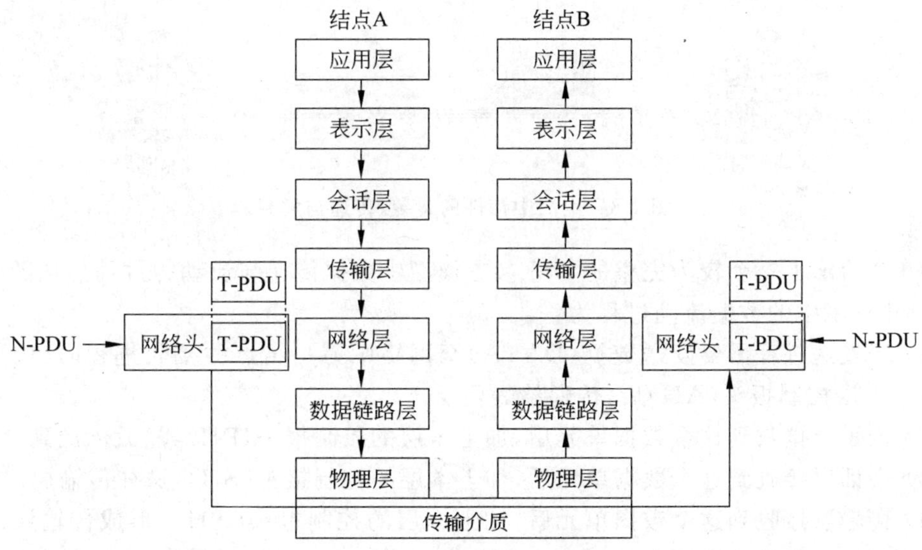

图1-7 网络中数据的封装与解封

在网络中，对等层可以相互理解和认识对方信息的具体意义(如结点B的传输层收到结点A的T-PDU时，可以理解该T-PDU的信息并知道如何处理该信息)。如果不是对等层，双方就不可能(也没有必要)相互理解对方的信息(例如，在结点B的网络层收到结点A的N-PDU时，它不可能也没有必要理解N-PDU包含的T-PDU代表什么意思。它仅需要将N-PDU中包含的T-PDU通过层间接口提交给上面的传输层)。

为了实现对等层通信，当数据需要通过网络从一个结点传送到另一结点前，必须在数据的头部(和尾部)加入特定的协议头(和协议尾)。这种增加数据头部(和尾部)的过程叫作数据打包或数据封装。同样，在数据到达接收结点的对等层后，接收方将识别、提取和处理发送方对等层增加的数据头部(和尾部)。接收方这种将增加的数据头部(和尾部)去除的过程叫作数据拆包或数据解封。图1-7显示了数据的封装与解封过程。

实际上，计算机网络中数据封装和解封的过程与人们通过邮局发送信件的过程非常相似，如图1-8所示。当一个人需要发送信件时，他首先需要将写好的信纸放入信封中，然后按照一定的格式书写收信人姓名、收信人地址及发信人地址，这个过程就是封装。当收信人收到信件后，他需要将信封拆开，取出信纸，这个过程就是解封。在信件通过邮局传递的过程中，邮局的工作人员仅需要识别和理解信封上的内容。对于信封中信纸上书写的内容，他不可能也没有必要知道。

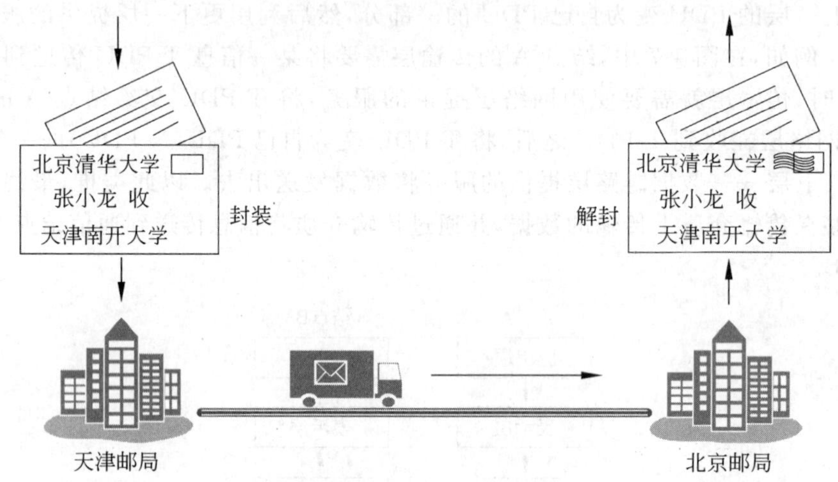

图1-8 生活中信件的封装、传递与解封

图1-9给出了一个较为完整的OSI参考模型中数据传递与流动的过程。从图中可以看出，OSI环境中的数据流动过程为：

(1) 当发送进程需要发送数据(DATA)至网络中另一结点的接收进程时，应用层为数据加上本层控制报头(AH)后，传递给表示层。

(2) 表示层接收到这个数据单元后，加上本层的控制报头(PH)，然后传送到会话层。

(3) 会话层接收到这个数据单元后，加上本层的控制报头(SH)，送往传输层。

(4) 传输层接收到这个数据单元后，加上本层的控制报头(TH)，形成传输层的协议数据单元PDU，然后传送给网络层。

(5) 由于网络层数据单元长度的限制，从传输层接收到的长报文有可能被分为多个较短的数据字段，每个较短的数据字段加上网络层的控制报头(NH)后，形成网络层的PDU(即数据包)。这些数据包需要利用数据链路层提供的服务，送往其接收结点的对等层。

(6) 分组被送到数据链路层后，加上数据链路层的报头(DH)和报尾(DT)，形成了一种称为帧(frame)的链路层协议数据单元，帧将被送往物理层处理。

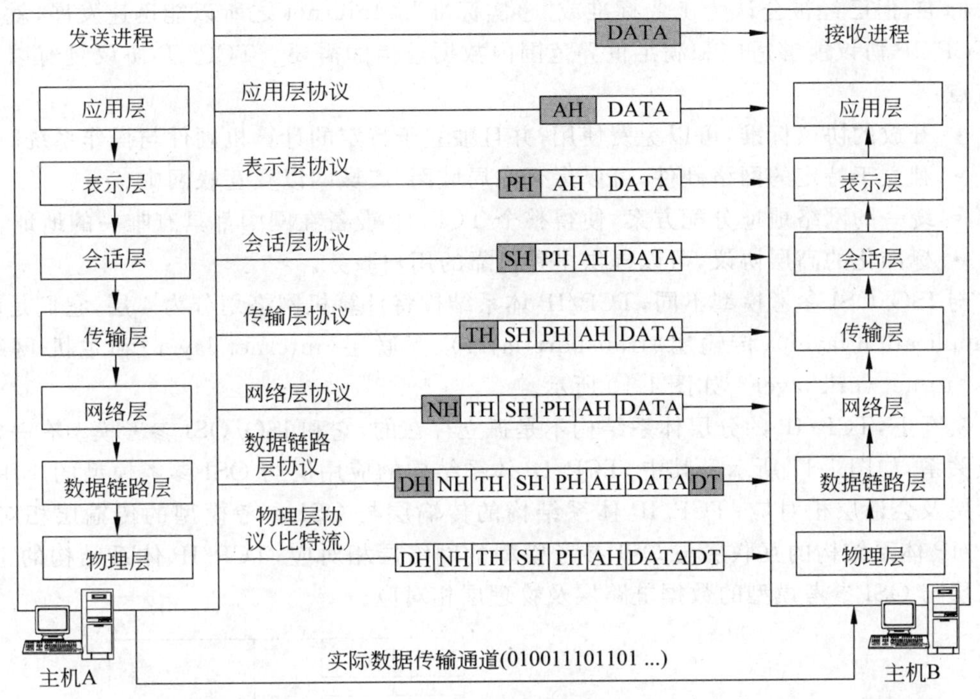

图 1-9 OSI 中数据的传递与流动

(7) 数据链路层的帧传送到物理层后，物理层将以比特流的方式通过传输介质将数据传输出去。

(8) 当比特流到达目的结点后，从物理层依次上传。每层对其相应层的控制报头(和报尾)进行识别和处理，然后将去掉该层报头(和报尾)后的数据提交给上层处理。最终，发送进程的数据传到了网络中另一结点的接收进程。

尽管发送进程的数据在 OSI 环境中经过复杂的处理过程才能送到另一结点的接收进程，但对于每台主机的接收进程来说，OSI 环境中数据流的复杂处理过程是透明的。发送进程的数据好像是“直接”传送给接收进程，这是开放系统在网络通信过程中最主要的特点。

1.5 TCP/IP 体系结构

ISO/OSI 参考模型的提出在计算机网络发展史上具有里程碑的意义，以至于提到计算机网络就不能不提 ISO/OSI 参考模型。但是，OSI 参考模型也有其定义过分繁杂、实现困难等缺点。与此同时，TCP/IP 协议的提出和广泛使用，特别是 Internet 用户爆炸式的增长，使 TCP/IP 网络的体系结构日益显示出其重要性。

1.5.1 TCP/IP 体系结构的层次划分

TCP/IP 协议是目前最流行的商业化网络协议，尽管它不是某一标准化组织提出的正式标准,但已经被公认为工业标准或"事实标准"。Internet 之所以能迅速发展,就是因为 TCP/IP 协议能够适应和满足世界范围内数据通信的需要。TCP/IP 协议具有以下几个特点:

- 开放的协议标准,可以免费使用,并且独立于特定的计算机硬件与操作系统。
- 独立于特定的网络硬件,可以运行在局域网、广域网以及互联网中。
- 统一的网络地址分配方案,使得整个 TCP/IP 设备在网中都具有唯一的地址。
- 标准化的高层协议,可以提供多种可靠的用户服务。

与 ISO/OSI 参考模型不同,TCP/IP 体系结构将计算机网络划分为 4 层,它们是应用层(application layer)、传输层(transport layer)、互联层(internet layer)和主机-网络层(host-to-network layer),如图 1-10 所示。

实际上,TCP/IP 的分层体系结构不是孤立存在的,它和 ISO/OSI 参考模型有一定的对应关系,如图 1-11 所示。其中,TCP/IP 体系结构的应用层与 OSI 参考模型的应用层、表示层及会话层相对应;TCP/IP 体系结构的传输层与 OSI 参考模型的传输层相对应;TCP/IP 体系结构的互联层与 OSI 参考模型的网络层相对应;TCP/IP 体系结构的主机-网络层与 OSI 参考模型的数据链路层及物理层相对应。

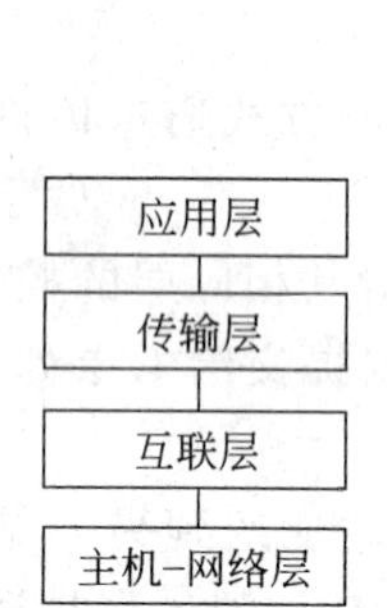

图 1-10 TCP/IP 分层体系结构

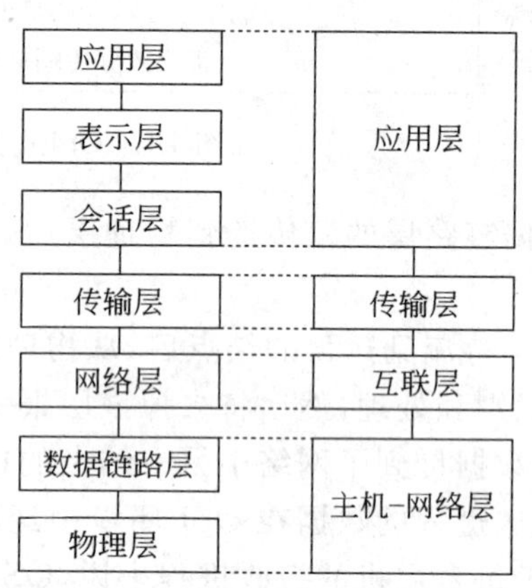

图 1-11 TCP/IP 体系结构与 OSI 参考模型的对应关系

1.5.2 TCP/IP 体系结构中各层的功能

1. 主机-网络层

在 TCP/IP 分层体系结构中,主机-网络层是其最低层,负责通过网络发送和接收 IP 数据报。TCP/IP 体系结构并未对主机-网络层使用的协议做出硬性规定,它允许主机连入网络时使用多种现成的和流行的物理网络协议,例如局域网络协议、广域网络协议等。

2. 互联层

互联层是 TCP/IP 体协结构的第二层,它实现的功能相当于 OSI 参考模型网络层的无连接网络服务。互联层负责将源主机封装的数据包(也叫 IP 数据报)发送到目的主机,源主机与目的主机可以在一个物理网络上，也可以在不同的物理网络上。

互联层的主要功能包括：

- 处理来自传输层的数据发送请求。在收到数据发送请求之后，将数据封装入IP数据报，填充报头，选择发送路径，然后将IP数据报发送到相应的网络输出线路。
- 处理接收的数据报。在接收到其他主机发送的IP数据报之后，检查目的地址，如需要转发，则选择发送路径，转发出去；如目的地址为本结点IP地址，则除去报头，将IP数据报中封装的数据送交传输层处理。
- 处理互联的路径、流控与拥塞问题。

3. 传输层

传输层位于互联层之上，它的主要功能是负责应用进程之间的端对端通信。在TCP/IP体系结构中，设计传输层的主要目的是在源主机与目的主机的对等实体之间建立用于会话的端对端连接。因此，它与OSI参考模型的传输层功能相似。

TCP/IP体系结构的传输层定义了传输控制协议(Transport Control Protocol，TCP)和用户数据报协议(User Datagram Protocol，UDP)两种协议。

TCP协议是一种可靠的面向连接的协议，它允许将一台主机的字节流(byte stream)无差错地传送到目的主机。TCP协议将应用层的字节流分成多个字节段(byte segment)，然后将每一个字节段传送到互联层，利用互联层发送到目的主机。当互联层将接收到的字节段传送给传输层时，传输层再将多个字节段还原成字节流传送到应用层。与此同时，TCP协议要完成流量控制、协调收发双方的发送与接收速度等功能，以达到正确传输的目的。

UDP协议是一种不可靠的无连接协议，它主要用于不要求分组顺序到达的传输中，分组传输顺序检查与排序由应用层完成。

4. 应用层

在TCP/IP体系结构中，传输层之上是应用层。它包括了所有的高层协议，并且总是不断有新的协议加入。其主要协议包括：

- 网络终端协议(Telnet)：用于实现互联网中远程登录功能。
- 文件传输协议(File Transfer Protocol，FTP)：用于实现互联网中交互式文件传输功能。
- 简单邮件传输协议(Simple Mail Transfer Protocol，SMTP)：用于实现互联网中电子邮件传送功能。
- 域名系统(Domain Name System，DNS)：用于实现网络设备名字到IP地址映射的网络服务。
- 超文本传输协议(Hyper Text Transfer Protocol，HTTP)：用于目前广泛使用的Web服务。
- 路由信息协议(Routing Information Protocol，RIP)：用于网络设备之间交换路由信息。

- 简单网络管理协议(Simple Network Management Protocol,SNMP):用于管理和监视网络设备。
- 网络文件系统(Network File System,NFS):用于网络中不同主机间的文件共享。
- BT(BitTorrent):一种用于文件分发的对等网络协议。

应用层协议有的依赖于面向连接的传输层协议TCP(例如Telnet协议、SMTP协议、FTP协议及HTTP协议),有的依赖于面向非连接的传输层协议UDP(例如SNMP协议),还有一些协议(如DNS),既可以依赖于TCP协议,也可以依赖于UDP协议。

1.5.3 TCP/IP中的协议栈

计算机网络的层次结构使网络中每层的协议形成了一种从上至下的依赖关系。在计算机网络中,从上至下相互依赖的各协议形成了网络中的协议栈。TCP/IP体系结构与TCP/IP协议栈之间的对应关系如图1-12所示。

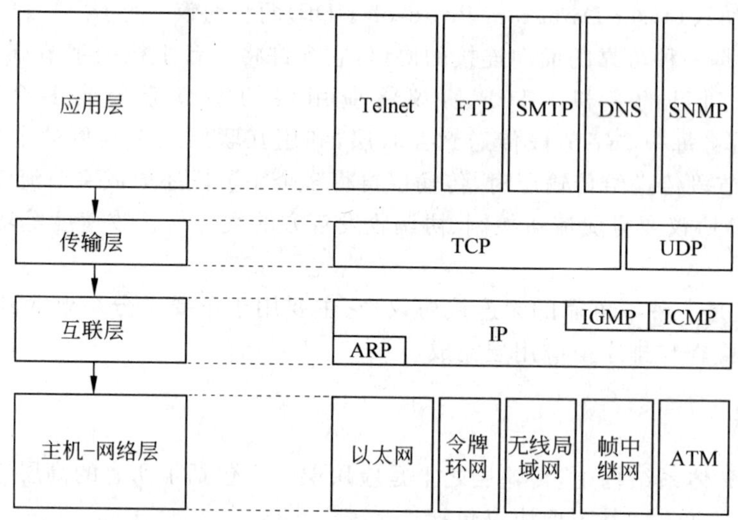

图1-12 TCP/IP体系结构与协议栈的对应关系

从图1-12中可以看出,FTP协议依赖于TCP协议,而TCP协议又依赖于IP协议;SNMP协议依赖于UDP协议,而UDP协议也依赖于IP协议等等。

尽管TCP/IP体系结构与OSI参考模型在层次划分及使用的协议上有很大区别,但它们在设计中都采用了层次结构的思想。无论是OSI参考模型还是TCP/IP体系结构都不是完美的,对二者的评论与批评都很多。

OSI参考模型的主要问题包括定义复杂、实现困难,有些同样的功能(如流量控制与差错控制等)在每一层重复出现,效率低下等等。而TCP/IP体系结构的缺陷包括主机-网络层本身并不是实际的一层,每层的功能定义与其实现方法没能区分开来(这样做使TCP/IP体系结构不适合于其他非TCP/IP协议族)等等。

人们普遍希望计算机网络标准化,但完全符合OSI参考模型标准的、成熟的网络产品迟迟没有推出。因此，OSI参考模型与协议没有像专家们所预想的那样风靡世界。而TCP/IP体系结构与协议在Internet中经受了几十年的风风雨雨，得到了IBM、Microsoft、Novell及Oracle等大型网络公司的支持，成为计算机网络中的主要标准体系。

练习与思考

一、填空题

(1) 按照覆盖的地理范围，计算机网络可以分为________、________和________。

(2) ISO/OSI参考模型将网络分为________层、________层、________层、________层、________层、________层和________层。

(3) 人们使用计算机网络的主要目的是________。

(4) 按照在计算机网络中扮演的角色不同，主机可以分为两类，分别是客户机和________。

(5) 在TCP/IP体系结构中，互联层的主要功能是________。

二、单项选择题

(1) 在TCP/IP体系结构中，与OSI参考模型的网络层对应的是(　　)。

A. 主机-网络层　　B. 互联层　　C. 传输层　　D. 应用层

(2) 在OSI参考模型中，保证端对端的可靠性是在(　　)上完成的。

A. 数据链路层　　B. 网络层　　C. 传输层　　D. 会话层

(3) 关于计算机体系结构中的虚通信，正确的说法是(　　)。

A. 虚通信是一种存储转发通信　　B. 虚通信是对等层之间的通信

C. 虚通信需要采用无线通信信道　　D. 虚通信表示电路虚接

三、思考和拓展题

(1) 计算机网络为什么采用层次化的体系结构？

(2) 数据包交换是计算机网络通常采用的数据交换技术。数据包交换有两种主要方式，一种是数据报，另一种是虚电路。查找相关资料，了解数据报方式和虚电路方式的工作过程，比较两者的优势和劣势。

第2章 以太网原理与组网技术

以太网(Ethernet)是目前最具影响力的局域网。从诞生到现在,以太网技术不断发展、创新。这些技术不但具有多样性,而且极具继承性。由于其组网简单,建设费用低廉,因此被广泛应用于办公自动化等各个领域,几乎占有了有线局域网整个市场。

以太网由 Xerox 公司 PARC 研究中心的 Bob Metcalfe 和 David Boggs 提出,标准由 IEEE 802 委员会负责审议和制定。其中,IEEE 802.3 是与以太网联系最密切的标准之一,它定义了以太网的帧结构、以太网的介质访问控制方法等具体内容。

以太网实现了 ISO/OSI 参考模型的物理层和数据链路层功能,总体上可以分为共享式以太网和交换式以太网两大类。本章将对共享式以太网的原理、组网方法等进行简要的介绍。

2.1 共享式以太网的原理

共享式以太网是人们最早使用的以太网,因此也被称为传统以太网。在共享式以太网中,所有结点通过相应的网络接口适配器直接连接到一条作为公共传输介质的总线上,信息的传输以“共享介质”方式进行。共享式以太网的物理构型通常包括总线型和星形两种,但是无论哪种物理构型,共享式以太网中一定存在一段所有结点共享的传输信道。图 2-1(a)显示了一个物理构型为总线型的共享式以太网,(b)则显示了一个物理构型为星形的共享式以太网。从图中可以看到,星形的共享式以太网可以看成总线型共享式以太网的变形。

在共享式以太网中,所有结点都可以通过共享介质发送和接收数据,但不允许两个或多个结点同时发送数据,也就是说数据传输应该以“半双工”方式进行。为了防止一个结点发送大块数据占用共享信道,致使其他结点长时间等待的问题,以太网采用了将大块数据分包传输的思想。以太网中传送的数据包通常称为数据帧。

由于缺乏中心控制结点,以太网中两个或多个结点同时发送的情况总是存在的。这些“冲突”的信息在共享介质上相互干扰,致使接收结点接收错误。“冲突”问题的产生犹如一个多人参加的讨论会,一个人发言不会产生问题,如果两个或多个人同时发言,会场就会出现混乱,听众就会被干扰。图 2-2 所示为共享式以太网中的“冲突”现象示意图。

为了解决“冲突”问题,以太网采用了带有冲突监测的载波侦听多路访问(Carrier Sense Multiple Access with Collision Detection,CSMA/CD)方法对共享介质进行访问控制。CSMA/CD 是一种分散式的介质访问控制方法,它要求以太网中的所有结点都参与对共享介质的访问控制。同时,CSMA/CD 也是一种随机争用式的介质访问控制方法,以太网中的任何结点都没有可预约的发送时间,所有结点都必须平等地争用发送时间。

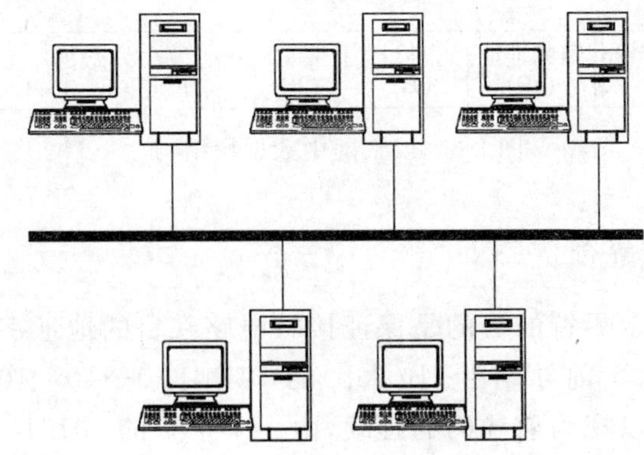

(a) 总线型的共享式以太网

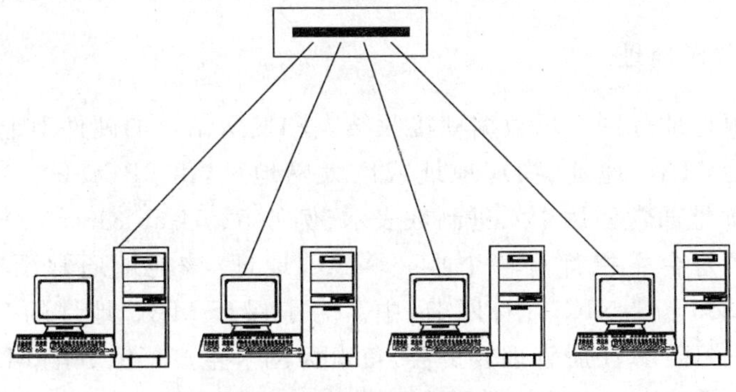

(b) 星形的共享式以太网

图 2-1　物理构型为总线型和星形的共享式以太网

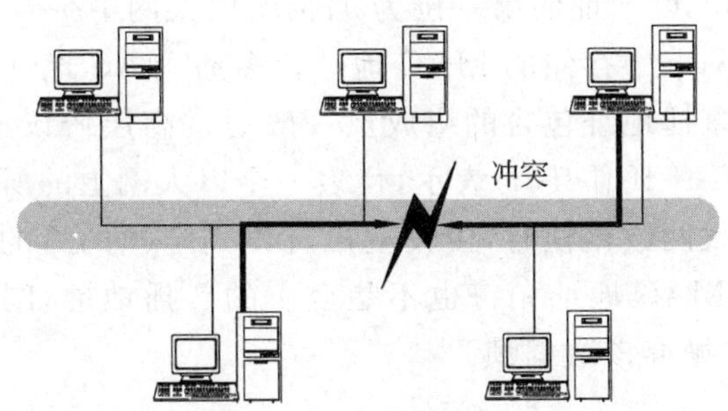

图 2-2　共享式以太网中的"冲突"现象

2.1.1　以太网中的数据帧

帧是以太网处理的基本数据单位，它由前导码、帧前定界符、目的地址、源地址、长度/类型、数据、帧校验码 7 个字段组成[①]，如图 2-3 所示。

---

① 以太网标准和 IEEE 802.3 标准定义的数据帧格式稍有不同，本书未对这两种标准的帧格式进行严格区分。

前导码(7B)	帧前定界符(1B)	目的地址(6B)	源地址(6B)	长度/类型(2B)	数据(可变长度,46~1500B)	帧校验码(4B)

图 2-3 以太网中数据帧结构

1. 前导码和帧前定界符

设置前导码和帧前定界符的目的是保证接收电路在目的地址字段到达前进入稳定状态,能够正常接收比特流。前导码由 7B(56b)的 10101010…101010 序列组成,前几位允许丢失。帧前定界符可以视为前导码的延续,由 1 个字节的 10101011 比特序列组成。如果将前导码与帧前定界符一起考虑,那么在 62 位交替的 1、0 比特序列后出现 11。一旦 11 出现之后,接收方即可准备接收目的地址字段。前导码与帧前定界符通常由硬件处理,主要起到接收同步的作用。因此,收到的前导码和帧前定界符不需要保留和存储。

2. 目的地址与源地址

目的地址和源地址分别表示数据帧接收结点和发送结点的硬件地址。以太网的硬件地址通常也被称为 MAC 地址、物理地址或以太网地址,由 6B(48b)组成。为了方便起见,48b 的 MAC 地址通常使用十六进制数表示(例如 52-54-ab-31-ac-c6)。

连入以太网的每台主机都有一个唯一 MAC 地址,该地址通常预存在网络接口卡(Network Interface Card,NIC,简称网卡)中。为了保证 MAC 地址的全球唯一性,世界上有一个专门组织(IEEE 注册管理委员会)负责为网卡生产厂家分配 MAC 地址。

源 MAC 地址通常为发送该帧的网卡拥有的 MAC 地址。与源 MAC 地址不同,目的 MAC 地址可以为单播(unicast)地址、多播(multicast)地址或广播(broadcast)地址三种形式之一。其中,单播 MAC 地址的第一位为 0,指明以太网中一台特定的主机。实际上,单播地址就是目的主机网卡中存储的 MAC 地址。多播 MAC 地址的第一位为 1,表示以太网中一组主机。每个多播地址包含的组成员一般通过高层协议进行约定。广播 MAC 地址使用 48 位全 1(即 ff-ff-ff-ff-ff-ff)表示,代表一个以太网上的所有主机。

在处理接收到的以太网数据帧时,接收主机首先判定帧的目的地址字段。如果目的地址字段既不与本机的 MAC 地址相符也不是全 1 的广播地址,同时与网卡设置的多播地址也不匹配,那么可以抛弃该数据帧。

3. 长度/类型

设置长度/类型字段的主要目的是表示数据字段拥有的长度或上层使用的协议类型。

在该字段的值小于 0800H 时,它用于说明整个帧的长度。该长度为目的地址字段、源地址字段、长度/类型字段、帧校验字段和数据字段具有的字节之和。

在该字段的值大于或等于 0800H 时,用于说明所封装的数据使用的协议类型。如该字段的值为 0800H,则说明它所封装的数据使用的协议类型为 IP;如该字段的值为 0806H,则说明它所封装的数据使用的协议类型为 ARP。

4. 数据

数据字段是一个可变长度字段，最短 46B，最长 1500B。数据字段用于携带上层传下来的数据。如果实际数据不足 46B，那么需要将其填充到 46B。

5. 帧校验码

帧校验码用于验证接收到的数据帧是否正确。以太网的帧校验采用 32 位的循环冗余校验(Cyclic Redundancy Check，CRC)，校验的范围包括目的地址字段、源地址字段、长度/类型字段和数据字段。

理论上可以证明，循环冗余校验具有较强的检错能力。在以太网中，接收结点检测到数据帧发生错误的处理方式就是将其抛弃。

2.1.2 CSMA/CD 介质访问控制方法

以太网利用 CSMA/CD 方法对多个结点共享的传输介质进行访问控制。利用 CSMA/CD 方法，以太网的各个结点能够平等地、随机地竞争共享的信道，发送没有预先的安排和调度。

1. CSMA/CD 的发送流程

以太网中的一个结点如果要发送数据，它将通过“广播”方式将数据送往共享信道，因此，连在共享信道上的所有结点都能“收听”到发送结点发送的数据信号。由于以太网中所有结点都可以利用共享信道进行传输并且没有控制中心，因此，冲突的发生将是不可避免的。为了有效地对共享信道进行控制，CSMA/CD 的发送流程可以概括为“先听后发，边听边发，冲突停止，延迟重发”。图 2-4 显示了以太网结点的发送流程。

在采用 CSMA/CD 的局域网中每一个结点利用总线发送数据时，首先需要将发送的数据组装成一个数据帧，然后通过“载波侦听”确定共享信道的忙、闲状态。如果共享信道上已经有数据信号传输，那么发送结点必须等待，直到共享信道空闲为止；在共享信道空闲的状态下，发送结点便可以启动发送过程。

虽然载波侦听的方法可以有效地减少冲突的发生，但并不能完全消除冲突。如果两个结点同时或几乎同时发送了一个数据帧，那么冲突的发生就不可避免。因此，CSMA/CD 在发送的过程中一直需要监测信道的状态。当发送结点检测到冲突发生时(即检测到共享信道中传输的信号发生畸变时)，停止发送帧数据并开始发送冲突加强信号，然后进入延迟重发流程。发送冲突加强信号的目的是使网中的所有结点都能意识到冲突的发生，进而丢弃接收到的冲突帧。

以太网规定一个帧的最大重发次数为 16。如果重发次数超过 16，那么系统认为网络过于繁忙或网络故障，本次发送以失败告终。如果重发次数≤16，那么允许发送结点延迟一段时间后再重新发送该帧。

如果采用固定的延迟时间，那么冲突结点很可能在相同时刻重发各自的数据帧，再次

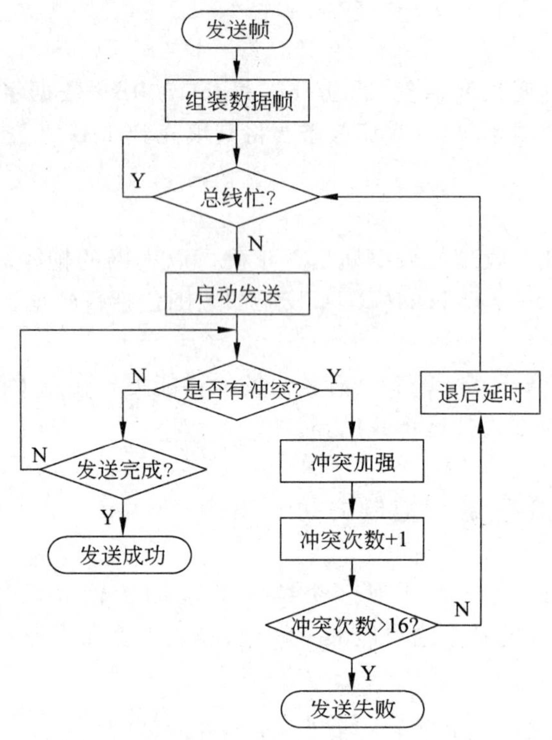

图 2-4 CSMA/CD 的发送流程

冲突的可能性很大。因此,发送结点在重发前必须采用随机延迟方式,以降低再次冲突的可能性。最典型的后退延迟算法是截断式二进制指数退避(truncated binary exponential backoff)算法。该算法为第 n 次冲突重发选择的后退延迟时间 τ 是某个时间片 α 的整数倍,即 $\tau=r\times\alpha$。其中,r 是在 $(0,1,2,\cdots,2^k-1)$ 之间随机选择的一个整数,$k=\min(n,10)$。以太网选择的时间片 α 的值与冲突窗口值相同(见下面冲突窗口部分)。

从截断式二进制指数退避算法可以看到,随着重发次数的增大,后退延迟可选择的范围越来越大,选择到较长延迟的可能性越来越大。例如,在第一次冲突后,$n=1$,$k=\min(n,10)=1$,随机数 r 可以在 $\{0,1\}$ 之中进行选择;在第 2 次冲突后,$n=2$,$k=\min(n,10)=2$,随机数 r 可以在 $\{0,1,2,3\}$ 之中进行选择;在第 3 次冲突后,$n=3$,$k=\min(n,10)=3$,随机数 r 可以在 $\{0,1,2,3,4,5,6,7\}$ 之中进行选择。但是,在 10 次冲突后,k 的值将停止在 10,不再增长,这就是"截断"的意思。因此,在 10 次冲突后,为重发选择的后退延迟最大为 $(2^{10}-1)\times\alpha$。

2. CSMA/CD 的接收流程

按照 CSMA/CD 控制方法的要求,接入以太网的结点通常处于侦听状态,随时准备接收共享信道上的帧信息。

在接收过程中,以太网中的各结点同样需要监测信道的状态。如果发现信号畸变,说明信道中有两个或多个结点同时发送数据,冲突发生,这时必须停止接收,并将接收到的数据废弃;如果在整个帧的接收过程中没有发生冲突,结点则通过接收帧的目的地址字段判定该帧的目的地是否是本机(如目的地址字段是否与自己的 MAC 地址相同,是否是广播地址,是否是自己所在组的多播地址等)。在确认帧的目的地为本接收结点之后,接收结点利用帧校验字段判定帧的完整性。如果校验正确,则接收成功,系统将数据字段中的数据提交上层处理,之后再次进入侦听状态;如果校验错误,则接收失败,系统丢弃接收到的数据帧,重新进入侦听状态,准备下一轮的接收。图 2-5 为 CSMA/CD 的接收流程。

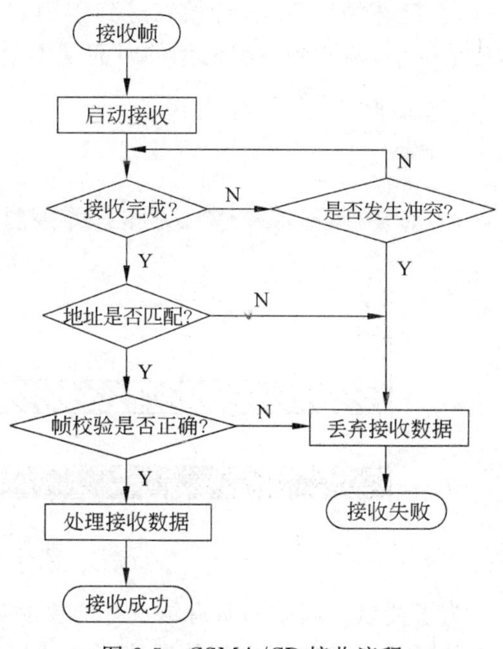

图 2-5 CSMA/CD 接收流程

3. 冲突窗口与帧最小长度

在 CSMA/CD 控制方法中,如果发生冲突,那么必须让以太网中的每个结点都检测到。但是,发送信号传遍整个共享信道需要一定的时间,若帧的长度很小,则很有可能造成以太网中有些结点检测到冲突,有些结点检测不到冲突的情况。在图 2-6 给出的示意图中,两个相距较远的主机 A 和 B 都需要发送数据帧。在 A 发送的帧传输到 B 的前一刻,B 结点开始发送自己的帧。这样,当 A 的帧到达 B 时,B 检测到了冲突。但是,如果在 B 的信号传输到 A 之前,A 的帧已经发送完毕,那么 A 就检测不到冲突并误认为帧的发送已经成功,不再重发该帧。由此可见,由于信号在信道的传输中具有传播时延,检测到冲突的发生需要一定的时间,因此只有发送的数据帧达到一定的长度,才能保证每个结点(包括发送结点)都能检测到冲突的发生。

图 2-6 发送结点未能检测到冲突

在 CSMA/CD 方法中,从发送一个帧开始到检测到冲突发生所需的最长时间被称为冲突窗口。为了计算冲突窗口,需要考虑最坏情况下检测到冲突所需的最长时间。在图 2-7 中,假设主机 A 和 B 为以太网中相距最远的两台主机,并且 A 到 B 的传播延迟为 τ。如果 A 在 t 时刻开始发送一个数据帧,那么这个帧的前沿将在 $t+\tau$ 时刻到达 B 主机。如果这时 B 也发送了一个数据帧,那么 B 会立刻检测到冲突。但是,由于传播延迟的存在,

冲突的信号再经过 τ 的时间才能传输到结点 A,因此结点 A 检测到冲突的时刻为 $t+2\tau$。所以,在最坏情况下,从开始发送到检测到冲突所用的时间为 2τ(即冲突窗口为 2τ)。在其他情况下,检测到冲突所用的时间都不会大于 2τ。

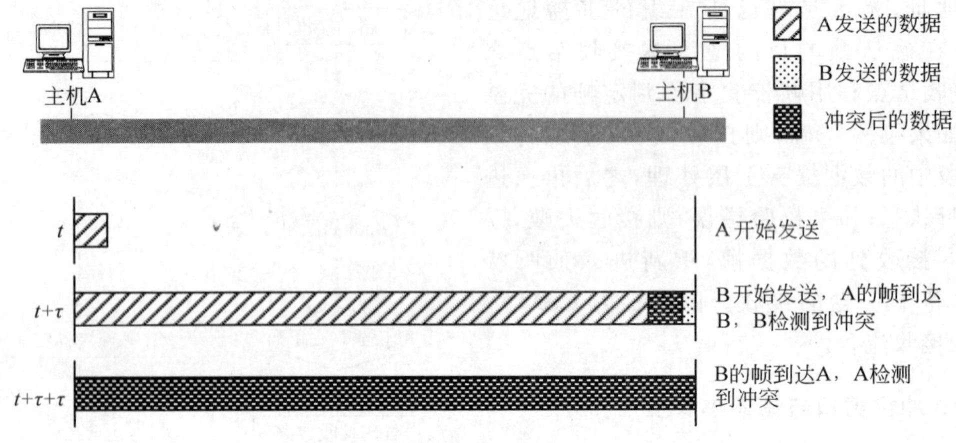

图 2-7　冲突窗口的计算示意图

为了使以太网中的所有结点都能检测到冲突,要求一帧的最小发送时间应大于冲突窗口的时间 2τ。设以太网的覆盖范围(即相距最远的结点之间的距离)为 L_{max},电磁波在共享介质中的传播速度为 V,帧的最小长度为 l_{min} 位,网络的数据传输速率为 v。由于电磁波在共享介质中的传播速度 V 通常为一个正的常数,因此,最小帧长度、最大覆盖范围与网络传输速率的关系可以表示为

$$\tau = \frac{L_{max}}{V}$$

$$\frac{l_{min}}{v} \geqslant 2\tau = 2 \times \frac{L_{max}}{V}$$

$$L_{max} \leqslant \frac{l_{min} \times V}{2v}$$

从上面的公式可以看到,如果网络的传输速率 v 固定,那么网络覆盖范围 L_{max} 的增大要求最小帧长度 l_{min} 相应地增大;如果最小帧长度 l_{min} 固定,那么网络传输速率的提高要求网络覆盖范围 L_{max} 相应地减小。

考虑到不同类型以太网之间的兼容性,以太网将最小帧长度设为固定的 512b(即 64B)。因此,当网络传输速率从 10Mbps 增加到 100Mbps 后,网络的覆盖范围大约减少到原来的 1/10。为了将覆盖距离扩展到可用的范围内,1Gbps 的以太网采用了帧组发(frame bursting)、载波扩展(carrier extension)等特定的技术。而 10Gbps 以太网则通过交换方式实现,完全抛弃了传统的共享介质方式。

在以太网中,冲突不是错误,但合法的冲突只会发生在冲突窗口之内。如果发送结点在冲突窗口时间内没有检测到冲突,则意味着网中的其他结点都开始正常接收,发送结点捕获了信道,这一帧接下来的发送不会再发生冲突。

2.2 以太网的传输介质

传输介质是指传输信号经过的各种物理环境。对于相互间传送编码信息的计算机，传输介质就是物理上将计算机相互连接起来的介质。以太网使用的传输介质主要包括同轴电缆、非屏蔽双绞线(Unshielded Twisted Paired，UTP)、屏蔽双绞线(Shielded Twisted Pair,STP)、光缆等,如图 2-8 所示。

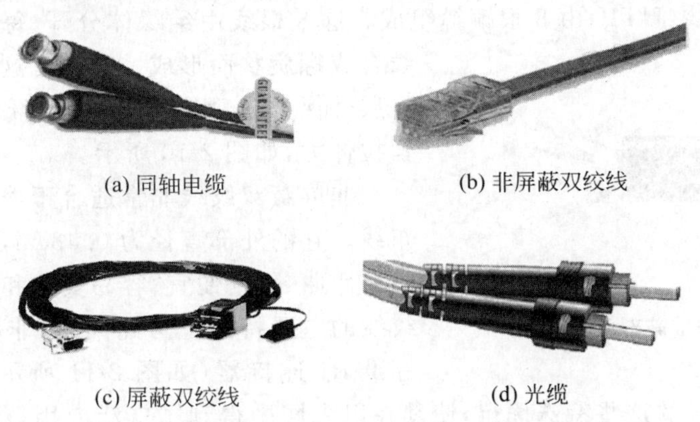

(a) 同轴电缆 (b) 非屏蔽双绞线

(c) 屏蔽双绞线 (d) 光缆

图 2-8 同轴电缆、非屏蔽双绞线、屏蔽双绞线及光缆

1. 同轴电缆

同轴电缆是由中空的圆柱状导体包裹着一根实心金属导体组成的,如图 2-9 所示。同轴电缆有两个导电单元。在电缆的中央有一根实心铜导体,实心铜导体的周围包裹着塑料绝缘层;而绝缘层的外部被一层金属网(或金属箔)包裹着,这层金属网(或金属箔)形成了同轴电缆的第二个导体。金属网对内导体起着屏蔽的作用,它能减少外部的干扰,提高传输质量。同轴电缆的最外部为外层保护套,可以保护内部两层导体和加强拉伸力。

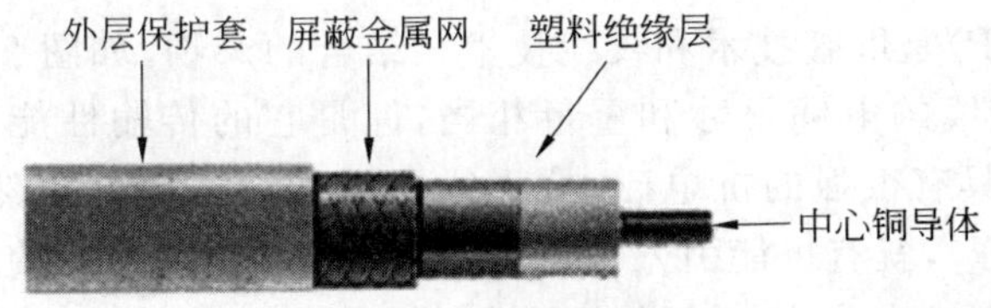

图 2-9 同轴电缆结构

同轴电缆具有较好的频率特性和抗干扰特性。与屏蔽双绞线或非屏蔽双绞线相比,信号可以在同轴电缆中传输更远的距离。因此,在没有中继器对传输信号放大的情况下,同轴电缆可以连接的局域网地域范围比双绞线大。同时,由于同轴电缆用于各种类型数据通信的时间已经很长,因此技术非常成熟。

以太网可以使用的同轴电缆有粗同轴电缆和细同轴电缆两种。这两种同轴电缆的特征阻抗都为 50Ω,但粗同轴电缆的直径为 1cm,而细同轴电缆的直径仅为 0.5cm。粗同轴电缆比细同轴电缆有更好的传输特性。

弯曲困难、重量大是同轴电缆的主要问题。由于安装及使用同轴电缆并不是一件简单的事情，因此，同轴电缆并不适合用于楼宇内的结构化布线。同轴电缆的这些问题严重阻碍了它在以太网中的应用。

同轴电缆以太网曾经风靡一时，但目前已被双绞线以太网取代。

2. 非屏蔽双绞线

非屏蔽双绞线(UTP)由 8 根铜缆组成。这 8 根线由绝缘体分开，每两根线通过相互绞合成螺旋状而形成一对。在这 4 对线的外部是一层外保护套，用于保护内部纤细的铜导体和加强拉伸力，如图 2-10 所示。

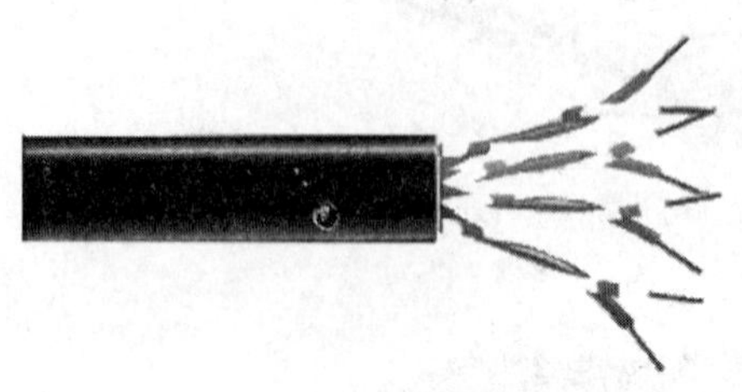

图 2-10 非屏蔽双绞线结构

非屏蔽双绞线非常适合于楼宇内部的结构化布线。它的外部直径为 0.43cm，尺寸小、重量轻、容易弯曲、价格便宜、容易安装和维护是非屏蔽双绞线的主要特点。与此同时，非屏蔽双绞线使用标准 RJ 连接器(如图 2-11 所示)，连接牢固、可靠。非屏蔽双绞线的这些特殊优点，使其在以太网中得到了广泛应用，获得了巨大成功。目前见到的大部分以太网都是通过非屏蔽双绞线连接而成的。

但是，与同轴电缆、光缆等传输介质相比，非屏蔽双绞线的抗干扰能力较弱，带宽较窄，传输距离也比较短。

非屏蔽双绞线按照传输特性的优劣可以分为 6 类线、5 类线、4 类线和 3 类线等。这些非屏蔽双绞线虽然外观基本相同，但其传输质量、抗干扰能力有很大区别。其中，类别的数字越大，双绞线的质量越好。10Mbps 以太网可以使用 3 类线进行连接，但对于 100Mbps、1Gbps 以太网则只能使用 5 类线或更高类别的线。

3. 屏蔽双绞线

屏蔽双绞线(STP)是屏蔽技术和绞线技术相结合的产物，如图 2-12 所示。尽管屏蔽双绞线与非屏蔽双绞线的电缆尺寸和重量相当，但是它的传输性能比非屏蔽双绞线好。如果安装合适，STP 具有很强的抗电磁、抗无线电干扰的能力。当然，如果安装不当(例如 STP 电缆接地不好)，就有可能引入很多外界干扰(因为它可以使屏蔽线作为天线，从其他导体中吸入电信号、电噪声等)，造成网络不能正常工作。

图 2-11 非屏蔽双绞线 RJ-45 连接器

图 2-12 屏蔽双绞线结构

4. 光缆

光缆是另一种常用的网络连接介质，这种介质能传输调制的光信号。用于网络连接的光缆由封装在隔开鞘中的两根光纤组成。从横截面观察，每根光纤都被反射包层、Kevlar 加固材料和外保护套所包围。光缆的导光部分由内核和包层构成。中心的内核由纯度非常高的玻璃构成，其折射率很高。内核外的包层由折射率很低的玻璃或塑料组成，这样在光纤中传输的光将在内核与包层的交界处形成全反射，如图 2-13 所示。与管道相似，光缆利用全反射将光线限制在光导玻璃中，即使在弯曲的情况下，光也能传输很远的距离。

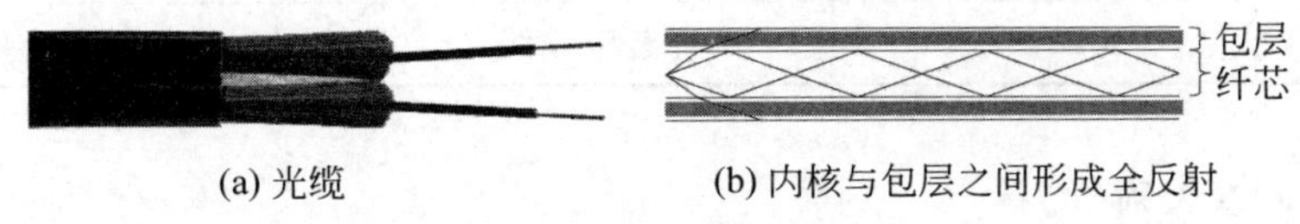

(a) 光缆　　(b) 内核与包层之间形成全反射

图 2-13　光缆结构及原理

Kevlar 加固层的作用是衬垫和保护细如发丝的脆弱玻璃光纤，而外保护套则为整个电缆提供保护。当需要掩埋光纤电缆时，有时还需要增加一根不锈钢丝，以提高其强度。

与 UTP、STP 和同轴电缆相比，光缆的传输速率更高。因为光缆中传输的是光而不是电脉冲，所以光缆既不受电磁干扰，也不受无线电干扰，更不会成为雷击的接入点。光缆具有传输损耗低、可防止内外噪声的特性，使光纤中的信号能够传输相当远的距离，这对设计覆盖范围广的网络非常有用。

但是，尽管光纤本身的价格不太贵，但其安装、维护和连接设备的价格却不能忽视。因为光连接器是光连接接口，所以它们必须非常光滑，不能有划痕，即使熟练的安装工接好一个接头也需要几分钟。如果工程比较大，其费用也相当大。

光纤可以分为单模光纤和多模光纤。这两种光纤在以太网中都有应用。其中，单模光纤的传输质量比多模光纤好，因此，单模光纤可以传输更远的距离，用于网络连接可以覆盖更广的地域范围。

2.3　以太网的相关标准

以太网可以利用同轴电缆、双绞线、光缆等不同的传输介质进行组网，也可以运行 10Mbps、100Mbps 及 1Gbps 的网络速度①。但是，只要是共享式以太网，不管其传输介质、网络速度、可覆盖的地理范围有多大不同，它们都使用相同的介质访问控制方法 CSMA/CD 和相同的帧结构。

以太网采用的主要技术标准包括 10BASE5、10BASE2、10BASE-T、100BASE-TX、100BASE-FX、1000BASE-X、1000BASE-T 等。它们的主要技术参数如表 2-1 所示。

① 由于 10Gbps 以太网不支持共享介质方式，因此这里不讨论 10Gbps 的相关特性。

表 2-1 以太网的主要标准和技术参数

速 率	标 准	使用的传输介质	物理构型
10Mbps	10BASE5	50Ω 粗同轴电缆	总线
	10BASE2	50Ω 细同轴电缆	总线
	10BASE-T	3 类、4 类、5 类或 6 类非屏蔽双绞线	星形
100Mbps	100BASE-TX	5 类或 6 类非屏蔽双绞线	星形
	100BASE-FX	光缆	星形
1Gbps	1000BASE-X	光缆或屏蔽双绞线	星形
	1000BASE-T	非屏蔽双绞线	星形

1. 10Mbps 以太网

(1) 10BASE5 和 10BASE2。10BASE5 和 10BASE2 采用总线型的物理构型，传输速率都为 10Mbps。10BASE5 标准要求以太网采用 50Ω 的粗同轴电缆，每段粗缆的最大长度不能超过 500m。因为 10BASE5 以太网中允许最多使用 4 个中继器连接 5 段粗缆，所以 10BASE5 的最大覆盖的地理范围为 2500m；10BASE2 标准要求以太网采用 50Ω 的细同轴电缆，每段细缆的最大长度不能超过 185m。在使用 4 个中继器的情况下，10BASE2 的最大覆盖的地理范围为 925m。10BASE5 和 10BASE2 在以太网发展初期风靡一时，但以后逐渐被易于结构化布线的双绞线以太网和光纤以太网所取代。

(2) 10BASE-T。其传输速率为 10Mbps，采用星形物理构型，可以使用 3 类、4 类、5 类或 6 类非屏蔽双绞线作为其传输介质。考虑到非屏蔽双绞线的传输质量，10BASE-T 标准规定每条非屏蔽双绞线的长度不能超过 100m。

2. 100Mbps 以太网

(1) 100BASE-TX。其传输速率为 100Mbps，采用星形物理构型。为了保证信号在 100Mbps 速率下的通信质量，100BASE-TX 要求使用 5 类以上的非屏蔽双绞线，并且每段非屏蔽双绞线的长度不能超过 100m。

(2) 100BASE-FX。使用多模光纤作为传输介质，可以组成星形以太网。每条光纤的最大长度限制在 415m 之内。

3. 1Gbps 以太网

(1) 1000BASE-X。包括 1000BASE-LX、1000BASE-SX 和 1000BASE-CX 三个千兆以太网标准。其中，1000BASE-LX 要求使用光纤作为传输介质，并采用长波激光传输器；1000BASE-SX 同样要求使用光纤作为传输介质，但采用短波激光传输器；1000BASE-CX 要求采用高质量的屏蔽双绞线作为传输介质，每段屏蔽双绞线的长度不能超过 25m。

(2) 1000BASE-T。要求使用 5 类以上非屏蔽双绞线，可以构成星形结构的千兆以太网。与此同时，1000BASE-T 要求每段非屏蔽双绞线的长度不能超过 100m。

2.4 组网所需的器件和设备

随着以太网技术的发展，同轴电缆以太网逐渐退出市场，共享式的千兆以太网逐渐被交换式的全双工网络取代。但由于组网费用低廉、实现技术简单，共享式的10BASE-T、100BASE-TX仍然是家庭或办公室用户进行组网的选择之一。组建不同类型的以太网需要不同的器件和设备。10BASE-T和100BASE-TX组网所需要的器件和设备包括带有RJ-45连接头的UTP电缆、带有RJ-45接口的以太网卡、10/100Mbps集线器、网桥等。

2.4.1 10/100Mbps以太网集线器

集线器(hub)处于星形物理构型的中心，是以太网中最重要、最关键的设备之一。只有通过集线器，网络中结点之间的通信才能完成。集线器通常用作以太网的集中连接点，能够对过往的信号进行放大和整形处理。

集线器通常采用RJ-45标准接口，图2-14显示了一个具有多个RJ-45端口的以太网集线器(一般集线器可以拥有2～24个端口)。主机或其他终端设备可以通过UTP电缆与集线器RJ-45端口相连，成为网络的一部分。由于集线器具有信号放大功能，因此，也可以利用集线器的级联将以太网的覆盖范围扩大。

集线器的主要问题是不能过滤通过的数据流和无路径检测功能。所谓的“过滤”，就是对接收信息进行分析，决定是否将具有一定特征(如具有某一特定源地址或目的地址)的信息转发出去。从逻辑上看，通过集线器组成的以太网(不论是单一集线器组成的还是集线器级联组成的)是由一条电缆连接起来的。当数据到达一个端口后，集线器不经过路径检测及过滤处理，直接将信息“广播”到所有端口，不管这些端口连接的设备是否需要这些数据。结点越多，集线器“广播”量越大，整个网络的性能也就越差。另外，由于集线器内部采用“总线”的方式，因此在一个使用集线器组成的局域网中，所有的主机和集线器都应该使用相同的速率，不同速率的集线器也不能进行级联。

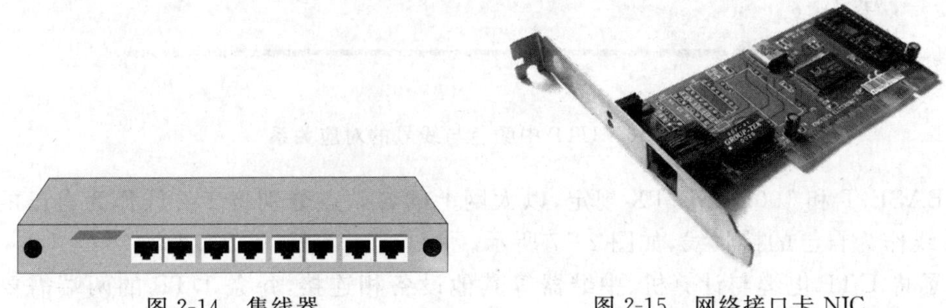

图2-14 集线器

图2-15 网络接口卡NIC

2.4.2 10/100Mbps网络接口卡

网络接口卡简称网卡，是构成网络的基本部件(如图2-15所示)。通过在计算机中添

加网络接口卡,可以将计算机与以太网中的通信介质相连,从而达到将计算机接入网络的目的。网卡的主要功能包括:

- 实现计算机与局域网传输介质之间的物理连接和电信号匹配,接收和执行计算机送来的各种控制命令,完成物理层功能。
- 按照使用的介质访问控制方法,实现共享网络的介质访问控制、信息帧的发送与接收、差错校验等数据链路层的基本功能。
- 提供数据缓存能力,实现无盘工作站的复位和引导。

组装双绞线以太网所需的网卡必须带有标准的 RJ-45 接口,以便网卡与双绞线相连。按照传输速率的不同,网卡可以分为 10Mbps、100Mbps、10/100Mbps 网卡等几类。带有 RJ-45 接口的 10Mbps 网卡可以用来组装 10Mbps 的以太网,通常与符合 10BASE-T 标准的以太网集线器相连。而带有 RJ-45 接口的 100Mbps 网卡则可以用来组装 100Mbps 的以太网,通常与符合 100BASE-TX 标准的以太网集线器相连。对于 10/100Mbps 自适应网卡,则可以根据网络中使用的以太网集线器的类别自动适应网络的速率。

2.4.3 10/100Mbps 以太网中的非屏蔽双绞线

作为 10BASE-T 和 100BASE-TX 网络的传输介质,非屏蔽双绞线在组网中起着重要的作用。尽管非屏蔽双绞线中拥有 4 对导线,但 10BASE-T 和 100BASE-TX 仅利用其中的两对导线进行信息传输。

为了使用方便,UTP 中的 8 芯导线采用了不同的颜色。其中橙和橙白形成一对,绿和绿白形成一对,蓝和蓝白形成一对,棕和棕白形成一对。图 2-16 显示了 UTP 中颜色与线号的对应关系。

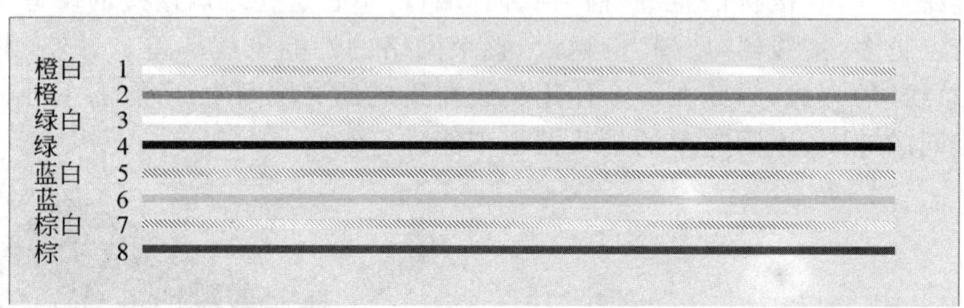

图 2-16 UTP 中颜色与线号的对应关系

10BASE-T 和 100BASE-TX 规定,以太网上的各站点分别将 1、2 线作为自己的发送线,3、6 线作为自己的接收线,如图 2-17 所示。

为了将 UTP 电缆与计算机、中继器等其他设备相连接,每条 UTP 的两端需要安装 RJ-45 接头(也叫作 RJ-45 水晶头)。图 2-18 显示了 RJ-45 接头的示意图和一条带有 RJ-45 接头的 UTP 电缆。

带有 RJ-45 接头的 UTP 电缆可以使用专用的剥线/压线钳制作。根据制作过程中线对的排列不同,以太网使用的 UTP 电缆分为直通 UTP 电缆和交叉 UTP 电缆。

图 2-17 以太网上的收发线对

图 2-18 RJ-45 接头示意图和一条带有 RJ-45 接头的 UTP 电缆

1. 直通 UTP 电缆

在通信过程中，计算机的发线要与集线器的收线相接，计算机的收线要与集线器的发线相连。但由于集线器内部发线和收线进行了交叉，如图 2-19 所示，因此，在将计算机连入集线器时需要使用直通 UTP 电缆。

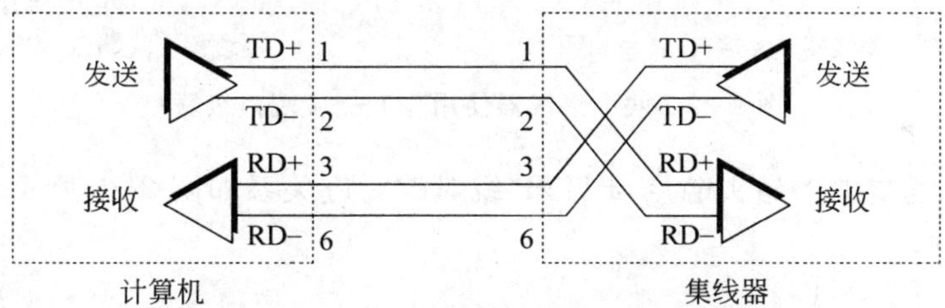

图 2-19 直通 UTP 电缆的使用

直通 UTP 电缆中水晶头触点与 UTP 线对的对应关系如图 2-20 所示。

图 2-20 直通 UTP 电缆的线对排列

2. 交叉 UTP 电缆

计算机与集线器的连接可以使用直通 UTP 电缆，那么集线器与集线器之间的级联使用什么样的电缆呢？

集线器之间的级联可以采取两种不同的方法。如果利用集线器的直通级联端口与另一集线器的普通交叉端口相连接，如图 2-21 所示，那么普通的直通 UTP 电缆就可以完成级联任务。如果利用集线器的普通交叉端口与另一集线器的普通交叉端口相连，如图 2-22 所示，则必须使用交叉 UTP 电缆。

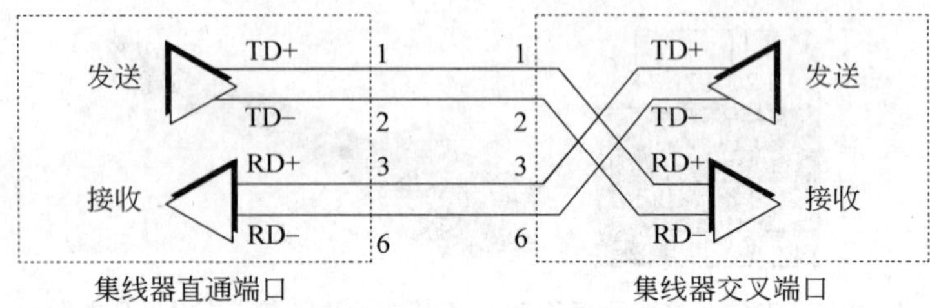

图 2-21 利用直通级联端口与另一集线器的普通端口相连

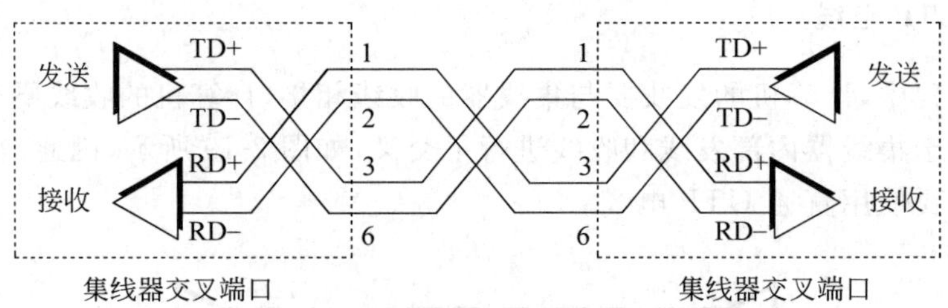

图 2-22 两个集线器使用普通交叉端口级联

交叉 UTP 电缆中水晶头触点与 UTP 线对的对应关系如图 2-23 所示。

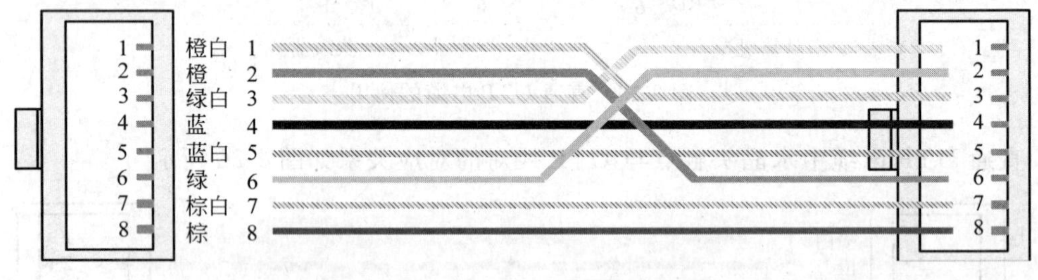

图 2-23 交叉 UTP 电缆的线对排列

2.5 双绞线以太网的组网

根据网络规模和计算机的分布情况，利用非屏蔽双绞线和集线器组建双绞线以太局域网可以采用单一集线器结构和多集线器级联结构。

2.5.1 单一集线器结构

如果网络的规模不大，需要联网的计算机比较集中，则可以使用单一集线器模式进行组网。根据网络应用对网络速率的要求，可以组成 10Mbps 或 100Mbps 的网络。

如果组建单一集线器结构的 10Mbps 以太局域网，只要将安装有 10Mbps 网卡(或 10/100Mbps 自适应网卡)的计算机通过 3 类以上的非屏蔽双绞线与 10BASE-T 集线器相连即可。但要注意，结点到集线器的非屏蔽双绞线最大长度不能超过 100m。

组建单一集线器结构的 100Mbps 以太局域网，计算机中必须安装 100Mbps 网卡(或 10/100Mbps 自适应网卡)，并通过 5 类以上的非屏蔽双绞线与 100BASE-TX 集线器相连。对于 100Mbps 单集线器结构的以太网而言，每段非屏蔽双绞线的最大长度同样不能超过 100m。

单一集线器结构的以太网适宜于小型工作组规模的局域网，典型的单一集线器一般可以支持 2～24 台计算机联网。单一集线器结构的以太网示意图如图 2-24 所示。

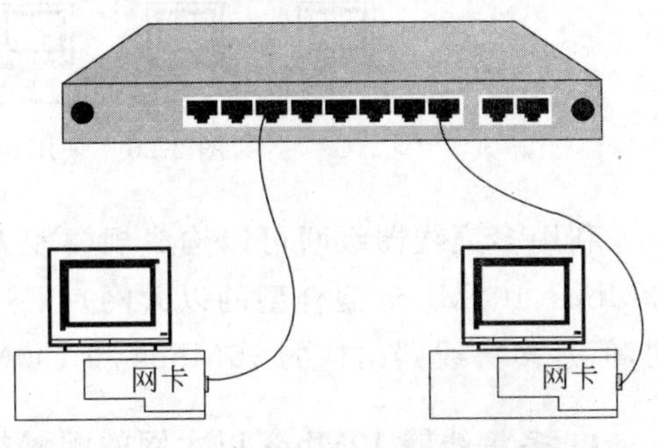

图 2-24 单一集线器结构的以太网示意图

2.5.2 多集线器级联结构

当需要联网的计算机数超过单一集线器所能提供的端口数时，或者需要联网的计算机位置比较分散时，可以使用多集线器级联方式进行组网。

通常，集线器都提供一个上行端口，专门用来同其他集线器进行级联。利用上行端口，可以使用直通 UTP 电缆与另一台集线器的普通端口进行级联。当集线器不提供上行级联端口或上行级联端口被占用的情况下(例如多集线器的复杂级联结构)，则需要使用两个集线器上的普通端口进行级联。利用一个集线器的普通端口与另一集线器的普通端口级联必须使用交叉 UTP 电缆。

多集线器进行级联时，一般可以采用平行式级联(如图 2-25 所示)和树形级联(如图 2-26 所示)两种方式。

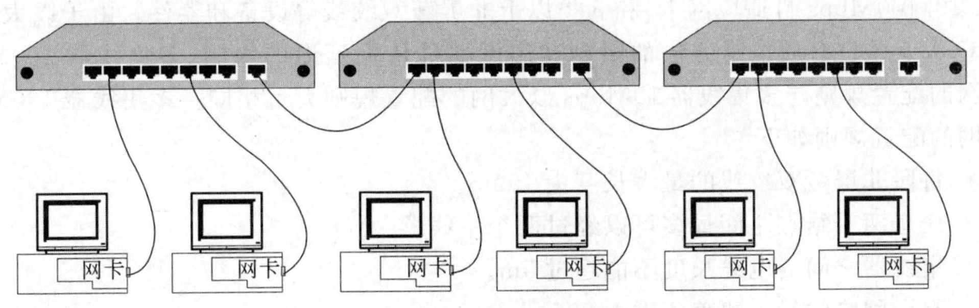

图 2-25 采用平行式结构的多集线器级联

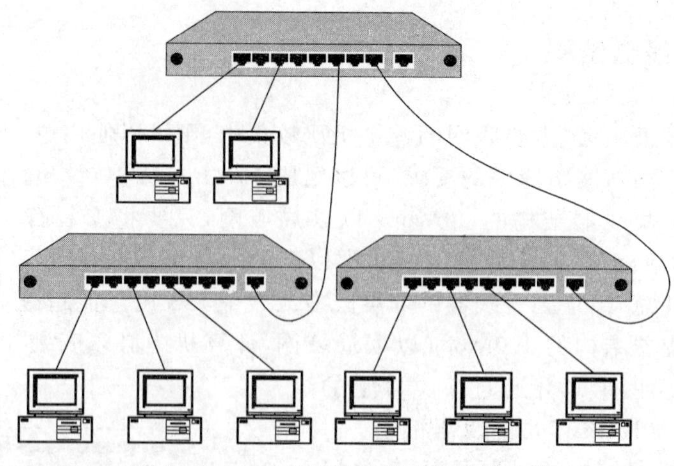

图 2-26 采用树形结构的多集线器级联

利用多集线器级联可以构成规模较大的 10Mbps 或 100Mbps 以太网(但不可能组成 10Mbps、100Mbps 混合型的以太网)。尽管 10Mbps 和 100Mbps 网络的连接方法基本相同,但是多集线器结构的 10Mbps 和 100Mbps 网络的配置规则却有很大的不同。

1. 多集线器 10Mbps 以太网的配置规则

与单集线器结构的 10Mbps 以太网相同,组装多集线器结构的 10Mbps 以太网也需要使用 10BASE-T 集线器、10Mbps 网卡(或 10/100Mbps 自适应网卡)和 3 类以上非屏蔽双绞线等设备和器件。但是,在组网过程中,多集线器 10Mbps 以太网必须符合以下配置规则,否则就会出现网络不可靠或不通的现象。

- 每段 UTP 电缆的最大长度为 100m。
- 任意两个结点之间最多可以有 5 个网段,经过 4 个集线器。
- 整个网络的最大覆盖范围为 500m。
- 网络中不能出现环路。

2. 多集线器 100Mbps 以太网的配置规则

组装多集线器结构的 100Mbps 以太网需要使用 100BASE-TX 集线器、100Mbps 网卡(或 10/100Mbps 自适应网卡)和 5 类以上非屏蔽双绞线等设备和器件。由于以太网使用的 CSMA/CD 介质控制方法的限制和组网器件传输延迟的限制,多集线器 100Mbps 以太网的配置规则与多集线器 10Mbps 以太网的配置规则大不相同。多集线器 100Mbps 以太网的配置规则如下:

- 每段非屏蔽双绞线的最大长度为 100m。
- 任意两个结点之间最多可以经过两个集线器。
- 集线器之间的电缆长度不能超过 5m。
- 整个网络的最大覆盖范围为 205m。
- 网络中不能出现环路。

2.6 实验：组建简单的以太网

通过组建以太网，可以熟悉局域网所使用的基本设备和器件，学习 UTP 电缆的制作过程，了解网卡的配置方法，熟悉网卡驱动程序的安装步骤，掌握以太网的连通性测试方法。

2.6.1 设备、器件及测量工具的准备和安装

1. 所需设备和器件

在动手组建以太网之前，需要准备计算机、网卡、集线器和其他网络器件。作为练习，可以将局域网组建成 10Mbps 的以太网，也可以组建成 100Mbps 的局域网。具体所需的设备和配件如表 2-2 和表 2-3 所示。

表 2-2 组建 10Mbps 以太网所需的设备和器件

设备和器件名称	数 量
PC	2 台以上
带有 RJ-45 端口的 10Mbps 以太网卡（或 10/100Mbps 自适应网卡）	2 块以上
10Mbps 以太网集线器	1 台（如组装级联结构的以太网则需 2 台以上）
RJ-45 水晶接头	4 个以上
3 类以上非屏蔽双绞线	若干米

表 2-3 组建 100Mbps 以太网所需的设备和器件

设备和器件名称	数 量
PC	2 台以上
带有 RJ-45 端口的 100Mbps 以太网卡（或 10/100Mbps 自适应网卡）	2 块以上
100Mbps 以太网集线器	1 台（如组装级联结构的以太网则需 2 台）
RJ-45 水晶接头	4 个以上
5 类以上非屏蔽双绞线	若干米

2. 工具准备

组建以太网，除了需要准备构成以太网所需要的设备和器件外，还需要准备必要的工

具。最基本的工具包括制作网线使用的剥线/夹线钳1把及测量电缆连通性的电缆检测仪1台(如图2-27所示)。

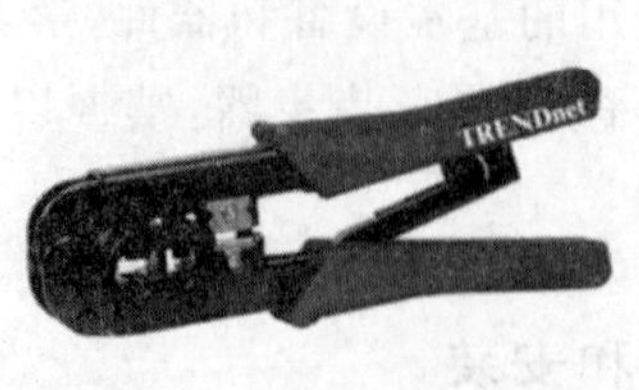

(a) 剥线/夹线钳

(b) 电缆检测仪

图2-27 剥线/夹线钳和电缆检测仪

3. 制作非屏蔽双绞线

(1) 取一段长度适中的非屏蔽双绞线,用RJ-45电缆专用剥线/夹线钳将电缆两端的外皮剥去约12mm,观察电缆内部8芯引线的色彩,并按照图2-20所示的色彩顺序排好,再用剥线/夹线钳将8芯引线剪齐。

(2) 取出RJ-45水晶头,将排好顺序的非屏蔽双绞线按照图2-20插入RJ-45接头内,用RJ-45专用剥线/夹线钳将接头压紧,确保无松动现象。在电缆的另一端,按照同样的方法,将RJ-45水晶头与非屏蔽双绞线相连,形成一条直通UTP电缆。

(3) 利用电缆检测仪测试制作完成的电缆,保证全部接通。

4. 安装以太网卡

网卡是计算机与网络的接口,中断、DMA通道、I/O基地址和存储基地址是以太网卡经常需要配置的参数。根据选用的网卡不同,参数的配置方法也不同。有些网卡可以通过拨动开关进行配置,而有些则需要通过软件进行配置。不管采用哪种方式,在配置参数过程中,应保证网卡使用的资源与计算机中的其他设备不发生冲突。目前,大部分以太网卡都支持即插即用的配置方式,如果计算机使用的操作系统也支持即插即用(如Windows系列操作系统),那么,系统将对参数进行自动配置,不需要手工配置。

安装网卡的过程很简单,但是需要注意,在打开计算机的机箱前,一定要切断计算机的电源。在将设置好的网卡插入计算机扩展槽中后,拧上固定网卡用的螺丝,再重新装好机箱。

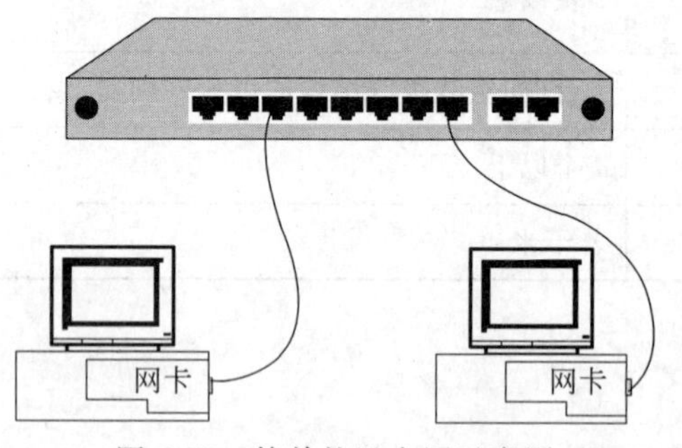

图2-28 简单的以太网示意图

5. 将计算机接入网络

利用制作的直通UTP电缆将计算机与集线器连接起来,就形成了一个如图2-28所示的简单以太网。

2.6.2 网络连通性测试

在完成计算机与集线器的连接之后，需要测试网络的连通性，以保证网络的畅通。网络的连通性测试可以采用以下方法：

1. 观察集线器和网卡状态指示灯的变化

大部分集线器和部分网卡有状态指示灯，通过这些指示灯可以了解网络的连通情况。

2. 利用网卡自带的测试和诊断软件进行测试

在通常情况下，网卡都带有测试和诊断软件。这种软件通常在DOS下运行，不需要安装复杂的操作系统就可以对安装配置后的网卡及网络的连通性进行测试和诊断。图2-29显示了RTL8139 10/100Mbps以太网卡的测试和诊断软件的主界面。该软件可以查看和配置网卡参数，检测本地网卡的有效性，以及测试网络的连通性。

图2-29 RTL8139以太网卡测试程序主界面

3. 用ping命令测试网络的连通性

ping命令是测试网络连通性最常用的命令之一。它通过发送数据包到对方主机，再由对方主机将该数据包返回来测试网络的连通性。网络硬件安装完成并通过连通性检测后，就可以安装和配置网络软件了。不过在使用ping命令测试网络的连通性之前，首先需要安装和配置网卡驱动程序、TCP/IP软件模块。

(1) 网卡驱动程序的安装和配置。网卡驱动程序的主要功能是实现网络操作系统上层程序与网卡的接口。它随网卡和操作系统的不同而不同，通常由网卡的生产厂家提供。由于Windows、Linux等操作系统集成了常用的网卡驱动程序，所以安装这些常见品牌的网卡驱动程序比较简单，不需要额外的软件。如果选用的网卡较为特殊，那么安装就必须使用随同网卡发售的驱动程序。在Windows 2003 Server环境下，手工安装网卡驱动程序可以通过桌面上的“开始”→“控制面板”→“添加/删除硬件”实现。

(2) TCP/IP 模块的安装和配置。为了实现资源共享,操作系统需要安装一种称为“网络通信协议”的模块。网络通信协议有多种,由于 TCP/IP 是目前最常用的网络协议,因此 TCP/IP 模块通常会在 Windows、Linux 等操作系统安装时自动安装。为了使用 ping 命令,用户仅需要配置 TCP/IP 模块的 IP 地址。在 Windows 2003 Server 中配置 IP 地址可以通过“开始”→“控制面板”→“网络连接”→“本地连接”→“属性”[①]进入“本地连接属性”对话框(如图 2-30 所示),然后选中“Internet 协议(TCP/IP)”并单击“属性”按钮进入“Internet 协议(TCP/IP)属性”对话框(如图 2-31 所示)。在 192.168.0.1 至 192.168.0.254 之间任选一个 IP 地址填入图 2-31 中的“IP 地址”文本框(注意网络中每台计算机必须选用不同的 IP 地址),同时在“子网掩码”文本框中填入 255.255.255.0。

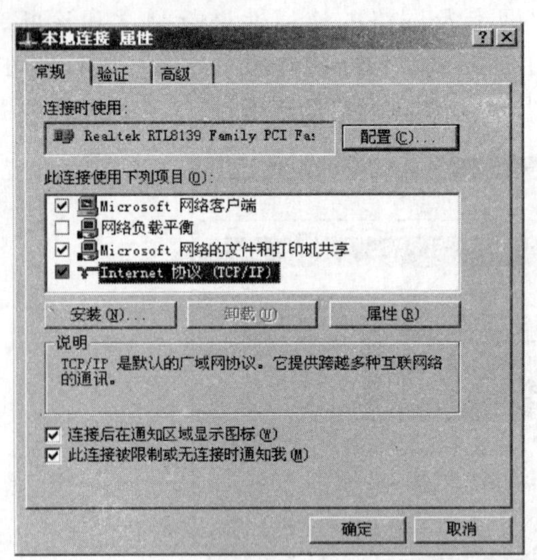

图 2-30 “本地连接 属性”对话框

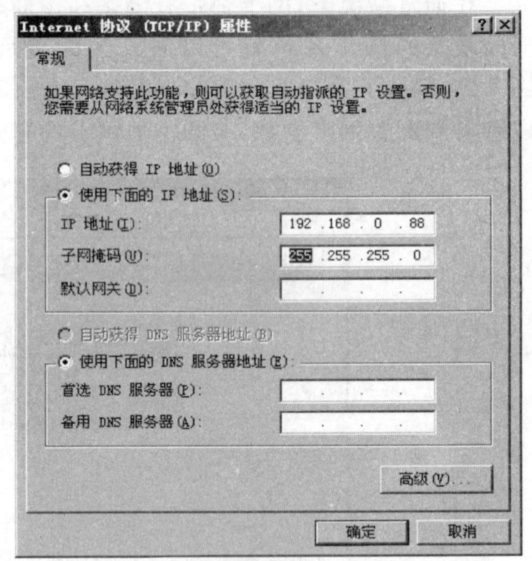

图 2-31 配置 IP 地址和子网掩码

网卡驱动程序和 TCP/IP 模块安装、配置完成之后,就可以使用 ping 命令测试网络的连通性。ping 命令是一个较高层次的网络测试命令,它的测试成功不仅表示网络的硬件连接是有效的,而且也表示操作系统中网络通信模块的运行是正确的。ping 命令非常容易使用,只要在 ping 之后加上对方主机的 IP 地址即可,如图 2-32 所示。如果测试成功,命令将给出测试包发出到收回所用的时间。在以太网中,这个时间通常小于 10ms。如果网络不通,ping 命令将给出超时提示。这时,需要重新检查网络的硬件和软件,直到 ping 通为止。

① Windows 系统的设置不同,桌面“开始”菜单中各个项目的位置稍有差异。本书使用的程序通常可以在桌面“开始”菜单中的“控制面板”“管理工具”“附件”及“所有程序”中找到。

```
cmd
D:\WINNT>
D:\WINNT>
D:\WINNT>
D:\WINNT>
D:\WINNT>
D:\WINNT>
D:\WINNT>
D:\WINNT>
D:\WINNT>
D:\WINNT>
D:\WINNT>ping 192.168.0.86

Pinging 192.168.0.86 with 32 bytes of data:

Reply from 192.168.0.86: bytes=32 time<10ms TTL=128
Reply from 192.168.0.86: bytes=32 time<10ms TTL=128
Reply from 192.168.0.86: bytes=32 time<10ms TTL=128
Reply from 192.168.0.86: bytes=32 time<10ms TTL=128

Ping statistics for 192.168.0.86:
    Packets: Sent = 4, Received = 4, Lost = 0 (0% loss),
Approximate round trip times in milli-seconds:
    Minimum = 0ms, Maximum =  0ms, Average =  0ms

D:\WINNT>_
```

图 2-32 利用 ping 命令测试网络的连通性

2.6.3 集线器级联

如果有两台相同速率的集线器，那么可以尝试一下集线器的级联。集线器的级联应严格遵守多集线器级联配置规则。

如果集线器具有级联端口，那么可以通过直通 UTP 电缆将一台集线器的级联端口连入另一台集线器的普通端口。这条直通 UTP 电缆与计算机接入集线器使用的 UTP 电缆相同(如图 2-33 所示)。由于集线器级联使用的直通 UTP 电缆与计算机接入集线器的 UTP 电缆相同，因此，在安装过程中不容易产生混乱，管理较为方便。如果可能，建议尽量采用这种方式进行级联。

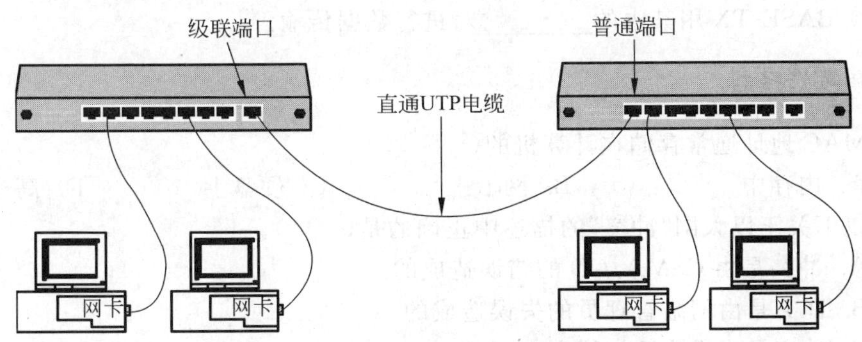

图 2-33 使用直通 UTP 电缆级联集线器

如果集线器没有级联端口，那么可以使用两台集线器上的普通端口进行级联。使用普通端口进行级联，必须采用交叉 UTP 电缆(如图 2-34 所示)。由于该交叉 UTP 电缆与计算机接入集线器使用的直通 UTP 电缆不同，因此，如果采用这种方式进行级联，一定要将级联使用的交叉 UTP 电缆做好标记，以免与计算机接入集线器使用的直通 UTP 电缆混淆。

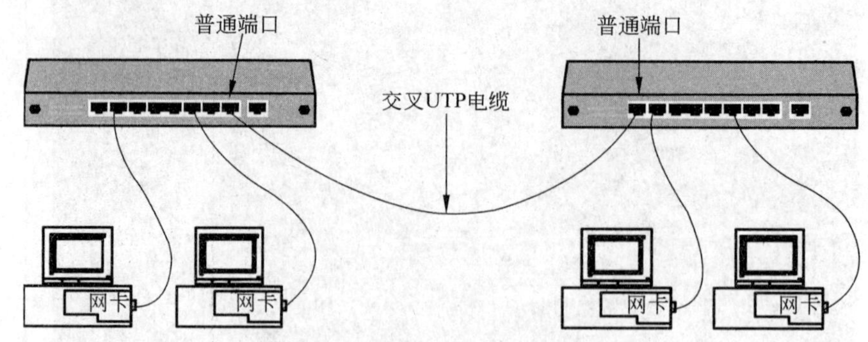

图 2-34 使用交叉 UTP 电缆级联集线器

在完成集线器的级联后，可以按照 2.6.2 节所述的方法测试网络的连通性。不过这两台进行连通性测试的计算机需要分别连接在两台级联的集线器上。

练习与思考

一、填空题

(1) 以太网使用________介质访问控制方法。

(2) 以太网 MAC 地址的长度为________位。

(3) CSMA/CD 的发送流程可以概括为________，边听边发，冲突停止，延迟重发。

(4) 在将计算机与 10BASE-T 集线器进行连接时，UTP 电缆的长度不能大于________米。在将计算机与 100BASE-TX 集线器进行连接时，UTP 电缆的长度不能大于________米。

(5) 非屏蔽双绞线由________对导线组成，10BASE-T 用其中的________对进行数据传输，100BASE-TX 用其中的________对进行数据传输。

二、单项选择题

(1) MAC 地址通常存储在计算机的(　　)。

A. 内存中　　B. 网卡上　　C. 硬盘上　　D. 高速缓冲区

(2) 以下关于以太网"冲突"的描述中正确的是(　　)。

A. 冲突是由 CSMA/CD 的错误造成的

B. 冲突是由网络管理员的失误造成的

C. 冲突是由操作系统错误造成的

D. 冲突是一种正常现象

(3) 以太网规定的最小帧长度为(　　)。

A. 64B　　B. 128B　　C. 256B　　D. 512B

(4) 在以太网中，集线器的级联(　　)。

A. 必须使用直通 UTP 电缆　　　　　　　　B. 必须使用交叉 UTP 电缆

C. 必须使用同一种速率的集线器　　　　　　D. 必须使用专用上行端口

(5) 以下关于以太网集线器的描述中正确的是(　　)。

A. 以太网集线器具有放大接收信号功能

B. 以太网集线器具有信息过滤功能

C. 以太网集线器具有路径检测功能

D. 以太网集线器具有交换功能

三、动手与思考题

以太网组网是网络应用中最基本的技术之一。组网的优劣直接关系到网络的可靠性。在完成本章实验的过程中,请练习和思考以下问题。

(1) 以太网利用 CDMA/CD 作为其介质访问控制方法。因此,结点发出的帧在共享介质上发生冲突并不是一种错误。但在网络负载较重的情况下,频繁的冲突将严重影响网络的效率。目前,多数的集线器都具有冲突指示灯。通过集线器的指示灯,观察你所组建的以太网上的冲突情况。

(2) 在只有两台计算机的情况下,可以利用以太网卡和 UTP 电缆直接将它们连接起来,构成如图 2-35 所示的小网络。想一想组装这样的小网络需要什么样的网卡和 UTP 电缆。动手试一试,验证你的想法是否正确。

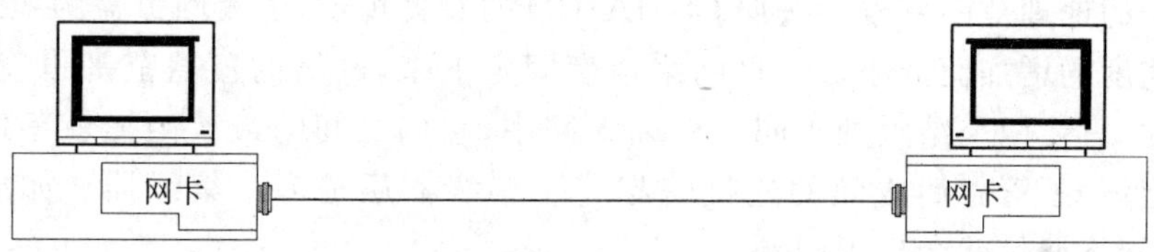

图 2-35　两台计算机的小网络

第3章 交换与虚拟局域网

随着CPU运算速度的提升及快速网络操作系统的出现，主机的处理数据能力成倍地增长。在此背景下，主机之间信息交换需求越来越大，数据交换量与日俱增(如多媒体应用的普遍使用等)。而在共享式以太网中，所有结点的发送共享同一传输介质。网络负荷的加重(包括交换数据量的增大、结点的增多等)使数据冲突的可能性进一步增大，进而使以太网的传输效率急剧下降。现在，处于同一个以太网上的两个工作站就很容易使网络饱和。为了提高以太网在高负荷状态下的传输效率，交换技术应运而生。

3.1 交换式以太网的提出

3.1.1 共享式以太网存在的问题

传统的共享式以太网是最简单、最便宜、最常用的一种局域网。但是，在网络应用和组网过程中，共享式以太网也暴露出以下弱点。

- 覆盖的地理范围有限。按照CSMA/CD的有关规定，以太网覆盖的地理范围随网络速度的增加而减小。一旦网络速度固定下来，网络的覆盖范围也就固定下来。因此，只要两个结点处于同一个以太网中，它们之间的最大距离就不能超过这一固定值，不管它们之间的连接跨越一个集线器还是多个集线器。如果超过这个值，网络通信就会出现问题。
- 网络总带宽容量固定。传统的以太网是一个共享式的以太局域网，网络上的所有结点共享同一传输介质。在一个结点使用传输介质的过程中，另一结点必须等待。因此，共享式以太网的固定带宽容量被网络上的所有结点共同拥有，随机占用。网络中的结点越多，每个结点平均可以使用的带宽越窄，网络的响应速度也会越慢。例如，对于一个使用100BASE-TX技术的100Mbps以太网，如果连接10个结点，则每个结点平均带宽为10Mbps；如果连接结点增加到100个，则每个结点平均带宽下降为1Mbps。另外，在发送结点竞争共享介质的过程中，冲突是不可避免的。冲突会造成发送结点随机延迟和重发，进而浪费网络带宽。随着网络中结点数的增加，冲突概率必然加大，相应的带宽浪费也会越大。
- 不能支持多种速率。网络应用是多种多样的。有的应用信息传输量小，低速网络就可以满足要求；而有的应用信息传输量大，要求快速的网络响应。不同速率的混合型组网不但有其存在的客观要求，而且也可以提高组网的性能价格比。但是，由于以太网共享传输介质，因此，网络中的设备必须保持相同的传输速率，否则一个设备发送的信息，另一个设备不可能收到。单一的共享式以太网不可能提供多种速率的设备支持。

3.1.2 交换的提出

通常,人们利用"分段"的方法减小冲突的范围,进而解决共享式以太网存在的问题。所谓的"分段",就是将一个大型的以太网分割成两个或多个小型的以太网,每个段(分割后的每个小以太网)使用 CSMA/CD 介质访问控制方法维持段内用户的通信。段与段之间通过一种"交换"设备进行沟通。这种交换设备可以从一段接收信息,经过一定的处理转发给另一段。

图 3-1 对一个较大的以太网进行了分段。其中图 3-1(a)给出了一个通过集线器级联组成的大型以太网。尽管部门 1、部门 2 和部门 3 都通过各自的集线器组网,但是,由于使用共享式集线器连接各个部门的集线器,各个部门全部处于同一个冲突域中,因此,所构成的网络仍然属于一个大的以太网。这样,每台计算机发送的信息都会在全网流动,即使它访问的是本部门的服务器。

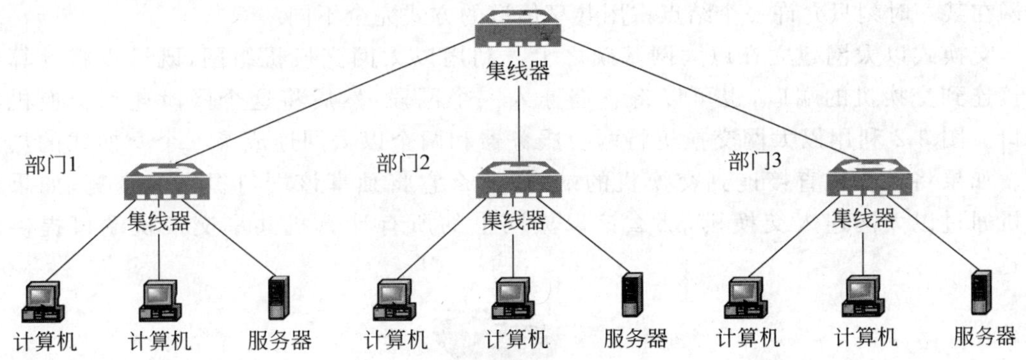

(a) 利用集线器级联组成大型的共享以太网

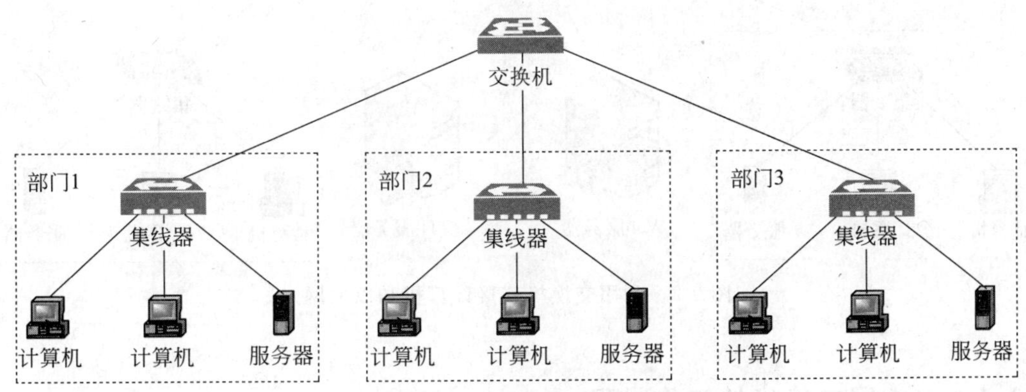

(b) 利用交换设备将共享以太网分段

图 3-1 利用交换设备对共享式以太网分段

通常,部门内部计算机之间的相互访问是最频繁的。为了限制部门内部信息在全网流动，图 3-1(b)将整个大共享式以太网分段，每个部门组成一个小的以太网，部门之间通过交换设备相互连接。通过分段，一个大的以太网冲突域被划分成多个小的冲突域，既可以保证部门内部信息不会流至其他部门，又可以保证部门之间的信息交互。以太网结点的减少使冲突和碰撞的概率更小，网络的传输效率更高。不仅如此，分段之后，各段可按需要选择自己的网络速率，组成性价比更高的网络。

交换设备有多种类型，局域网交换机、路由器等都可以作为交换设备。交换机工作于数据链路层，用于连接较为相似的网络(例如以太网-以太网)；而路由器工作于互联层，可以实现异型网络的互联(例如以太网-帧中继网)。

3.2 以太网交换机的工作原理

以太网交换机是较为典型的局域网交换机。以太网交换机可以通过交换机端口之间的多个并发连接，实现多结点之间数据的并发传输。这种并发数据传输方式与共享式以太网在某一时刻只允许一个结点占用共享信道的方式完全不同。

交换式以太网建立在以太网基础之上。利用以太网交换机组网，既可以将计算机直接连到交换机的端口，也可以将它们连入一个网段，然后将这个网段连到交换机的端口。图 3-2 利用以太网交换机将两台服务器和两个以太网连成了一个交换式的局域网。如果将计算机直接连到交换机的端口，那么它将独享该端口提供的带宽；如果计算机通过以太网连入交换机，那么该以太网上的所有计算机共享交换机端口提供的带宽。

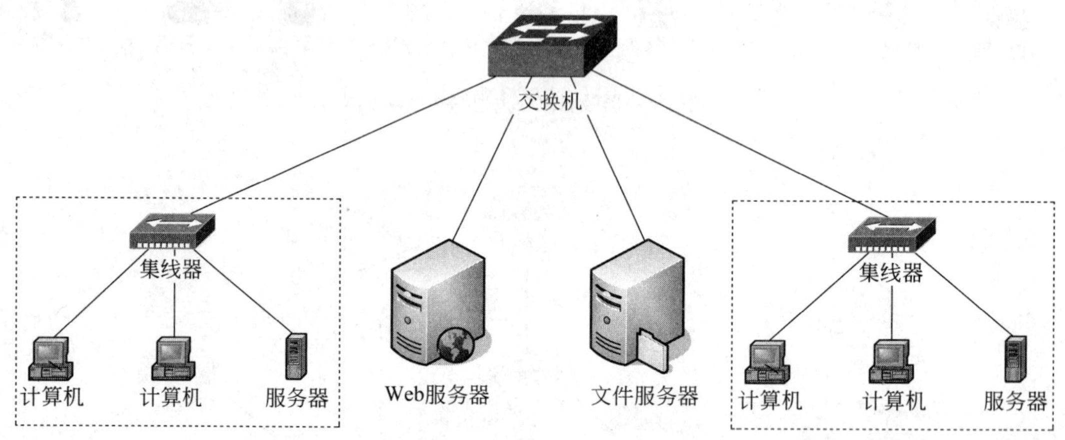

图 3-2 利用交换机连接计算机和以太网

3.2.1 以太网交换机的工作过程

典型的交换机结构与工作过程如图 3-3 所示。图中的交换机有 6 个端口，其中端口 1、5、6 分别连接了结点 A、结点 D 和结点 E。结点 B 和结点 C 通过共享式以太网连入交换机的端口 4。"端口/MAC 地址映射表"位于交换机的内存中，它记录了交换机每个端口上连接的计算机的 MAC 地址。

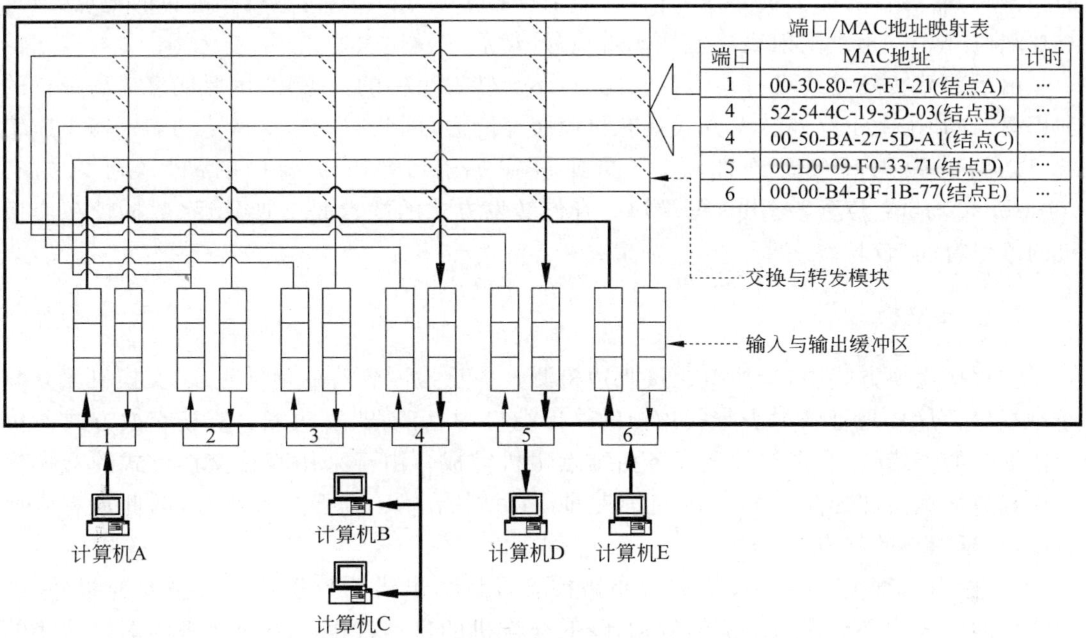

端口/MAC地址映射表

端口	MAC地址	计时
1	00-30-80-7C-F1-21(结点A)	…
4	52-54-4C-19-3D-03(结点B)	…
4	00-50-BA-27-5D-A1(结点C)	…
5	00-D0-09-F0-33-71(结点D)	…
6	00-00-B4-BF-1B-77(结点E)	…

交换与转发模块

输入与输出缓冲区

1 2 3 4 5 6

计算机A 计算机B 计算机C 计算机D 计算机E

图 3-3 交换机的结构与工作过程

当结点 A 需要向结点 D 发送信息时,结点 A 首先将带有目的地址＝结点 D 的帧发往交换机端口 1。交换机接收该帧,并在检测到其目的地址＝结点 D 后,在交换机的"端口/MAC 地址映射表"中查找结点 D 所连接的端口号。一旦查到结点 D 所连接的端口号为 5,交换机将在端口 1 与端口 5 之间建立连接,将信息转发到端口 5。

与此同时,结点 E 需要向结点 B 发送信息。于是,交换机的端口 6 与端口 4 也建立一条连接,并将端口 6 接收到的信息转发至端口 4。

这样,交换机在端口 1 至端口 5 和端口 6 至端口 4 之间建立了两条并发的连接。结点 A 和结点 E 可以同时发送信息,结点 D 和接入交换机端口 4 的以太网可以同时接收信息。根据需要,交换机的各端口之间可以建立多条并发连接。交换机利用这些并发连接,对通过交换机的数据信息进行转发和交换。

3.2.2 数据转发方式

以太网交换机的数据交换与转发方式可以分为存储转发(store and forward)交换、直接(cut through)交换和碎片隔离(fragment free)交换三种。其中,存储转发交换是目前交换机的主流交换方式。

1. 存储转发交换

存储转发方式是以太网交换技术领域使用最为广泛的技术之一。在存储转发方式中，交换机首先需要完整地接收并缓存输入端口到来的数据帧，然后对数据帧进行校验。如果校验发生错误，那么丢弃该数据帧；如果校验正确，那么取出数据帧的目的地址，通过查找端口/MAC地址映射表确定输出端口号，然后转发出去。

由于存储转发方式具有差错校验能力，不会转发出错的数据帧，因此能够提高带宽的利用率。同时，由于存储转发方式具有整帧缓存能力，因此它能够支持不同输入输出速率端口之间的数据转发。这样，同一交换机在拥有10Mbps端口的同时，可以拥有100Mbps、1Gbps乃至10Gbps的端口。存储转发方式的缺点是交换延迟（数据帧在交换机的停留时间）较长。

2. 直接交换

在直接交换方式中，交换机边接收边检测。一旦检测到目的地址字段，交换机就立即通过端口/MAC地址映射表查找该帧的输出端口，并启动转发功能。直接交换方式不负责数据帧的差错校验，出错检测任务由结点主机完成。由于采用直接交换方式的交换机只检查数据帧头部的前几个字节（通常是前14个字节），不需要整帧缓存，因此具有交换速度快、延迟小的特点。

但是，由于直接交换方式不进行差错校验，因此，出错的数据帧也会被交换机转发。出错帧的转发势必会占用宝贵的带宽，降低交换机的整体性能。当交换机的端口连接的是共享式以太网时，由于转发出错帧造成的性能下降更为明显。同时，由于没有帧缓存能力，因此，直接交换方式不支持不同输入输出速率的端口之间的直接数据转发。

3. 碎片隔离交换

碎片隔离交换方式是存储转发交换方式和直接交换方式之间的折中，它在转发前先检查接收到的数据帧长度是否达到64B。如果小于64B（小于以太网的最小帧长度），则说明该帧很可能是冲突碎片，应该丢弃该帧；如果大于64B，则立即启动转发程序。

采用碎片隔离方式，交换机的数据转发速度比存储转发方式快，比直接交换方式慢。但是，由于能够避免冲突碎片的转发，因此，当交换机的端口连接的是共享式以太网时，碎片隔离方式比直接交换方式具有更好的整体性能。

3.2.3 地址学习

以太网交换机利用端口/MAC地址映射表进行信息的交换与转发，因此，端口/MAC地址映射表的建立和维护显得相当重要。一旦地址映射表出现问题，就可能造成信息转发错误。那么，交换机中的地址映射表是怎样建立和维护的呢？

这里有两个问题需要解决，一是交换机怎样知道哪台计算机连接到哪个端口；二是当计算机在交换机的端口之间移动时，交换机怎样维护端口/MAC地址映射表。显然，通过人工建立交换机的端口/MAC地址映射表是不切实际的，交换机应该采用一种策略自动建立端口/MAC地址映射表。

通常，以太网交换机利用“地址学习”法动态建立和维护端口/MAC地址映射表。

以太网交换机的地址学习是通过读取帧的源地址并记录帧进入交换机的端口进行的。当得到 MAC 地址与端口的对应关系后，交换机将检查端口/MAC 地址映射表中是否已经存在该对应关系。如果不存在，交换机就将该对应关系添加到端口/MAC 地址映射表；如果已经存在，交换机将更新该表项。因此，在以太网交换机中，地址是动态学习的。只要这个结点发送信息，交换机就能捕获它的 MAC 地址与其所在端口的对应关系。

在每次添加或更新端口/MAC 地址映射表的表项时，添加或更改的表项被赋予一个计时器。这使得该端口与 MAC 地址的对应关系能够存储一段时间。如果在计时器溢出之前没有再次捕获该端口与 MAC 地址的对应关系，该表项将被交换机删除。通过移走过时的或老的表项，交换机维护了一个精确的和有用的端口/MAC 地址映射表。

3.2.4 通信过滤

交换机建立起端口/MAC 地址映射表之后，就可以对通过的信息进行过滤。以太网交换机在地址学习的同时还检查每个帧，并基于帧中的目的地址做出是否转发或转发到何处的决定。

图 3-4 显示了两个以太网和两台计算机通过以太网交换机相互连接的示意图。通过一段时间的地址学习，交换机形成了图中所示的端口/MAC 地址映射表。

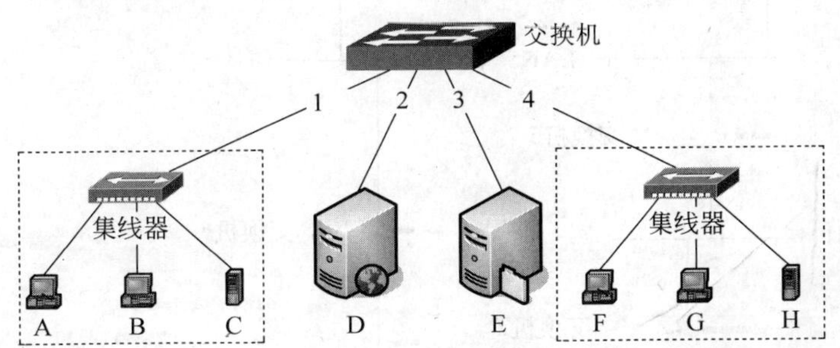

端口/MAC地址映射表

端口	MAC地址	计时
1	00-30-80-7C-F1-21(A)	…
1	52-54-4C-19-3D-03(B)	…
1	00-50-BA-27-5D-A1(C)	…
2	00-D0-09-F0-33-71(D)	…
4	00-00-B4-BF-1B-77(F)	…
4	00-E0-4C-49-21-25(H)	…

图 3-4 交换机的通信过滤

假设站点 A 需要向站点 F 发送数据，因为站点 A 通过集线器连接到交换机的端口 1，所以，交换机从端口 1 读入数据，并通过端口/MAC 地址映射表决定将该数据转发到哪个端口。在图 3-4 所示的端口/MAC 地址映射表中，站点 F 与端口 4 相连。于是，交换机将信息转发到端口 4，不再向端口 1、端口 2 和端口 3 转发。

假设站点 A 需要向站点 C 发送数据，交换机同样在端口 1 接收该数据。通过搜索端口/MAC 地址映射表，交换机发现站点 C 与端口 1 相连，与发送的源站点处于同一端口。遇到这种情况，交换机不再转发，简单地将数据抛弃，数据信息被限制在本地流动。

以太网交换机隔离了本地信息，从而避免了网络上不必要的数据流动。这是交换机通信过滤的主要优点，也是它与集线器截然不同的地方。集线器需要在所有端口上重复所有的信号，每个与集线器相连的网段都将听到局域网上的所有信息流。而交换机所连的网段只听到发给它们的信息流，减少了局域网上总的通信负载，因此提供了更多的带宽。

但是，如果站点 A 需要向站点 G 发送信息，交换机在端口 1 读取信息后检索端口/MAC 地址映射表，结果发现站点 G 在端口/MAC 地址映射表中并不存在。在这种情况下，为了保证信息能够到达正确的目的地，交换机将向除端口 1 之外的所有端口转发信息。当然，一旦站点 G 发送信息，交换机就会捕获它与端口的连接关系，并将得到的结果存储到端口/MAC 地址映射表中。当站点 G 与端口 4 的映射关系被绑定后，如果 A 再次向站点 G 发送信息，那么交换机将直接向端口 4 转发，其他端口上的结点不会收到该信息。

3.2.5 生成树协议

集线器可以按照水平或树形结构进行级联。但是，集线器的级联决不能出现环路，否则发送的数据将在网络中无休止地循环，造成整个网络的瘫痪。那么，图 3-5 所示的具有环路的交换机级联网络是否可以正常工作呢？答案是肯定的。

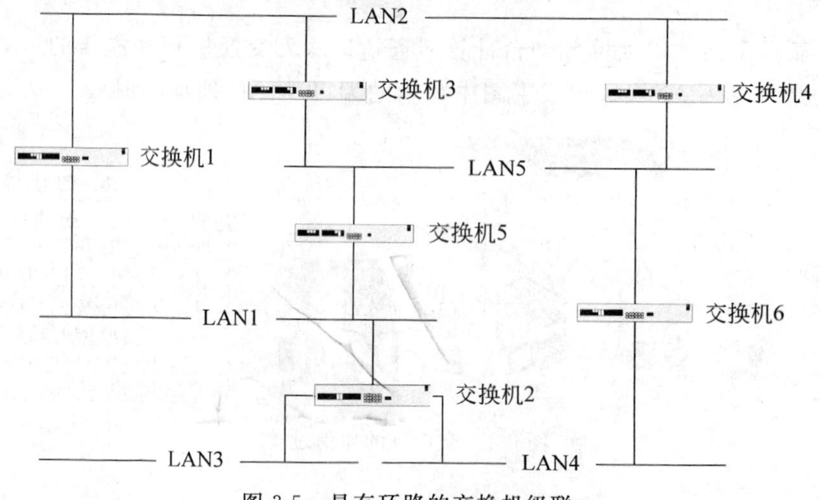

图 3-5 具有环路的交换机级联

实际上，以太网交换机除了按照上面所描述的转发机制对信息进行转发外，还执行生成树协议(spanning tree protocol)所规定的内容。交换机通过实现生成树协议，可以相互交换信息，并利用这些信息将网络中的某些环路断开，从而在逻辑上形成一种树形结构。交换机按照这种逻辑结构转发信息，保证网络上发送的信息不会绕环旋转。图 3-5 中具有环路的网络形成的树形无环路逻辑结构如图 3-6 所示。最终，交换机的信息转发是按照这棵树进行的。

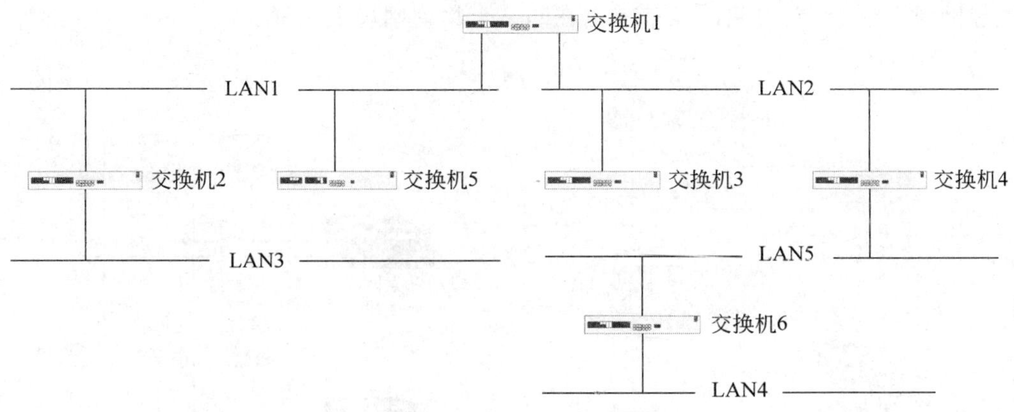

图 3-6　数据转发使用的逻辑树形结构

3.3 虚拟局域网 VLAN

所谓的虚拟局域网(Virtual LAN,VLAN)就是将局域网上的用户或结点划分成若干个"逻辑工作组",逻辑组的用户或结点可以根据功能、部门、应用等因素划分而无须考虑它们所处的物理位置。交换机是实现 VLAN 的核心设备。

3.3.1 共享式以太网与 VLAN

在传统的局域网中,通常一个工作组处于同一网段,每个网段构成一个逻辑工作组。多个逻辑工作组之间通过交换机(或路由器)等互联设备交换数据(如图 3-7(a)所示)。如果一个逻辑工作组的站点仅仅需要转移到另一个逻辑工作组(如从 LAN1 移动到 LAN3),就需要将该计算机从一个集线器(如一楼的集线器)撤出,连接到另一个集线器(如三楼的集线器),即使它距离一楼的集线器更近。如果一个逻辑工作组的站点(如 LAN1 中的站点)仅仅需要物理位置的移动(如从一楼移动到三楼),那么,为了保证该站点仍然隶属于原来的逻辑工作组 LAN1,它必须连接至一楼的集线器,即使它连入三楼的集线器更方便。在某些情况下,移动站点的物理位置或逻辑工作组甚至需要重新布线。因此,逻辑工作组的组成受到了站点所在网段物理位置的限制。

VLAN 建立在局域网交换机之上,它以软件方式实现逻辑工作组的划分与管理。因此,逻辑工作组的站点组成不受物理位置的限制(如图 3-7(b)所示)。同一逻辑工作组的成员可以不必连接在同一个物理网段上。只要以太网交换机是互联的,它们既可以连接在同一个局域网交换机上,也可以连接在不同局域网交换机上。当一个站点从一个逻辑工作组转移到另一个逻辑工作组时,只需要通过软件设定,而不需要改变它在网络中的物理位置;当一个站点从一个物理位置移动到另一个物理位置时(例如三楼的计算机需要移动到一楼),只要将该计算机接入另一台交换机(例如一楼的交换机),通过交换机软件设置,这台计算机还可以成为原工作组的一员。同一个逻辑工作组的站点可以分布在不同的物理网段上,但它们之间的通信就像在同一个物理网段上一样。

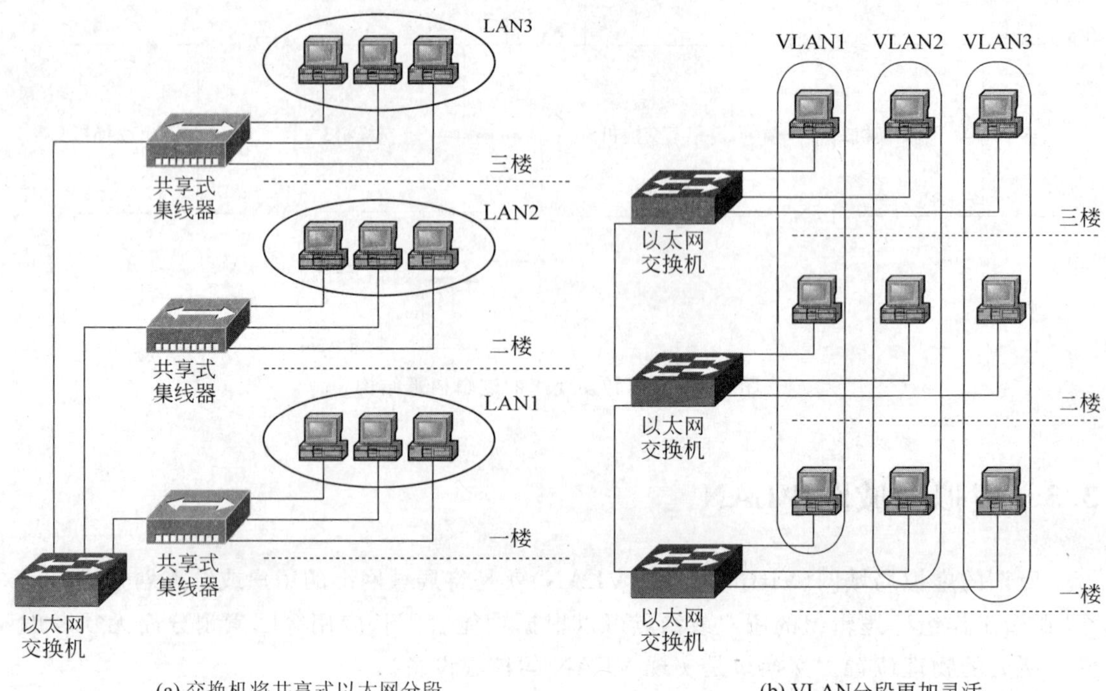

(a) 交换机将共享式以太网分段　　(b) VLAN分段更加灵活

图 3-7　共享式以太网与 VLAN 的比较

3.3.2　VLAN 的划分方法

VLAN 的划分可以根据功能、部门或应用而无须考虑用户的物理位置。以太网交换机的每个端口都可以分配给一个 VLAN。分配给同一个 VLAN 的端口共享广播域(一个站点发送的希望所有站点接收的广播信息,同一 VLAN 中的所有站点都可以听到),分配给不同 VLAN 的端口不共享广播域,这将全面提高网络的性能。

VLAN 的划分方法分为静态和动态两种。其中,动态 VLAN 划分方法又包括基于 MAC 地址、基于互联层协议、基于 IP 组播、基于策略等多种方法。不同划分方法有不同的特点,其区别主要表现在对 VLAN 成员的定义方法上。网络管理员需要按照网络应用环境的不同选择合适的划分方法。本节对常用的基于端口的 VLAN 划分方法、基于 MAC 地址的 VLAN 划分方法和基于互联层的 VLAN 划分方法进行介绍。

1. 基于端口的静态 VLAN 划分方法

在实际工作中,基于端口的静态 VLAN 划分方法是最实用(也是最常用)的一种 VLAN 划分方法。该方法通过网络管理员静态地将交换机上的端口划分给某个 VLAN,从而把终端系统划分为不同的部分,实现不同逻辑组之间的相互隔离。划分后的端口之间一直保持这种配置关系直到人工改变它们。

在图 3-8 所示的 VLAN 配置中，以太网交换机端口 1、2、6、7 被网络管理员划分到 VLAN1，端口 3、4、5 被网络管理员划分到 VLAN2。按照网络管理员的配置指令，交换机形成 VLAN 与其拥有端口的对照表。从一个端口收到的数据帧只可能向其所属的 VLAN 中的端口进行转发。例如，在图 3-8 给出的示意图中，由于端口 1 属于 VLAN1，因此交换机从该端口收到的数据帧只可能转发给 VLAN1 拥有的端口 2、6 和 7，其他端口（如端口 3、4、5）不会收到该帧的任何信息。

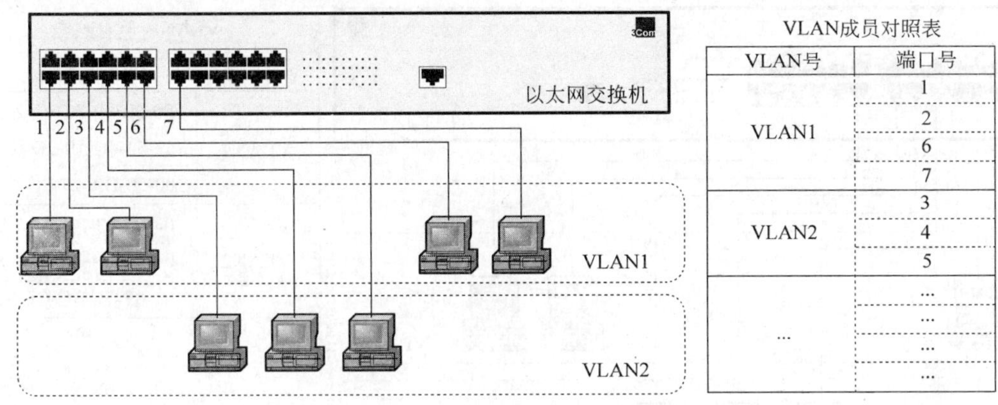

VLAN号	端口号
VLAN1	1
	2
	6
	7
VLAN2	3
	4
	5
…	…
	…
	…
	…

图 3-8　基于端口的 VLAN 划分

虚拟局域网既可以在单台交换机中实现，也可以跨越多个交换机。在图 3-9 中，VLAN 的配置跨越两台交换机。以太网交换机 1 的端口 2、4、6 和以太网交换机 2 的端口 1、2、4、6 组成 VLAN1，以太网交换机 1 的端口 1、3、5、7 和以太网交换机 2 的端口 3、5、7 组成 VLAN2。

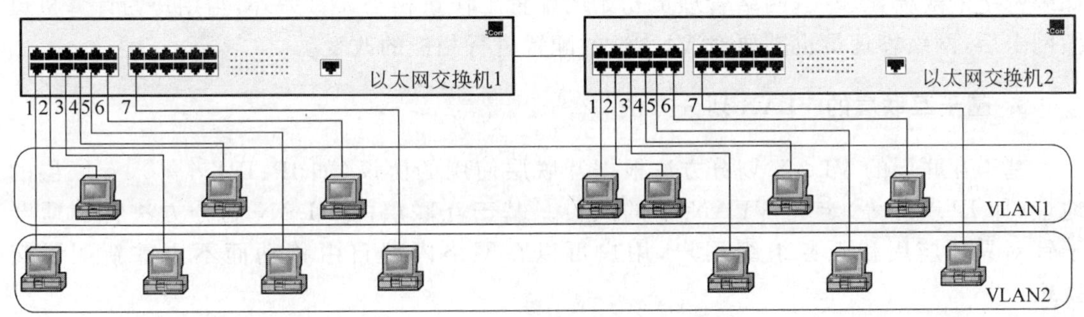

图 3-9　VLAN 可以跨越多台交换机

尽管静态 VLAN 划分方法需要网络管理员通过配置交换机软件进行更改，但这种方法有良好的安全性，配置简单并可以直接监控，因此，很受网络管理人员的欢迎。特别是站点设备位置相对稳定时，应用基于端口的静态 VLAN 划分策略是一种最佳选择。

2. 基于 MAC 地址的 VLAN 划分方法

如果以 MAC 地址为基础划分 VLAN，网络管理员可以通过指定具有哪些 MAC 地址的计算机属于哪一个 VLAN 进行配置(例如 MAC 地址为 00-30-80-7C-F1-21、52-54-4C-19-3D-03 和 00-50-BA-27-5D-A1 的计算机属于 VLAN1,MAC 地址为 04-05-03-D4-E3-2A、04-0E-C4-FE-51-3A 和 07-0E-76-BC-CF-3D 的计算机属于 VLAN2),不管这些计算机连接到交换机的哪个端口,如图 3-10 所示。这样,如果计算机从一个位置移动到另一个位置,连接的端口从一个换到另一个,只要计算机的 MAC 地址不变(计算机使用的网卡不变),它仍将属于原 VLAN 的成员,不需网络管理员对交换机软件进行重新配置。

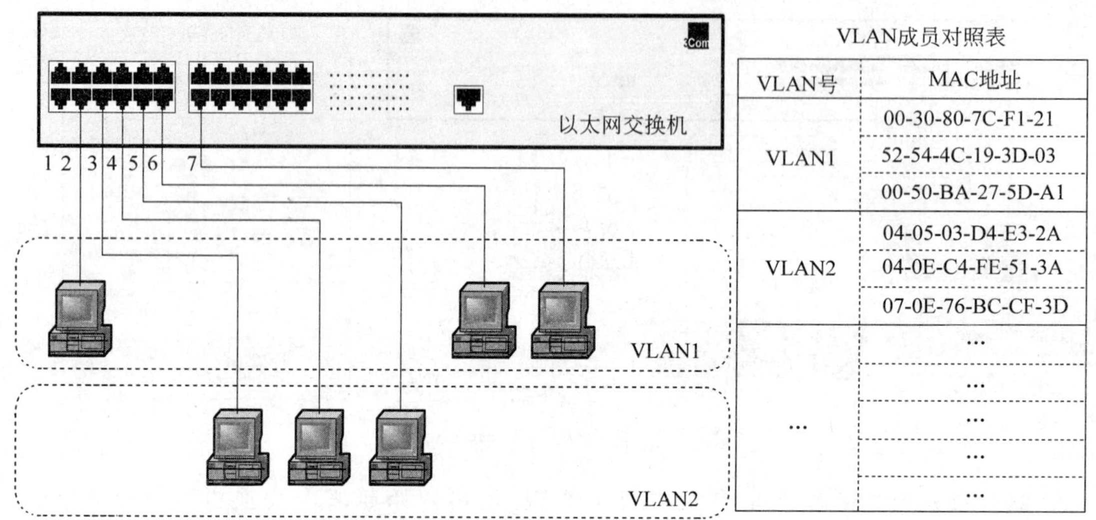

图 3-10 基于 MAC 地址的 VLAN 划分

采用这种划分方法,需要将网络中每台计算机的 MAC 地址绑定到特定的 VLAN。如果网络的规模比较大,网络管理员初始的配置工作量相当大。另外,当用户为计算机更换网卡后,网络管理员也需要对 VLAN 的配置进行相应的改变。

3. 基于互联层的 VLAN 划分方法

基于互联层的 VLAN 划分方法根据互联层使用的协议(如 IP、IPX① 等)、互联层的地址(如 IP 地址等)定义 VLAN 中的成员。基于互联层的 VLAN 划分方法特别适合于针对具体应用和服务组织用户,用户可以在网络内部自由移动而不用重新配置交换机。

图 3-11 给出了基于互联层的 VLAN 划分示意图。在图 3-11(a)中,使用 IP 协议的网络用户被划入 VLAN1,使用 IPX 协议的用户被划入 VLAN2;在图 3-11(b)中,IP 地址属于 202.113.25.0 子网的所有站点划归为 VLAN1 管理,IP 地址属于 202.113.27.0 子网的所有站点归为 VLAN2 管理。

采用该 VLAN 管理策略,交换机不仅需要分析数据帧的头部信息(如源地址、目的地址等字段),而且还需要深入到数据帧的数据区域读取和分析高层协议信息,因此,交换和

① IPX 是一种与 IP 协议类似的网络互联协议,主要应用于基于 Novell 网络的应用中。本书不介绍 IPX 的详细内容。

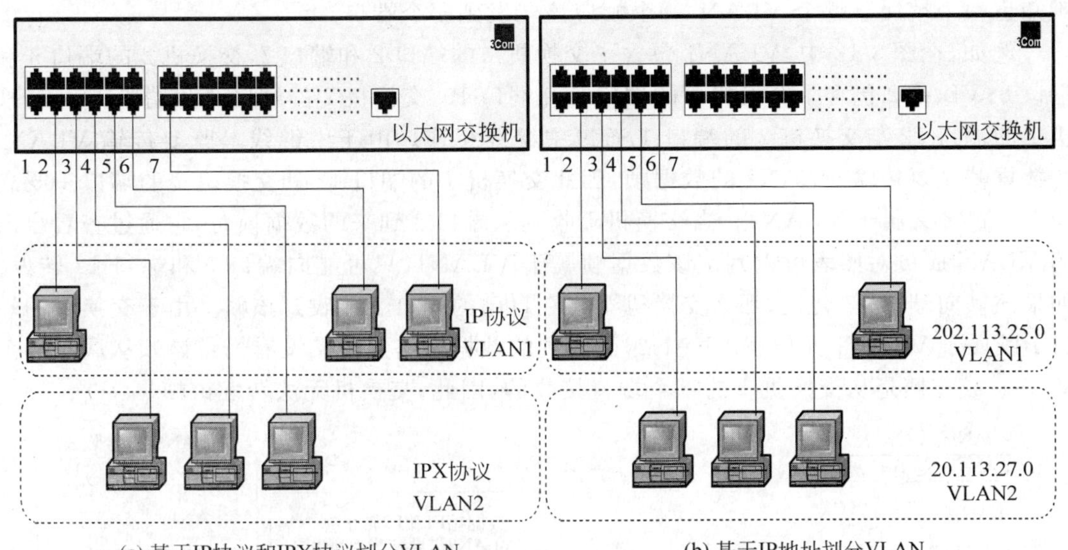

图 3-11 基于互联层的 VLAN 划分

转发速率会受到一定的影响。

3.3.3 IEEE 802.1Q 协议与 VLAN 数据流的处理过程

IEEE 802.1Q 是与 VLAN 相关的最重要的标准之一，主要用于在交换机和交换机之间、交换机和路由器之间、交换机和服务器之间传递 VLAN 信息和 VLAN 数据流。IEEE 802.1Q 标准是 VLAN 历史上的一块里程碑，由 IEEE 802 委员会 1999 年 6 月正式颁布实施。

为了讨论方便，本节以基于端口的 VLAN 划分方法为例，介绍 IEEE 802.1Q 的具体内容及其与之相关的 VLAN 数据流的处理过程。

1. IEEE 802.1Q 协议的提出

支持 VLAN 的交换机通常需要保存各个 VLAN 与其拥有成员的对照表，如图 3-8 所示。在采用基于端口的 VLAN 划分方法时，VLAN 与其成员对照表包含了每个 VLAN 拥有的端口号。从一个端口收到的数据帧只可能转发到与该端口处于同一 VLAN 的端口上。

当 VLAN 在单一交换机上实现时，交换机接收时即可掌握接收帧的输入端口，从而可以通过 VLAN 成员对照表判定该帧所属的 VLAN 和该帧的转发去向。例如在图 3-8 中，交换机在端口 1 接收到帧时，可以通过 VLAN 成员对照表知道该帧属于 VLAN1。这个帧只可能转发给端口 2、端口 6 或端口 7。

但是，当 VLAN 跨越两台或多台交换机时，由于连接交换机与交换机的中继线需要传递属于多个 VLAN 的数据帧，因此，仅依靠每个交换机中存储的 VLAN 成员对照表很难知道一个帧属于哪个 VLAN,一个帧应该转发到哪个端口。

例如,在图 3-12 中,VLAN1 包含了交换机 1 的端口 2 和端口 7,交换机 2 的端口 3 和端口 8;VLAN2 包含了交换机 1 的端口 5 和端口 10,交换机 2 的端口 6 和端口 11。交换机 1 的端口 12 与交换机 2 的端口 1 通过中继线相连。由于中继线上既要传输 VLAN1 的数据帧又要传输 VLAN2 的数据帧,因此交换机 1 的端口 12 和交换机 2 的端口 1 既属于 VLAN1 又属于 VLAN2。当交换机 1 收到从端口 2 到来的数据帧时,它通过查看自己的 VLAN 成员对照表可以判定该数据帧属于 VLAN1,只可能向端口 7 和端口 12 转发。如果该帧向端口 12 转发,那么交换机 2 将在自己的端口 1 接收到该帧。由于交换机的端口 1 既属于 VLAN1 又属于 VLAN2,而收到的数据帧信息中又没有携带该帧从属于哪个 VLAN 或该帧是从交换机 1 的哪个端口接收的,因此,交换机无法转发该帧。

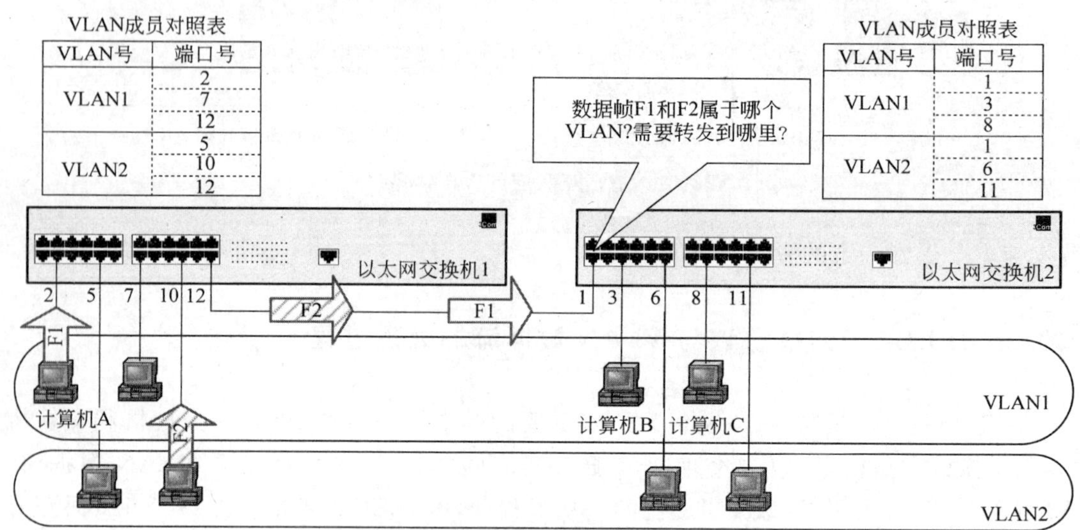

图 3-12 VLAN 跨越交换机的转发问题

为了解决交换机之间的 VLAN 信息交换问题,IEEE 推出了 IEEE 802.1Q 标准。IEEE 802.1Q 标准通过扩展标准的数据帧结构,使交换机之间转发的数据帧中携带所属的 VLAN 信息,从而使接收的交换机能够了解数据帧的转发方向。

2. IEEE 802.1Q 的主要内容

IEEE 802.1Q 通过添加标记的方式扩展标准数据帧的结构,从而达到数据帧携带 VLAN 信息的目的,如图 3-13 所示。

从图 3-13 可以看到,IEEE 802.1Q 标记添加到标准数据帧的源地址之后,由标记协议标识符 TPID(Tag Protocol IDentifier)和标记控制信息 TCI(Tag Control Information)两部分组成。其中:

(1) 标记协议标识符 TPID 占用 2B,用于指示所采用协议的协议类型,取值为 8100H。当交换机的输入端口检测到该字段为 8100H 时,就可断定该帧为携带 IEEE 802.1Q 标记的数据帧。

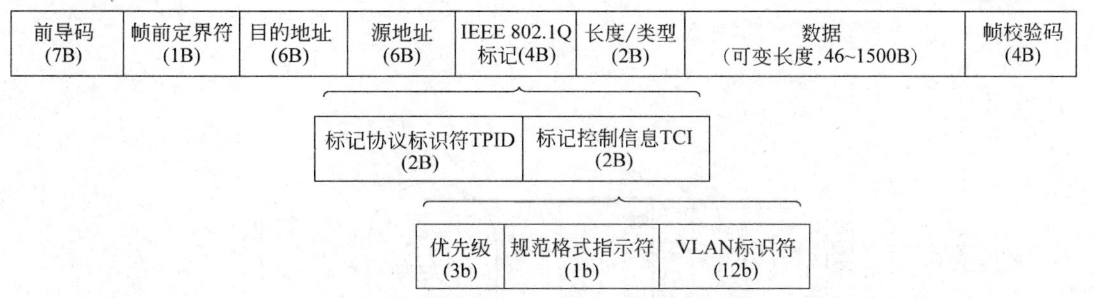

图 3-13 添加 IEEE 802.1Q 标签后的数据帧格式

(2) 标记控制信息 TCI 中包含 VLAN 的具体信息,由用户优先级(user priotity)、规范格式指示符(Canonical Format Indicator,CFI)和 VLAN 标识符(VLAN IDentifier,VID)3 部分组成,占用 2B。其中,用户优先级占用 3b,可以将用户分为 8 种不同的级别,交换机可以参考该字段值为帧转发指定不同的优先级别;规范格式指示符 CFI 长度为 1b,用于表明该帧是否符合以太网规范,在以太网交换机中,该位总被置为 0;VLAN 标识符 VID 的长度为 12b,用于标识该帧所属的 VLAN 号。由于 VID=0 和 VID=4095 留作他用,因此,IEEE 802.1Q 要求 VID 应该在 1~4094 之间。

3. IEEE 802.1Q 交换机的数据帧处理过程

在 VLAN 组网中,网络管理员既可以将交换机的一个端口配置为 IEEE 802.1Q 中继端口,也可以配置为普通端口。中继端口用于交换机之间的连接,能够支持 IEEE 802.1Q 标记帧的发送和处理。而普通端口用于非 IEEE 802.1Q 设备(如计算机)的连接,需要发送和处理不带 IEEE 802.1Q 标记的数据帧。

为了进一步理解 VLAN 和 IEEE 802.1Q,下面以图 3-14 为例,较为完整地介绍 IEEE 802.1Q 交换机的数据帧处理过程。讨论中假设交换机 1 的端口 12 通过中继线与交换机 2 的端口 1 相连,交换机 1 的端口 12 和交换机 2 的端口 1 为中继端口,支持 IEEE 802.1Q 标记帧的发送和处理。同时,假设计算机 A 向计算机 B 发送数据帧 F_{AB}。

(1) 计算机 A 形成数据帧 F_{AB}并开始发送,交换机 1 在端口 2 进行接收。由于计算机 A 不支持 IEEE 802.1Q 标准,因此交换机 1 在端口 2 接收到的 F_{AB}没有 IEEE 802.1Q 标记。

(2) 交换机 1 搜索本地的 VLAN 成员对照表,查找端口 2 所属的 VLAN。当确定端口 2 归属 VLAN1 之后,在收到的数据帧中插入 IEEE 802.1Q 标记,形成新的数据帧 FQ_{AB},其 VID 为 VLAN1。

(3) 根据本地端口/MAC 地址映射表和 VLAN 成员对照表,交换机 1 决定 FQ_{AB}的转发去向。如果计算机 B 的 MAC 地址出现在端口/MAC 地址映射表中,同时对应的端口号又为 VLAN1 的成员端口,那么交换机直接向该端口转发 FQ_{AB};否则(即计算机 B 的 MAC 地址没有出现在端口/MAC 地址映射表中,或者虽然出现在该表中,但对应的端口号不是 VLAN1 的成员端口),交换机 1 需要向接收端口 2 之外的所有 VLAN1 的成员端口转发 FQ_{AB}。本例中,由于计算机 B 的 MAC 地址对应端口 12,而且端口 12 属于 VLAN1 的成员,因此交换机直接将 FQ_{AB}转发至端口 12。

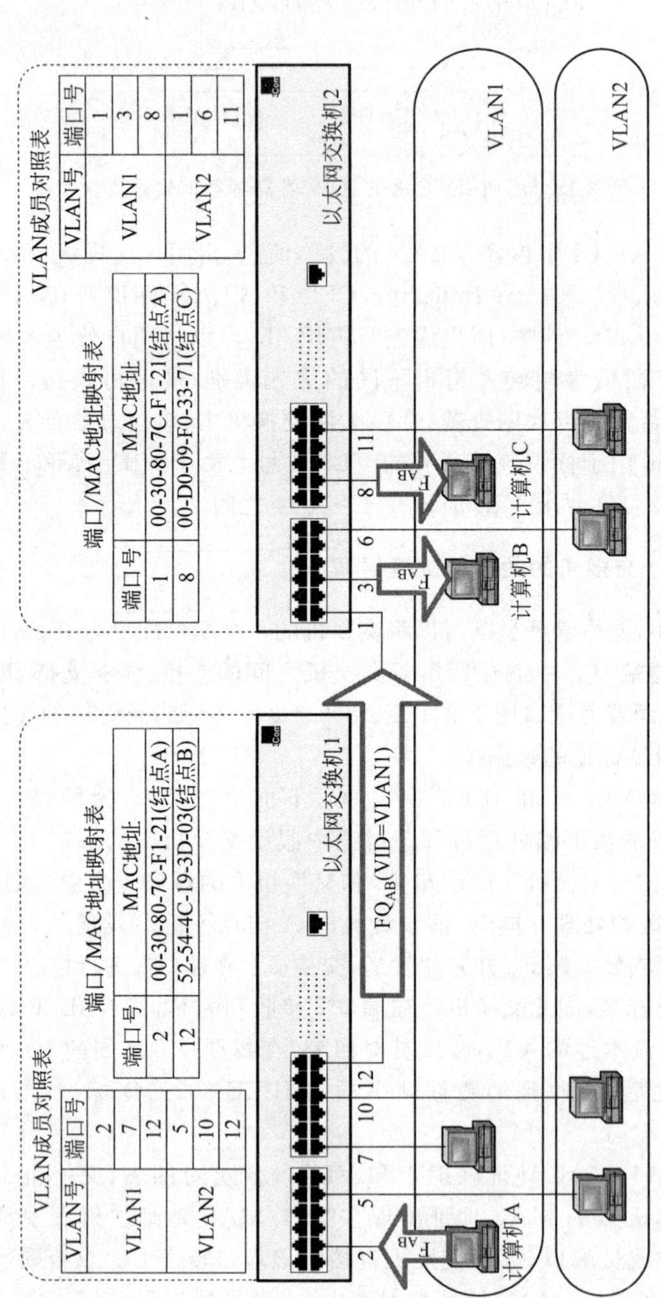

图 3-14 IEEE 802.1Q 交换机的数据帧处理过程示意图

(4) 由于端口 12 为 IEEE 802.1Q 中继端口,因此交换机 1 在端口 12 直接发送 FQ_{AB}。

(5) 交换机 2 在端口 1 接收 FQ_{AB}。通过分析 FQ_{AB} 中的 IEEE 802.1Q 标记字段,即可判定该帧属于 VLAN1。

(6) 根据本地端口/MAC 地址映射表和 VLAN 成员对照表,交换机 2 决定 FQ_{AB} 的转发去向,具体过程与(3)相似。由于计算机 B 的 MAC 地址没有出现在交换机 2 的端口/MAC 地址映射表中,因此,交换机 2 向接收端口 1 之外的 VLAN1 成员端口(即端口 3 和 8)转发 FQ_{AB}。

(7) 由于端口 3 和 8 不是 IEEE 802.1Q 中继端口,因此,交换机 2 在发送之前需要将 FQ_{AB} 中的 IEEE 802.1Q 标记删除,还原为数据帧 F_{AB}。

(8) 计算机 B 和 C 接收 F_{AB}。由于 F_{AB} 的目的地址仅与计算机 B 的 MAC 地址匹配,因此,计算机 B 继续处理 F_{AB},而 C 将其抛弃。

3.3.4 VLAN 的优点

1. 减少网络管理开销

部门重组和人员流动是网络管理员最头痛的事情之一,也是管理网络的最大开销之一。在有些情况下,部门重组和人员流动不但需要重新布线,而且需要重新配置网络设备。

VLAN 为控制这些改变和减少网络设备的重新配置提供了一个有效的方法。当 VLAN 的站点从一个位置移到另一个位置时,只要它们还在同一个 VLAN 中并且仍可以连接到交换机端口,则这些站点本身就无须改变。位置的改变只需简单地将站点插到另一个交换机端口并对该端口进行配置即可。

2. 控制广播活动

广播在每个网络中都存在。广播的频率依赖于网络应用类型、服务器类型、逻辑段数目及网络资源的使用方法。虽然在过去几年里网络应用被很好地封装以减少它们发送广播包的数量,但是多媒体技术的应用又会不可避免地产生广播和多播。

大量的广播可以形成广播风暴,致使整个网络瘫痪,因此必须采取一些措施预防广播带来的问题。尽管以太网交换机可以利用端口/MAC 地址映射表减少网络流量,但不能控制广播数据包在所有端口的传播。VLAN 的使用在保持了交换机良好性能的同时,可以保护网络免受潜在广播风暴的危害。

一个 VLAN 中的广播流量不会传输到该 VLAN 之外,邻近的端口和 VLAN 也不会收到其他 VLAN 产生的任何广播信息(如图 3-15 所示)。VLAN 越小,VLAN 中受广播活动影响的用户就越少。这种配置方式大大地减少了广播流量,为用户的实际流量释放了带宽,弥补了局域网易受广播风暴影响的弱点。

3. 提供较好的网络安全性

在网络应用中,经常有机密和重要的数据在局域网中传递。机密数据通过对存取加

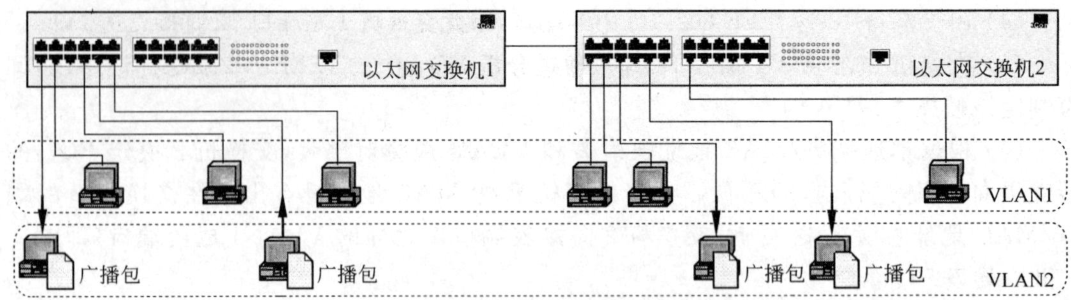

图 3-15 利用 VLAN 限制广播包的传播范围

以限制实现其安全性。传统的共享式以太网非常严重的安全问题是它很容易穿透。因为网上任一结点都需要侦听共享信道上的所有信息，所以，通过插接到集线器的一个活动端口，用户就可以获得该段内所有流动的信息。网络规模越大，安全性越差。

提高安全性的一个经济实惠和易于管理的技术就是利用 VLAN 将局域网分成多个广播域。因为一个 VLAN 上的信息流(不论是单播信息流还是广播信息流)都不会流入另一个 VLAN，因此，通过适当地设置 VLAN 和该 VLAN 与外界的连接，就可以提高网络的安全性。

4. 利用现有的集线器以节省开支

目前，网络中的很多集线器已被以太网交换机所取代。但这些集线器在许多现存的网络中仍具有实用价值。网络管理员可以将现存的集线器连接到以太网交换机以节省开支。

连接到一个交换机端口上的集线器只能分配给同一个 VLAN(如图 3-16 所示)。共享一个集线器的所有站点被分配给相同的 VLAN 组。如果需要将 VLAN 组中的一台计算机连接到其他 VLAN 组，必须将该计算机重新连接到相应的集线器上。

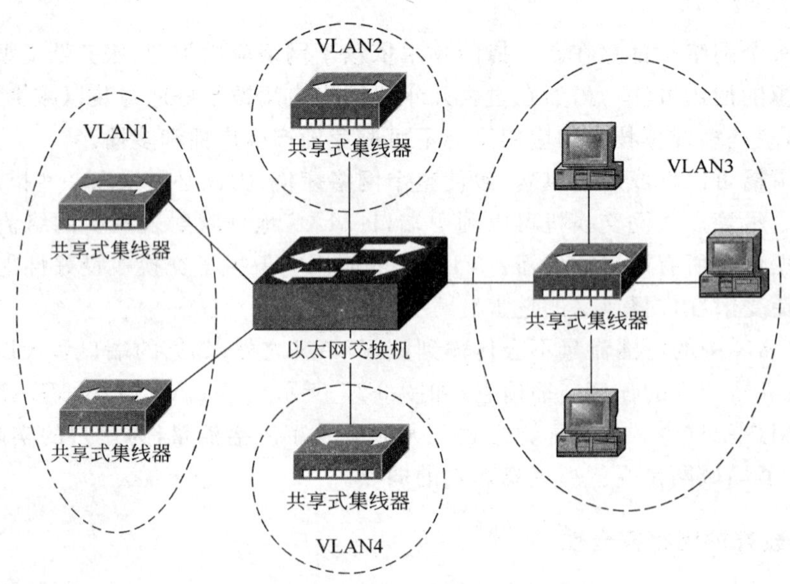

图 3-16 集线器与交换机的连接

3.4 实验：交换式以太网组网和 VLAN 配置

以太网交换机的出现使局域网组网更加丰富多彩。合理地使用交换机可以使网络的运营效率更高，速度更快。

3.4.1 交换式以太网的组网

在学习使用共享式集线器组网之后，组建简单的交换式以太网就非常容易了。交换式以太网的组网需要使用以太网交换机，但是，从设备的端口和外形上很难区分以太网交换机和共享式集线器。尽管它们内部的工作机理相差甚远，但它们都具有 RJ-45 端口，计算机与集线器和计算机与交换机之间的连接电缆也完全相同。以太网交换机与共享式集线器的这些共同点使交换式以太网的组网更加容易。

以太网交换机按照端口速率可以分为 10Mbps、100Mbps 和 10/100Mbps 几种。由于交换机的端口速率可以不同，所以 10/100Mbps 自适应交换机有更大的灵活性。这样的交换机既可以连接装有 10Mbps 网卡的计算机，也可以连接装有 100Mbps 网卡的计算机。

因为计算机可以通过 UTP 电缆直接连入以太网交换机端口，所以将前面组建的共享式以太网中的集线器换成交换机，UTP 电缆、计算机、网卡等其他组件完全不变，就可以简单地组成一个实验性的交换式网络(如图 3-17 所示)。又因为交换机的一个端口可以连接一个网段，所以也可以将以前组装的共享式以太网作为一个整体连入交换机的一个端口，组成如图 3-18 所示的交换式以太网。与集线器的级联相同，在集线器与交换机的级联中同样需要考虑使用什么样的端口级联，使用直通 UTP 电缆还是交叉 UTP 电缆等问题。

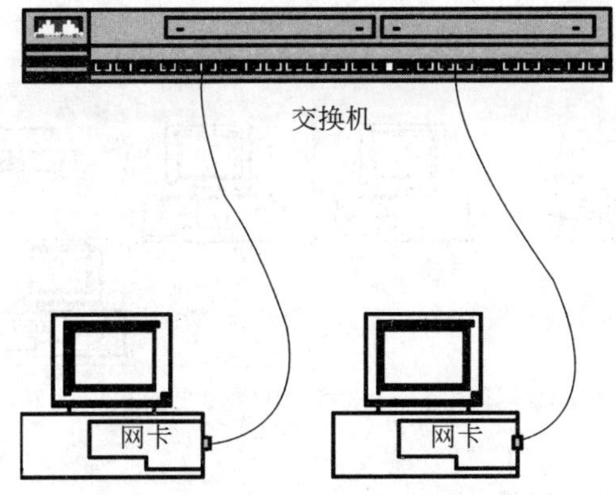

图 3-17　计算机直接连入交换机

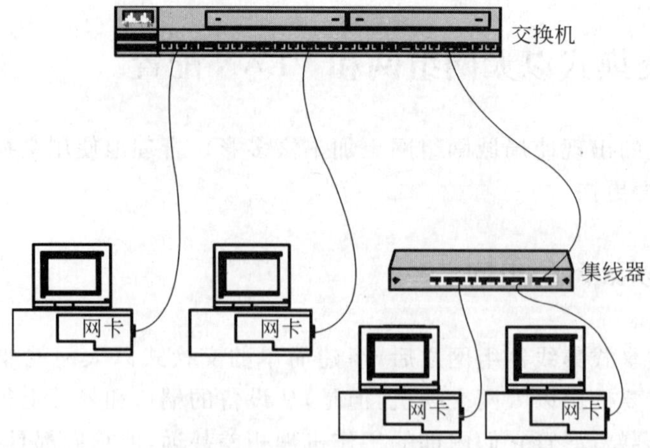

图 3-18 将集线器连入交换机

3.4.2 以太网交换机的配置

完成交换式以太网的连接和连通性测试后，可以查看交换机的配置并对这些配置进行某些修改。对以太网交换机进行配置可以有多种方法，其中使用终端控制台查看和修改交换机的配置是最基本、最常用的一种。随以太网交换机的不同，配置方法和配置命令也有很大差异。Cisco2924 以太网交换机带有 24 个端口，并具有 10/100Mbps 自适应功能。下面，以 Cisco2924 以太网交换组成的如图 3-19 所示的局域网为例，介绍其简单的配置方法。

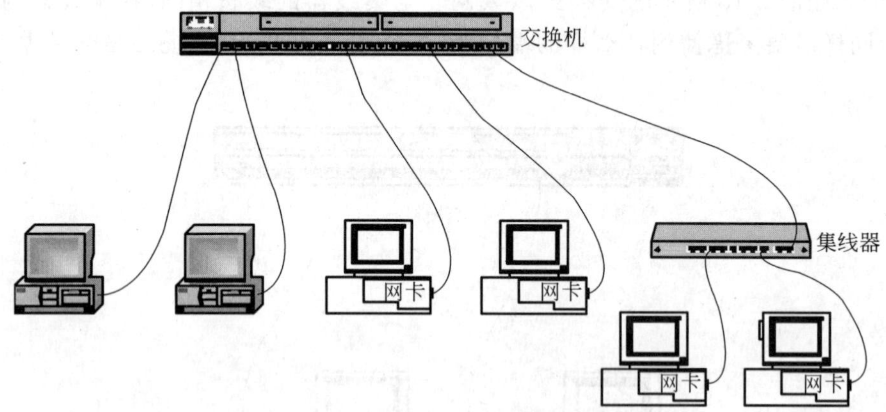

图 3-19 利用 Cisco2924 组成的交换式以太网

1. 终端控制台的连接和配置

通过终端控制台查看和修改交换机的配置需要一台 PC 或一台简易的终端，但是该 PC 或简易终端应该能够仿真 VT100 终端。实际上，Windows 2003 Server 中的“超级终端”软件就可以对 VT100 终端进行仿真。

交换机与 PC 或终端连接需要一条电缆，通常该电缆与交换机一起发售。它一端与以太网交换机的控制台端口相连，另一端与 PC 或终端的串行口(DB9 口或 DB25 口)相连，如图 3-20 所示。

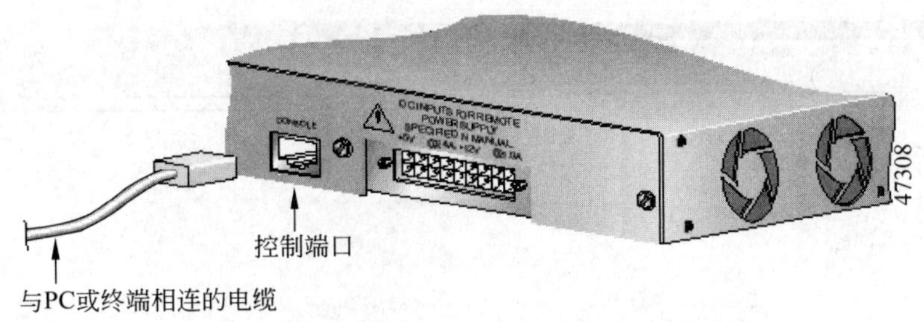

图 3-20 Cisco2924 以太网交换机的控制端口

在连接完毕之后，可以通过启动终端程序并将终端程序设置成与交换机一致的串口参数(如波特率、数据位数、停止位数、奇偶校验等)来查看和配置交换机。如果利用 Windows 的超级终端程序查看和配置 Cisco2924 以太网交换机，需要将串行口设置为 9600baud、8 个数据位、1 个停止位、无奇偶校验和硬件流量控制。在配置完成终端参数后，按回车键，终端应该开始显示交换机的回送信息。图 3-21 显示了超级终端收到的交换机回送信息。

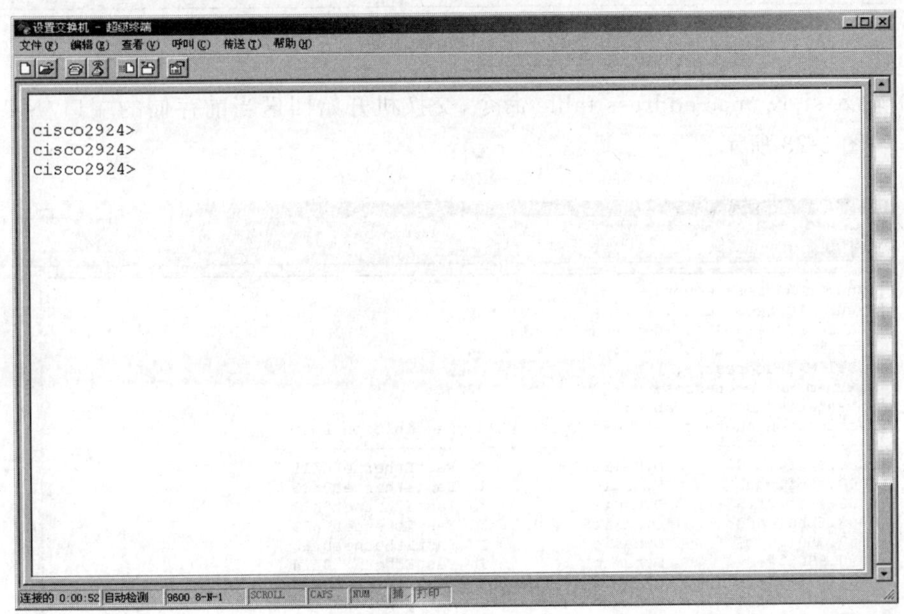

图 3-21 超级终端收到交换机的回送信息

2. 查看以太网交换机的端口/MAC 地址映射表

一旦超级终端与以太网交换机连通后，就可以查看和配置交换机了。Cisco 交换机的配置命令是分级的，不同级别的管理员可以使用不同的命令集。为了顺利地查看和配置交换机,这里使用了 en 级别的命令集。首先看一看以太网交换机中的端口/MAC 地址映射表。

(1) 输入 en 命令并输入相应的口令,以太网交换机将回送另一种命令提示符,如图 3-22 所示。

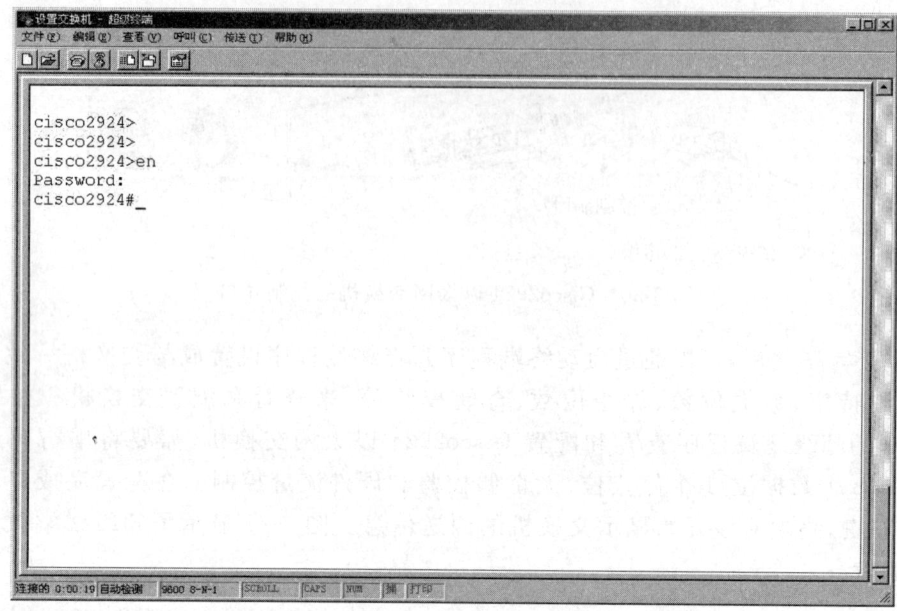

图 3-22 进入 en 级别命令方式

(2) 输入 show mac-address-table 命令,交换机开始回送当前存储的端口/MAC 地址映射表,如图 3-23 所示。

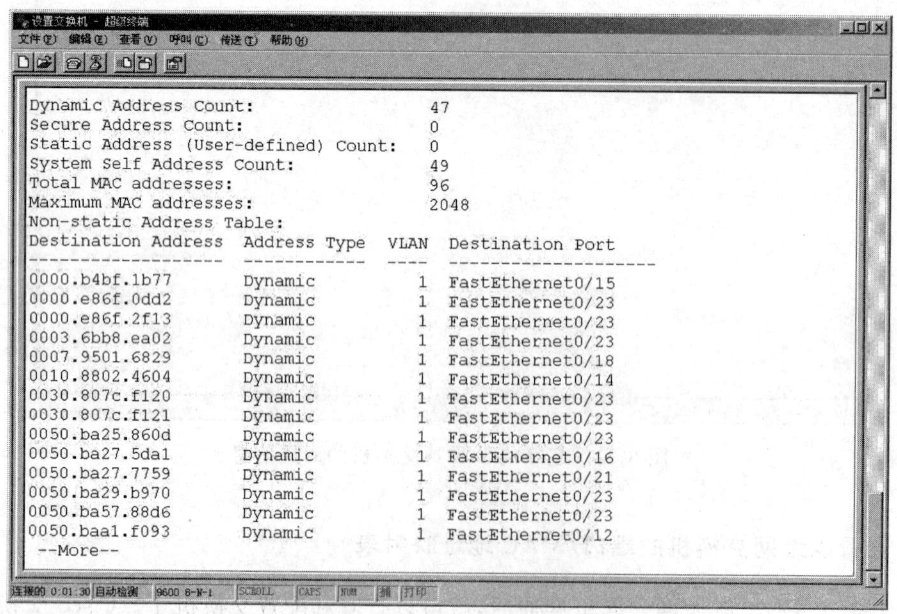

图 3-23 当前交换机的端口/MAC 地址映射表

观察图 3-23 所示的端口/MAC 地址映射表，看一看计算机连接的端口与该表给出的结果是否一致。如果某台计算机没有在该表中列出，可以在该计算机上使用 ping 命令测试与网上其他计算机是否连通，然后再使用 show mac-address-table 命令显示交换机的端口/MAC 地址映射表。如果没有差错，表中应该出现这台计算机使用的 MAC 地址。

从图 3-23 可以看到多个 MAC 地址映射到了以太网交换机的 23 端口，这是因为 23 端口连接了一个共享式的以太网（如图 3-19 所示）。共享式以太网上的所有计算机共享这一端口。

查看端口/MAC 地址映射表是最简单、最基本的一种操作。实际上，通过控制台不但可以查看交换机的各种信息，而且可以对某些配置参数进行修改。

3.4.3 配置 VLAN

VLAN 是交换机的一个重要功能。尽管各种型号的交换机使用的配置方式、命令等不同，但它们大部分都支持 VLAN。

1. 查看交换机的 VLAN 配置

查看交换机的 VLAN 配置可以使用 show vlan 命令。如图 3-24 所示，交换机返回的信息显示了当前交换机配置的 VLAN 个数、VLAN 编号、VLAN 名字、VLAN 状态以及每个 VLAN 所包含的端口号。

设置交换机 - 超级终端

文件(F) 编辑(E) 查看(V) 呼叫(C) 传送(T) 帮助(H)

```
cisco2924#
cisco2924#
cisco2924#show vlan
VLAN Name                             Status    Ports
---- -------------------------------- --------- -------------------------------
1    default                          active    Fa0/1, Fa0/2, Fa0/3, Fa0/4,
                                                Fa0/5, Fa0/6, Fa0/7, Fa0/8,
                                                Fa0/9, Fa0/10, Fa0/11, Fa0/12,
                                                Fa0/13, Fa0/14, Fa0/15, Fa0/16,
                                                Fa0/17, Fa0/18, Fa0/19, Fa0/20,
                                                Fa0/21, Fa0/22, Fa0/23, Fa0/24
1002 fddi-default                     active
1003 token-ring-default               active
1004 fddinet-default                  active
1005 trnet-default                    active

VLAN Type  SAID       MTU   Parent RingNo BridgeNo Stp  BrdgMode Trans1 Trans2
---- ----- ---------- ----- ------ ------ -------- ---- -------- ------ ------
1    enet  100001     1500  -      -      -        -    -        1002   1003
1002 fddi  101002     1500  -      -      -        -    -        1      1003
1003 tr    101003     1500  1005   0      -        -    srb      1      1002
1004 fdnet 101004     1500  -      -      1        ibm  -        0      0
1005 trnet 101005     1500  -      -      1        ibm  -        0      0
cisco2924#
```

连接的 0:04:05 自动检测 9600 8-N-1 SCROLL CAPS NUM 捕 打印

图 3-24 查看 VLAN 的配置

2. 添加 VLAN

VLAN 可以在需要时进行添加。如果要添加一个编号为 0002、名字为 VLAN0002 的虚拟网络，则添加步骤如下(如图 3-25 所示)：

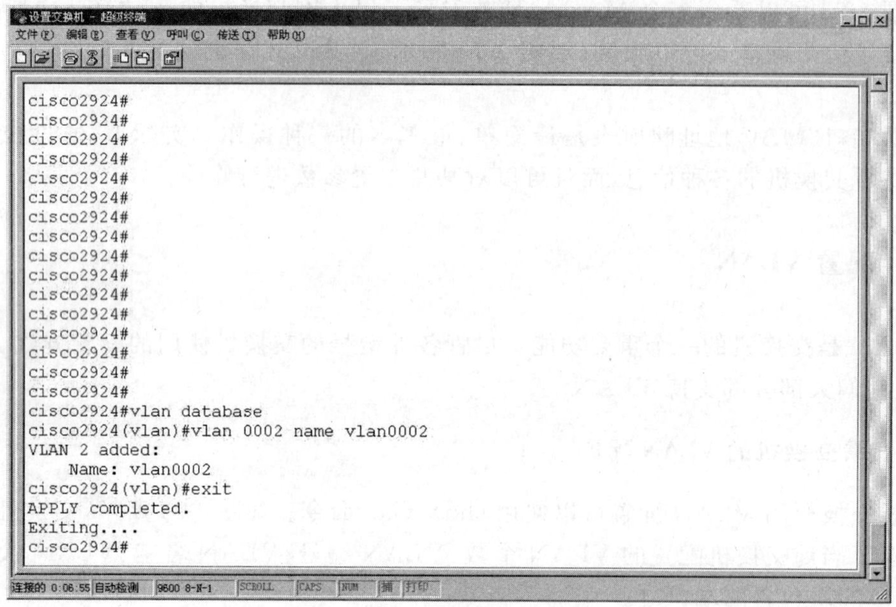

图 3-25 添加 VLAN

(1) 利用 vlan database 命令进入交换机的 VLAN 数据库维护模式。

(2) 利用 vlan 0002 name VLAN0002 命令通知交换机建立一个编号为 0002、名字为 VLAN0002 的虚拟网络。

(3) 使用 exit 命令退出 VLAN 数据库维护模式。

添加 VLAN 之后，可以使用 show vlan 命令再次查看交换机的 VLAN 配置，如图 3-26 所示，确认新的 VLAN 已经添加成功。

3. 为 VLAN 分配端口

以太网交换机通过把某些端口分配给一个特定的 VLAN 来建立静态虚拟网。将某一端口(例如端口 1)分配给某一个 VLAN 的过程如下(如图 3-27 所示)：

(1) 执行 configure terminal 命令进入配置终端模式。

(2) 利用 interface Fa0/1 命令通知交换机配置的端口号为 1。

(3) 使用 switchport mode access 命令和 switchport access vlan 0002 命令把交换机的端口 1 分配给 VLAN0002。

(4) 执行 exit 命令退出配置终端模式。

按照同样的方式，可以将交换机的端口 2 也分配给 VLAN0002。之后，利用 show vlan 命令显示交换机的 VLAN 配置信息，端口 1 和端口 2 将出现在 VLAN0002 中，如

```
cisco2924#show vlan
VLAN Name                             Status    Ports
---- -------------------------------- --------- -------------------------------
1    default                          active    Fa0/1, Fa0/2, Fa0/3, Fa0/4,
                                                Fa0/5, Fa0/6, Fa0/7, Fa0/8,
                                                Fa0/9, Fa0/10, Fa0/11, Fa0/12,
                                                Fa0/13, Fa0/14, Fa0/15, Fa0/16,
                                                Fa0/17, Fa0/18, Fa0/19, Fa0/20,
                                                Fa0/21, Fa0/22, Fa0/23, Fa0/24
2    vlan0002                         active
1002 fddi-default                     active
1003 token-ring-default               active
1004 fddinet-default                  active
1005 trnet-default                    active

VLAN Type  SAID       MTU   Parent RingNo BridgeNo Stp  BrdgMode Trans1 Trans2
---- ----- ---------- ----- ------ ------ -------- ---- -------- ------ ------
1    enet  100001     1500  -      -      -        -    -        1002   1003
2    enet  100002     1500  -      -      -        -    -        0      0
1002 fddi  101002     1500  -      -      -        -    -        1      1003
1003 tr    101003     1500  1005   0      -        -    srb      1      1002
1004 fdnet 101004     1500  -      -      1        ibm  -        0      0
1005 trnet 101005     1500  -      -      1        ibm  -        0      0
cisco2924#
```

图 3-26 使用 show vlan 命令确认 VLAN 已经加入

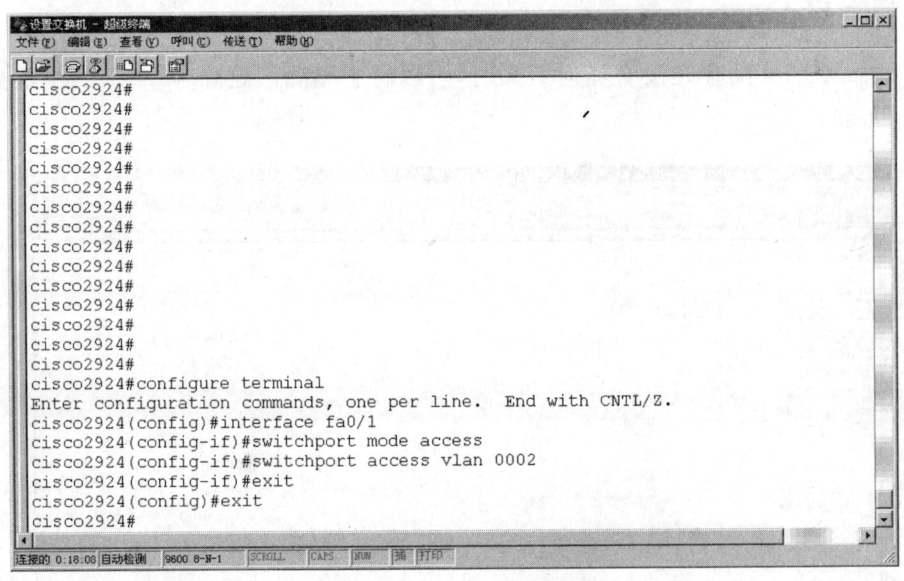

```
cisco2924#
cisco2924#
cisco2924#
cisco2924#
cisco2924#
cisco2924#
cisco2924#
cisco2924#
cisco2924#
cisco2924#
cisco2924#
cisco2924#
cisco2924#
cisco2924#
cisco2924#
cisco2924#configure terminal
Enter configuration commands, one per line.  End with CNTL/Z.
cisco2924(config)#interface fa0/1
cisco2924(config-if)#switchport mode access
cisco2924(config-if)#switchport access vlan 0002
cisco2924(config-if)#exit
cisco2924(config)#exit
cisco2924#
```

图 3-27 为 VLAN 分配端口

图 3-28 所示。

确认端口 1 和端口 2 分配给 VLAN0002 后，可以用与端口 1 相连的计算机去 ping 与端口 2 的相连计算机，观察有什么结果。然后用与端口 1 相连的计算机去 ping 与端口 3 或端口 4 相连的计算机，再观察有什么结果。

```
cisco2924#show vlan
VLAN Name                             Status    Ports
---- -------------------------------- --------- -------------------------------
1    default                          active    Fa0/3, Fa0/4, Fa0/5, Fa0/6,
                                                Fa0/7, Fa0/8, Fa0/9, Fa0/10,
                                                Fa0/11, Fa0/12, Fa0/13, Fa0/14,
                                                Fa0/15, Fa0/16, Fa0/17, Fa0/18,
                                                Fa0/19, Fa0/20, Fa0/21, Fa0/22,
                                                Fa0/23, Fa0/24
2    vlan0002                         active    Fa0/1, Fa0/2
1002 fddi-default                     active
1003 token-ring-default               active
1004 fddinet-default                  active
1005 trnet-default                    active

VLAN Type  SAID       MTU   Parent RingNo BridgeNo Stp  BrdgMode Trans1 Trans2
---- ----- ---------- ----- ------ ------ -------- ---- -------- ------ ------
1    enet  100001     1500  -      -      -        -    -        1002   1003
2    enet  100002     1500  -      -      -        -    -        0      0
1002 fddi  101002     1500  -      -      -        -    -        1      1003
1003 tr    101003     1500  1005   0      -        -    srb      1      1002
1004 fdnet 101004     1500  -      -      1        ibm  -        0      0
1005 trnet 101005     1500  -      -      1        ibm  -        0      0
cisco2924#_
```

图 3-28 用 show vlan 命令确认端口 1 和 2 已分配给 VLAN0002

4. 删除 VLAN

当一个 VLAN 的存在没有任何意义时,可以将它删除。删除 VLAN 的步骤如下(如图 3-29 所示):

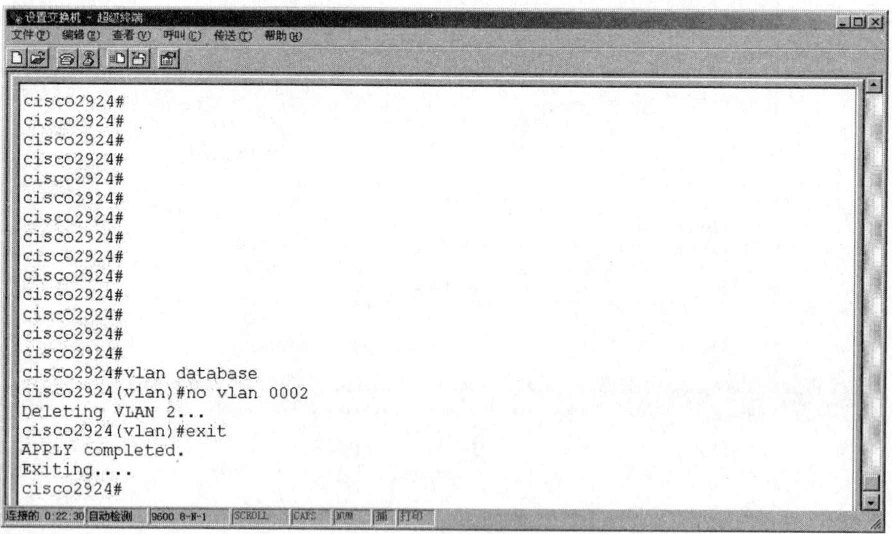

```
cisco2924#
cisco2924#
cisco2924#
cisco2924#
cisco2924#
cisco2924#
cisco2924#
cisco2924#
cisco2924#
cisco2924#
cisco2924#
cisco2924#
cisco2924#
cisco2924#
cisco2924#vlan database
cisco2924(vlan)#no vlan 0002
Deleting VLAN 2...
cisco2924(vlan)#exit
APPLY completed.
Exiting....
cisco2924#
```

图 3-29 删除 VLAN

(1) 利用 vlan database 命令进入 VLAN 数据库管理模式。

(2) 执行 no vlan 0002 命令将 VLAN0002 从数据库中删除。

(3) 使用 exit 命令退出 VLAN 数据库管理模式。

注意，在一个 VLAN 删除后，原来分配给这个 VLAN 的端口将处于非激活状态，它们不会自动分配给其他的 VLAN。只有把它们再次分配给另一个 VLAN 才能激活它们。

练习与思考

一、填空题

(1) 以太网交换机的数据转发方式主要可以分为________、________和________三类。

(2) 交换式局域网的核心设备是________。

(3) 在以太网交换机的端口/MAC 地址映射表中，每一个表项都包含一个计时器，该计时器的作用是________。

(4) VLAN 的划分方法主要分为________ VLAN 划分方法和________ VLAN 划分方法两种。

(5) 在 Cisco 交换机中，显示端口/MAC 地址映射表可以使用的命令为________。

二、单项选择题

(1) 以太网交换机中的端口/MAC 地址映射表(　　)。

A. 是由交换机的生产厂商建立的

B. 是交换机在数据转发过程中通过学习动态建立的

C. 是由网络管理员建立的

D. 是由网络用户利用特殊的命令建立的

(2) 下列关于以太网交换机的描述中错误的是(　　)。

A. 以太网交换机可以对通过的信息进行过滤

B. 以太网交换机中端口的速率可能不同

C. 在交换式以太网中可以划分 VLAN

D. 利用多个以太网交换机组成的局域网不能出现环

(3) 在 IEEE 802.1Q 中，VID 由 12 个比特组成。其有效的 VLAN 号范围为(　　)。

A. 0～4095　　B. 1～4095　　C. 1～4094　　D. 0～4094

三、动手与思考题

目前，稍有规模的局域网组网都会采用交换技术，而且 VLAN 在网络管理中发挥着越来越大的作用。因此，熟练地对 VLAN 进行配置是网络管理员应该具备的基本技能之一。在完成本章实验的过程中，请练习和思考以下问题。

（1）在交换式局域网中，既可以按静态方式划分 VLAN，也可以按动态方式划分 VLAN。参考以太网交换机的使用说明书，动手配置一个动态 VLAN，并验证配置的结果是否正确。

（2）按照生产厂家和型号的不同，可以使用 TELNET 客户端程序、Web 浏览器等软件对 VLAN 的配置进行查看和修改。查找资料并参考你的以太网交换机使用说明书，利用这些工具配置 VLAN。

第4章 无线局域网组网技术

与传统的有线局域网不同,无线局域网(Wireless Local Area Network,WLAN)是一种利用空间无线电波作为传输介质的局域网,其网络结点既可以是固定的也可以是移动的,如图4-1所示。由于组建无线局域网不需要铺设线缆,因此具有安装简单、使用灵活、易于扩展的特点。随着无线网络技术的发展,无线局域网的应用范围不断扩展,呈现出强劲的发展势头。

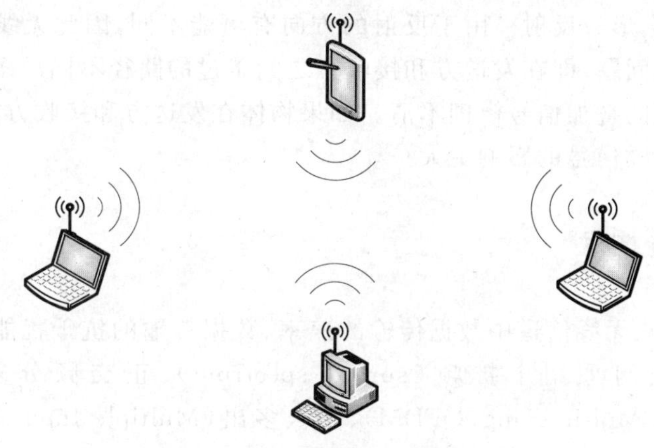

图4-1 无线局域网WLAN示意图

无线局域网通常符合IEEE 802.11系列标准,是有线以太网技术和无线通信技术相结合的产物。由于在介质控制方法上与有线以太网具有一定的相似性,因此,IEEE 802.11无线局域网通常叫作无线以太网。

无线局域网技术发展相当迅速。就其数据传输速率而言,在短短的几年内已经由IEEE 802.11的2Mbps上升到IEEE 802.11a和IEEE 802.11g的54Mbps。前几年推出的IEEE 802.11n标准,数据传输速率理论上可以达到600Mbps。

4.1 无线局域网的传输介质

无线局域网与有限局域网相比,最本质的区别是需要使用无线传输介质代替有线传输介质。无线传输介质的特性决定了无线局域网的特性和实现方法。

4.1.1 无线传输与有线传输的区别

无线传输介质利用空间中传播的电磁波传送数据信号。由于空间路径的复杂性,无线传输更难驾驭。无线传输与有线传输的重要区别包括:

- 信号衰减变化多样。无论在有线还是无线传输介质中，传输的信号强度总是随传输距离的增加而减弱。但是，信号在无线传输介质中的衰减速度常常比有线传输介质大。同时，由于不同物体(如墙壁、家具等)对无线电波(以及无线电波使用的频段)的影响不同，因此，无线信号在穿过这些物体时的衰减速度也不相同(例如，与大气相比，墙壁对无线信号的影响更大)。
- 易受干扰。如果一个无线信号与另一个无线信号采用了相同的发送频段，那么它们之间的干扰将不可避免。例如，由于 IEEE 802.11b 和 2.4GHz 无绳电话使用的频段相同，因此它们同时工作时将相互干扰。另外，与有线传输介质相比，无线传输介质中的信号更容易受到环境中的电磁噪声的干扰。
- 具有多径传播特性。与有线传输介质不同，无线信号在遇到空间的物体(如墙壁、大地等)时会形成反射。由于反射的方向有可能不同，因此无线信号的传输会发生多径传播问题，即在发送方和接收方之间走过的路径不同。多径传播问题会使接收方收到的叠加信号模糊不清。如果物体在发送方和接收方之间移动，那么多径传播对接收信号的影响更大。

4.1.2 无线传输技术

为了提高信号在无线信道中数据传输的速率、数据传输的抗干扰能力和数据传输的可靠性，无线局域网采用了扩频(spread spectrum)、正交频分复用(Orthogonal Frequency Division Multiplexing，OFDM)、多入多出(Multiple Input Multiple Output，MIMO)、红外无线(Infrared Radio，IR)等传输技术。由于红外无线技术要求视距传输(即发送方必须能直接看到接收方)，中间不能存在遮挡光线的障碍物，因此已经很少在实际工作中应用。

1. 扩频技术

在无线局域网传输中，通常希望主机的发送功率尽量小，抗干扰能力尽量强。为了达到这种目的，无线局域网通常采用了扩频技术。它的理论基础是著名的香农定理。

香农定理描述了在有限带宽、随机热噪声信道中，最大传输速率与信道带宽和信噪比之间的关系。香农定理的具体形式为

$$C = B \times \log_2\left(1 + \frac{S}{N}\right)$$

其中，C 为信道的容量(最大传输速率，单位是 b/s)；B 为信道的带宽(单位是 Hz)；S 为平均信号功率(单位是 W)；N 为平均噪声功率(单位为 W)。

从香农定理可以看到，信道的容量、信道的带宽和信号与噪声的比值(信噪比)可以相互转化。如果希望信道容量保持不变，可以通过增大信道的带宽 B 从而降低对信噪比的要求。也就是说，可以通过扩展信道的带宽，达到降低主机发送功率和提高系统抗干扰性的目的。

无线局域网采用的扩频技术主要有两种，一种是跳频扩频(Frequency Hopping

Spread Spectrum,FHSS),另一种是直接序列扩频(Direct Sequence Spread Spectrum,DSSS)。

跳频扩频将可以利用的频带划分成多个子频带,每个子频带带宽相同,互不交叠。由于发送方利用一个伪随机数发生器产生的随机数决定每次信号使用的子频带,因此,信号在整个可用频带上跳来跳去,从而占满了整个较宽的频带,如图 4-2 所示。在接收过程中,由于采用与发送方相同的伪随机数发生器,因此,接收方可以和发送方同步跳动,保证接收信息的正确。

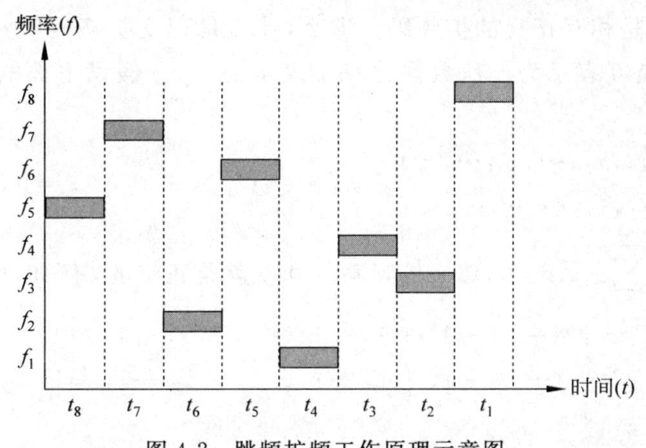

图 4-2 跳频扩频工作原理示意图

在采用直接序列扩频方法时,发送方首先将需要发送的信号与一个伪随机数发生器产生的随机码进行异或,然后再将异或操作的结果经调制后发送出去。由于直接序列扩频使用的伪随机码的宽度比发送数据的宽度小很多,因此,两者异或后的结果也具有随机性,如图 4-3 所示。接收方采用与发送方相同的伪随机数发生器,从而可以将接收的信号与伪随机码异或得到正确的数据信息。如果发送信号的周期为 T,伪随机数产生的随机码的周期为 T 的 $1/n$,那么信号占用的频带将扩大 n 倍。这样,通信系统就达到了扩频的目的,而伪随机数发生器产生的随机码有时也叫作扩频码。

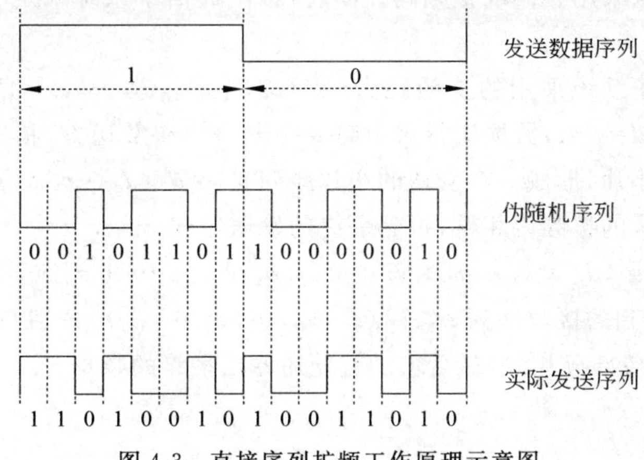

图 4-3 直接序列扩频工作原理示意图

在扩频通信系统中，如果仔细地选择扩频码，那么可以使一个通信系统中的多个子系统同时在一个频带上通信而不相互干扰。这就像一个由来自中俄两国的多个朋友一起参加的鸡尾酒会。中国朋友通常使用汉语进行交流（汉语类似于我们的扩频码），俄罗斯朋友通常使用俄语进行交流（俄语类似于他们的扩频码）。在鸡尾酒会上，如果中国朋友和俄罗斯朋友同时发言，那么，尽管他们的声音在一个频带上传送，我们也可以利用已有的知识（扩频码）清晰地辨别汉语，而将俄语轻而易举地过滤掉。

在无线通信中，什么样的扩频码能使多个通信子系统同时在一个频带上通信而不相互干扰呢？答案就是相互正交的扩频码。那么，什么是正交扩频码呢？为了数学上的便利，我们将数据比特 0 表示为 -1，数据比特 1 表示为 $+1$。假设下面的 x 和 y 是两个扩频码：

$$\begin{cases} x = (x_1, x_2, \cdots, x_i, \cdots, x_n) \\ y = (y_1, y_2, \cdots, y_i, \cdots, y_n) \end{cases} \quad x_i, y_i \in \{-1, +1\}, \quad i = 1, 2, \cdots, n$$

如果 $\rho(x,y) = \frac{1}{n}\sum_{i=1}^{n} x_i y_i = 0$，那么扩频码 x 和 y 就是正交的。例如下面两个扩频码

$$a = (+1, +1, +1, -1, +1, -1, -1, -1)$$
$$b = (+1, -1, +1, +1, +1, -1, +1, +1)$$

由于

$$\begin{aligned} \rho(a,b) &= \frac{1}{8}\sum_{i=1}^{8} a_i b_i \\ &= \frac{1}{8}[1\times 1 + 1\times(-1) + 1\times 1 + (-1)\times 1 + 1\times 1 \\ &\quad + (-1)\times(-1) + (-1)\times 1 + (-1)\times 1] \\ &= 0 \end{aligned}$$

因此，a 和 b 这两个扩频码是正交的。

为了使多个通信子系统同时在一个频带上通信而不相互干扰，每个通信子系统中的发送者和接收者应该采用相同的扩频码。同时，各个通信子系统采用的扩频码之间应该相互正交。

假设一个通信子系统采用的扩频码为 $c = (c_1, c_2, \cdots, c_i, \cdots, c_n)$，需要通信的数据为 d（数据比特为 0 时 $d = -1$，数据比特为 1 时 $d = +1$）。在发送方，将发送数据按照扩频码的周期分成 n 个小片，形成一个发送的小片序列 $d(= d_1, d_2, \cdots, d_i, \cdots, d_n)$。然后将每个发送的小片与对应的扩频码相乘，得到最终的发送序列 z：

$$z = (d_1 \times c_1 + d_2 \times c_2 + \cdots + d_i \times c_i + \cdots + d_n \times c_n)$$

在接收方，将收到的接收序列 $z(z = (z_1, z_2, \cdots, z_i, \cdots, z_n))$ 分别与扩频码 $c(c = (c_1, c_2, \cdots, c_i, \cdots, c_n))$ 对应部分相乘，最后求和就能还原出最终的数据 d：

$$d = \frac{1}{n}\sum_{i=1}^{n} d_i c_i$$

图 4-4 给出了一个通信子系统独享扩频频带的例子。在图 4-4 中，发送方需要发送

的数据为 01(分别用－1 和＋1 表示)。在发送过程中,发送方采用扩频码(＋1,＋1,＋1,－1,＋1,－1,－1,－1)对发送比特 0 和 1 分别进行扩频,形成了发送序列(－1,－1,－1,＋1,－1＋1,＋1,＋1)和(＋1,＋1,＋1,－1,＋1,－1,－1,－1)。当接收方收到发送的序列后,使用接收序列和扩频码(＋1,＋1,＋1,－1,＋1,－1,－1,－1)按照 $d=\frac{1}{n}\sum_{i=1}^{n}d_i c_i$ 方式进行运算,还原出发送的数据 01。

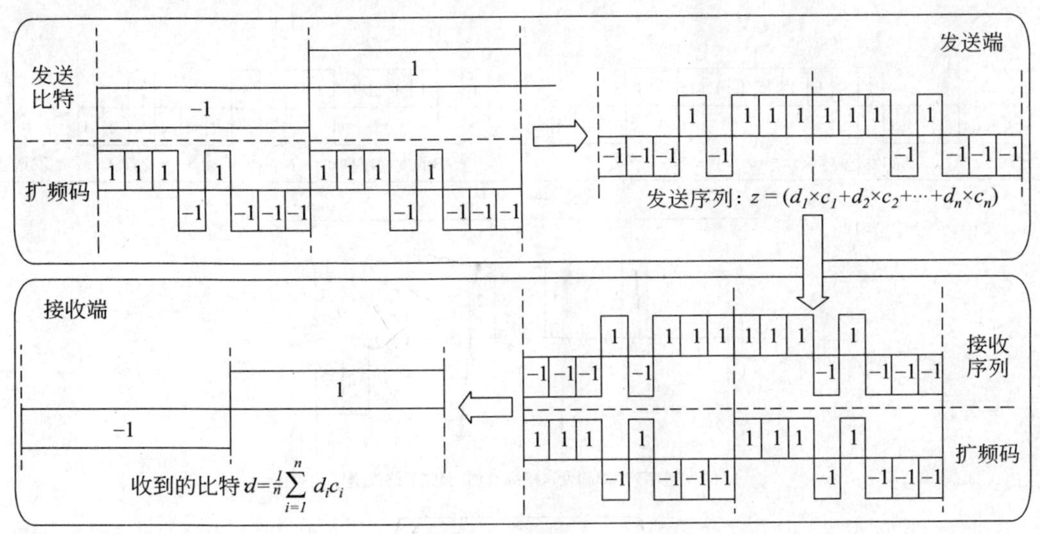

图 4-4　单一通信子系统独享扩频频带

图 4-5 显示了两个子系统共享同一扩频频带的例子。在图 4-5 中,第一个通信子系统采用扩频码(＋1,＋1,＋1,－1,＋1,－1,－1,－1),发送端为 A,接收端为 B,需要传递的比特序列为 01;第二个通信子系统采用扩频码(＋1,－1,＋1,＋1,＋1,－1,＋1,＋1),发送端为 C,接收端为 D,需要传递的比特序列为 10。在发送时,A 使用扩频码(＋1,＋1,＋1,－1,＋1,－1,－1,－1)对发送比特 01 进行扩频,形成 A 的发送序列(－1,－1,－1,＋1,－1,＋1,＋1,＋1)和(＋1,＋1,＋1,－1,＋1,－1,－1,－1);C 使用扩频码(＋1,－1,＋1,＋1,＋1,－1,＋1,＋1)对发送比特 10 进行扩频,形成 C 的发送序列(＋1,－1,＋1,＋1,＋1,－1,＋1,＋1)和(－1,＋1,－1,－1,－1,＋1,－1,－1)。A 和 C 形成的发送序列进行叠加,最终的发送序列为(0,－2,0,＋2,0,0,＋2,＋2)和(0,＋2,0,－2,0,0,－2,－2)。当 B 和 D 接收到(0,－2,0,＋2,0,0,＋2,＋2)和(0,＋2,0,－2,0,0,－2,－2)后,B 使用第一个子系统的扩频码(＋1,＋1,＋1,－1,＋1,－1,－1,－1)按照公式 $d=\frac{1}{n}\sum_{i=1}^{n}d_i c_i$ 就可以还原出 A 发送的比特序列 01。同样,D 使用第二个子系统的扩频码(＋1,－1,＋1,＋1,＋1,－1,＋1,＋1)按照公式 $d=\frac{1}{n}\sum_{i=1}^{n}d_i c_i$ 也可以还原出 C 发送的比特序列 10。

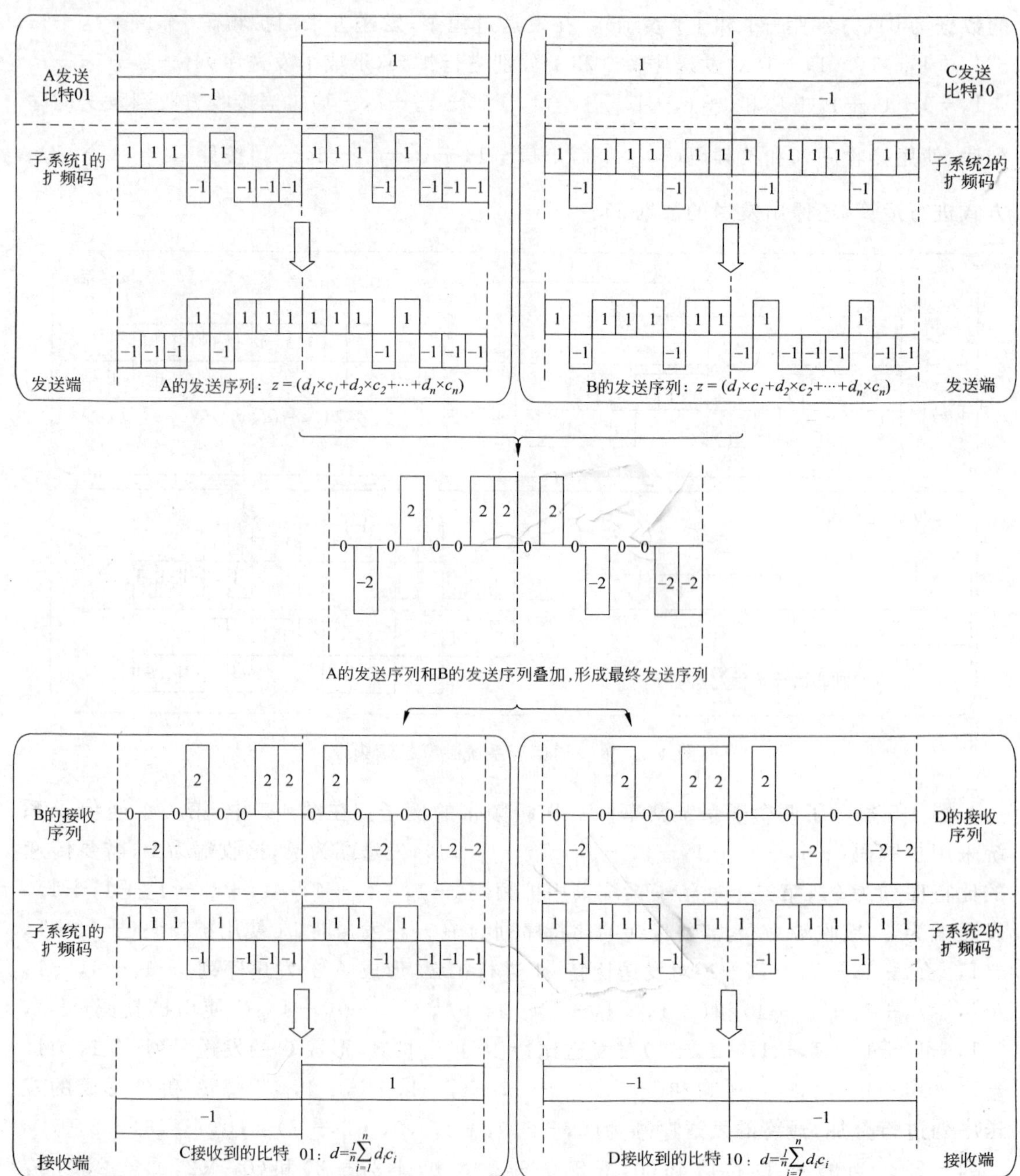

图 4-5　两通信子系统共享同一扩频频带

扩频技术可以有效降低主机的发送功率和提高系统抗干扰性，而且在采用正交编码的扩频系统中，还可以提高频带的使用效率。实际上，3G 网络中广泛使用的 CDMA (Code Division Multiple Access，码分多址)技术就是利用编码的正交性进行不同通信者之间的区分的。

2. 正交频分复用技术

在模拟系统中，如果两个周期为 T 的信号 $x(t)$ 和 $y(t)$ 在周期 T 上的积分为 0，则 $x(t)$ 和 $y(t)$ 是正交的。也就是说，如果

$$\int_{T}^{2T} x(t)y(t)\mathrm{d}t = 0$$

那么 $x(t)$ 和 $y(t)$ 是正交的。

例如，$\sin(t)$ 和 $\cos(t)$ 就是正交函数，因为在一个 2π 的周期内，$\sin(t)$ 和 $\cos(t)$ 的积分为 0 $\left(例如\int_{-\pi}^{\pi}\sin(t)\cos(t)\mathrm{d}t = 0\right)$。正交的函数有很多，可以证明，函数 $\sin(t)$，$\cos(t)$，$\sin(2t)$，$\cos(2t)$，…，$\sin(nt)$，$\cos(nt)$ 在 2π 的周期内都是相互正交的。即：

$$\int_{-\pi}^{\pi}\sin(mt)\sin(nt)\mathrm{d}t = 0 \quad (m \neq n)$$

$$\int_{-\pi}^{\pi}\cos(mt)\cos(nt)\mathrm{d}t = 0 \quad (m \neq n)$$

$$\int_{-\pi}^{\pi}\sin(mt)\cos(nt)\mathrm{d}t = 0 \quad (m \neq n)$$

与扩频技术中的正交编码类似，如果不同的通信子系统使用正交的载波调制发送的数据，那么各子系统之间的干扰就会变小，接收者也会正确地解调出自己的数据。

正交频分复用(OFDM)充分利用了正交函数的特性，是一种多载波调制技术。它的主要思想是将整个信道分成若干正交的子信道，将高速数据信号转换成并行的低速子数据流，调制到在每个子信道上进行传输，如图 4-6 所示。由于各个子信道之间采用正交的载频进行数据调制，它们占用的频率范围可以相互重叠，因此可以节省带宽，提高频谱利用率，如图 4-7 所示。在接收端，系统采用相同的技术在各个子频带接收低速子数据流，并将它们合并成高速的数据流进行提交。

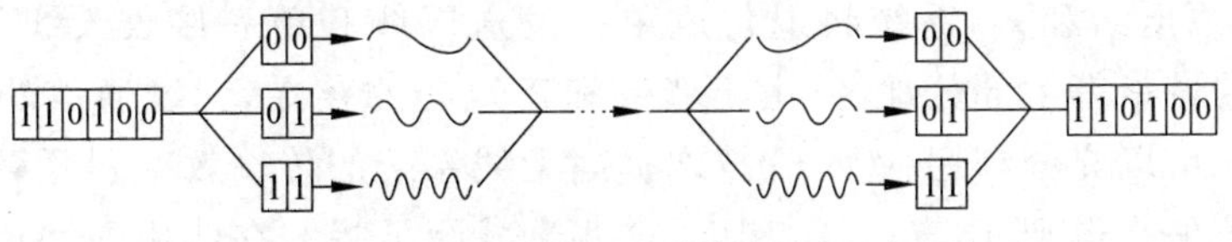

图 4-6 正交频分复用工作原理示意图

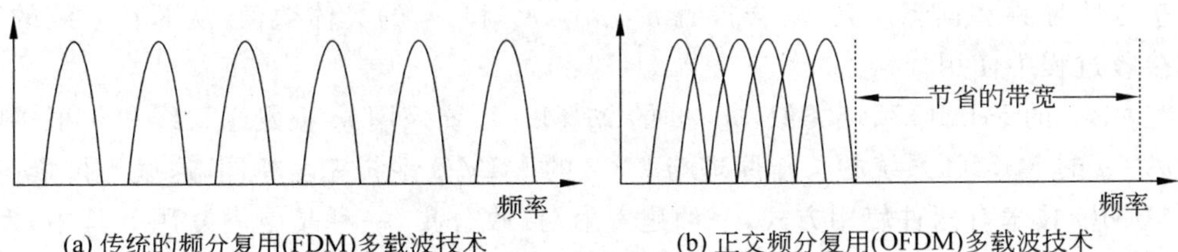

图 4-7 传统频分复用(FDM)与正交频分复用(OFDM)的比较

3. 多入多出技术

无线传输环境通常比较复杂，特别是多径传播特性会引起信号衰落，因而一般被视为影响通信的有害因素。然而，多入多出(MIMO)技术将多径传播特性作为一个有利因素充分利用，进而提高系统的传输速度、效率和可靠性。

图 4-8 显示了一个 2×2 的 MIMO 系统。在图 4-8 中，1 号天线发送的 r_1 信号经两条衰减为 h_{11} 和 h_{21} 的路径分别到达 1 号和 2 号接收天线。2 号天线发送的 r_2 信号经两条衰减为 h_{21} 和 h_{22} 的路径分别到达 1 号和 2 号接收天线。因此，1 号和 2 号接收天线收到的信号分别是两条路径信号的叠加(这里忽略了噪声信号)，即

$$\begin{cases} x_1 = h_{11} \times r_1 + h_{12} \times r_2 \\ x_2 = h_{21} \times r_1 + h_{22} \times r_2 \end{cases}$$

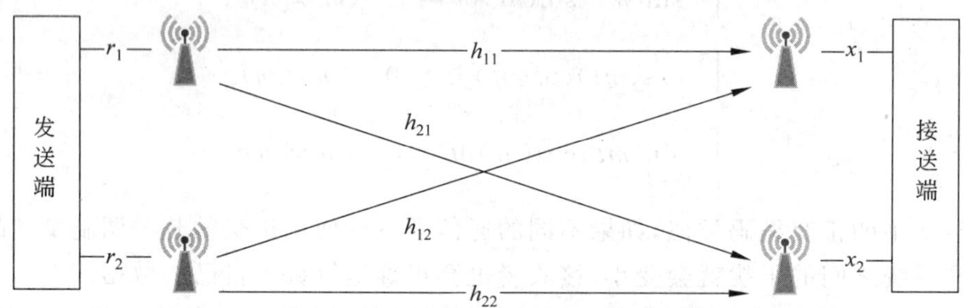

图 4-8 2×2 的 MIMO 系统

如果 h_{11}、h_{12}、h_{21} 和 h_{22} 相互独立且已知，那么接收端在获得 x_1 和 x_2 后就可以通过以上二元方程式正确还原出 r_1 和 r_2。h_{11}、h_{12}、h_{21} 和 h_{22} 相互独立意味着由于无线传输的多径传播特性，发送天线发送的信号分别经过不同的路径和不同的衰减到达接收天线。如果系统中不存在多径传播(例如，h_{11}、h_{12}、h_{21} 和 h_{22} 都为 1)，那么接收端也不可能从上面的二元方程式还原出 r_1 和 r_2，系统将退化成单一发送天线和单一接收天线的效果。但是，在室内、繁华的城市等大部分地区，由于墙壁和建筑物的存在，无线通信的多径传播通常是存在的，因此可以充分利用 MIMO 技术提高无线系统的传输效率和可靠性。

那么，系统怎么得到 h_{11}、h_{12}、h_{21} 和 h_{22} 这些衰减因子呢？在使用 MIMO 的系统中，发送端在发送正式的数据之前，发送端会发送一系列的导频和训练序列。接收端通过接收和分析这些导频和训练序列，就会得到 h_{11}、h_{12}、h_{21} 和 h_{22} 的具体数值，从而在后续的正式数据接收过程中使用。

与 2×2 的 MIMO 系统类似，$m \times n$ 的 MIMO 系统采用 m 根发送天线和 n 根接收天线。$m \times n$ 的 MIMO 系统的工作原理与 2×2 的 MIMO 系统完全相同，这里不再赘述。

MIMO 技术有两种使用方式，一种是发射/接收分集，一种是空间复用。其中，发射/接收分集在所有发送天线上发送同一个数据，多根接收天线在收到数据后进行比较和判断，以提高系统的可靠性，如图 4-9 所示。空间复用在每根天线上发送独立的数据，多根接收天线在收到后将这些数据合成为一个数据流，以提高系统的发送速率和空间的使用效率，如图 4-10 所示。

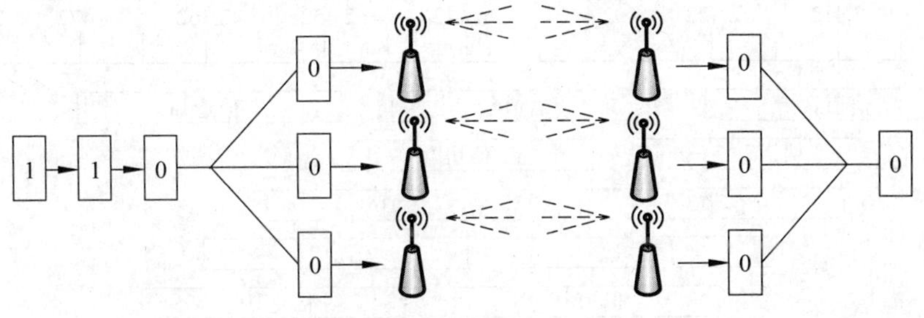

图 4-9　发射/接收分集

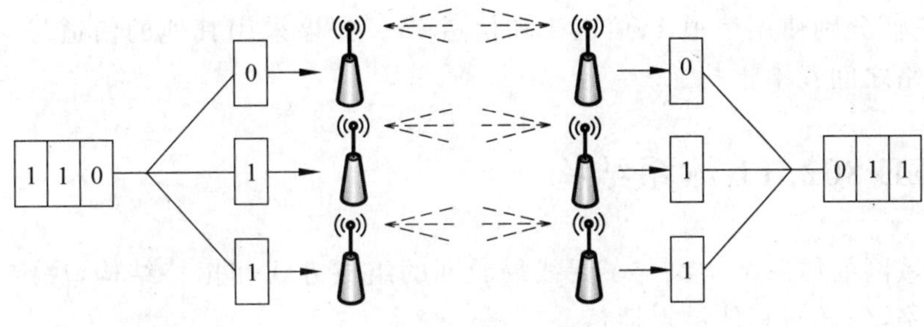

图 4-10　空间复用

MIMO 技术在发送端和接收端采用多根天线(或天线阵列),将多径传播信道与发射、接收视为一个整体进行优化,利用先进的空时处理技术,在不增加频带带宽的情况下允许同时发送多个数据流,成倍地提高通信系统的容量和频带利用率,从而达到提升数据传输速率和可靠性的目的。

4.1.3　无线局域网的信道

在一个区域内,可以部署多个无线局域网。为了提高通信效率,减少无线局域网之间的相互干扰,无线局域网将使用的频带范围划分为多个子频带,这些子频带通常被称为信道。需要注意,尽管一个区域内的多个无线局域网可以采用不同的信道,但是,每个无线局域网只能使用一个信道进行通信。

使用最广泛的 IEEE 802.11b 和 IEEE 802.11g 使用的频带范围为 2.4～2.485GHz。在这 85MHz 的频段内,划分了 11 个信道。不过这 11 个信道存在部分重叠,而不是完全分开的,如图 4-11 所示。当且仅当两个信道由 4 个或更多个信道隔开时,它们才是无重叠的。也就是说,即使一个无线局域网使用信道 1,另一个在同一区域的无线局域网使用信道 2,由于使用的两个信道之间有交叠,因此这两个无线局域网之间仍然会有干扰存在。这时,一个无线局域网中的结点需要和另一个无线网中的结点争用频带使用权。当然,如果一个无线局域网使用信道 1,另一个使用信道 6,那么这两个无线局域网之间就不存在相互干扰问题,一个无线局域网中的结点也不需要和另一个无线网中的结点争用频带的使用权。

实际上,同一个区域只能建立 3 个互不干扰的 IEEE 802.11b(或 IEEE 802.11g)无

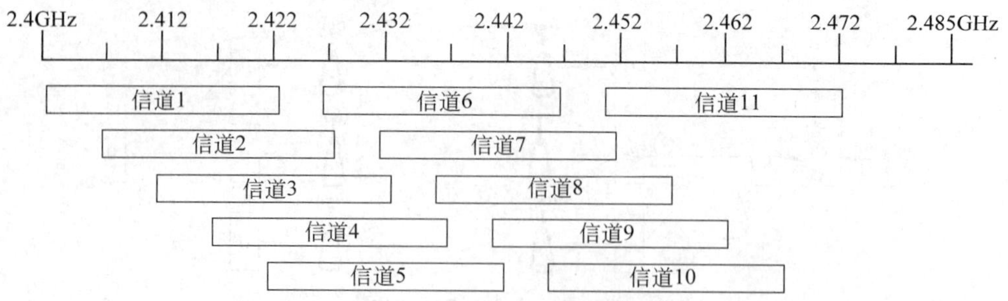

图 4-11 IEEE 802.11b/g 使用的频带范围和信道划分

线局域网，它们分别使用信道 1、信道 6 和信道 11。如果采用其他的信道号，那么就不能保证两两网络之间互不干扰。

4.2 IEEE 802.11 体系结构

无线局域网的体系结构决定了无线局域网的组成方式和拓扑结构，决定了主机怎样加入无线网络，怎样与其他结点通信。

4.2.1 基本服务集和扩展服务集

利用无线局域网的基本组成部件，IEEE 802.11 无线局域网可以形成基本服务集(Basic Service Set，BSS)和扩展服务集(Extended Service Set，ESS)。

1. 基本组成部件

无线局域网的基本组成部件包括无线主机(wireless host)、无线访问接入点(Access Point，AP)、分布式系统(Distribution System，DS)、无线传输介质(wireless medium)等。

- 无线主机。无线主机有时也被称为无线结点或无线工作站，通常是具备无线局域网接口的、能够运行应用程序的系统设备。无线主机本身可以是移动的，也可以是固定的。配备了无线网卡的台式计算机、笔记本、掌上电脑、电话等都可以成为无线主机。
- 无线访问接入点(AP)。其功能类似于有线以太网中的交换机，其所属无线主机的信息收发工作都需要通过 AP 的转发完成。AP 通常具有多个网络接口，具有连接分布式系统的能力。
- 分布式系统。用于连接各个 AP 结点，它不但能使这些 AP 所属的无线主机之间相互通信，而且能让这些主机访问其他网络(如有线网络)的主机。IEEE 802.11 对分布式系统本身的网络类型没有限制，分布式系统本身既可以是有线网络也可以是无线网络。
- 无线传输介质。无线局域网使用的空间电磁波。

2. 基本服务集

一个基本服务集(BSS)通常由一个或多个无线主机组成(如图4-12(a)所示),有的BSS中还包含一个AP设备(如图4-12(b)所示)。图中的椭圆表示每个BSS的覆盖范围,如果一个无线站点的移动超出了该范围,那么它将脱离该BSS。

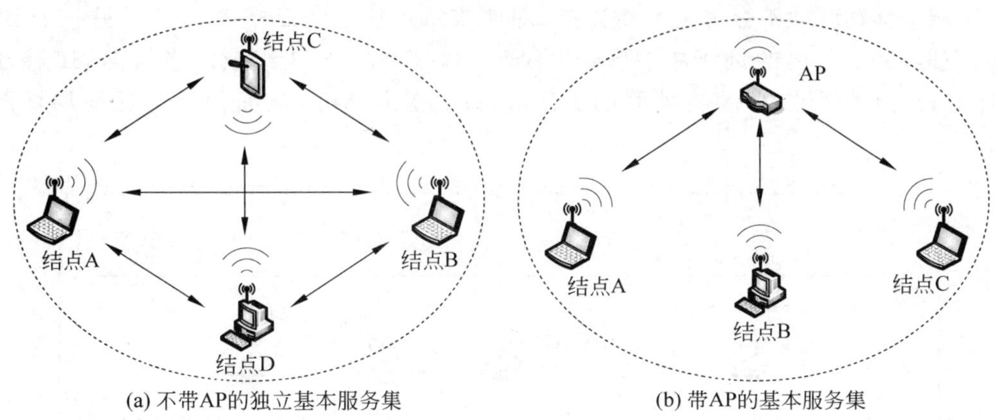

(a) 不带AP的独立基本服务集　　(b) 带AP的基本服务集

图4-12　基本服务集示意图

不包含AP的BSS称为独立基本服务集(Independent Basic Service Set,IBSS)。IBSS中不存在中心控制结点,各无线结点地位平等。如果一个无线结点希望给另一个无线结点发送数据,那么它会将数据直接发送给目标结点而不需要中间结点的转发。

IBSS使用一个基本服务集标识符(BSSID)标识。BSSID是一个48位的随机数,由该IBSS的发起者(第一个无线站点)随机选择形成。无线站点之间相互通信时需要携带BSSID,以表明它们属于同一个IBSS。

按照IBSS方式组成的无线局域网通常称为自组无线局域网(Ad Hoc)。自组无线局域网不需要其他任何固定设施,可以在需要时临时组成,具有简单、快速、经济的特点,非常适合于办公会议、野外作业、军事训练与实战等场合使用。

在带有AP的基本服务集中,AP是其中心结点。如果一个无线结点希望与另一个无线结点通信,那么这个结点首先需要将数据发送至AP,然后由AP转发至目标结点。另外,AP通常具有连接分布式系统的能力,能使其所属无线主机访问其他无线网或有线网。

与IBSS相同,每个带AP的BSS也需要使用一个BSSID标识。但是,与IBSS的BSSID选取方法不同,带AP基本服务集的BSSID为其AP设备的48位MAC地址(即利用AP代表其所在的BSS)。

由于AP是无线局域网络基础设施的一个关键组成部分,因此,利用AP组建的无线局域网络通常叫作基础设施无线局域网。由于基础设施无线局域网中存在中心结点,因此,比较容易控制其网络的安全性和可靠性。同时,AP设备一般带有有线网络(如以太网)接口,可以实现无线网络和有线网络的互联。因此,基础设施无线局域网在办公自动化等领域得到了广泛的应用,是目前最常见的无线网络组网模式。

3. 扩展服务集

扩展服务集(ESS)由多个带有 AP 的基本服务集通过分布式系统相互连接而形成，如图 4-13 所示，它能使无线局域网覆盖的地理范围更大。按照 ESS 组建的无线局域网是一种基础设施无线局域网。如果 ESS 中每个 BSS 的覆盖区域相互交叠，那么无线站点在 ESS 区域中移动时就不会失去无线连接，即使该站点从一个 BSS 移动到了另一个 BSS。例如，在图 4-13 给出的例子中，ESS 由 BSS1、BSS2 和 BSS3 组成。当从 BSS1 移动到 BSS2 时，结点 C 可以自动将关联的 AP 从 AP1 变为 AP2，从而保持与无线局域网的连接。

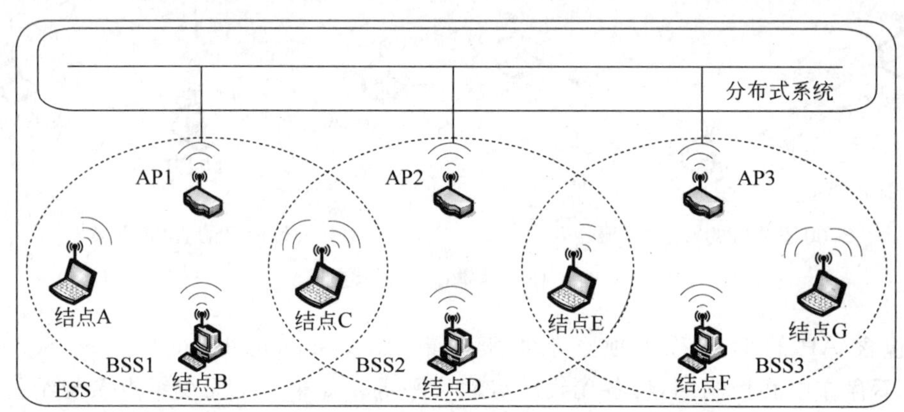

图 4-13 扩展服务集示意图

在 IEEE 802.11 中，ESS 可以使用 SSID(Service Set IDentifier)标识。SSID 通常由 ASCII 字符组成，最长 32B。在安装 AP 时，网络管理员可以对其 SSID 进行设置。

4.2.2 关联与加入

如果一个站点想利用一个 AP 与其所属的 BSS 中的其他站点进行通信，那么，它必须与该 AP 进行关联；如果一个站点想与一个 IBSS 中的其他站点通信，那么它必须加入到该 IBSS 中。

1. 与 AP 关联

在安装 AP 的过程中，网络管理员需要配置该 AP 使用的信道号和使用的 SSID。当开始正常运行后，AP 会周期性地在网络管理员指定的信道发送信标帧(beacon frame)，以此表明自己的存在。每个信标帧都包含了该 AP 的 SSID 和 MAC 地址。无线站点为了得知所在区域的 AP 信息，扫描所有信道(在 IEEE 802.11a/g 中需要扫描 11 个信道)，找出来自该区域的 AP 发出的信标帧。当确认本区域正在运行的 AP 后，无线主机可以选择自己需要的 AP 并进行关联。

扫描信道和监听信标帧的过程称为被动扫描(passive scanning)，如图 4-14 所示。另外，无线主机也可以通过主动扫描(active scanning)探测所在区域存在的AP，如图4-15所示。当无线主机主动发送AP探测广播帧后，所在区域的AP使用一个探测响应帧进行应答。无线主机在分析AP的响应帧后即可选择自己需要的AP进行关联。

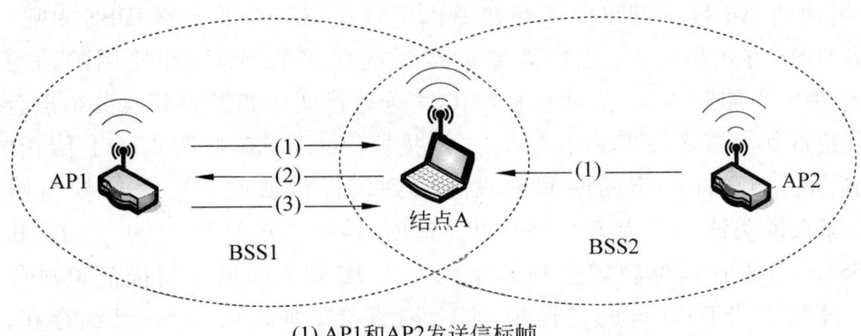

(1) AP1和AP2发送信标帧
(2)A向希望关联的AP1发送关联请求帧
(3)AP1回送关联响应帧

图4-14 被动扫描的工作过程

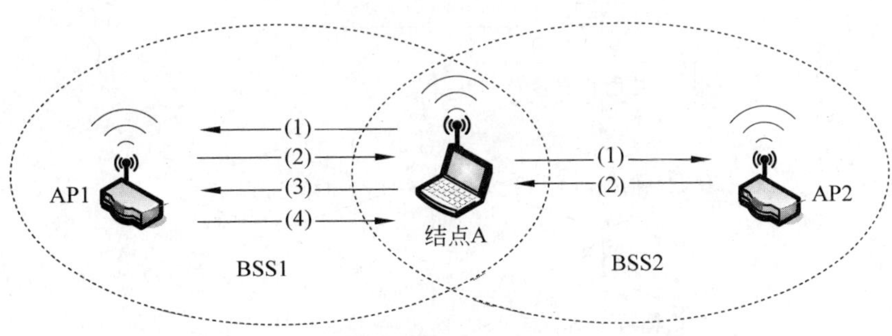

(1)A发送AP探测广播帧
(2)AP1和AP2进行响应
(3)A向希望关联的AP1发送关联请求帧
(4)AP1回送关联响应帧

图4-15 主动扫描的工作过程

无线主机的扫描过程(无论是主动扫描还是被动扫描)只能确定所在区域存在的AP。如果一台无线主机希望关联到一个AP，那么它必须向该AP发送关联请求帧，如图4-14和图4-15所示。在收到关联请求后，AP应回送关联响应帧对无线主机的请求进行确认。如果收到一个AP的“成功”关联确认信息，则意味着无线主机加入了该AP所在的BSS并能通过该AP与其他结点通信。

当一个ESS由多个覆盖范围相互交叠的BSS组成时(如图4-13所示)，处于交叠区域的无线站点可以扫描到多个AP发送的信标帧，这些信标帧的SSID相同。在这种情况下，无线站点通常会选择信号最强的AP进行关联。当一个无线站点从一个BSS区域(例如图4-13中的BSS1)逐渐漫游到另一个BSS区域(例如图4-13中的BSS2)时，AP1的信号强度将逐渐减弱，AP2的信号强度将逐渐加强。当AP2的信号强度增大到一定程度时，无线主机可以自动将其关联AP由AP1转换成AP2。

2. 加入 IBSS

在基础设施无线局域网中,无线站点通过关联到 AP 加入到一个 BSS 或 ESS 中。在利用 IBSS 组建的 Ad Hoc 网络中不存在 AP,无线站点怎么加入到 IBSS 中呢?

在利用 IBSS 方式组网时,用户需要设置无线主机的 SSID 和使用的信道号。由于 IBSS 中不存在中心控制结点,因此信标帧的发送等管理功能需要其成员结点合作完成。

当一个站点加入一个 IBSS 时,它首先扫描所有的信道,监听信道上传送的信标帧,如图 4-16 所示。如果在一定的时间内没有收到信标帧或收到的信标帧与用户设定的 SSID 不同,那么说明该站点为第一个站点。这时,该站点选择一个 48 位的随机数作为本 IBSS 的 BSSID,并发送信标帧建立和初始化一个 IBSS。如果在扫描信道过程中收到了一个与用户设置的 SSID 相同的信标帧,那么说明希望加入的 IBSS 已经存在。这时,该站点需要保存信标帧中的 BSSID 值,并在以后与其他结点通信时利用该值表明所属的 IBSS。

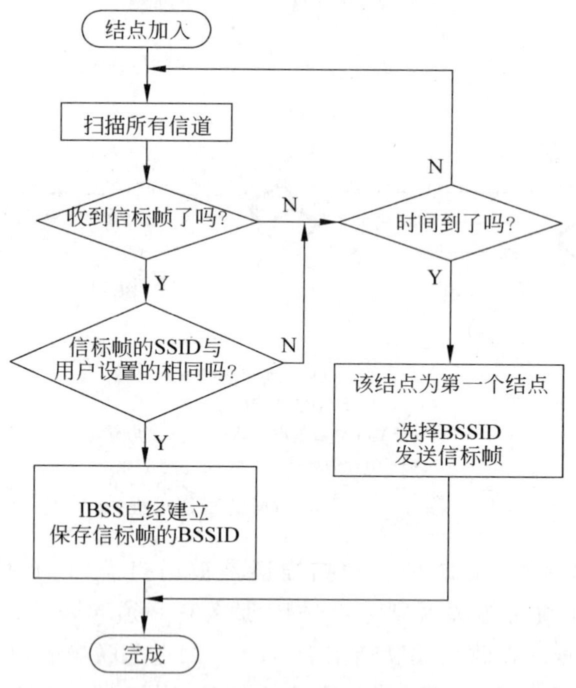

图 4-16　结点加入 IBSS 流程图

在 IBSS 中,无线主机需要不断地侦听信标帧。如果在一个信标帧的发送周期内没有收到信标帧,那么 IBSS 中的每个结点都会随机选择一个等待时间值,等待时间值结束就发送信标帧;如果等待期间收到了来自其他结点的信标帧,那么就停止等待值的更新,进入下一个信标帧侦听周期。

IBSS 中的无线站点既可以执行被动扫描也可以执行主动扫描。如果一台无线主机发送探测请求广播帧,那么最后一个发送信标帧的站点将对该探测请求进行应答。

4.3 介质控制访问方法和帧结构

有线以太网的成功对无线局域网的设计影响很大，因此，在无线局域网使用的技术中能够看到很多有线以太网的影子。但是，由于传输介质的差异，无线局域网不能完全照搬有线以太网的实现技术。本节对无线局域网的介质控制访问方法和帧结构进行介绍。

4.3.1 CSMA/CA

在无线局域网中，结点的发送采用广播方式，其对共享无线信道的访问控制采用带有冲突避免的载波侦听多路访问(Carrier Sense Multiple Access with Collision Avoidance，CSMA/CA)方法。与以太网的CSMA/CD方法相似，无线局域网每个结点在发送数据之前需要侦听共享无线信道，如果忙(即其他结点正在发送)，那么该结点必须等待。与以太网的CSMA/CD方法不同，无线局域网采用的是冲突避免(CA)技术而不是冲突检测(CD)技术。这意味着无线结点应采取一定的措施尽量避免与其他结点发送的信息发生冲突，而不像有线以太网那样一边发送一边进行冲突检测。未采用冲突检测技术的主要原因之一是冲突检测要求网络结点具有同时发送和接收的能力。由于接收无线信号的强度通常远远小于发送信号的强度，因此实现具有冲突检测能力的无线网卡代价很大。

由于无线结点在占用信道发送信息过程中不能检测冲突，发送结点不知道发送的信息是否正确到达接收结点，因此，无线局域网CSMA/CA方法要求目标接收结点收到完整无损的信息后回送确认信息。只有正确接收到目标结点回送的确认信息，发送结点才可以认为发送成功；否则，发送结点认为发送失败，需要重新发送该信息。

1. 无线局域网的发送

由于无线局域网采用广播方式在共享信道中发送信息，因此，冲突的产生不可避免。不过无线局域网采用了一种冲突避免(CA)技术能有效减少冲突的发生。

实际上，冲突最有可能发生在共享广播信道由“忙”变“闲”的一刹那。这时多个准备发送的结点同时检测到信道空闲，同时争用信道进行发送。为此，CSMA/CA技术要求每个发送结点在检测到信道空闲后随机选择一个延迟发送时间，只有信道空闲且延迟发送时间到时后，信息的发送过程才能开始。具体发送过程如下：

(1) 发送结点侦听共享信道，直到空闲为止。

(2) 发送结点随机选择一个延迟发送时间值并在信道空闲时递减该值。当侦听到信道忙时，延迟发送时间值保持不变。

(3) 当延迟发送时间值递减为0时(由于只有在信道空闲时才递减该值，因此这时的信道一定处于空闲状态)，发送结点发送整个数据信息并等待接收确认信息。

(4) 如果在规定的时间内收到确认信息，那么发送结点认为目标结点已经正确接收到发送的信息，发送过程结束；如果未收到确认信息，那么发送结点认为发送失败。

(5) 在发送失败的情况下，发送结点根据失败的次数决定是否重发该信息。如果失败的次数小于某一规定的值，那么发送流程转回到步骤(1)重发该信息；否则，发送结点放弃该信息的发送并返回。

图 4-17 显示了一个 CSMA/CA 简单的数据发送过程。在 t_1 和 t_2 时刻，结点 A 和结点 B 分别需要发送数据信息 I_A 和 I_B。于是，它们分别在 t_1 和 t_2 时刻开始侦听信道。当发现信道已经被占用后(这时结点 C 正在占用信道发送数据)，结点 A 和结点 B 持续侦听信道直到 t_3 时刻信道空闲(结点 C 发送结束)。这时，结点 A 和结点 B 并不能马上开始发送，而是各自随机选择一个延迟发送时间，并在信道空闲时递减该值。在图 4-17 中，t_3 到 t_4 之间信道一直空闲，因此，结点 A 和结点 B 可以顺利递减延迟发送时间值。在时刻 t_4，结点 A 随机选择的发送时间值递减为 0，于是它开始发送其数据信息 I_A。与此同时，由于结点 B 侦听到信道忙(结点 A 已经开始发送数据)，因此，它停止其延迟发送时间值的递减并继续侦听信道，直到 t_6 时刻结点 A 发送结束。从时刻 t_6 开始，结点 B 又侦听到信道空闲，于是开始继续递减其延迟发送时间值。由于信道一直空闲，结点 B 在 t_7 时刻顺利将其延迟发送时间值递减到 0，因此，它在 t_7 时刻开始发送自己的数据信息 I_B，直到发送结束。

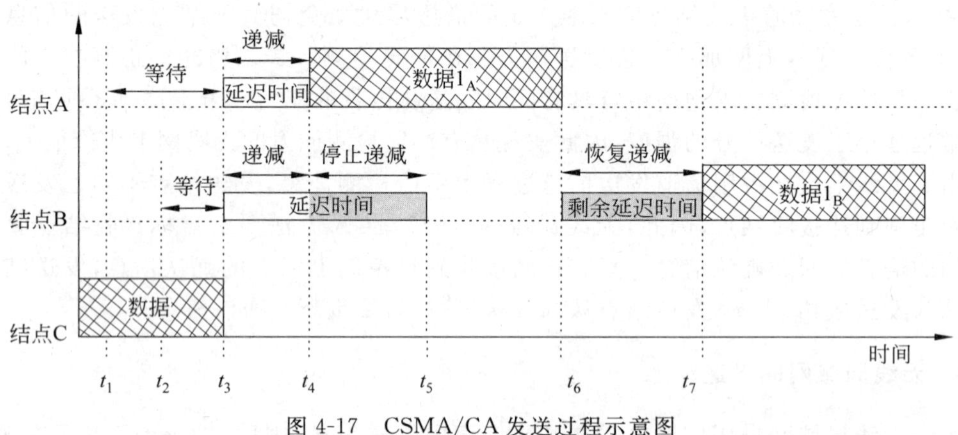

图 4-17　CSMA/CA 发送过程示意图

采用 CSMA/CA 方法的结点 A 和 B，由于在 t_3 时刻同时侦听到信道空闲后并没有急于发送，而是采用了随机延迟发送的方法，因此，有效地避免了冲突的发生。

2. RTS 和 CTS 机制

尽管 CSMA/CA 方法在很大程度上能够避免冲突的发生，但是在某些情况下(如两个发送结点选择了相同的延迟发送时间值)，冲突的发生又不可避免。与以太网使用的 CSMA/CD 方法不同，由于 CSMA/CA 方法在发送过程中不进行侦听，因此，即使在发送过程中发生冲突，发送也不会立即停止。如果一个结点发送的数据与其他结点发送的数据发生冲突，那么，这些错误的数据只有当所有结点都发送完毕，信道空闲后才可能重新发送。因此，如果发生冲突的数据块长度很长，那么冲突数据块占用信道的时间也会很长，这样，信道的利用率就会降低。

为了提高信道的利用率，无线局域网引入了 RTS 和 CTS。RTS 和 CTS 是两个长度很短的控制信息。在发送正式的数据之前，发送结点首先发送 RTS。正确接收到 RTS

后，目标结点回送 CTS。RTS 和 CTS 用于通知无线局域网中的其他结点，在随后的一段时间内不要发送数据，信道已经被预约，预约时间的长度包含在 RTS 和 CTS 控制信息中。由于 RTS 与 CTS 长度很短，即使与其他结点发送的信息发生冲突，也不会长时间占用信道。

另外，RTS 和 CTS 的引入还在很大程度上解决了无线局域网一个较为特殊的问题——隐藏终端问题。在有线以太网中，一个结点发送信息可以保证该网中的其他结点一定能够接收到。但是在无线局域网中，由于发送功率、障碍物等因素的影响，一个结点可能接收不到另一个结点发送的信息。

在图 4-18 给出的示意图中，结点 B 和结点 C 分别能与结点 A 通信。但是由于覆盖距离或障碍物（如墙壁）的影响，结点 B 和 C 之间不能互相听到对方发送的信息，结点 B 和结点 C 相互隐藏。当结点 B 向结点 A 发送信息过程中，由于结点 C 侦听不到信道忙，因此，结点 C 也可能向结点 A 发送信息，这样，信息在结点 A 处便会产生冲突。

图 4-18　隐藏终端与 RTS 和 CTS

在使用 RTS 和 CTS 机制后，结点 B 在向结点 A 发送数据前首先发送 RTS，而结点 A 收到后需要回送 CTS。如果结点 C 能正确接收到结点 A 回送的 CTS，那么它就可以根据 CTS 信息中的信道预约时间延迟自己的发送，从而避免在结点 A 处发生冲突。

尽管 RTS 和 CTS 的长度都很短，但是传送这些额外的控制信息也需要占用信道宝贵的时间。如果每次发送的数据块长度很短，那么 RTS 和 CTS 的引入反而会使信道的利用率下降。因此，在无线局域网中，用户一般可以选择是否使用 RTS 和 CTS 机制，甚至可以选择发送数据块长度达到多大时使用 RTS 和 CTS 机制。

4.3.2　IEEE 802.11 帧格式

IEEE 802.11 帧由帧控制、持续期、序列控制、校验码、携带的数据以及 4 个地址字段组成，如图 4-19 所示。

1. 帧控制（frame control）

帧控制字段由多个子字段组成。其中：

帧控制(2B)	持续期(2B)	地址1(6B)	地址2(6B)	地址3(6B)	序列控制(2B)	地址4(6B)	数据(可变长度,0~2312B)	帧校验码(4B)

协议版本(2b)	类型(2b)	子类型(4b)	发至DS(1b)	源自DS(1b)	更多分片(1b)	重传(1b)	功率管理(1b)	更多数据(1b)	WEP加密(1b)	保留(1b)

图 4-19 IEEE 802.11 帧格式

- 协议版本(protocol version)。表示该帧使用的协议版本号。目前常用的协议版本号通常为0。如果一台无线主机发现收到帧的协议版本号高于自己能处理的版本号,则需要将该帧抛弃。
- 类型(type)和子类型(subtype)。IEEE 802.11 帧有多种类型,如信标帧、数据帧、RTS帧、CTS帧等。"类型"和"子类型"用于表示该帧的具体类型。
- 发至DS(to DS)和源自DS(from DS)。表示该帧是发送到分布式系统还是来自分布式系统。另外,"发至DS"和"源自DS"的取值决定了帧中4个地址字段的具体含义。
- 更多分片(more fragment)。表示该帧是否为一个分片帧。根据信道质量的不同,无线局域网有时需要将一个较长的帧分成几个分片,以提高传输的可靠性和成功率。如果传输的是一个分片帧,则该帧的"更多分片"应该置为1。
- 重传(retry)。指示该帧为一个重传帧。"重传"与"序列控制"字段结合可以帮助目标主机抛弃重复接收到的帧。
- 功率管理(power management)与更多数据(more data)。IEEE 802.11 无线主机可以采用省电模式以降低功率消耗。如果一个帧的"功率管理"子字段设置为1,那么说明发送结点将进入省电模式。处于省电模式的结点仅接收信标等管理帧,其他结点发送给它的数据帧暂时缓存在AP上。通过将信标等管理帧的"更多数据"子字段设置为1,AP告知省电结点缓存帧的存在。
- WEP加密。指示该帧的"数据"区域已经进行了WEP加密处理。

2. 持续期(duration)

IEEE 802.11 允许传输结点通过RTS和CTS机制对信道进行预约,而"持续期"字段包含的就是预约的时长。

3. 序列控制(sequence control)

序列控制字段用于识别重复收到的信息帧。在无线局域网中,无线站点在正确收到一个帧后需要回送确认帧。由于确认帧有可能丢失,因此发送站点可能会多次发送同一个帧。为了让接收结点识别出这些重复帧,发送结点为每个"新"帧设置不同的序列控制号。另外,"序列控制"字段由"序列号"和"分片号"两个子字段组成。将"序列控制"和"更多分片"字段结合使用,目标结点还可以识别出该帧是不是已经分片,是第几个分片等。

4. 数据(frame body)

“数据”字段是一个可变长的字段,用于携带上层传下来的数据。

5. 帧校验码

IEEE 802.11 采用 32 位的 CRC 校验。校验范围从“帧控制”字段开始直到“数据”字段结束。

6. 地址

IEEE 802.11 帧结构中含有 4 个地址字段,每个地址字段的具体含义都与“发至 DS”和“源自 DS”字段的取值有关。表 4-1 列出了在“发至 DS”“源自 DS”不同取值时 4 个地址字段的具体含义。

表 4-1 IEEE 802.11 帧中的地址含义

发至 DS	源自 DS	地址 1	地址 2	地址 3	地址 4	发送方向
0	0	目的地址	源地址	BSSID	N/A	IBSS 中主机直接通信
0	1	目的地址	发送 AP	源地址	N/A	AP 发送,主机接收
1	0	接收 AP	源地址	目的地址	N/A	主机发送,AP 接收
1	1	接收 AP	发送 AP	目的地址	源地址	AP 发送至 AP

注：N/A 表示不使用该地址字段。

下面,以图 4-20 中结点 A 向结点 B 发送数据为例,讨论不同情形下各个地址字段的使用情况。

(1) 发至 DS=0,源自 DS=0。说明该帧是 IBSS 内一个结点向另一个结点直接发送的信息帧。在这种情况下,第 1 个地址字段为目的结点 B 的地址;第 2 个地址字段为源结点 A 的地址;第 3 个地址字段为所处 IBSS 的标识 BSSID;第 4 个字段为空,不使用。

(2) 发至 DS=0,源自 DS=1。说明该帧是一个 AP 向其所属结点发送的信息帧。在这种情况下,第 1 个地址字段为目的结点 B 的地址,第 2 个地址字段为发送结点 AP 的地址,第 3 个地址字段为源结点 A 的地址,第 4 个字段为空,不使用。

(3) 发至 DS=1,源自 DS=0。说明该帧是一个结点向其所属 AP 发送的信息帧。在这种情况下,第 1 个地址字段为接收结点 AP 的地址,第 2 个地址字段为源结点 A 的地址,第 3 个地址字段为目的结点 B 的地址,第 4 个字段为空,不使用。

(4) 发至 DS=1,源自 DS=1。说明该帧是由一个 AP 发向另一个 AP 的信息帧。在这种情况下,第 1 个地址字段为接收结点 AP2 的地址;第 2 个地址字段为发送结点 AP1 的地址;第 3 个地址字段为目的结点 B 的地址;第 4 个字段为源结点 A 的地址。

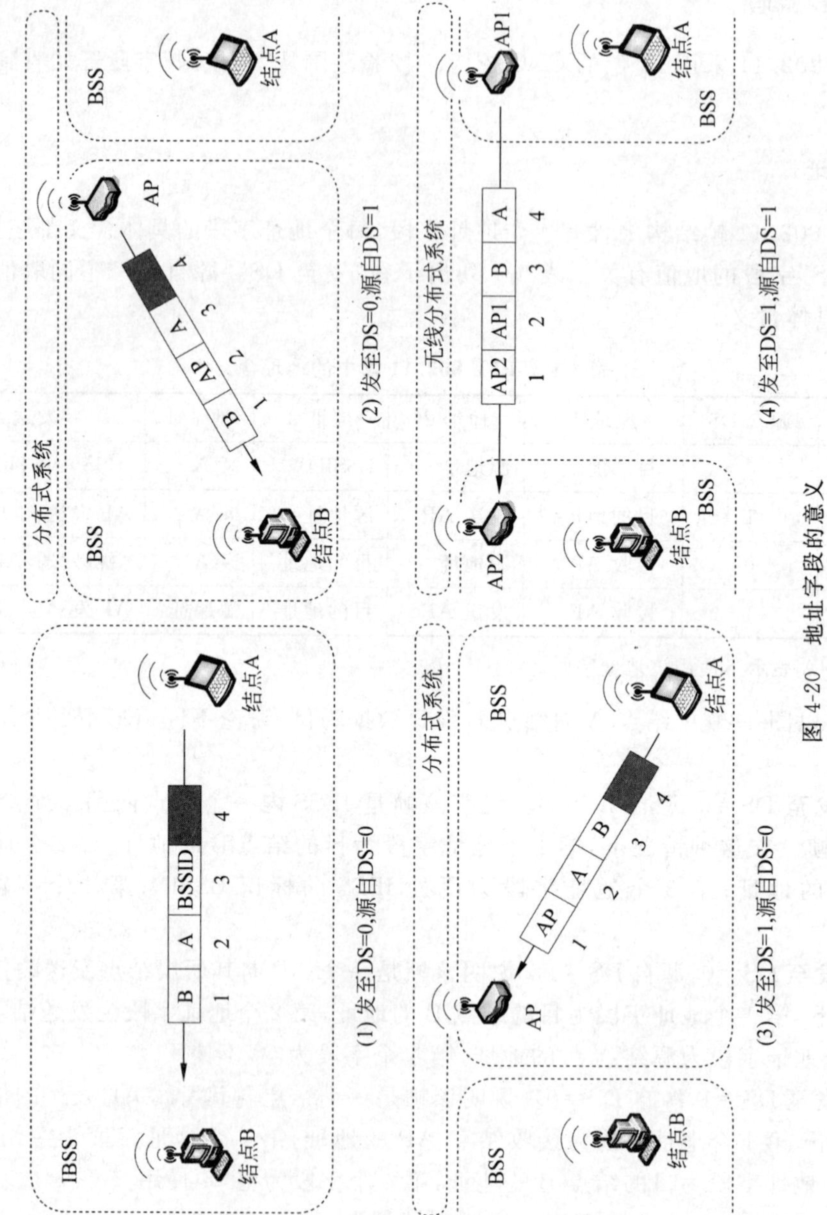

图 4-20 地址字段的意义

4.4 无线局域网的相关标准与设备

尽管无线局域网采用的体系结构、介质访问控制方法、帧结构等基本相同，但是由于采用的无线通信技术、编码方式、使用频段不同，不同标准的无线局域网支持的数据传输速率、抗干扰能力、兼容性等方面存在一定的差异。

4.4.1 技术标准

无线局域网的主要技术标准包括 IEEE 802.11、IEEE 802.11b、IEEE 802.11g、IEEE 802.11a 和 IEEE 802.11n。表 4-2 列出了这些标准与其主要特性。

表 4-2 无线局域网标准与其主要特性

IEEE 标准	技 术	频带/GHz	最高速率/Mbps
IEEE 802.11	FHSS/DSSS	2.4	2
IEEE 802.11b	HR-DSSS	2.4	11
IEEE 802.11g	OFDM/DSSS	2.4	54
IEEE 802.11a	OFDM	5	54
IEEE 802.11n	OFDM/MIMO	2.4/5	600

IEEE 802.11 是最基本、应用最早的无线局域网标准。它运行在 2.4GHz 的工业、科学、医疗专用 ISM 频段，利用 FHSS 和 DSSS 扩频技术，支持最高为 2Mbps 的数据传输速率。随着无线局域网应用的广泛，2Mbps 的传输速度已经不能满足人们的要求，因此，IEEE 802.11 标准的无线局域网设备已逐渐淡出市场。

IEEE 802.11b 和 IEEE 802.11g 是目前较为流行的两个标准，它们同样运行在 2.4GHz 的工业、科学、医疗专用 ISM 频段。其中，IEEE 802.11b 采用高速率直接序列扩频(High-Rate Direct Sequence Spread Spectrum，HR-DSSS)技术，最高数据传输速率为 11Mbps。IEEE 802.11g 采用 OFDM 和 DSSS 技术，可以支持高达 54Mbps 的数据传输速率。由于 IEEE 802.11b 和 IEEE 802.11g 都是用 2.4GHz 的 ISM 频段，不但传输速率高，而且兼容性好，因此得到了广泛的应用。

IEEE 802.11a 采用 5GHz 的免申请国家信息基础 UNII 频段，利用 OFDM 技术，数据传输速率也可以达到 54Mbps。但是，由于 IEEE 802.11a 与其他标准使用的频带范围不同，相互兼容比较困难，因此推广比较困难，目前逐渐被 IEEE 802.11g 替代。

IEEE 802.11n 是一个较新的无线局域网标准。这个标准既可以使用 2.4GHz 的工业、科学、医疗专用 ISM 频段，也可以使用 5GHz 的免申请国家信息基础 UNII 频段。由于采用了 OFDM、MIMO、信道绑定(channel bonding，即两个信道当作一个信道使用)、数据帧集成(packet aggregation)等多种新技术，IEEE 802.11n 的数据传输速率可以达到 600Mbps。同时，与 IEEE 802.11a 和 IEEE 802.11g 的性比，IEEE 802.11n 具有更高的可靠性、更大的覆盖范围和更好的兼容性。目前，大部分的无线局域网产品都开始支持IEEE 802.11n标准，它将逐渐替代IEEE 802.11b/g/a，成为无线局域网产品的主流。

Wi-Fi联盟（Wi-Fi Alliance，无线保真联盟）是一个致力于改善无线局域网产品之间互通性的组织，通过Wi-Fi认证的产品通常具有很好的互通性和兼容性。因此，IEEE 802.11无线局域网有时也被称为Wi-Fi网。目前，通过Wi-Fi认证的无线局域网产品一般符合IEEE 802.11b、IEEE 802.11g或IEEE 802.11n标准。

需要注意的是，受应用环境（如距离、障碍物等）的影响，无线结点之间实际的数据传输速率可能达不到标准规定的最大数据传输速率。例如，IEEE 802.11b支持的最高数据传输速率为11Mbps，但在实际应用中，根据应用环境的不同，结点之间的数据传输速率可能降至5.5Mbps、2Mbps或1Mbps；IEEE 802.11g支持的最高数据传输速率为54Mbps，但在实际应用中，根据应用环境的不同，结点之间的数据传输速率可能降至48Mbps、36Mbps、24Mbps、18Mbps、12Mbps、9Mbps或6Mbps。

4.4.2 组网所需的器件和设备

无线局域网最基本的组网模式是自组模式和基础设施模式。通过这两种基本模式，可以组建多层次、有线与无线并存的计算机网络。根据组网模式的不同，组装无线局域组网所需的器件和设备也稍有不同。常用的无线局域网组网设备包括无线网卡、AP设备、天线等。

1. 无线网卡

无线网卡能够实现CSMA/CA介质访问控制协议，完成类似于有线以太网网卡的功能。它是组装无线局域网的最基本部件，接入无线局域网的每个结点至少应该装有一块无线网卡。

无线网卡有多种类型，最常用的包括PCI接口的无线网卡、PCMCIA接口的无线网卡、USB接口的无线网卡，如图4-21所示。

(a) PCI接口　(b) PCMCIA接口　(c) USB接口

图4-21　无线网卡的类型

在组建无线局域网过程中，台式机通常采用PCI接口或USB接口的无线网卡，而笔记本电脑通常采用PCMCIA接口或USB接口的无线网卡。多数笔记本电脑内置无线网卡，这些笔记本不需要外加无线网卡就可直接连接无线网。

目前，无线网卡大都支持IEEE 802.11b、IEEE 802.11g、IEEE 802.11a和IEEE 802.11n标准。这些网卡都具有自适应功能，能够按照当时的环境等状态选择合适的标准和速率。

2. 无线访问接入点

在基础设施无线局域网模式中，AP设备的优劣直接关系到无线网络性能的高低。AP设备的种类很多(如图4-22所示)，它们有的适用于企业，有的适用于家庭；有的适用于室内，有的适用于室外。但这些设备目前都能兼容IEEE 802.11b、IEEE 802.11g、IEEE 802.11a和IEEE 802.11n标准。

图4-22 无线AP设备

现有的无线AP设备通常带有有线以太网口，可以作为无线设备接入有线网络的桥梁，实现无线网络数据和有线网络数据的相互转发。

3. 天线

无线网卡和一些AP设备通常自带天线，但为了进一步提高数据传输的稳定性和可靠性，扩大无线局域网的覆盖范围，有时需要外接天线以提高无线信号的信噪比。

外接天线一般可以分为室内天线和室外天线，也可以分为全向天线和定向天线，如图4-23所示。

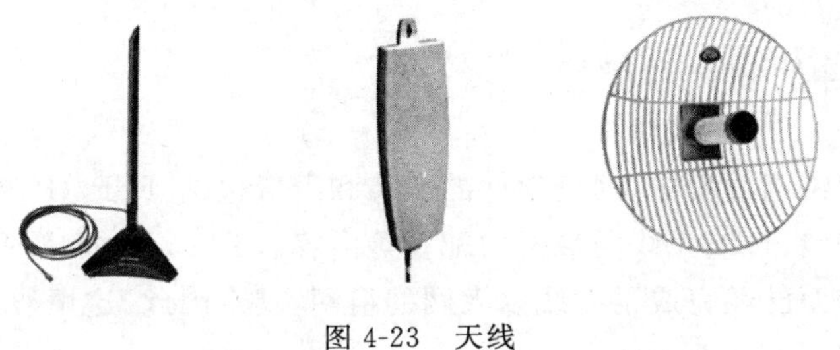

图4-23 天线

4.5 实验：动手组装简单的自组无线局域网

自组无线局域网是最简单、最基本的一种无线局域网组网模式。通过组装简单的自组无线局域网，可以了解无线网卡的配置方法、无线网络的配置过程和网络的连通性测试方法。

4.5.1 设备、器件的准备和安装

与有线以太网相比，组建简单的自组无线局域网所需的设备和器件要简单得多。表4-3列出了组建自组无线局域网所需的设备和器件。实际上，安装有无线网卡的两台微

机就可以组成一个最简单的自组无线局域网。自组无线局域网中各结点可以使用不同类型的无线网卡(例如一些结点可以使用 PCI 接口的无线网卡,另一部分结点可以使用 USB 接口的无线网卡),但这些网卡支持的无线局域网标准应该相同。例如,如果需要组装最高速率为 11Mbps 的 IEEE 802.11b 标准的自组无线局域网,那么选用的网卡必须支持 IEEE 802.11b 标准(或能兼容 IEEE 802.11b、IEEE 802.11g 等多个标准);如果需要组装最高速率为 54Mbps 的 IEEE 802.11g 标准的自组无线局域网,那么选用的网卡必须支持 IEEE 802.11g 标准(或能兼容 IEEE 802.11b、IEEE 802.11g 等多个标准)。目前,无线网卡通常都能支持 IEEE 802.11b、IEEE 802.11g、IEEE 802.11a 和 IEEE 802.11n 标准,不过需要注意,由于无线网卡发送功率、使用天线等不同,能够覆盖的地域范围也有差别。同时无线信号较容易受到环境(如墙壁等障碍物)的影响,因此,自组无线局域网中各个结点的距离不应太远。

表 4-3 组建自组无线局域网所需的设备和器件

设备和器件名称	数 量
PC	2 台以上
无线网卡	2 块以上

安装接口类型为 USB 或 PCMCIA 的无线网卡非常简单,只要将网卡插入计算机相应的接口即可。如果选用的是 PCI 类型的无线网卡,那么在打开计算机的机箱前,一定要切断计算机的电源。在将无线网卡插入计算机扩展槽后,拧上固定网卡用的螺丝,重新装好机箱后再接通电源。

4.5.2 网络软件的安装和配置

在无线局域网组网过程中,网络软件的安装和配置包括 TCP/IP 模块的安装和配置、网卡驱动程序的安装、自组无线局域网的配置等内容。TCP/IP 模块的安装和配置见 2.6 节的内容。由于前面已经完成了有线以太网的组网实验,因此,这里假设 TCP/IP 模块已经安装在计算机中。

下面以配备 D-Link 公司 DWL-G122 无线网卡的计算机为例,介绍 Windows 2003 操作系统中无线网卡驱动程序的安装过程和自组无线局域网的配置过程。

1. 无线网卡驱动程序的安装

与有线以太网相同,无线网卡驱动程序也是网络操作系统上层程序与网卡的接口。因此,网卡不同,需要的驱动程序也不同。在组建无线局域网过程中,一般可以使用随同无线网卡一起发售的驱动程序。

在 Windows 2003 操作系统下,安装 DWL-G122 无线网卡驱动程序非常简单。只要按照安装程序向导的提示,就可以一步步完成驱动程序的安装工作,如图 4-24 所示。

通过安装向导,可以选择使用的语言、程序的安装位置等内容。通常按照默认设置,

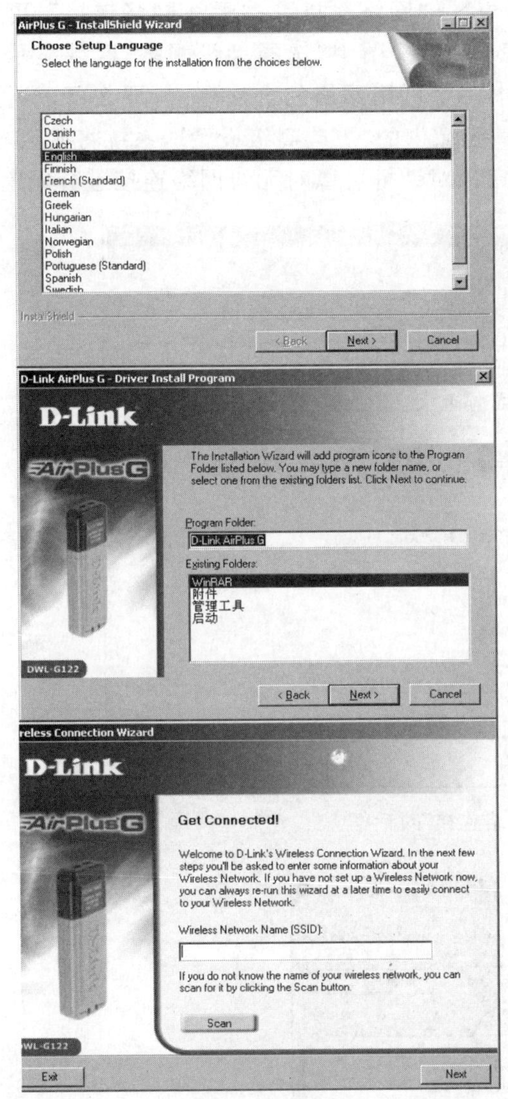

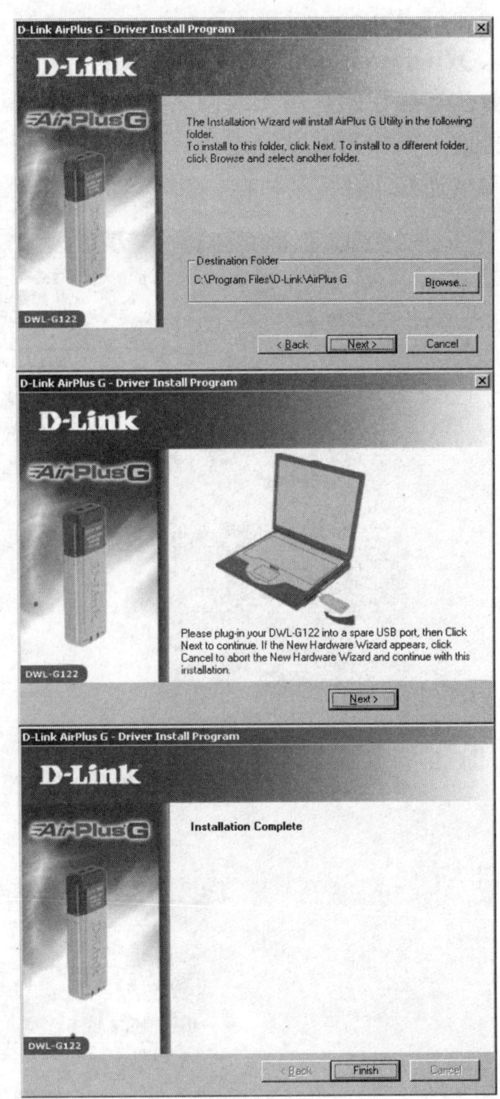

图 4-24 DWL-G122 无线网卡驱动程序安装向导

直接选择 Next(下一步)即可。另外,利用 DWL-G122 无线网卡驱动程序安装向导,可以直接配置基础设施无线局域网。由于本实验需要组建的网络为自组无线局域网,因此,当安装向导提示输入 Wireless Network Name [SSID]时,可以选择 Exit 结束驱动程序的安装。如果安装正确,屏幕右下方的"通知区域"会出现图标。

2. 自组无线局域网的配置

无线局域网的配置项较多,但除了无线局域网的名称、组网模式、IP 地址和加密认证方法外,其他的配置项通常可以使用默认配置。同时,无线网卡的型号不同,其配置方法也有所不同。在 Windows 2003 操作系统下,多数网卡的配置方式有两种。一种可以通过 Windows 系统的无线配置程序进行,另一种可以通过无线网卡自带的配置程序进行。

通过 Windows 2003 的"开始"→"控制面板"→"网络连接"→"无线网络连接",可以进入 Windows 系统的无线配置程序,如图 4-25 所示。图中"选择无线网络"区域显示了目前已经存在的可用无线网络。如果你是其中一个可用网络的合法用户,那么可以通过双击这个网络与其进行连接。单击"相关任务"区域中的"更改高级设置",系统将显示"无线网络连接 属性"对话框,如图 4-26 所示,利用该对话框可以对无线网络连接进行配置。

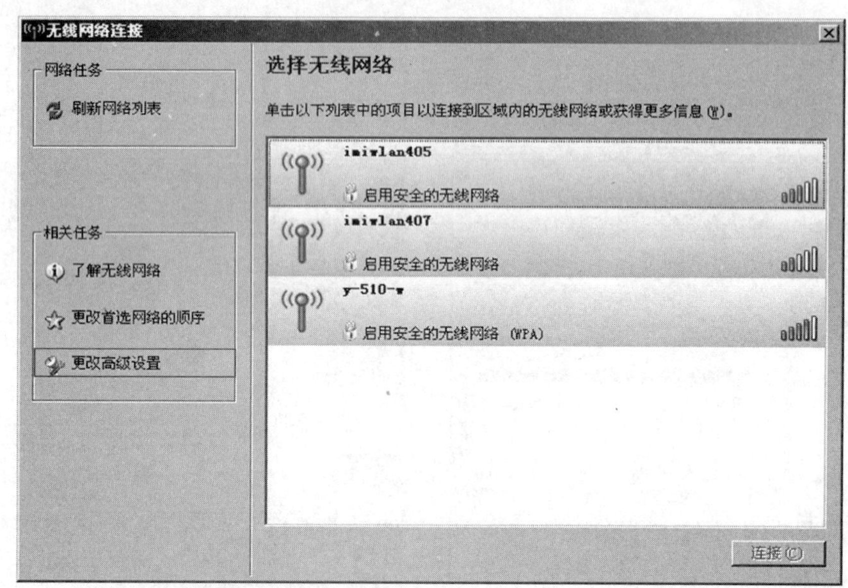

图 4-25 "无线网络连接"对话框

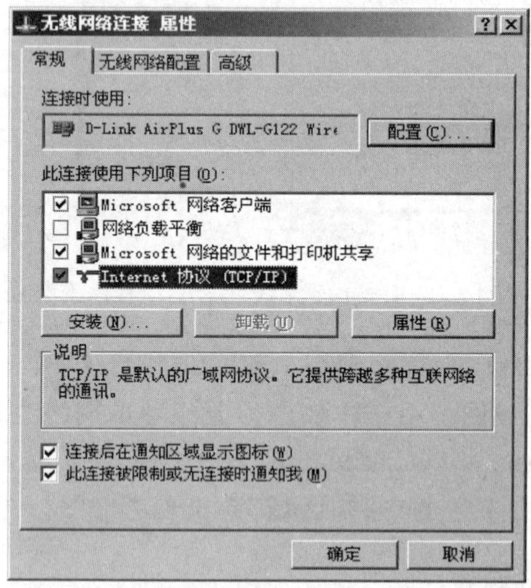

图 4-26 "无线网络连接 属性"对话框

(1) 配置 IP 地址。只要双击图 4-26 中的"Internet 协议(TCP/IP)"就可以配置无线网卡的 IP 地址,其方法与配置有线以太网卡类似。但是,为了与 2.6 节组建的有线以太网相区别,组建的自组无线局域网的 IP 地址范围可以设置为 10.0.0.1 至 10.0.0.254,

其子网掩码为255.0.0.0。

(2) 配置需要连接的网络。Windows系统维护一个首选网络列表，这个列表保存了主机希望连接的无线网络。如果主机同时搜索到多个可用无线网络，则按照首选网络列表中的次序自动连接到一个可用网络。配置需要连接的网络需要填写该网络的SSID、加密和认证方式、是否为自组无线网、是否自动连接等信息。例如，要在首选网络列表中添加实验用的自组无线网络，可以单击图4-26中的“无线网络配置”选项卡，在出现的“无线网络配置”对话框(如图4-27所示)中单击“添加”按钮，然后在“无线网络属性”对话框(如图4-28所示)中配置SSID、加密和认证等信息。图中将实验使用的网络命名为“AdHocTest”，认证方式为“开放式”，加密方式为“已禁用”。同时，通过选中对话框下部的“这是一个计算机到计算机(特定的)网络……”复选框来说明该网络为自组无线网络。另外，利用图4-27中的“无线网络配置”选项卡，可以修改和显示已经添加的无线网络配置信息。这时只要选中需要修改的无线网络，单击“属性”按钮即可。

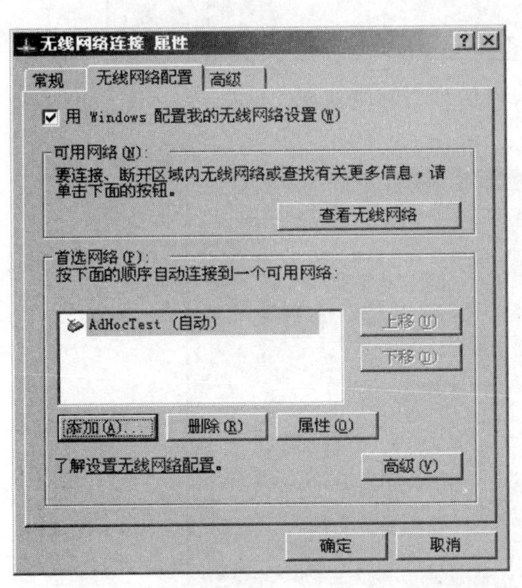

图4-27 “无线网络连接 属性”对话框

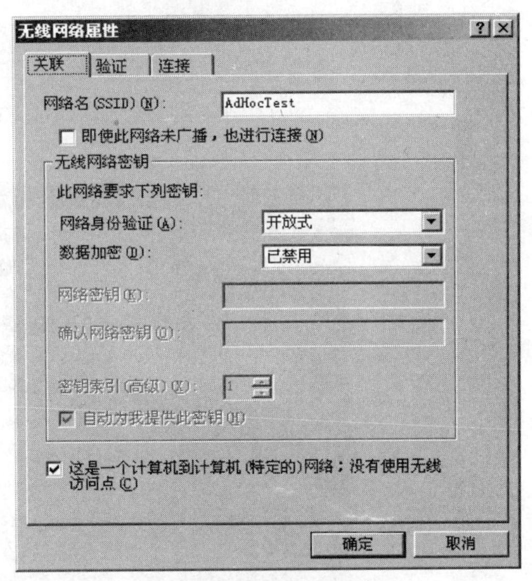

图4-28 配置需要连接的网络

当以上配置完成后，AdHocTest网络应该出现在可用网络的列表中，如图4-29所示。

如果希望使用无线网卡自带的配置程序，那么需要将“无线网络连接 属性”对话框(如图4-27所示)上部的“用Windows配置我的无线网络设置”复选项去掉勾选。对于DWL-G122无线网卡来说，其配置程序可以通过Windows 2003桌面上的“开始”→“程序”→D-Link AirPlus G→D-Link AirPlus Utility启动，启动后的界面如图4-30所示。

4.5.3 无线网络的连通性测试

当软件配置完成后，SSID相同的计算机可以形成一个自组网络。一旦连入成功，屏幕右下方“通知区域”的图标会变成图标。单击其中的图标，可以查看连接的

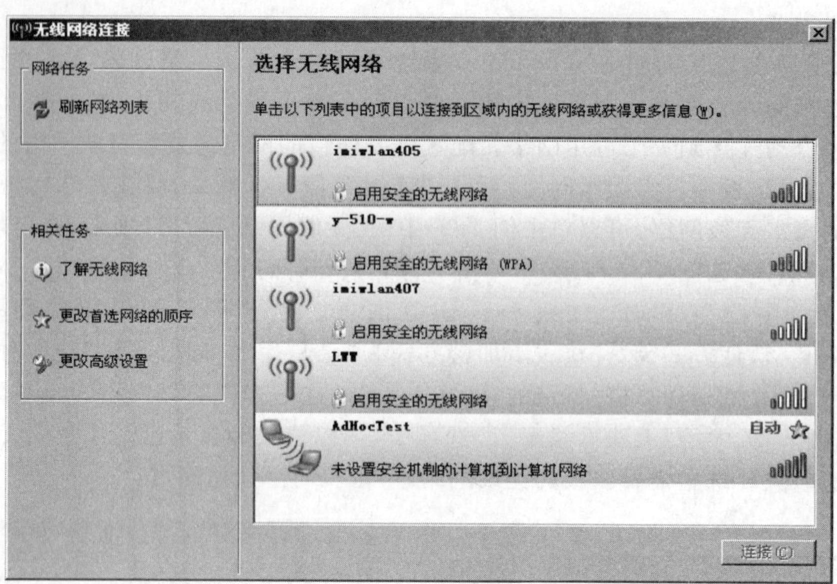

图 4-29　添加 AdHocTest 后的可用网络列表

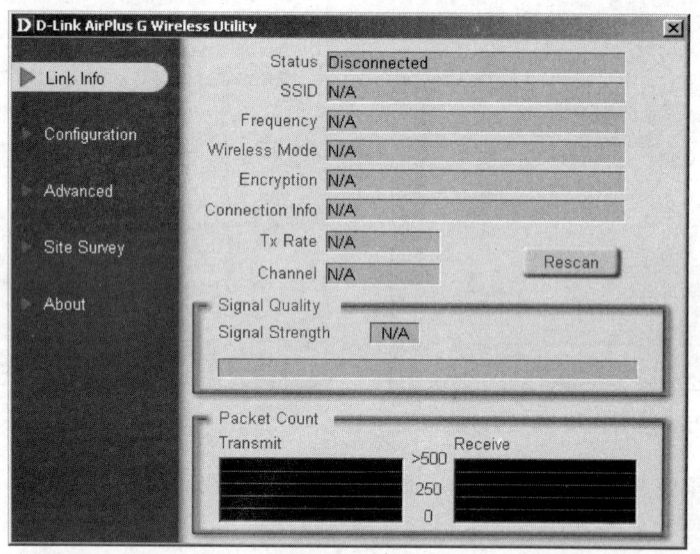

图 4-30　DWL-G122 无线网卡的配置和状态显示程序界面

网络、持续时间、连接速度、信号强度、发送和接收的数据包数量等状态信息，如图 4-31 所示。

另外，可以利用 ping 命令进一步测试组建的自组无线局域网的连通性。与测试有线以太网的连通性相同，利用 ping 命令测试无线网络的连通性只需要在 ping 之后加上另一台主机的 IP 地址即可，如图 4-32 所示。如果 ping 发出的测试数据成功返回，则说明无线网络已经连通，组网成功；如果 ping 命令给出超时提示，则说明无线网络的软硬件配置仍有问题，需要重新查找原因。

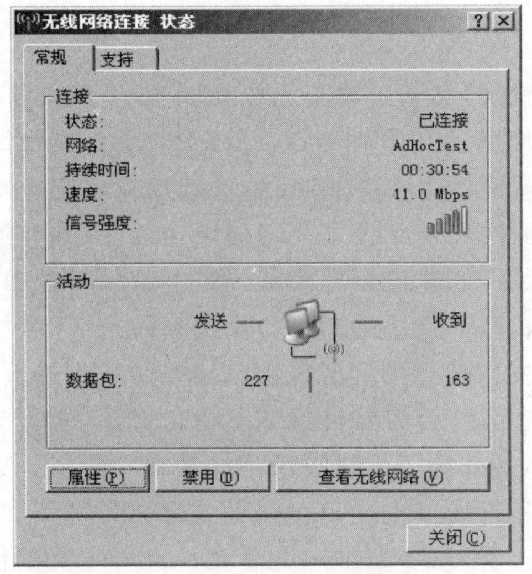

图 4-31 “无线网络连接 状态”对话框

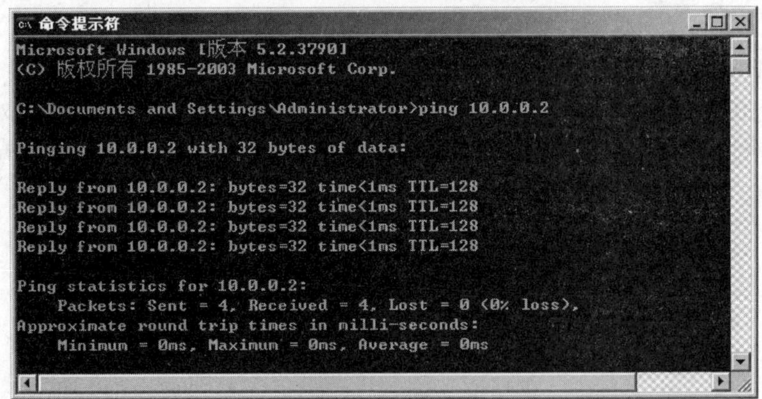

图 4-32 利用 ping 命令测试自组无线局域网的连通性

练习与思考

一、填空题

(1) 无线局域网使用的介质访问控制方法为________。

(2) IEEE 802.11b 支持的最高数据传输速率为________ Mbps,IEEE 802.11g 支持的最高数据传输速率为________ Mbps。

(3) 无线局域网有两种组网模式,它们是________和________。

(4) 无线局域网采用的扩频技术主要有两种,一种是________,另一种是________。

(5) 在带有 AP 的基本服务集中,其 BSSID 为 AP 设备的________。

二、单项选择题

(1) 关于自组无线局域网和基础设施无线局域网,下列说法中(　　)是正确的。

A. 自组无线局域网存在中心结点,基础设施无线局域网不存在中心结点

B. 自组无线局域网不存在中心结点,基础设施无线局域网存在中心结点

C. 自组无线局域网和基础设施无线局域网都存在中心结点

D. 自组无线局域网和基础设施无线局域网都不存在中心结点

(2) 关于无线局域网,以下说法中(　　)是正确的。

A. 发送结点在发送信息的同时监测信道是否发生冲突

B. 发送结点发送信息后需要目的结点确认

C. AP结点的引入解决了无线局域网的冲突问题

D. 无线局域网和有线以太网都存在隐藏终端问题

(3) 在IEEE 802.11b无线局域网中,与信道6互不干扰的信道为(　　)。

A. 信道1　　B. 信道3　　C. 信道5　　D. 信道7

三、动手与思考题

无线局域网使用空间无线电波作为传输介质,其交换数据信息很容易被他人截获。为了防止非法用户的窃听,无线局域网通常需要对发送的信息进行加密。对自组无线局域网的加密功能进行配置,使其能够对结点间交互的信息进行加密。测试配置的自组无线局域网,观察密码不同的结点间能否进行通信。

第 5 章　互联网与 IP 协议

互联网是将物理网络相互联接而形成的计算机网络。那么,为什么要进行网络互联?网络互联的解决方案都有哪些?本章将对网络互联的这些基本问题进行讨论。对目前应用最为广泛的 IP 互联问题,将在第 6～9 章进行较为详细的介绍。

5.1　互联网

有线以太网和无线局域网是两种使用较为广泛的局域网络,它们能够在一定的范围内提供高速的数据通信服务。除了以太网和无线局域网外,世界上存在着各种各样的物理网络,每种物理网络都有其与众不同的技术特点。这些网络有的提供短距离高速服务(如以太网、无线局域网等),有的提供长距离大容量服务(如 DDN 网、ATM 网等)。到目前为止,没有一种物理网络能够满足所有应用的需求。因为在介质访问控制方法、寻址机制、分组最大长度、差错恢复技术、状态报告、用户接入等方面存在很大差异,所以不同种类的物理网络之间不能直接相连,形成了相互隔离的物理网络孤岛,如图 5-1 所示。

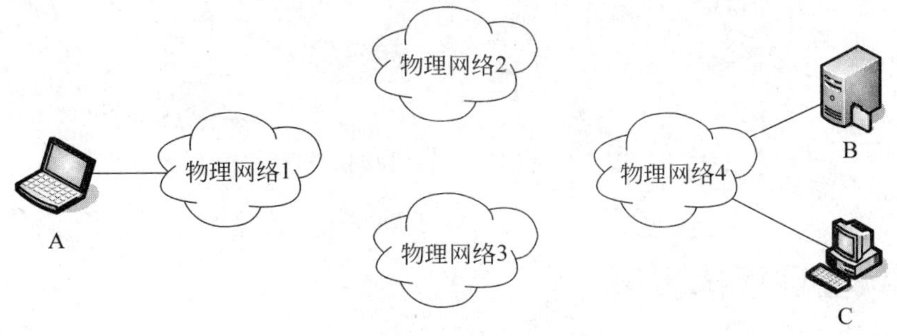

图 5-1　相互隔离的物理网络

随着网络应用的深入和发展,用户越来越不满足于物理网络相互隔离的现状。不但一个物理网络上的用户与另一个物理网络上用户有通信的需要(如图 5-1 中的用户 A 与用户 B 需要直接进行在线通信或相互发送电子邮件),而且一个物理网络上的用户也有共享另一个网络上资源的需求(如图 5-1 中的用户 A 和用户 C 需要共享服务器 B 中的文件)。在强大用户需求的推动下,互联网络诞生了。

物理网络之间的连接设备称为路由器。路由器通常具有两个或多个物理网络接口,用于连接两个或多个物理网络。图 5-2 显示了一个连接两个物理网络的路由器。该路由器具有两个物理网络接口,一个接口与以太网交换机相连,另一个接口与 ATM 交换机相连。它接收以太网交换机转发的以太帧并将其转换成 ATM 帧后发送到 ATM 交换机。同时,它也可以从 ATM 交换机接收 ATM 帧并将其转换成以太帧后发送给以太网交换机。

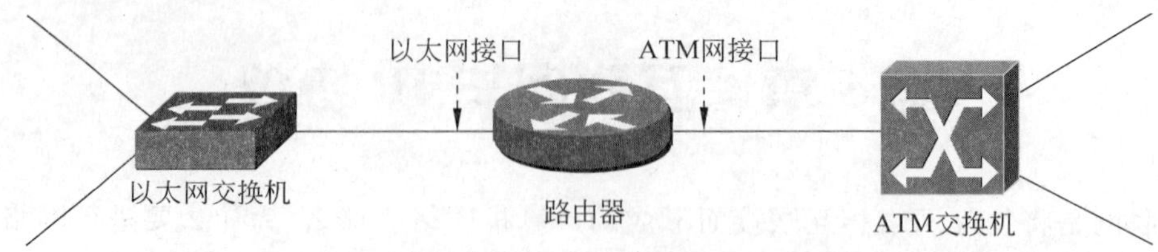

图 5-2 用于连接以太网和 ATM 网的路由器

互联网屏蔽了各个物理网络的差别(例如寻址机制的差别、分组最大长度的差别、差错恢复的差别等等),隐藏了各个物理网络的实现细节,为用户提供通用服务(universal service)。因此,用户常常把互联网看成一个虚拟网络(virtual network)系统(如图 5-3 所示)。这个虚拟网络系统是对互联网结构的抽象,它提供通用的通信服务,能够将所有主机互联起来,实现全方位的通信。

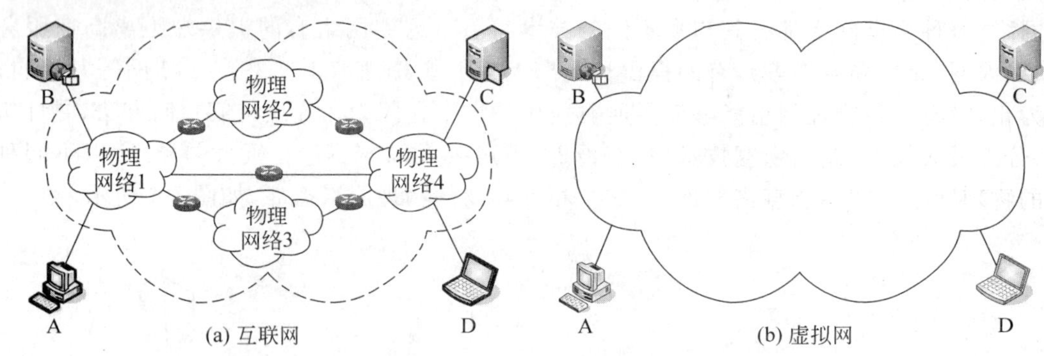

图 5-3 互联网与虚拟网的概念

5.2 网络互联解决方案

网络互联是 ISO/OSI 参考模型的网络层或 TCP/IP 体系结构的互联层需要解决的问题。从广义上讲,网络互联可以采用面向连接的和面向非连接的两种解决方案。

5.2.1 面向连接的解决方案

面向连接的解决方案要求两个结点在通信时建立一条逻辑通道,所有的信息单元沿着这条逻辑通道传送。路由器将一个网络中的逻辑通道连接到另一个网络中的逻辑通道,最终形成一条从源结点至目的结点的完整通道。

在图 5-4 中,结点 A 和结点 B 通信时形成了一条逻辑通道。该通道经过物理网络 1、物理网络 2 和物理网络 4,并利用路由器 i 和路由器 m 连接起来。一旦该逻辑通道建立起来,结点 A 和结点 B 之间的后续信息传输就会沿着该通道进行。

在面向连接的解决方案中,通信开始时建立逻辑通道的过程就是路由选择。由于后

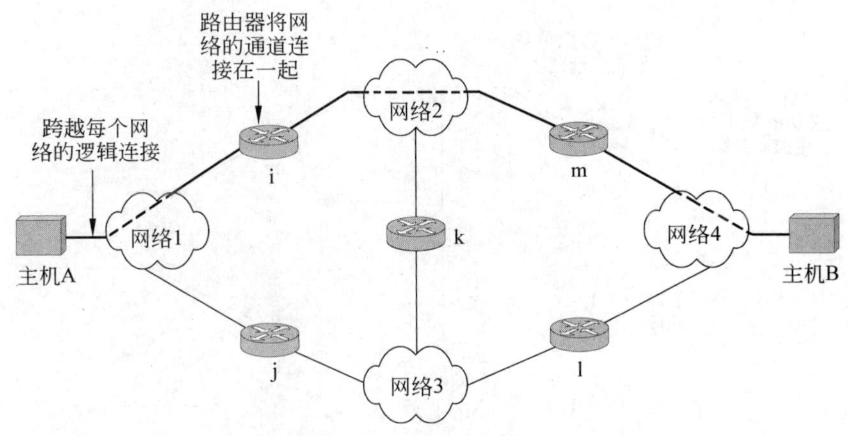

图 5-4 面向连接的解决方案

续的数据传输沿逻辑通道顺序进行，因此，源结点只需通知物理网络这些后续数据发往的逻辑通道号，物理网络就会将它们正确传输到目的地址。逻辑通道上的各结点不需要对后续数据进行路由选择，后续数据也不需要携带源地址、目的地址等信息。但是，面向连接的解决方案可以看成一种有状态的解决方案，它对互联网的中间结点要求较高。每个中间结点不但在通信开始时要进行路由选择（建立逻辑通道），而且在通信过程中要保持和维护逻辑通道状态。由于面向连接的解决方案实现较为复杂，因此，尽管很多学者在这方面做了很大的努力，但是始终没有被业界接受。

5.2.2 面向非连接的解决方案

与互联网面向连接的解决方案不同，面向非连接的解决方案并不需要建立逻辑通道。网络中的信息单元被独立对待，这些信息单元经过一系列的网络和路由器，最终到达目的结点。

图 5-5 显示了一个面向非连接的解决方案示意图。当主机 A 需要发送一个数据单元 P1 到主机 B 时，主机 A 首先进行路由选择，判断 P1 到达主机 B 的最佳路径。如果它认为 P1 经过路由器 i 到达主机 B 是一条最佳路径，那么，主机 A 就将 P1 投递给路由器 i。路由器 i 收到主机 A 发送的数据单元 P1 后，根据自己掌握的路由信息为 P1 选择一条到达主机 B 的最佳路径，从而决定将 P1 传递给路由器 k 还是 m。这样，P1 经过多个路由器的中继和转发，最终将到达目的主机 B。

如果主机 A 需要发送另一个数据单元 P2 到主机 B，那么，主机 A 同样需要对 P2 进行路由选择。在面向非连接的解决方案中，由于设备对每一数据单元的路由选择独立进行，因此，数据单元 P2 到达目的主机 B 可能经过了一条与 P1 完全不同的路径。

在面向非连接的互联网解决方案中，由于中间结点独立地对待每个数据单元，因此，每个数据单元都需要携带完整的源地址、目的地址等信息，以便中间结点为它们选路。另外，面向非连接的解决方案并不能保证发送结点发送的数据单元按顺序到达目的结点。

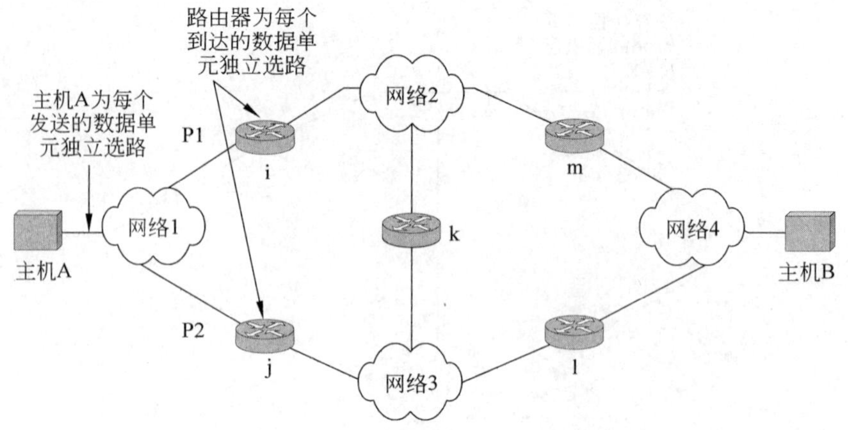

图 5-5　面向非连接的解决方案

但是，面向非连接的解决方案是一种无状态的解决方案，中间结点不需要维护前后传输数据单元的因果关系，因此，实现比较简单。事实上，目前流行的互联网都采用了这种方案。

IP 协议(Internet Protocol)和 IPX 协议(Internetwork Packet eXchange)是两种较为重要的互联网协议，它们都采用了面向非连接的互联网解决方案。其中，IPX 协议主要用于 Novell 网络，有些路由器(如 Cisco 路由器、华为路由器等)也可对其进行支持。但是，随着 Novell 网络市场份额的逐渐萎缩，IPX 协议已风光不再，逐渐被兴起的 IP 协议所取代。

IP 协议是面向非连接的互联解决方案中设计最成功、应用最广泛的互联协议。尽管 IP 协议不是国际标准，但由于它效率高，互操作性好，实现简单，比较适合异构网络，因此被众多著名的网络供应商(如 IBM、Microsoft、Novell、Cisco 等)采用，成为事实上的标准。支持 IP 协议的路由器称为 IP 路由器(IP router)，IP 协议处理的数据单元叫作 IP 数据报(IP datagram)。

实际上，世界上最具影响力的因特网就是一种计算机互联网。它是由分布在世界各地的、数以万计的、各种规模的计算机网络借助于网络互联设备——路由器相互联接而形成的全球性的互联网。这个正以惊人速度发展的因特网采用的互联协议就是 IP 协议。高效、可靠的 IP 协议为因特网的发展起了不可低估的作用。

5.3　IP 协议与 IP 层服务

如果说 IP 数据报是 IP 互联网中行驶的车辆，那么 IP 协议就是 IP 互联网中的交通规则，连入互联网的每台计算机及处于十字路口的路由器都必须熟知和遵守该交通规则。发送数据的主机需要按 IP 协议装载数据，路由器需要按 IP 协议指挥交通，接收数据的主机需要按 IP 协议拆卸数据。满载着数据的 IP 数据报从源主机出发，在沿途各个路由器的指挥下，就可以顺利地到达目的主机。

IP 协议精确定义了 IP 数据报格式，并且对数据报寻址和路由、数据报分片和重组、差错控制和处理等做出了具体规定。

5.3.1 IP互联网的工作机理

图5-6给出了一个IP互联网示意图，它包含了两个以太网和一个广域网，其中主机A与以太网1相连，主机B与以太网2相连，两台路由器除了分别连接两个以太网外还与广域网相连。从图中可以看到，主机A、主机B、路由器X和路由器Y都加有IP层并运行IP协议。由于IP层具有将数据单元从一个网转发至另一个网的功能，因此，互联网上的数据可以进行跨网传输。

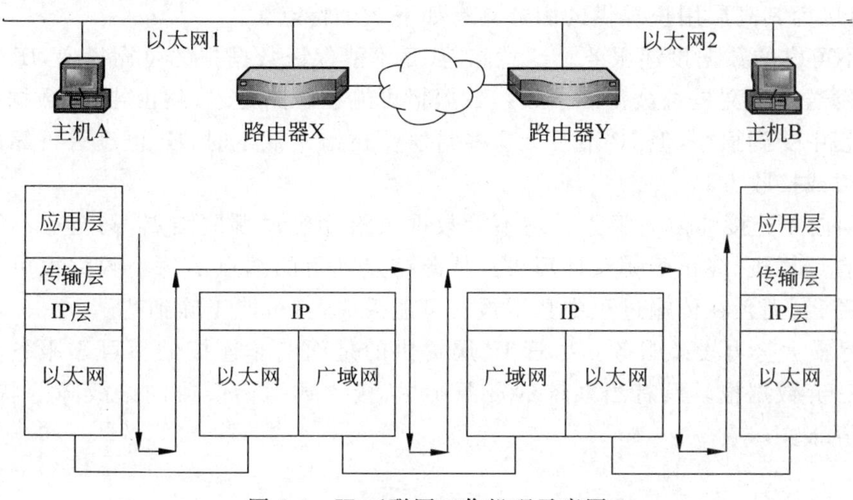

图5-6 IP互联网工作机理示意图

如果主机A发送数据至主机B，IP互联网封装、处理和投递该信息的过程如下：

(1) 主机A的应用层形成要发送的数据并将该数据经传输层送到IP层处理。

(2) 主机A的IP层将该数据封装成IP数据报，并对该数据报进行路由选择，最终决定将它投递到路由器X。

(3) 主机A把IP数据报送交给它的以太网控制程序，以太网控制程序负责将数据报传递到路由器X。

(4) 路由器X的以太网控制程序收到主机A发送的信息后，将该信息送到它的IP层处理。

(5) 路由器X的IP层对该IP数据报进行拆封和处理。经过路由选择得知该数据必须穿越广域网才能到达目的地。

(6) 路由器X对数据再次封装，并将封装后的数据报送到它的广域网控制程序。

(7) 广域网控制程序负责将IP数据报从路由器X传递到路由器Y。

(8) 路由器Y的广域网控制程序将收到的数据信息提交给它的IP层处理。

(9) 与路由器X相同，路由器Y对收到的IP数据报拆封并进行处理。通过路由选择得知，路由器Y与目的主机B处于同一以太网，可直接投递到达。

(10) 路由器Y再次将数据封装成IP数据报，并将该数据报转交给自己的以太网控制程序发送。

(11) 以太网控制程序负责把 IP 数据报由路由器 Y 传送到主机 B。

(12) 主机 B 的以太网控制程序将收到的数据送交给它的 IP 层处理。

(13) 主机 B 的 IP 层拆封和处理该 IP 数据报,在确定数据目的地为本机后,将数据经传输层提交给应用层。

5.3.2 IP 层服务

互联网应该屏蔽低层网络的差异,为用户提供通用的服务。具体地讲,运行 IP 协议的 IP 层可以为其高层用户提供的服务具有如下 3 个特点:

(1) 不可靠的数据投递服务。这意味着 IP 不能保证数据报的可靠投递,IP 本身没有能力证实发送的报文是否被正确接收。数据报可能在线路延迟、路由错误、数据报分片和重组等过程中受到损坏,但 IP 不检测这些错误。在错误发生时,IP 也没有可靠的机制来通知发送方或接收方。

(2) 面向无连接的传输服务。它不管数据报沿途经过哪些结点,甚至也不管数据报起始于哪台计算机、终止于哪台计算机。从源结点到目的结点的每个数据报可能经过不同的传输路径,而且在传输过程中数据报有可能丢失,有可能正确到达。

(3) 尽最大努力投递服务。尽管 IP 层提供的是面向非连接的不可靠服务,但是,IP 并不随意丢弃数据报。只有当系统的资源用尽、接收数据错误或网络故障等状态下,IP 才被迫丢弃报文。

5.3.3 IP 互联网的特点

IP 互联网是一种面向非连接的互联网络,它对各个物理网络进行高度的抽象,形成一个大的虚拟网络。总的来说,IP 互联网具有如下特点:

- IP 互联网隐藏了低层物理网络细节,为上层用户提供通用的、一致的网络服务。因此,尽管从网络设计者角度看,IP 互联网由不同网络借助 IP 路由器互联而成,但从用户观点看,IP 互联网是一个单一的虚拟网络。
- IP 互联网不指定网络互联的拓扑结构,也不要求网络之间全互联。因此,IP 数据报从源主机至目的主机可能要经过若干中间网络。一个网络只要通过路由器与 IP 互联网中的任意一个网络相连,它就具有访问整个互联网的能力,如图 5-7 所示。
- IP 互联网能在物理网络之间转发数据,信息可以跨网传输。
- IP 互联网中的所有计算机使用统一的、全局的地址描述法。
- IP 互联网平等地对待互联网中的每一个网络,不管这个网络规模是大还是小,也不管这个网络的速度是快还是慢。实际上,在 IP 互联网中,任何一个能传输数据单元的通信系统均被看作网络(无论该通信系统的特性如何)。因此,大到广域网,小到局域网,甚至两台机器间的点到点连接都被当作网络,IP 互联网平等地对待它们。

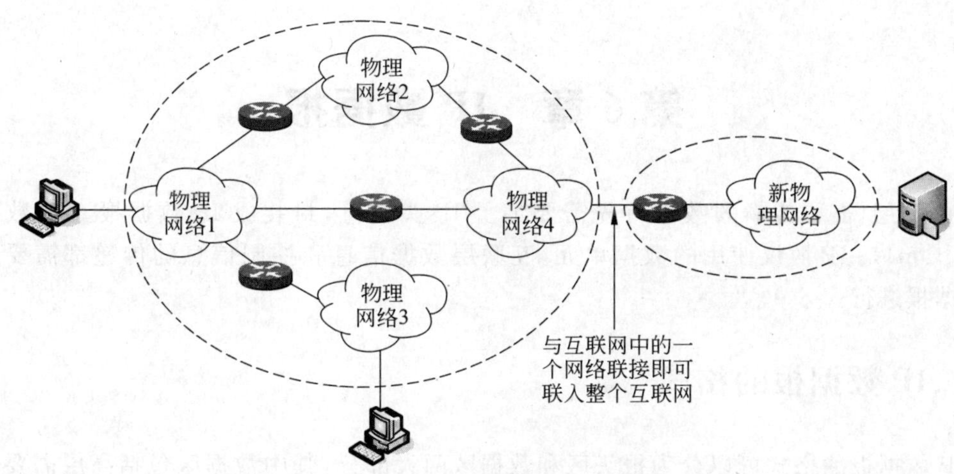

图 5-7 IP 互联网不要求网络之间全互联

练习与思考

一、填空题

(1) 网络互联的解决方案有两种,一种是________,另一种是________。其中,________是目前主要使用的解决方案。

(2) IP 提供服务的特点为________、________和________。

二、单项选择题

(1) 因特网使用的互联协议是(　　)。

A. IPX　　B. IP　　C. AppleTalk　　D. NetBEUI 协议

(2) 以下关于 IP 层提供的功能的说法中错误的是(　　)。

A. IP 层能屏蔽各个物理网络的差异

B. IP 层能代替各个物理网络的数据链路层工作

C. IP 层能为用户提供通用的服务

D. IP 层能隐藏各个物理网络的实现细节

三、简答题

简述 IP 互联网的主要作用和特点。

第 6 章　IP 数据报

在 IP 层，需要传输的数据首先需要加上 IP 头信息，封装成 IP 数据报。IP 数据报(datagram)是 IP 协议使用的数据单元，互联层数据信息和控制信息的传递都需要通过 IP 数据报进行。

6.1　IP 数据报的格式

IP 数据报的格式可以分为报头区和数据区两大部分，其中数据区包括高层需要传输的数据，而报头区是为了正确传输高层数据而增加的控制信息。图 6-1 给出了 IP 数据报的具体格式。

<table>
<tr><td>0</td><td>4</td><td>8</td><td>16</td><td>19　　31</td><td></td></tr>
<tr><td>版本</td><td>报头长度</td><td>服务类型</td><td colspan="2">总长度</td><td rowspan="6">报头区</td></tr>
<tr><td colspan="3">标识</td><td>标志</td><td>片偏移</td></tr>
<tr><td colspan="2">生存周期</td><td>协议</td><td colspan="2">头部校验和</td></tr>
<tr><td colspan="5">源IP地址</td></tr>
<tr><td colspan="5">目的IP地址</td></tr>
<tr><td colspan="5">选项+填充</td></tr>
<tr><td colspan="5">数据</td><td rowspan="2">数据区</td></tr>
<tr><td colspan="5">……</td></tr>
</table>

图 6-1　IP 数据报格式

报头区包含了源 IP 地址、目的 IP 地址等控制信息，下面分别介绍各主要字段的功能。

1. 版本与协议类型

在 IP 报头中，版本字段表示该数据报对应的 IP 协议版本号，不同 IP 协议版本规定的数据报格式稍有不同，目前最常使用的 IP 协议版本号为 4。为了避免错误解释报文格式和内容，所有 IP 软件在处理数据报之前都必须检查版本号，以确保版本正确。

协议字段表示该数据报数据区中的数据使用的协议类型(如 TCP)，用于指明数据区数据的格式。

2. 长度

报头中有两个表示长度的字段，一个为报头长度，另一个为总长度。

报头长度以32位(双字)为单位,指出该报头区的长度。在没有选项和填充的情况下,该值为5。一个含有选项的报头长度则取决于选项域的长度。但是,报头长度应当是32位的整数倍,如不是,需在填充域加0凑齐。

总长度以8位(字节)为单位,表示整个IP数据报的长度(其中包含头部长度和数据区长度)。

3. 服务类型

服务类型字段规定对本数据报的处理方式。利用该字段,发送端可以为IP数据包分配一个转发优先级,并可以要求中途转发路由器尽量使用低延迟、高吞吐率或高可靠性的线路投递。但是,中途路由器能否按照IP数据报要求的服务类型进行处理,则依赖于路由器的实现方法和底层物理网络技术。

4. 生存周期

IP数据报的路由选择具有独立性,因此从源主机到目的主机的传输延迟也具有随机性。如果路由表发生错误,数据报有可能进入一条循环路径,无休止地在网络中流动。利用IP报头中的生存周期字段,可以有效地控制这一情况的发生。在网络中,"生存周期"字段值随时间而递减,在值为0时,报文将被删除,避免死循环的发生。

5. 头部校验和

头部校验和用于保证IP数据报报头的完整性。请注意,在IP数据报中只含有报头校验字段,而没有数据区校验字段。这样做的最大好处是可以节约路由器处理数据报的时间,并允许不同的上层协议选择自己的数据校验方法。

6. 地址

在IP数据报报头中,源IP地址和目的IP地址分别表示该IP数据报发送者和接收者地址。IP地址采用32位的地址形式,其作用和使用方法将在第7章进行详细介绍。在整个数据报传输过程中,无论经过什么路由,无论如何分片,这两个字段一直保持不变。

6.2 IP封装、分片与重组

因为IP数据报可以在互联网上传输,所以它可能要跨越多个网络。作为一种高层网络数据,IP数据报最终也需要封装成帧进行传输。图6-2显示了一个IP数据报从源主机至目的主机被多次封装和解封装的过程。

从图6-2中可以看出,主机和路由器只在内存中保留了整个IP数据报而没有附加的帧头信息。只有当IP数据报通过一个物理网络时,才会被封装进一个合适的帧中。帧头的大小依赖于相应的网络技术。例如,如果网络1是一个以太网,数据报有一个以太网帧头;如果网络2是一个FDDI环网,则数据报有一个FDDI帧头。请注意,在数据报通过

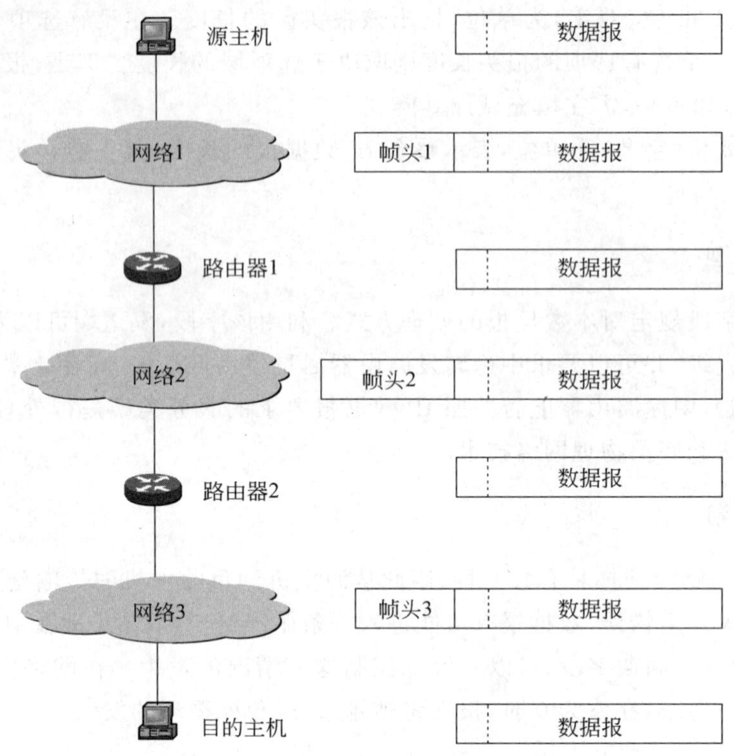

图 6-2　IP 数据报在各个网络中被重新封装

互联网的整个过程中，帧头并没有累积起来。当数据报到达它的最终目的地时，数据报的大小与其最初发送时是一样的。

6.2.1　MTU 与分片

根据网络使用的技术不同，每种网络都规定了一个帧最多能够携带的数据量，这一限制称为最大传输单元(Maximum Transmission Unit，MTU)。因此，一个 IP 数据报的长度只有小于或等于一个网络的 MTU，才能在这个网络中进行传输。

互联网可以包含各种各样的异构网络，一个路由器也可能连接着具有不同 MTU 值的多个网络，能从一个网络上接收 IP 数据报并不意味着一定能在另一个网络上发送该数据报。在图 6-3 中，一个路由器连接了两个网络，其中一个网络的 MTU 为 1500B，另一个为 1000B。

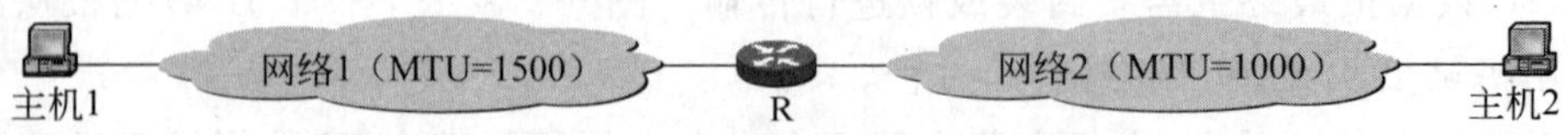

图 6-3　路由器连接具有不同 MTU 的网络

主机 1 连接着 MTU 值为 1500 的网络 1，因此，每次传送 IP 数据报字节数不超过 1500B。而主机 2 连接着 MTU 值为 1000 的网络 2，因此，主机 2 可以传送的 IP 数据报最大尺寸为 1000B。如果主机 1 需要将一个 1400B 的数据报发送给主机 2,路由器 R 尽管能够收到主机 1 发送的数据报,却不能在网络 2 上转发它。

为了解决这一问题,IP 互联网通常采用分片与重组技术。当一个数据报的长度大于将发往网络的 MTU 值时,路由器会将 IP 数据报分成若干较小的部分,称为分片,然后再将每片独立地进行发送。

与未分片的 IP 数据报相同,分片后的数据报也由报头区和数据这两部分构成,而且除一些分片控制域(如标志域、片偏移域)之外,分片的报头与原 IP 数据报的报头非常相似,如图 6-4 所示。

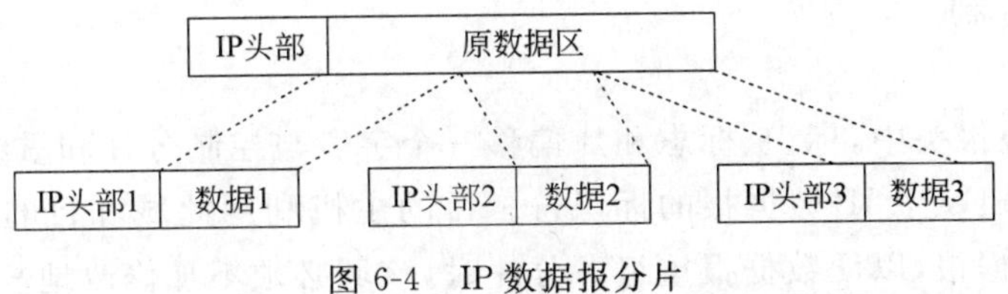

图 6-4 IP 数据报分片

一旦进行分片,每片都可以像正常的 IP 数据报一样经过独立的路由选择等处理过程,最终到达目的主机。

6.2.2 重组

在接收到所有分片的基础上,主机对分片进行重新组装的过程叫作 IP 数据报重组。IP 协议规定,只有最终的目的主机才可以对分片进行重组。这样做有两大好处,首先,在目的主机进行重组减少了路由器的计算量。当转发一个 IP 数据报时,路由器不需要知道它是不是一个分片;其次,路由器可以为每个分片独立选路,每个分片到达目的地所经过的路径可以不同。图 6-5 显示了一个 IP 数据报分片、传输及重组的过程。

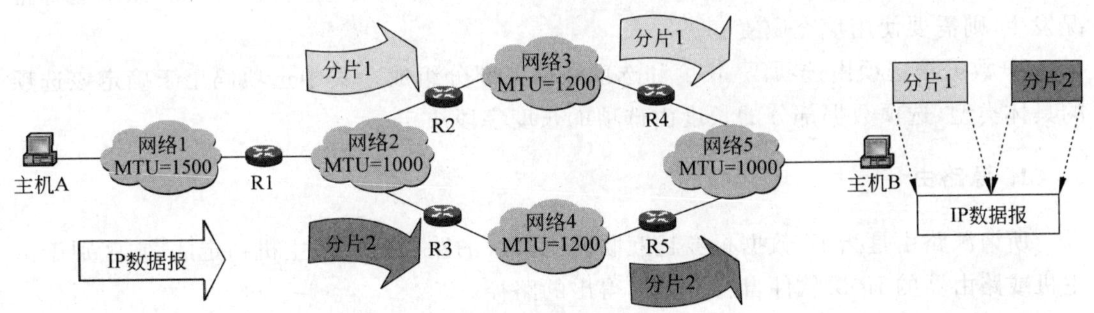

图 6-5 分片、传输及重组

如果主机 A 需要发送一个 1400B 的 IP 数据报到主机 B,那么,该数据报首先经过网络 1 到达路由器 R1。由于网络 2 的 MTU=1000,因此,1400B 的 IP 数据报必须在 R1 中分成两片才能通过网络 2。在分片完成之后,分片 1 和分片 2 被看成独立的 IP 数据报,路由器 R1 分别为它们进行路由选择。于是,分片 1 经过网络 2、路由器 R2、网络 3、路由器

R4、网络5最终到达主机B;而分片2则经过网络2、路由器R3、网络4、路由器R5、网络5到达主机B。当分片1和分片2全部到达后,主机B对它们进行重组,并将重组后的数据报提交高层处理。

从IP数据报的整个分片、传输及重组过程可以看出,尽管路由器R1对数据报进行了分片处理,但路由器R2、R3、R4、R5并不理会所处理的数据报是分片数据报还是非分片数据报,并按照完全相同的算法对它们进行处理。同时,由于分片可能经过不同的路径到达目的主机,因此,中间路由器有时不可能对分片进行重组。

6.2.3 分片控制

在IP数据报报头中,标识、标志和片偏移三个字段与控制分片和重组有关。

标识是源主机赋予IP数据报的标识符。目的主机利用此域和目的地址判断收到的分片属于哪个数据报,以便数据报重组。分片时,该域必须不加修改地复制到新分片头的报头中。

标志字段用来告诉目的主机该数据报是否已经分片,是否是最后一个分片。

片偏移字段指出本片数据在初始IP数据报数据区中的位置,位置偏移量以8B为单位。由于各分片数据报独立地进行传输,其到达目的主机的顺序是无法保证的,而路由器也不向目的主机提供附加的片顺序信息,因此,重组的分片顺序由片偏移提供。

6.3 IP数据报选项

IP选项主要用于控制和测试两大目的。作为选项,用户可以使用也可以不使用。但作为IP协议的组成部分,所有实现IP协议的设备必须能处理IP选项。

在使用选项过程中,有可能造成数据报的头部不是32位整数倍的情况,如果这种情况发生,则需要使用填充域凑齐。

IP数据报选项由选项码、长度和选项数据三部分组成。其中选项码用于确定该选项的具体类型,选项数据部分的长度由选项的长度字段决定。

1. 源路由

所谓源路由是指IP数据报穿越互联网所经过的路径是由源主机指定的,它区别于由主机或路由器的IP层软件自行选路后得出的路径。

源路由选项是非常有用的一个选项,可用于测试某特定网络的吞吐率,也可以使数据报绕开出错网络。

源路由选项可以分为两类,一类是严格源路由选项(strict source route),另一类是松散源路由选项(loose source route)。

(1) 严格源路由选项。规定IP数据报要经过路径上的每一个路由器,相邻路由器之间不得有中间路由器,并且所经过路由器的顺序不可更改。

(2) 松散源路由选项。只给出 IP 数据报必须经过的一些“要点”,并不给出一条完备的路径,无直接连接的路由器之间的路由尚需 IP 软件的寻址功能补充。

2. 记录路由

所谓记录路由是指记录下 IP 数据报从源主机到目的主机所经过路径上各个路由器的 IP 地址。记录路由功能可以通过 IP 数据报的记录路由选项完成。

利用记录路由选项,可以判断 IP 数据报传输过程中所经过的路径。通常用于测试互联网中路由器的路由配置是否正确。

3. 时间戳

所谓时间戳(time stamp)就是记录下 IP 数据报经过每一个路由器时的当地时间。记录时间戳可以使用 IP 数据报的时间戳选项。时间戳中的时间采用格林尼治时间(universal time)表示,以毫秒为单位。

时间戳选项提供了 IP 数据报传输中的时域参数,用于分析网络吞吐率、拥塞情况、负载情况等。

6.4 差错与控制报文

在任何网络体系结构中,控制功能都是必不可少的。IP 层使用的控制协议是互联网控制报文协议(Internet Control Message Protocol,ICMP)。ICMP 不仅用于传输控制报文,而且还用于传输差错报文。

实际上,ICMP 报文是作为 IP 数据报的数据部分而传输的,如图 6-6 所示。ICMP 报文的最终目的地总是目的主机上的 IP 软件,ICMP 软件作为 IP 软件的一个模块而存在。

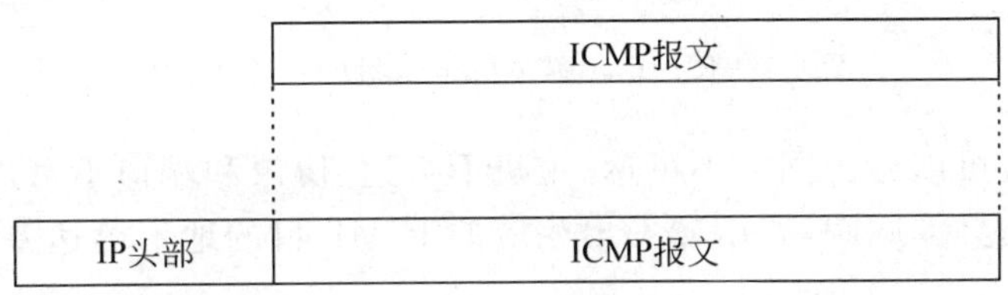

图 6-6 ICMP 报文封装在 IP 报文中传输

6.4.1 ICMP 差错控制

ICMP 作为 IP 层的差错报文传输机制,最基本的功能是提供差错报告。但 ICMP 协议并不严格规定对出现的差错采取什么处理方式。事实上,源主机接收到 ICMP 差错报告后,常常需将差错报告与应用程序联系起来才能进行相应的差错处理。

ICMP 差错报告采用路由器到源主机模式,也就是说,所有的差错信息都需要向源主机报告。这一方面是因为 IP 数据报本身只包含源主机地址和目的主机地址,将错误报告给目的主机显然没有意义(有时也不可能);另一方面互联网中各路由器独立选路,发现问题的路由器不可能知道出错 IP 数据报经过的路径,从而无法将出错情况通知相应路由器。

ICMP 差错报文有以下几个特点:

- 差错报告不具有特别优先权和可靠性,作为一般数据传输。在传输过程中,它完全有可能丢失、损坏或被抛弃。
- ICMP 差错报告数据中除包含故障 IP 数据报报头外,还包含故障 IP 数据报数据区的前 64 位数据。通常,利用这 64 位数据可以了解高层协议(如 TCP 协议)的重要信息。
- ICMP 差错报告伴随抛弃出错 IP 数据报而产生。IP 软件一旦发现传输错误,它首先把出错报文抛弃,然后调用 ICMP 向源主机报告差错信息。

ICMP 出错报告包括目的地不可达报告、超时报告、参数出错报告等。

1. 目的地不可达报告

路由器的主要功能是进行 IP 数据报的路由选择和转发,但是路由器的路由选择和转发并不总能成功。在路由选择和转发出现错误的情况下,路由器便发出目的地不可达报告,如图 6-7 所示。

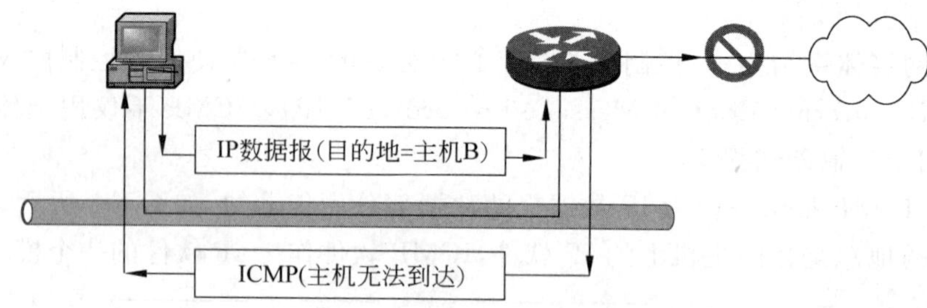

图 6-7 ICMP 向源主机报告目的地不可达

目的地不可达可以分为网络不可达、主机不可达、协议和端口不可达等多种情况。根据每一种不可达的具体原因,路由器发出相应的 ICMP 目的地不可达差错报告。

2. 超时报告

在 IP 互联网中,每个路由器独立地为 IP 数据报选路。一个路由器的路由选择出现问题,IP 数据报的传输就有可能出现兜圈子的情况。

利用 IP 数据报报头的生存周期字段,可以有效地避免 IP 数据报在互联网中无休止地循环传输。一个 IP 数据报一旦到达生存周期,路由器立刻将其抛弃。与此同时,路由器也产生一个 ICMP 超时差错报告,通知源主机该数据报已被抛弃。

3. 参数出错报告

另一类重要的 ICMP 差错报文是参数出错报文,报告错误的 IP 数据报报头和错误的 IP 数据报选项参数等情况。一旦参数错误严重到机器不得不抛弃 IP 数据报时,机器便向源主机发送此报文,指出可能出现错误的参数位置。

6.4.2 ICMP 控制报文

IP 层控制主要包括拥塞控制、路由控制两大内容。与之对应,ICMP 提供相应的控制报文。

1. 拥塞控制与源抑制报文

所谓拥塞就是路由器被大量涌入的 IP 数据报“淹没”的现象。造成拥塞的原因有以下两种:

(1) 路由器的处理速度太慢,不能完成 IP 数据报排队等日常工作。

(2) 路由器传入数据速率大于传出数据速率。

无论何种形式的拥塞,就其实质而言,都在于没有足够的缓冲区存放大量涌入的 IP 数据报。一旦有足够的缓冲区,路由器总可以将传入的数据报存入队列,等待处理,而不至于被“淹没”。

为了控制拥塞,IP 软件采用了源抑制(source quench)技术,利用 ICMP 源抑制报文抑制源主机发送 IP 数据报的速率。路由器对每个接口进行密切监视,一旦发现拥塞,立即向相应源主机发送 ICMP 源抑制报文,请求源主机降低发送 IP 数据报的速率。通常,IP 软件发送源抑制报文的方式有以下三种:

(1) 如果路由器的某输出队列已满,那么在缓冲区空出之前,该队列将抛弃新来的 IP 数据报。每抛弃一个数据报,路由器便向该 IP 数据报的源主机发送一个 ICMP 源抑制报文。

(2) 为路由器的输出队列设置一个阈值,当队列中的数据报积累到一定数量,超过阈值后,如果再有新的数据报到来,路由器就向数据报的源主机发送 ICMP 源抑制报文。

(3) 更为复杂的源抑制技术不是简单地抑制每一台引起路由器拥塞的源主机,而是有选择地抑制 IP 数据报发送率较高的源主机。

当收到路由器发给它的源抑制 ICMP 控制报文后,源主机就可以采取行动降低发送 IP 数据报的速率。但是需要注意,当拥塞解除后,路由器并不主动通知源主机。源主机是否可以恢复发送数据报的速率,什么时候恢复发送数据报的速率,可以根据当前一段时间内是否收到源抑制 ICMP 控制报文自主决定。

2. 路由控制与重定向报文

在 IP 互联网中,主机可以在数据传输过程中不断地从相邻的路由器获得新的路由信息。通常,主机在启动时都具有一定的路由信息,这些信息可以保证主机将 IP 数据报发送出去,但经过的路径不一定是最优的。路由器一旦检测到某 IP 数据报经非优路径传输,它一方面继续转发该数据报,另一方面向主机发送一个路由重定向 ICMP 报文,通知去往相应目的主机的最优路径。这样主机经过不断积累便能掌握越来越多的路由信息。ICMP 重定向机制的优点是保证主机拥有一个动态的、既小且优的路由表。

遗憾的是,ICMP 重定向机制只能用于同一网络的路由器与主机之间(如图 6-8 中主机 A 与路由器 R1、R2 之间,主机 B 与路由器 R4、R5 之间),对路由器之间的路由刷新无能为力。

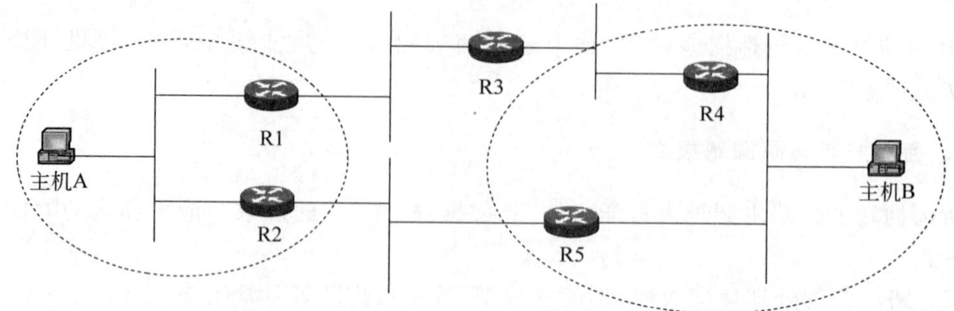

图 6-8 ICMP 重定向机制适用于同一网络的路由器与主机之间

6.4.3 ICMP 请求/应答报文对

为了便于进行故障诊断和网络控制,ICMP 设计了 ICMP 请求和应答报文对,用于获取某些有用的信息。

1. 回应请求与应答

回应请求/应答 ICMP 报文对用于测试目的主机或路由器的可达性,如图 6-9 所示。实际上,人们经常使用的 ping 命令就是利用回应请求/应答 ICMP 报文对实现的。

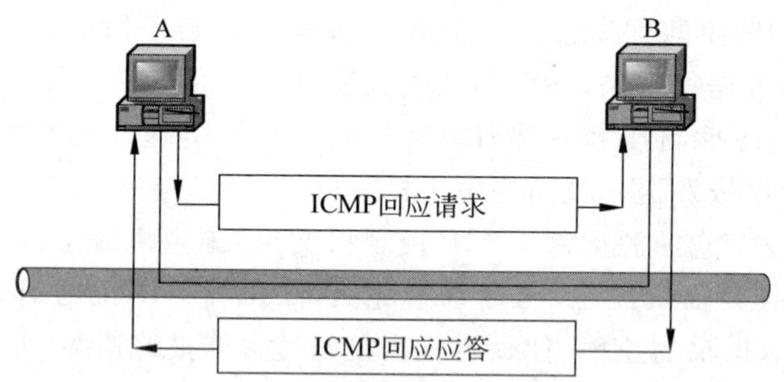

图 6-9 回应请求/应答 ICMP 报文对用于测试可达性

请求者(某主机)向特定目的 IP 地址发送一个包含任选数据区的回应请求,要求具有目的 IP 地址的主机或路由器响应。当目的主机或路由器收到该请求后,发回相应的回应应答,其中包含请求报文中任选数据的副本。

由于请求/应答 ICMP 报文均以 IP 数据报形式在互联网中传输,所以如果请求者成功收到一个应答(应答报文中的数据副本与请求报文中的任选数据完全一致),则可以说明:

- 目的主机(或路由器)可以到达。

- 源主机与目的主机(或路由器)的 ICMP 软件和 IP 软件工作正常。
- 回应请求/应答 ICMP 报文经过的中间路由器的路由选择功能正常。

2. 时戳请求与应答

设计时戳请求/应答 ICMP 报文是同步互联网上主机时钟的一种努力,尽管这种时钟同步技术的能力极其有限。

IP 层软件利用时戳请求/应答 ICMP 报文从其他机器获取其时钟的当前时间,经估算后再同步时钟。

3. 掩码请求与应答

在主机不知道自己所处网络的子网掩码时,可以利用掩码请求 ICMP 报文向路由器询问。路由器在收到请求后,以掩码应答 ICMP 报文形式通知请求主机所在网络的子网掩码。

6.5 实验:IP 数据报捕获与分析

在对网络的安全性和可靠性进行分析时,网络管理员通常需要对网络中传输的数据包进行监听和分析。目前,Internet 中流行的数据包监听与分析工具很多(如 snort、iris、tcpdump 等等),但本实验要求通过 WinPcap(或 LibPcap)编制一个简单的 IP 网络数据报捕获与分析程序,学习 IP 数据报校验和计算方法,初步掌握网络监听与分析技术的实现过程,加深对网络协议的理解。

6.5.1 实验环境

本实验的目的是捕获以太网中的数据包并对其进行分析,因此以太网在该实验中是必不可少的。本实验使用的以太网既可以是共享式以太网也可以是交换式以太网。

在共享式以太网中,由于数据以广播方式在共享的数据通道中传送,因此,网卡能够接收到该网段的所有流量。但在交换式的以太网中,由于以太网交换机通常采用通信过滤等技术,因此,它通常并不将需要交换的每一数据包送往所有的接口。在这种情况下,网卡只能接收到交换机转发过来的数据包。

6.5.2 利用 WinPcap 捕获数据包

WinPcap 是一个开源的数据包捕获体系架构,它的主要功能是进行数据包捕获和网络分析。WinPcap 包括了内核级别的包过滤、低层次的动态链接库(packet. dll)、高级别系统无关的函数库(wpcap. dll)等。详细信息请参见 http://www. winpcap. org。本实验将利用 WinPcap 高级别系统无关函数库中提供的函数对流经网卡的数据包进行捕获。

在使用 WinPcap 之前,首先需要安装 WinPcap 驱动程序和 DLL 程序。这些程序可以从 http://www.winpcap.org 网站下载获得。其安装过程非常简单,安装软件会自动检测使用的操作系统并安装正确的驱动程序。另外,开发人员还需要下载开发工具包(developer's pack),该开发工具包包括了开发基于 WinPcap 所需要的库文件、包含文件、简单的示例程序代码和帮助文件,开发者可以利用该开发工具包方便地建立和编制自己的应用软件。

利用 WinPcap 捕获数据包一般需要经过下面三个步骤。

1. 获取设备列表

在开发以 WinPcap 为基础的应用程序时,第一步需要获取网络接口设备(网卡)列表。获取网络接口设备列表可以调用 WinPcap 提供的 pcap_findalldevs_ex( )函数,该函数的原型如下:

```
int pcap_findalldevs_ex(
        char * source,
        struct pcap_rmtauth auth,
        pcap_if_t **alldevs,
        char * errbuf
);
```

其中:

- source:指定从哪里获取网络接口列表。利用 source 参数,pcap_findalldevs_ex 函数可以获取本机、远程设备和文件的网络接口列表。在希望得到本机的网络接口列表时,可以使用 PCAP_SRC_IF_STRING 常数。
- auth:在获取远程设备的网络接口列表时,如果远程设备需要认证,则需要使用该参数。该参数对获取本机的网络接口列表没有任何意义,设值为 NULL 即可。
- alldevs:当 pcap_findalldevs_ex 函数成功返回后,alldevs 参数指向获取的网络接口列表的第一个元素。列表中的所有元素都是一个 pcap_if_t 结构。
- errbuf:用户定义的存放错误信息的缓冲区。该缓冲区的长度不能小于 PCAP_ERRBUF_SIZE。

在调用发生错误时,pcap_findalldevs_ex 将返回 -1,具体的错误信息可以从 errbuf 参数中获得。在调用成功时,pcap_findalldevs_ex 将返回 0,这时,alldevs 参数指向网络接口列表的第一个元素。

在 alldevs 指向的网络接口列表中,每一个元素都是一个 pcap_if_t 结构。pcap_if_t 的定义如下:

```
Typedef struct pcap_if pcap_if_t;
struct pcap_if {
        struct pcap_if * next;
        char * name;
        char * description;
        struct pcap_addr * addresses;
```

```
    u_int flags;
};
```

其中:

- next: 指向链表中的下一个元素。如果为 NULL 则表示链表结束。
- name: 指向一个字符串,该字符串是 WinPcap 为本网络接口卡分配的名字。如果应用程序以后需要对这块网卡进行操作,该名字需要传递给 pcap_open 函数,用于打开这块网卡。
- description: 指向该网卡的描述字符串。
- addresses: 在 TCP/IP 网络中,addresses 指向的地址链表中包含了这块网卡拥有的所有 IP 地址。addresses 的具体内容在第 7 章进行详细介绍。
- flags: 标识该网络接口卡是不是一块回送网卡。如果为回送网卡,则 flags 为 PCAP_IF_LOOKBACK。

在使用 pcap_findalldevs_ex 返回网络接口设备列表后,可以使用 pcap_freealldevs 函数释放该设备列表。pcap_freealldevs 函数的原型如下:

```
void pcap_freealldevs(pcap_if_t * alldevsp);
```

其中,alldevsp 指向需要释放的设备链表的第一个元素,该指针通常由 pcap_findalldevs_ex 函数返回。

利用 WinPcap 的 pcap_findalldevs_ex 获取本机的网络接口卡的例子如下:

```
pcap_if_t      * alldevs;                         //指向设备链表首部的指针
pcap_if_t      * d;
pcap_addr_t    * a;
char errbuf[PCAP_ERRBUF_SIZE];                   //错误信息缓冲区

//获得本机的设备列表
if (pcap_findalldevs_ex(PCAP_SRC_IF_STRING,      //获取本机的接口设备
                        NULL,                    //无须认证
                        &alldevs,                //指向设备列表首部
                        errbuf                   //出错信息保存缓存区
                        )==-1)
{
    …//错误处理
}

//显示接口列表
for(d=alldevs; d ! =NULL; d=d->next)
{
    …//利用 d->name 获取该网络接口设备的名字
    …//利用 d->description 获取该网络接口设备的描述信息
}
//释放设备列表
```

```
pcap_freealldevs(alldevs);
```

2. 打开网络接口

得到网络接口设备列表之后，可以选择感兴趣的网络接口卡并对其上的网络流量进行监听。在对某一网络接口卡进行监听之前，首先需要将其打开。打开某一网络接口设备可以使用 WinPcap 提供的 pcap_open 函数。pcap_open 函数的原型如下：

```
pcap_t * pcap_open(
            const char * source,
            int snaplen,
            int flags,
            int read_timeout,
            struct pcap_rmtauth * auth,
            char * errbuf
};
```

pcap_open 函数中各参数的意义如下：

- source：指向需要打开的网络接口卡的名字。该名字通常可以从获取网络接口设备列表中得到。
- snaplen：WinPcap 获取网络数据包的最大长度。
- flags：指定以何种方式打开网络接口设备并获取网络数据包。最常用的标志为 PCAP_OPENFLAG_PROMISCUOUS，它通知系统以混杂模式打开网络接口设备。在正常工作状态下，以太网的网络接口卡通常只将三种类型的网络数据包提交给上层软件处理。其中，第一种是目标 MAC 地址与本网卡 MAC 地址相同的网络数据包；第二种是目标 MAC 地址为广播地址的网络数据包；第三种是目标 MAC 地址为组播地址，同时运行于该网卡之上的应用程序参加该组播的网络数据包。但是，很多应用软件需要监听流经一块网络接口卡的所有数据包。为了解决这个问题，WinPcap 提供了 PCAP_OPENFLAG_PROMISCUOUS 标志，它允许系统以混杂模式打开网络接口卡，用于捕获所有流经该网卡的数据包。
- read_timeout：数据包捕获函数等待一个数据包的最大时间。如果数据包捕获函数 pcap_next_ex 在这个时间段内没有捕获任何数据包，它将以 0 值返回。
- auth：在远程设备中捕获网络数据包时使用。在编写捕获本机网络数据包的应用程序中，需要将 auth 设置为 NULL。
- errbuf：用户定义的存放错误信息的缓冲区。

在调用出错时，pcap_open 函数返回 NULL，可以通过 errbuf 获取错误的详细信息。如果调用成功，pcap_open 返回一个指向 pcap_t 的指针，该指针将在后续调用的函数（如 pcap_next_ex 等）中使用。

3. 在打开的网络接口卡上捕获网络数据包

一旦打开网络接口卡，就可以利用 WinPcap 提供的函数捕获流经的网络数据包。

WinPcap 提供了多种不同的方法捕获数据包，其中，pcap_dispatch 和 pcap_loop 通过回调函数将捕获的数据包传递给应用程序，而 pcap_next_ex 则不使用回调函数。下面以 pcap_next_ex 为例介绍数据包的捕获过程。

WinPcap 提供的 pcap_next_ex 的函数原型如下：

```
int pcap_next_ex(
        pcap_t * p,
        struct pcap_pkthdr * * pkt_header,
        u_char * * pkt_data
};
```

其中，各参数的意义如下：

- p：pcap_next_ex 函数通过该参数指定捕获哪块网卡上的网络数据包。该参数为一个指向 pcap_t 结构的指针，它通常是调用 pcap_open 函数成功后返回的值。
- pkt_header：在 pcap_next_ex 函数调用成功后，该参数指向的 pcap_pkthdr 结构保存了所捕获的网络数据包的一些基本信息。例如，pcap_pkthdr 结构的 ts 成员为捕获该数据包的时间戳，len 成员保存了捕获的数据包的长度等等。
- pkt_data：指向捕获到的网络数据包。

调用 pcap_next_ex 函数可能返回 1、0、−1 等不同的值。如果 pcap_next_ex 函数正确捕获一个数据包，那么，它将返回 1。这时，pkt_header 保存捕获数据包的一些基本信息，而 pkt_data 指向捕获的数据包的完整数据。如果在 pcap_open 函数中指定的时间范围内(read_timeout)没有捕获任何网络数据包，那么 pcap_next_ex 函数将返回 0。尽管这不是一种错误，但 pkt_header 和 pkt_data 参数都不可用。如果在调用过程中发生错误，那么 pcap_next_ex 函数将返回−1。

6.5.3 IP 数据报捕获与分析实验指导

本实验要求利用 WinPcap 提供的功能获取网络接口设备列表和各接口的详细信息，同时，可以对任意一块网络接口卡进行 IP 数据报捕获并对捕获的 IP 数据报进行校验和验证。实现的程序界面可以如图 6-10 所示。

1. 创建基于 WinPcap 的应用程序

创建基于 WinPcap 的应用程序需要在源码中增加与 WinPcap 相关的信息(如包含文件)，同时，如果利用 Microsoft 集成开发环境(IDE)创建该程序，那么，在生成解决方案之前还需要对 IDE 中的某些默认参数进行修改。尽管需要修改的内容相同，但由于 VC.NET 和 VC 6.0 使用的 IDE 界面稍有不同，因此其修改方法稍有不同。下面以 VC.NET 为例介绍创建基于 WinPcap 的应用程序需要增加和修改的内容和方法。

(1) 添加 pcap.h 包含文件。如果一个源文件使用了 WinPcap 提供的函数，那么就需要在该文件开始位置增加 pcap.h 包含文件，如下所示：

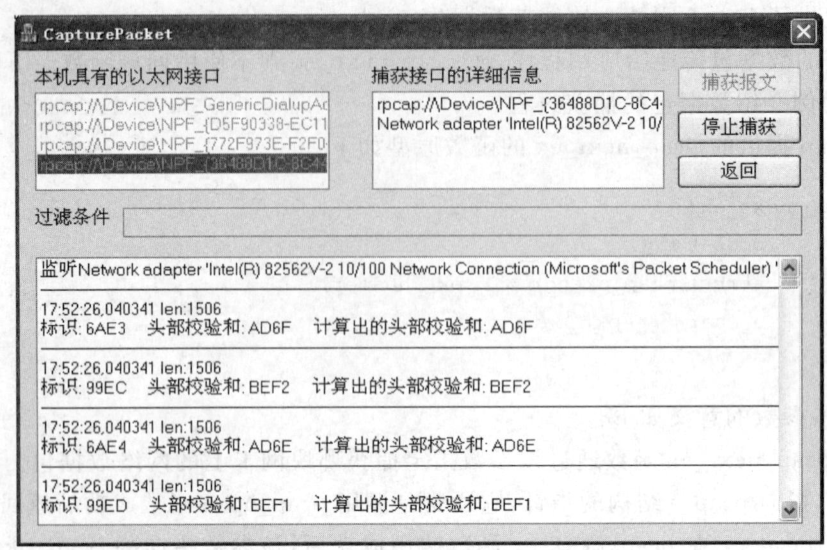

图 6-10 捕获 IP 数据报程序界面示例

```
#include "pcap.h"
```

(2) 增加与 WinPcap 有关的预处理器定义。需要将 WPCAP 和 HAVE_REMOTE 两个标号添加到预处理器定义中。在 VC.NET 提供的 IDE 编程环境中，可以通过执行“项目”菜单中的“属性”命令进入该项目的属性配置页，如图 6-11 所示。通过选择“配置属性”树中的 C/C++→“预处理器”选项就可以增加这两个标号。

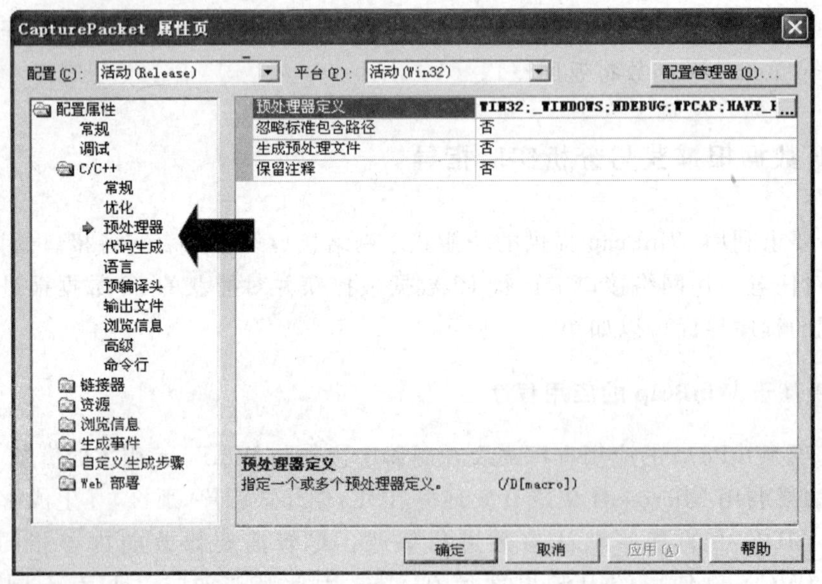

图 6-11 在预处理器定义中增加 WPCAP 和 HAVE_REMOTE

(3) 添加包含文件目录。在生成基于 WinPcap 的应用程序过程中，生成程序需要知道 pcap.h 等包含文件在磁盘中的位置，因此需要将 WinPcap 提供的包含文件目录位置通知生成程序。添加包含文件目录时，可以通过执行“工具”菜单中的“选项”命令进入“选项”对话框，如图 6-12 所示。然后，通过选择对话框中的“项目”→“VC++ 目录”→“包含文件”可以将 WinPcap 的包含文件目录添加到 IDE 集成开发环境中。

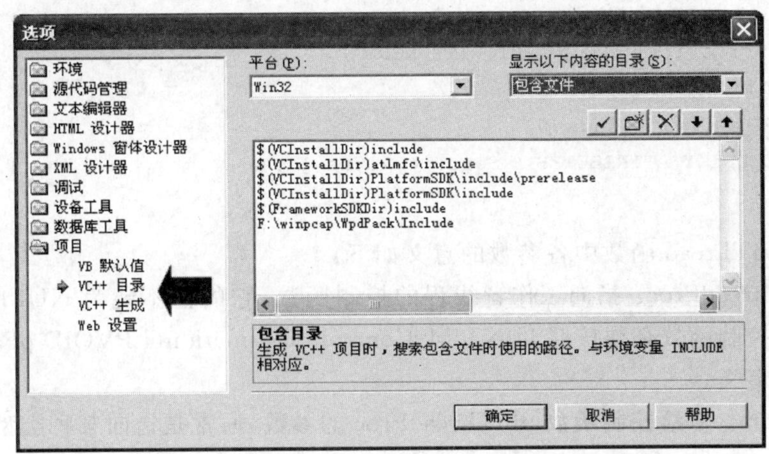

图 6-12　在 IDE 集成开发环境中增加包含文件目录

(4) 添加 wpcap.lib 库文件。在生成基于 WinPcap 的应用程序过程中，生成程序需要链接 wpcap.lib 库文件。因此，需要将 wpcap.lib 添加到利用 IDE 集成开发环境生成的项目中。添加 wpcap.lib 库文件时，可以通过执行“项目”菜单中的“添加现有项”命令进入“添加现有项”对话框，如图 6-13 所示。在对话框中选择并添加 wpcap.lib 即可。

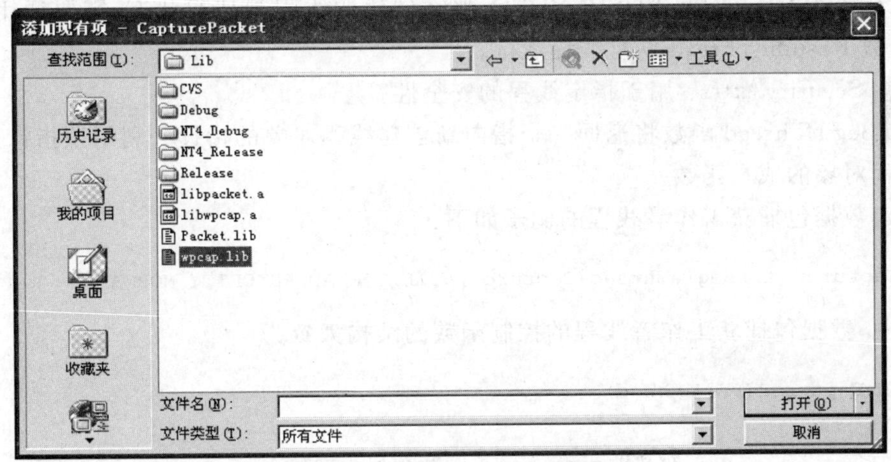

图 6-13　添加 wpcap.lib 库文件

2. 创建数据包捕获工作者线程

在利用 pcap_next_ex 函数捕获网络数据包的应用程序中，通常需要创建一个工作者线程负责网络数据包的接收工作。在 VC.NET 中，工作者线程的创建方法有多种，其中调用 AfxBeginThread 函数启动工作者线程是较为常用的一种。AfxBeginThread 函数的原型为：

```
CWinThread * AfxBeginThread(
    AFX_THREADPROC pfnThreadProc,
    LPVOID pParam,
    int nPriority=THREAD_PRIORITY_NORMAL,
    UINT nStackSize=0,
    DWORD dwCreateFlags=0,
    LPSECURITY_ATTRIBUTES lpSecurityAttrs=NULL
);
```

AfxBeginThread 函数中各参数的意义如下：

- pfnThreadProc：指向工作者线程的控制函数，它的值不能为 NULL。工作者线程的控制函数必须按照 UINT MyControllingFunction(LPVOID pParam)的方式进行定义。
- nParam：传给控制函数 pfnThreadProc 的参数，通常是指向某种类型数据结构的指针。
- nPriority：用于指定线程的优先级。默认的优先级为 THREAD_PRIORITY_NORMAL。
- nStackSize：用于指定线程的堆栈大小。默认大小与创建线程时的堆栈大小一致。
- dwCreateFlags：控制线程创建的附加标志。默认值 0 为正常启动线程。如果该标志为 CREATE_SUSPENDED，那么创建的线程为挂起状态，需要调用成员函数 ResumeThread 恢复线程运行。
- lpSecurityAttrs：用于指定线程的安全性。

AfxBeginThread 函数将返回一个指向新创建线程对象的指针。利用该指针，可以访问该线程对象的成员函数。

创建数据包捕获工作者线程的例子如下：

```
m_Capturer=AfxBeginThread(Capturer,NULL,THREAD_PRIORITY_NORMAL);
```

其中，数据包捕获工作者线程的控制函数的结构大致为

```
UINT Capturer(PVOID hWnd)
{
…                    //利用 pcap_next_ex 函数捕获数据包
    }
```

3. 数据包捕获线程与其他线程的交互

在接收到网络数据包后，数据包捕获工作者线程通过发送消息等机制通知另一线程(如主窗口线程)处理接收到的网络数据包。工作者线程利用消息进行事件通知的一般编

程方法如下。

(1) 定义用户自定义的消息。如果希望一个线程利用消息通知一个窗口某一事件发生,那么,用户通常需要定义自己的消息。用户自定义消息从 WM_USER 常数开始,例如用户自定义的消息 WM_MYMESSAGE 可以为

```
#define WM_MYMESSAGE WM_USER+1
```

(2) 声明和编写消息处理函数。用户自定义消息应该有相应的消息处理函数处理。消息处理函数应该声明为

```
afx_msg LRESULT OnMyUserMessage(WPARAM wParam, LPARAM lParam);
```

(3) 将消息和消息处理函数联系在一起。尽管定义了消息和消息处理函数,但系统怎么知道一个消息出现时调用哪个消息处理函数呢?这就需要进行消息映射,将一个消息与一个消息处理函数联系起来。在 MFC 中,可以使用 ON_MESSAGE(message, memberFxn)宏进行消息映射,其中 message 为一个给定的消息,memberFxn 为该消息的处理函数。但需要注意,ON_MESSAGE 宏必须在 BEGIN_MESSAGE_MAP 和 END_MESSAGE_MAP 宏之间使用。

下面列出了一个消息映射的编程示例:

```
BEGIN_MESSAGE_MAP(CMyWnd, CMyParentWndClass)
ON_MESSAGE(WM_MYMESSAGE, OnMyMessage)
    …                   //其他的消息映射
END_MESSAGE_MAP( )
```

(4) 向窗口发送消息。可以使用窗口类的 PostMessage 方法或 SendMessage 方法向窗口发送消息。PostMessage 和 SendMessage 的使用方法非常相似,其主要区别为:PostMessage 为异步式的消息发送,它将消息放入窗口的消息队列后立即返回;而 SendMessage 为同步式的消息发送,它将消息放入窗口的消息队列后,一直等待消息被处理后才返回。PostMessage 和 SendMessage 的函数原型如下:

```
BOOL PostMessage(
        UINT message,
        WPARAM wParam,
        LPARAM lParam
);

LRESULT SendMessage(
        UINT message,
        WPARAM wParam,
        LPARAM lParam
);
```

其中,message 为需要发送的消息,wParam 和 lParam 可以为需要发送的消息指定附加信息。

下面给出了一个数据包捕获工作者线程 Capturer 利用消息(WM_PACKET)通知主窗口线程(CPacketCaptureDlg)的程序的大致架构示例。

```
…
#define WM_PACKETWM_USER+1      //定义消息
…
protected:
…
//声明消息处理函数
afx_msg LRESULT OnPacket(WPARAM wParam, LPARAM lParam);
…
BEGIN_MESSAGE_MAP(CCapturePacketDlg, CDialog)
…
ON_MESSAGE(WM_PACKET,OnPacket)//进行消息映射
…
END_MESSAGE_MAP()
//消息处理函数
LRESULT CCapturePacketDlg::OnPacket(WPARAM wParam, LPARAM lParam)
{
    …  //处理捕获的数据包
}
//数据包捕获工作者线程
UINT Capturer(PVOID hWnd)
{
    …  //利用 pcap_next_ex 函数捕获数据包
    //利用窗口的 PostMessage 函数发送消息
    AfxGetApp()->m_pMainWnd->PostMessage(WM_PACKET,0,0);
    …
}
```

4. 字节顺序

在处理网络数据包的过程中常常会遇到很多整数型的数据,例如以太网数据帧的类型为一个16位的整数,IP地址为一个32位的整数等等。这些整数通常可以由多个(2个或4个等)字节组成,它们在计算机的内存中有两种不同的存储方式。一种是将16位整数的高字节存储在内存的高端,低字节存储在内存的低端,这种方式被称为 little-endian 字节序;另一种是将16位整数的高字节存储在内存的低端,低字节存储在内存的高端,这种方式被称为 big-endian 字节序。最常用的基于 Intel 处理器的计算机采用 little-endian 字节序(通常也称为"主机序")。非常遗憾,网络传输字节顺序采用了与 Intel 处理器计算机完全不同的 big-endian 字节序。这样,应用程序常常需要在两种字节序之间进行变换。

为了方便两种字节序之间的转换,VC.NET 提供了 ntoh 和 hton 两类函数,分别用

于将网络序转换成主机序和将主机序转换成网络序。这些转换函数的具体形式如表 6-1 所示。

表 6-1 常用的网络序与主机序转换函数

类 别	函数原型	功 能
网络序→主机序	u_shortntohs(u_shortnetshort);	将一个 16 位整数由网络序转换成主机序
	u_longntohl(u_longnetlong);	将一个 32 位整数由网络序转换成主机序
主机序→网络序	u_shorthtons(u_shorthostshort);	将一个 16 位整数由主机序转换成网络序
	u_longhtonl(u_longhostlong);	将一个 32 位整数由主机序转换成网络序

5. IP 数据报的提取

网络中传输的数据包是经过封装的,每一次封装都会增加相应的首部。由于 WinPcap 在数据链路层捕获数据包,因此在以太网中利用 pcap_next_ex 获得的数据都包含以太网帧头信息。同时,由于利用 pcap_next_ex 函数捕获的数据包保存在一个无结构的缓冲区中,因此在实际编程过程中,通常需要定义一些有关首部的数据结构。通过将这些结构赋予存放数据包的无结构缓冲区来简化数据的提取过程。

例如,在分析以太网数据帧和 IP 数据报时可以定义以太网数据帧和 IP 数据报首部结构为

```
#pragmapack(1)                        //进入字节对齐方式

typedef struct FrameHeader_t  {       //帧首部
  BYTE  DesMAC[6];                    //目的地址
  BYTE  SrcMAC[6];                    //源地址
  WORD  FrameType;                    //帧类型
} FrameHeader_t;

typedef struct IPHeader_t {           //IP 首部
  BYTE   Ver_HLen;
  BYTE   TOS;
  WORD   TotalLen;
  WORD   ID;
  WORD   Flag_Segment;
  BYTE   TTL;
  BYTE   Protocol;
  WORD   Checksum;
  ULONG  SrcIP;
  ULONG  DstIP;
} IPHeader_t;

typedef struct Data_t {               //包含帧首部和 IP 首部的数据包
```

```
    FrameHeader_t FrameHeader;
    IPHeader_t    IPHeader;
}Data_t;

#pragmapack()                           //恢复默认对齐方式
```

在编程过程中,可以将定义的数据包首部结构赋予存放捕获的数据包的缓冲区,从而简化首部信息的提取过程。一个从存放捕获的 IP 数据报的缓冲区(pkt_data)提取 IP 数据报校验和的例子如下:

```
Data_t      * IPPacket;
WORD        RecvChecksum;
…
IPPacket=(Data_t * ) pkt_data;
…
RecvChecksum=IPPacket->IPHeader.Checksum;
…
```

需要注意,WinPcap 捕获的数据包在缓冲区中是连续存放的,但通常 VC++ 默认的 IDE 集成开发环境的设置并不是字节对齐的。因此,在定义这些包首部数据结构时一定要注意使用 # pragma pack(1)语句通知生成程序按照字节对齐方式生成下面的数据结构。在这些数据结构定义完成后,可以使用 # pragma pack( )恢复默认的对齐方式。

6. 验证捕获的 IP 数据报

IP 数据报的头部校验和字段用于保证 IP 数据报的完整性。发送时,主机(或路由器)需要生成校验和并将其填入头部校验和字段;接收时,主机(或路由器)需要重新计算接收 IP 数据报的头部校验和并与接收的头部校验和进行比较。如果计算出的头部校验和与接收的头部校验和不一致,则说明 IP 数据报发生错误,主机(或路由器)需要将其抛弃。

IP 头部校验和算法主要采用了二进制反码求和运算,具体算法描述如下。

(1) 将 IP 头部看成 16 位字组成的二进制数据序列,把头部校验和字段置为 0。

(2) 对 IP 头部中每个 16 位字进行求和运算。如果求和过程中遇到溢出则进行回卷(即如果求和过程中遇到进位,则将进位加至结果的最低位)。

(3) 对求和的结果取反,得到最终的头部校验和值。

图 6-14 显示了一个 IP 头部校验和的实例,其中图 6-14(a)中显示了一个 IP 数据报头部,头部检验和字段已经置为 0。图 6-14(b)中给出了相应的校验和的计算方法。需要注意的是,在图中给出的第 6 步运算中出现了溢出,其进位被加到了最低位。

本实验要求提取捕获 IP 数据报的头部信息,重新计算头部校验和并与捕获的头部校验和进行比较,进而判定捕获的 IP 数据报是否正确,程序界面如图 6-10 所示。

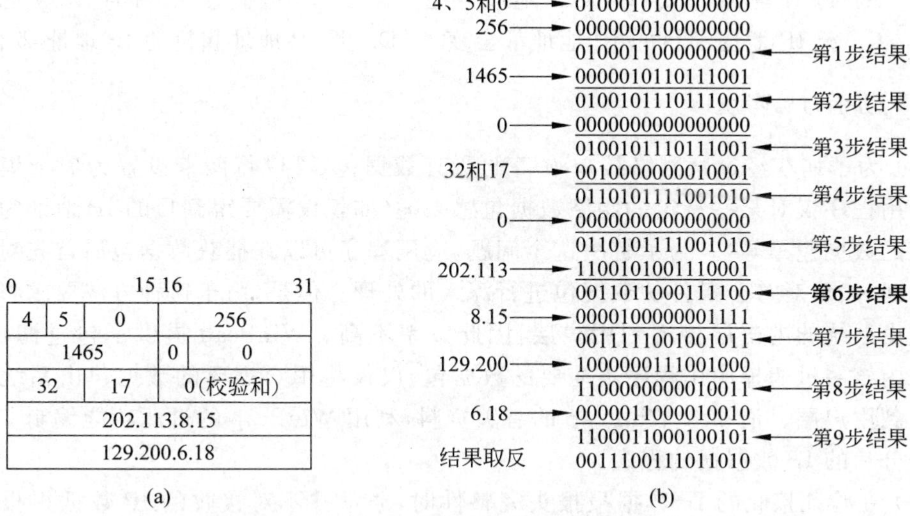

图 6-14 IP 头部校验和计算方法

练习与思考

一、填空题

(1) 在转发一个 IP 数据报的过程中，如果路由器发现该数据报报头中的 TTL 字段为 0，那么，它首先将该数据报________，然后向________发送 ICMP 报文。

(2) 在没有选项和填充的情况下，IP 数据报报头长度字段的值为________。

(3) 对 IP 数据报进行分片的主要目的是________。

(4) 源路由选项可以分为两类，一类是________，另一类是________。

(5) 在 WinPcap 的 pcap_open 函数中，PCAP_OPENFLAG_PROMISCUOUS 标志的意义是________。

二、单项选择题

(1) 对 IP 数据报分片的重组通常发生在(　　)。

A. 源主机　　B. IP 数据报经过的路由器
C. 目的主机　　D. IP 数据报经过的交换机

(2) 使用 ping 命令测试与另一台主机是否连通，即使收到正确的应答，也不能说明(　　)。

A. 源主机的 ICMP 软件和 IP 软件运行正常
B. 目的主机的 ICMP 软件和 IP 软件运行正常
C. ping 报文经过的网络具有相同的 MTU
D. ping 报文经过的路由器路由选择正常

(3) 关于分片过程中的源 IP 地址和目的 IP 地址，正确的是(　　)。

A. 源 IP 地址不变,目的 IP 地址会变　B. 源 IP 地址会变,目的 IP 地址不变
C. 源 IP 地址和目的 IP 地址都会变　D. 源 IP 地址和目的 IP 地址都不会变

三、动手与思考题

(1) 为了捕获经过某网络接口设备的所有数据包,可以将网卡设置为混杂模式。但多数应用程序仅对某些特定的网络数据包感兴趣(如仅仅需要得到目的 IP 地址为某一特定数值的数据包等等)。为了解决这个问题,应用程序可以在捕获数据包后首先对数据包进行判断,然后对符合条件的数据包进行深入的处理。但是,由于这种方法要求将捕获的数据包由系统的内核层传递到用户层,因此效率不高。WinPcap 提供了包过滤机制,它可以在内核层过滤掉应用程序不需要的数据包,仅仅将用户需要的数据包由系统的核心层传递到用户层。请参考 WinPcap 的有关资料,利用 WinPcap 的过滤功能编制一个仅捕获已经分片的 IP 数据报的程序。

(2) 在验证接收的 IP 数据报报头完整性时,通常并不对接收的 IP 数据报报头中的头部校验和字段置 0,而直接对 IP 数据报报头按 16 位字进行二进制反码求和运算。请问利用这种方法进行计算时,得到的结果为多少可以说明接收的 IP 数据报报头没有出错。按上述方法校验捕获的 IP 数据报,验证你的想法是否正确。

第 7 章　IP 地址与 ARP 协议

IP 地址是互联网使用的一种通用地址形式，用于标识互联网上的结点到一个网络的连接。而 ARP 协议则用于将 IP 地址映射到物理地址。

7.1　IP 地址的作用

以太网利用 MAC 地址(物理地址)标识网络中的一个结点，两个以太网结点的通信需要知道对方的 MAC 地址。但是，以太网并不是唯一的网络，世界上存在着各种各样的网络，这些网络使用的技术不同，物理地址的长度、格式等表示方法也不相同(例如以太网的物理地址采用 48 位的二进制数表示，而电话网则采用 14 位的十进制数表示)。因此，如何统一结点的地址表示方式、保证信息跨网传输是互联网面临的一大难题。

显然，统一物理地址的表示方法是不现实的，因为物理地址表示方法是和每一种物理网络的具体特性联系在一起的。因此，互联网对各种物理网络地址的"统一"必须通过上层软件完成。确切地说，互联网对各种物理网络地址的"统一"要在互联层完成。

IP 协议提供了一种互联网通用的地址格式，该地址由 32 位的二进制数表示，用于屏蔽各种物理网络的地址差异。IP 协议规定的地址叫作 IP 地址，IP 地址由 IP 地址管理机构进行统一管理和分配，保证互联网上运行的设备(如主机、路由器等)不会产生地址冲突。

在互联网上，主机可以利用 IP 地址标识。但是，一个 IP 地址标识一台主机的说法并不准确。严格地讲，IP 地址指定的不是一台主机，而是主机到一个网络的连接。因此，具有多个网络连接的互联网设备就应具有多个 IP 地址。在图 7-1 中，路由器的两个连接分别与两个不同的网络相连，因此它应该具有两个不同的 IP 地址。多宿主主机(装有多块

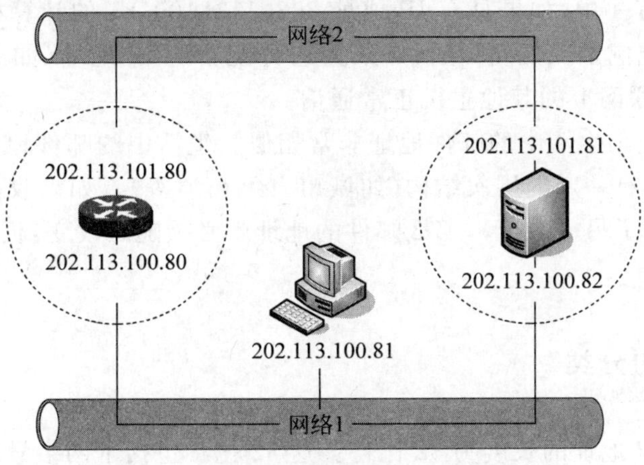

图 7-1　IP 地址的作用是标识网络连接

网卡的计算机)由于每一块网卡都可以提供一条物理连接,因此它也应该具有多个 IP 地址。在实际应用中,还可以将多个 IP 地址绑定到一条物理连接上,使一条物理连接具有多个 IP 地址。

7.2 IP 地址的组成

7.2.1 IP 地址的层次结构

一个互联网包含多个网络,而一个网络又包含多台主机,因此,互联网是具有层次结构的,如图 7-2 所示。与互联网的层次结构对应,互联网使用的 IP 地址也采用了层次结构,如图 7-3 所示。

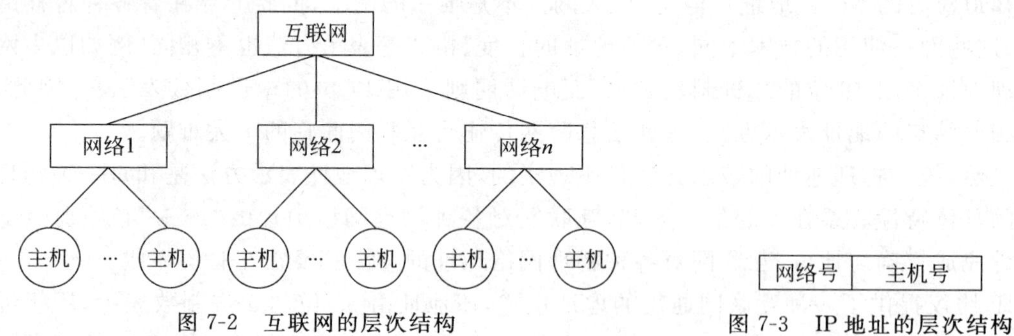

图 7-2 互联网的层次结构

图 7-3 IP 地址的层次结构

IP 地址由网络号(netid)和主机号(hostid)两个层次组成。网络号用来标识互联网中的一个特定网络,而主机号则用来表示该网络中主机的一个特定连接。因此,IP 地址的编址方式明显地携带了位置信息。如果给出一个具体的 IP 地址,马上就能知道它位于哪个网络,这给 IP 互联网的路由选择带来很大好处。

由于 IP 地址不仅包含了主机本身的地址信息,而且还包含了主机所在网络的地址信息,因此,在将主机从一个网络移到另一个网络时,主机 IP 地址必须做出修改以正确地反映这个变化。在图 7-4 中,如果具有 IP 地址 202.113.100.81 的计算机需要从网络 1 移动到网络 2,那么,当它加入网络 2 后,必须为它分配新的 IP 地址(如 202.113.101.66),否则就不可能与互联网上的其他主机正常通信。

实际上,IP 地址与生活中的邮件地址非常相似。生活中的邮件地址描述了信件收发人的地理位置,也具有一定的层次结构(如城市、区、街道等)。如果收件人的位置发生变化(如从一个区搬到了另一个区),那么邮件的地址就必须随之改变,否则邮件就不可能送达收件人。

7.2.2 IP 地址的分类

IP 协议规定,IP 地址的长度为 32 比特。这 32 比特包括了网络号部分(netid)和主机号部分(hostid)。那么,在这 32 个比特中,哪些比特代表网络号,哪些比特代表主机号

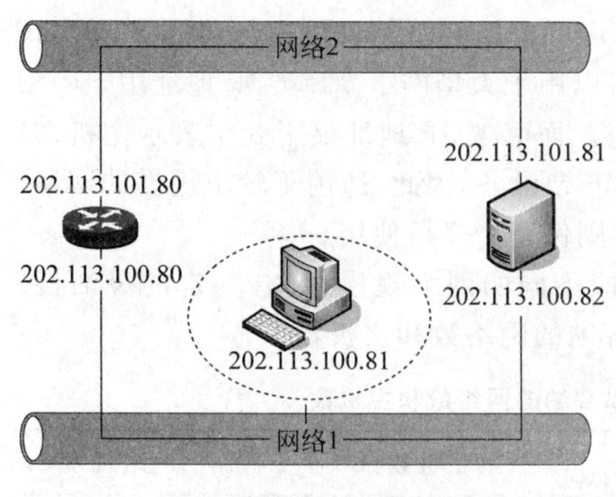

(a) 主机在网络1中

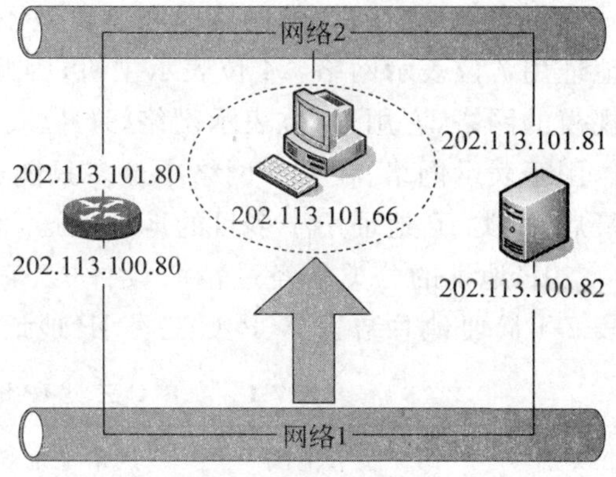

(b) 主机移到网络2

图 7-4 主机在物理网络间的移动

呢？这个问题看似简单，意义却很重大。因为当地址长度确定后，网络号长度将决定整个互联网中能包含多少个网络，主机号长度则决定每个网络能容纳多少台主机。

在互联网中，网络数是一个难以确定的因素，而不同种类的网络规模也相差很大。有的网络具有成千上万台主机，而有的网络仅仅有几台主机。为了适应各种网络的不同规模，IP协议将IP地址分成A、B、C、D和E五类，它们分别使用IP地址的前几个比特加以区分，如图7-5所示。从图中可以看到，利用IP地址的前四位就可以分辨出它的地址类型。但事实上，因为D类和E类IP地址很少使用，因此只需利用前两位就能做出判断。

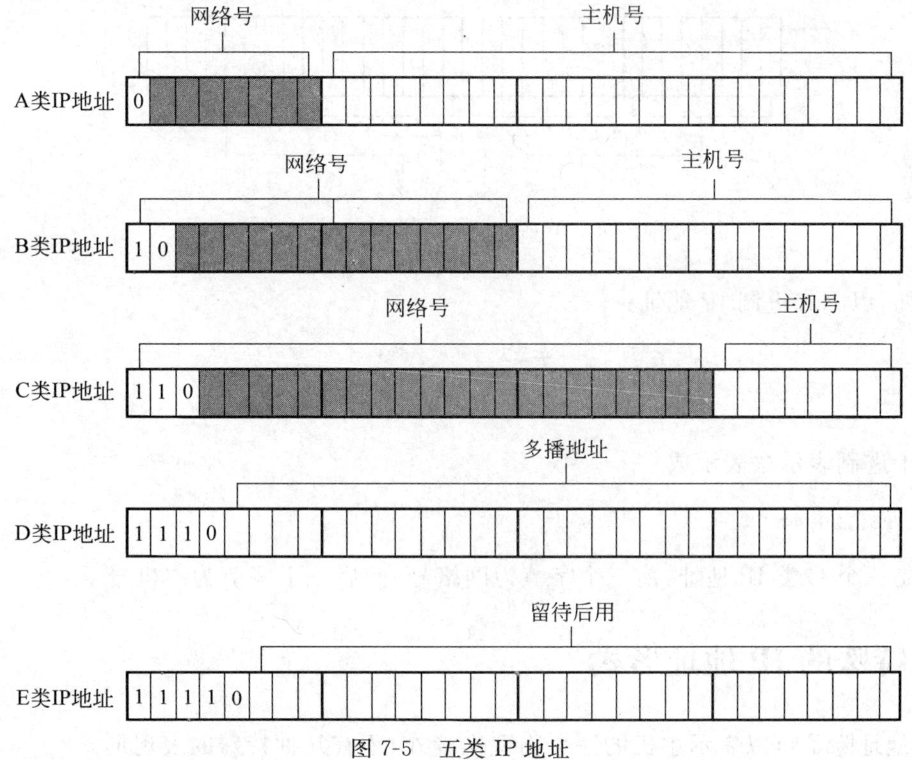

图 7-5 五类 IP 地址

每类地址所包含的网络数与主机数不同，用户可根据网络的规模进行选择。A类IP地址用7位表示网络，24位表示主机，因此，它可以用于大型网络。B类IP地址用于中型规模的网络，它用14位表示网络，16位表示主机。而C类IP地址仅用8位表示主机，21位用于表示网络，在一个网络中最多只能连接256台设备，因此，适用于较小规模的网络。最后，D类IP地址用于多目的地址发送，而E类则保留为今后使用。

IP地址的分类是经过精心设计的，它能适应不同的网络规模，具有一定的灵活性。表7-1简要地总结了A、B、C三类IP地址可以容纳的网络数和主机数。

表7-1 A、B、C三类IP地址可以容纳的网络数和主机数

类别	第一字节范围	网络地址长度	最大的主机数目	适用的网络规模
A	1～126	1B	16 777 214	大型网络
B	128～191	2B	65 534	中型网络
C	192～223	3B	254	小型网络

7.2.3 IP地址的直观表示法

IP地址由32位二进制数值组成(4B)，但为了方便用户的理解和记忆，IP地址采用了点分十进制标记法，即将4B的二进制数值转换成4个十进制数值，每个数值小于等于255，数值中间用“.”隔开，表示成w.x.y.z的形式，如图7-6所示。

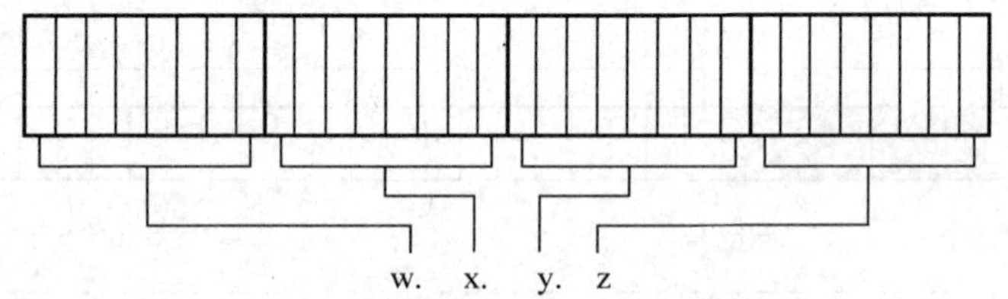

图7-6 IP地址的点分十进制标记法

例如，以下二进制IP地址：

字节1	字节2	字节3	字节4
11001010	01011101	01111000	00101100

用点分十进制表示法表示成

202.93.120.44

这是一个C类IP地址，前三个字节为网络号，而后一个字节为主机号。

7.3 特殊的IP地址形式

IP地址除了可以表示主机的一个物理连接外，还有几种特殊的表现形式。

7.3.1 网络地址

在互联网中，经常需要使用网络地址。那么，怎么表示一个网络呢？IP地址方案规定，网络地址包含了一个有效的网络号和一个全0的主机号。例如，在A类网络中，地址113.0.0.0表示该网络的网络地址。而一个IP地址为202.93.120.44的主机所处的网络为202.93.120.0，它的主机号为44。

7.3.2 广播地址

当一个设备向网络上所有的设备发送数据时，就产生了广播。为了使网络上所有设备能够注意到这样一个广播，必须使用一个可进行识别和侦听的IP地址。通常这样的IP地址以全1结尾。

IP广播有两种形式，一种叫直接广播，另一种叫有限广播。

1. 直接广播

如果广播地址包含一个有效的网络号和一个全1的主机号，那么技术上称之为直接广播(directed broadcasting)地址。在IP互联网中，任意一台主机均可向其他网络进行直接广播。

例如，C类地址202.93.120.255就是一个直接广播地址。互联网上的一台主机如果使用该IP地址作为数据报的目的IP地址，那么这个数据报将同时发送到202.93.120.0网络上的所有主机。

直接广播通常用于一个网络中的主机向另一个网络中的所有主机发送信息。但是，出于安全性考虑，网络管理员通常会禁止路由器转发直接广播数据报。因此，利用直接广播地址的应用非常少。

2. 有限广播

32比特全为1的IP地址(255.255.255.255)用于本网广播，该地址叫作有限广播(limited broadcasting)地址。实际上，有限广播将广播限制在最小的范围内。如果采用标准的IP编址，那么有限广播将被限制在本网络之中；如果采用子网编址(见7.5节)，那么有限广播将被限制在本子网之中。

有限广播不需要知道网络号。因此，在主机不知道本机所处的网络时(如主机的启动过程中)，只能采用有限广播方式。

7.3.3 回送地址

以127开始的A类网络地址(如127.0.0.1)是一个保留地址，用于网络软件测试以及本地机器进程间通信。这个IP地址叫作回送地址(loopback address)。无论什么程序，一旦使用回送地址发送数据，协议软件不进行任何网络传输，立即将之返回。因此，含有网络号 127 的数据报不可能出现在任何网络上。

7.4 编址实例

在组网过程中怎么分配 IP 地址呢？考虑一个大的组织，它建有 4 个物理网络，现需要通过路由器将这 4 个物理网络组成专用的 IP 互联网。

在为每台主机分配 IP 地址之前，首先需要按照每个物理网络的规模为它们选择 IP 地址类别。小型网络选择 C 类地址，中型网络选择 B 类地址，大型网络选择 A 类地址。实际上，由于一般物理网络的主机数都不会超过 6 万台，因此，A 类地址很少用到。

在上面所述的专用互联网中，如果三个是小型网络，一个是中型网络，那么，可以为三个小型网络分配三个 C 类地址（如 202.113.27.0、202.113.28.0 和 202.113.29.0），为一个中型网络分配一个 B 类地址（如 128.211.0.0）。图 7-7 显示了这 4 个物理网络互联的情况。

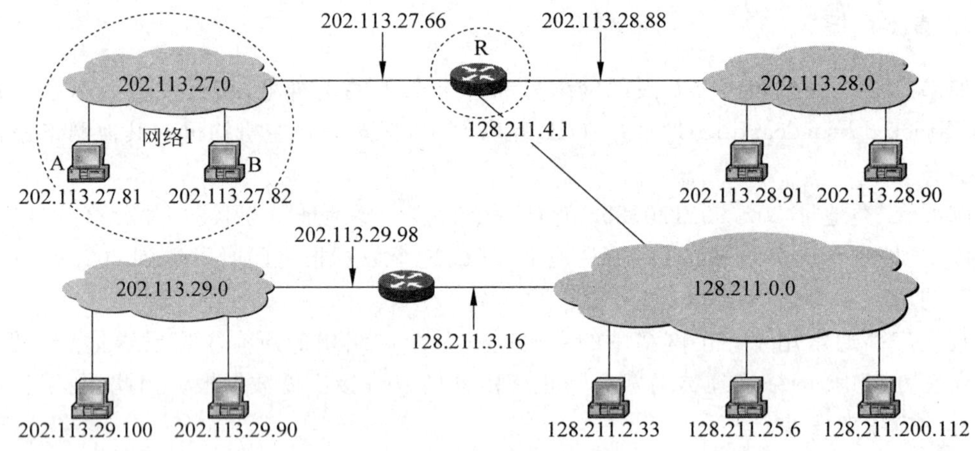

图 7-7 IP 编址实例

在为互联网上的主机和路由器分配具体 IP 地址时需要注意：

(1) 连接到同一网络中所有主机的 IP 地址共享同一网络号。在图 7-7 中，计算机 A 和计算机 B 都接入了物理网络 1，由于网络 1 分配到的网络地址为 202.113.27.0，所以，计算机 A 和 B 都应共享 202.113.27 这个网络号。

(2) 路由器可以连接多个物理网络，每个连接都应该拥有自己的 IP 地址，而且该 IP 地址的网络号应与分配给这个网络的网络号相同。如图 7-7 所示，由于路由器 R 分别连接 202.113.27.0、202.113.28.0 和 128.211.0.0 这 3 个网络，因此该路由器被分配了 3 个不同的 IP 地址。其中连接网络 1 的 IP 地址要具有网络 1 的网络号（202.113.27），而连接其他网络的 IP 地址则必须具有所连网络的网络号。

7.5 子网编址

在 IP 互联网中，A 类、B 类和 C 类 IP 地址是经常使用的 IP 地址。由于经过网络号和主机号的层次划分，它们能适应不同的网络规模。使用 A 类 IP 地址的网络可以容纳 1600 万台主机，而使用 C 类 IP 地址的网络仅可以容纳 254 台主机。但是，随着计算机的发展和网络技术的进步，个人计算机应用迅速普及，小型网络（特别是小型局域网络）越来越多。这些网络多则拥有几十台主机，少则拥有两三台主机。对于这样一些小规模网络即使采用一个 C 类地址仍然是一种浪费（可以容纳 254 台主机），因而在实际应用中，人们开始寻找新的解决方案以克服 IP 地址的浪费现象。子网编址就是其中之一。

7.5.1 子网编址方法

我们已经知道，IP 地址具有层次结构，标准的 IP 地址分为网络号和主机号两层。为了避免 IP 地址的浪费，子网编址将 IP 地址的主机号部分进一步划分成子网部分和主机部分，如图 7-8 所示。

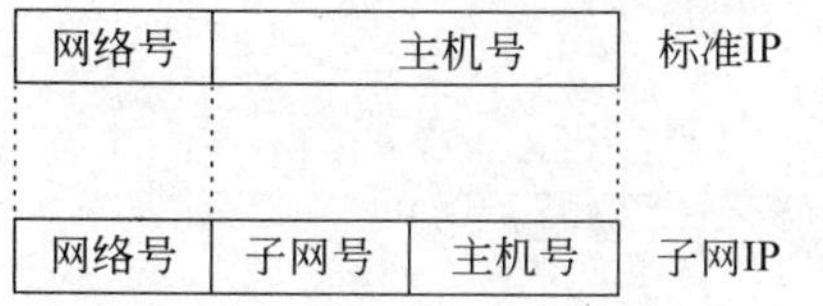

图 7-8　子网编址的层次结构

为了创建一个子网地址，网络管理员从标准 IP 地址的主机号部分“借”位并把它们指定为子网号部分。只要主机号部分能够剩余两位，子网地址可以借用主机号部分的任何位数。因为 B 类网络的主机号部分有两个字节，故而最多只能借用 14 位去创建子网。而在 C 类网络中，由于主机号部分只有一个字节，故最多只能借用 6 位去创建子网。

130.66.0.0 是一个 B 类 IP 地址，它的主机号部分有两个字节。在图 7-9 中，借用了其中的一个字节分配子网。

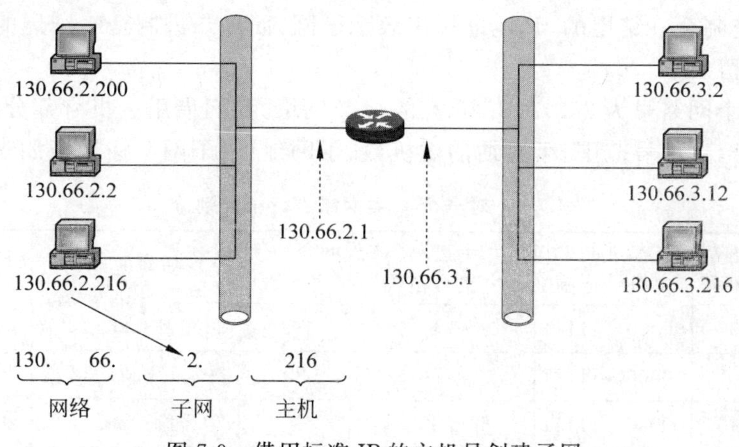

图 7-9　借用标准 IP 的主机号创建子网

当然，如果借用 IP 地址的主机号部分创建子网，相应子网中的主机数目就会减少。

例如一个C类网络，它用一个字节表示主机号，可以容纳的主机数为254台。当利用这个C类网络创建子网时，如果借用2位作为子网号，那么可以用剩下的6位表示子网中的主机，可以容纳的主机数为62台；如果借用3位作为子网号，那么仅可以使用剩下的5位表示子网中的主机，可以容纳的主机数也就减少到30台。

需要注意的是，进行子网互联的路由器也需要占用有效的IP地址，因此，在计算网络中(或子网中)需要使用的IP数时，不要忘记连接该网络(或子网)的路由器。在图7-10中，尽管子网3只有3台主机，但由于两个路由器分别有一条连接与该网相连，因此，该子网至少需要5个有效的IP地址。

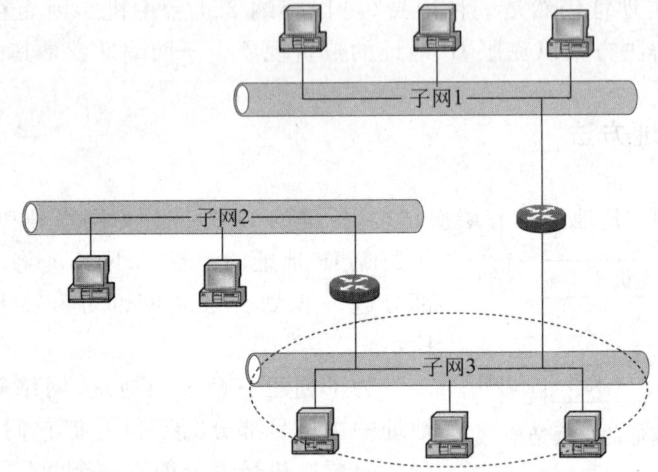

图7-10 路由器的每个连接也需要占用有效的IP

7.5.2 子网地址和子网广播地址

与标准的IP地址相同，子网编址也为子网网络和子网广播保留了地址编号。在子网编址中，以二进制全0结尾的IP地址用来表示子网，而以二进制全1结尾的IP地址则为子网广播所保留。

假设有一个网络号为202.113.26.0的C类网络，我们借用主机号部分的3位划分子网，其中子网号、主机号范围、可容纳的主机数、子网地址、子网广播地址如表7-2所示。

表7-2 对一个C类网络进行子网划分

子网	二进制子网号	二进制主机号范围	十进制主机号范围	可容纳的主机数	子网地址	广播地址
第1个子网	000	00000～11111	0～31	30	202.113.26.0	202.113.26.31
第2个子网	001	00000～11111	32～63	30	202.113.26.32	202.113.26.63
第3个子网	010	00000～11111	64～95	30	202.113.26.64	202.113.26.95
第4个子网	011	00000～11111	96～127	30	202.113.26.96	202.113.26.127

续表

子　网	二进制子网号	二进制主机号范围	十进制主机号范围	可容纳的主机数	子网地址	广播地址
第 5 个子网	100	00000～11111	128～159	30	202.113.26.128	202.113.26.159
第 6 个子网	101	00000～11111	160～191	30	202.113.26.160	202.113.26.191
第 7 个子网	110	00000～11111	192～223	30	202.113.26.192	202.113.26.223
第 8 个子网	111	00000～11111	224～255	30	202.113.26.224	202.113.26.255

由于这个 C 类地址最后一个字节的 3 位用作划分子网，因此子网中的主机号只能用剩下的 5 位来表达。在这 5 位中，全部为 0 的表示该子网网络，全部为 1 的表示子网广播，其余的可以分配给子网中的主机。

为了与标准的 IP 编址保持一致，RFC 标准规定二进制全 0 或全 1 的子网号不应分配给实际的子网(即表 7-2 列出的第 1 个和第 8 个子网不能分配)。但在实际应用中，使用子网号为全 0 和全 1 的子网号不会出现任何问题。

我们知道 32 比特全为 1 的 IP 地址(255.255.255.255)为有限广播地址，如果在子网中使用该广播地址，广播将被限制在本子网内。

7.5.3　子网表示法

对于标准的 IP 地址而言，网络的类别可以通过它的前几个比特进行判定。而对于子网编址来说，机器怎么知道 IP 地址中哪些位表示网络和子网，哪些位表示主机部分呢？

为了解决这个问题，子网编址使用了子网掩码(或称为子网屏蔽码)。对应 IP 地址的 32 位二进制数值，子网掩码也采用了 32 位二进制数值。IP 协议规定，在子网掩码中，与 IP 地址的网络号和子网号部分相对应的位用 1 表示，与 IP 地址的主机号部分相对应的位用 0 表示。将 IP 地址和它的子网掩码相结合，就可以判断出 IP 地址中哪些位表示网络和子网，哪些位表示主机。

例如，给出一个经过子网编址的 B 类 IP 地址 128.22.25.6，我们并不知道在子网划分时到底借用了几位主机号表示子网，但是，当给出它的子网掩码 255.255.255.0 后(如图 7-11(a)所示)，就可以根据与子网掩码中 1 相对应的位表示网络的规定，知道该子网划分借用了 8 位来表示子网，并且该 IP 地址所处的子网号为 25。

如果借用该 B 类 IP 地址的 4 位主机号划分子网(如图 7-11(b)所示)，那么它的子网掩码为 255.255.240.0，IP 地址 128.22.25.6 所处的子网号为 1。

表示子网的另一种常用的方法是斜杠标记表示法。这种表示法通过“IP 地址/n”的方法表示 IP 地址中哪些位为网络号部分，哪些位为主机号部分。例如在图 7-11(a)中，IP 地址为 128.22.25.6，子网掩码为 255.255.255.0 的子网地址，按照斜杠标记表示法可以写为 128.22.25.6/24。其中，/24 表示在 32 位的 IP 地址中，前 24 位为网络号部分(包括网络号和子网号)，剩下的 8 位表示主机号。图 7-11(b)中 IP 地址为 128.22.25.6，子网掩码为 255.255.240.0 的子网地址，按照斜杠标记表示法可以写为 128.22.25.6/20。其

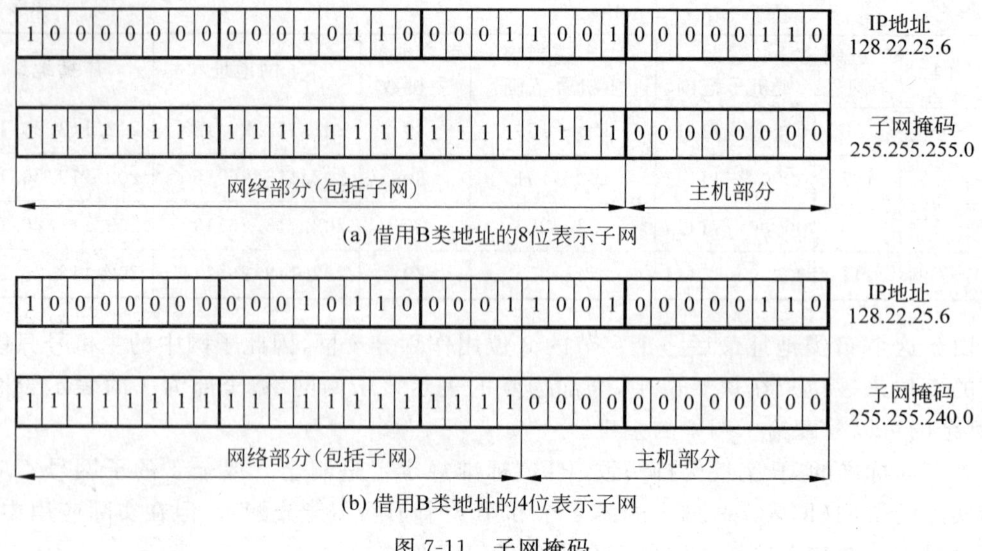

图 7-11　子网掩码

中，/20 表示在 32 位的 IP 地址中，前 20 位为网络号部分，后 12 位为主机号部分。

7.5.4　无类别 IP 编址——子网编址的延伸

为了避免 IP 地址浪费，子网编址把 IP 地址中的主机号部分进一步划分为子网号和主机号两个部分。将子网编址的概念进一步延伸和扩展，就可以得到一种更加灵活的层次型编址方式——无类别 IP 编址。无类别 IP 编址抛弃了分类 IP 地址的概念(即不再区分 A 类、B 类、C 类 IP 地址)，通过指定不同长度的网络前缀(network-prefix)代替原来的网络号和子网号部分。

与子网表示法类似，无类别 IP 编址也可以使用掩码或斜杠标记法表示。在使用掩码表示法时，与网络前缀相对应的掩码位为 1，其他位为 0；在采用斜杠标记表示法时，斜杠后面的数字为网络前缀的长度。无类别 IP 编址方式是一种更加通用的 IP 编址方式，分类 IP 编址、子网编址等都可以通过无类别 IP 编址方式进行表示。例如，利用无类别 IP 编址方式，B 类网络地址 172.16.0.0 可以表示为 172.16.0.0/16，C 类网络地址 192.168.99.0 可以表示为 192.168.99.0/24。

下面用一个具体的例子说明无类别 IP 编址的基本思想。假设一所学校分配到一个网络前缀为 202.113.48.0/20 的 IP 地址块(从 202.113.48.0 到 202.113.63.0 共 16 个连续的 C 类网络地址)，学校将这些地址平均分给 4 个部门。202.113.48.0/22 分给部门 1，202.113.52.0/22 分给部门 2，202.113.56.0/22 分给部门 3，202.113.60.0/22 分给部门 4。图 7-12 和表 7-3 显示了各部门分配的 IP 地址情况。从图 7-12 和表 7-3 可以看到，由于各部门网络的前缀部分占用 22 位，主机号部分占用 10 位，因此，各部门网络的掩码都为 255.255.252.0，可以分配的 IP 地址为 $2^{10}-2=1022$ 个。与子网编址相同，主机号部分为全 0 和全 1 的 IP 地址为网络地址和广播地址，它们不能分配给特定的网络连接。

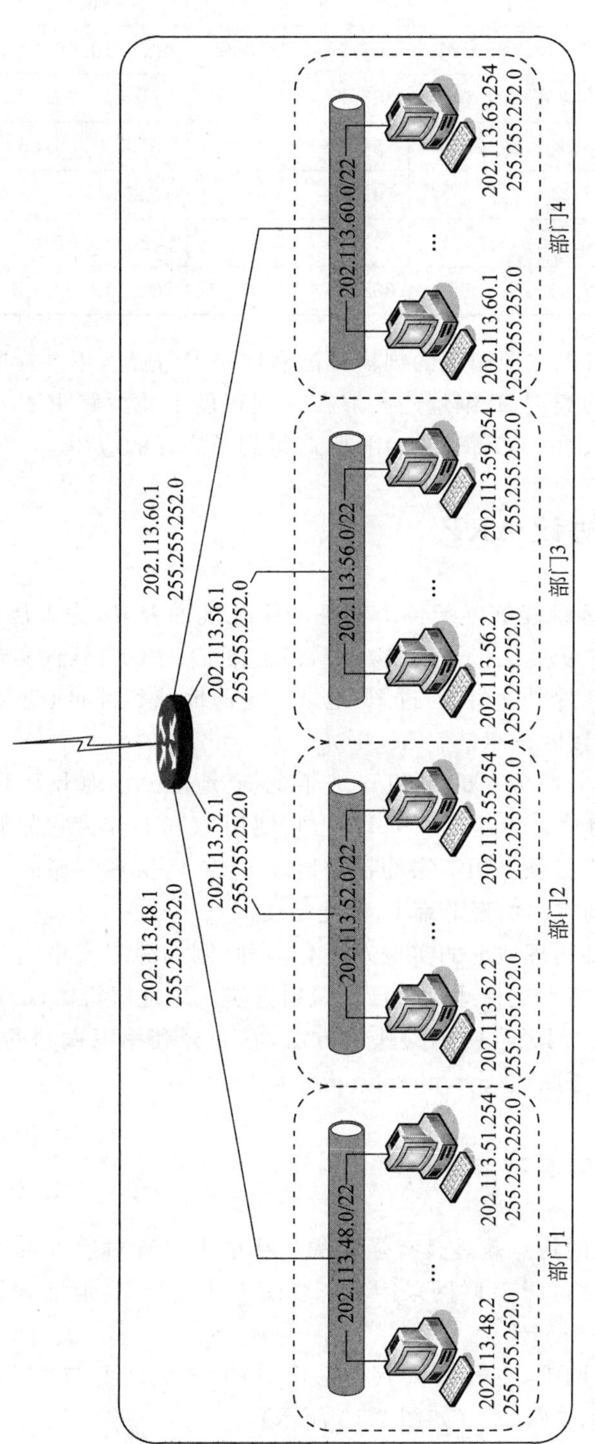

图 7-12 无类别 IP 编址

表 7-3　各部门 IP 地址情况汇总

部　门	部门 1	部门 2	部门 3	部门 4
网络前缀	202.113.48.0/22	202.113.52.0/22	202.113.56.0/22	202.113.60.0/22
掩码	255.255.252.0	255.255.252.0	255.255.252.0	255.255.252.0
可分配的 IP 地址	.48.1～.51.254	.52.1～.55.254	.56.1～.59.254	.60.1～.63.254
可分配的 IP 地址数	1022	1022	1022	1022
网络地址	202.113.48.0	202.113.52.0	202.113.56.0	202.113.60.0
广播地址	202.113.51.255	202.113.55.255	202.113.59.255	202.113.63.255

无类别 IP 编址可以按照网络的规模分配和申请 IP 地址，不受标准分类 IP 地址规模的限制。与此同时，无类别 IP 编址还能够在一定程度上减少路由表表项，提高路由转发速度(见第 8 章内容)。由于其简单实用，因此得到了广泛的应用。

7.6　地址解析协议 ARP

在互联网中，IP 地址能够屏蔽各个物理网络地址的差异，为上层用户提供“统一”的地址形式。但是这种“统一”是通过在物理网络上覆盖一层 IP 软件实现的，互联网并不对物理地址做任何修改。高层软件通过 IP 地址指定源地址和目的地址，而低层的物理网络通过物理地址发送和接收信息。

考虑一个网络上的两台主机 A 和 B，它们的 IP 地址分别为 I_A 和 I_B，物理地址为 P_A 和 P_B。在主机 A 需要将信息传送到主机 B 时，它使用 I_A 和 I_B 作为它的源地址和目的地址。但是，信息最终的传递必须利用下层的物理地址 P_A 和 P_B 实现。那么，主机 A 怎么将主机 B 的 IP 地址 I_B 映射到它的物理地址 P_B 上呢？

将 IP 地址映射到物理地址的实现方法有多种(例如静态表格、直接映射等)，每种网络都可以根据自身的特点选择适合自己的映射方法。地址解析协议(Address Resolution Protocol，ARP)是以太网经常使用的映射方法，它充分利用以太网的广播能力，将 IP 地址与物理地址进行动态联编(dynamic binding)。

7.6.1　ARP 协议的基本思想

以太网一个很大的特点就是具有强大的广播能力。针对这种具备广播能力、物理地址长但长度固定的网络，IP 互联网采用动态联编方式进行 IP 地址到物理地址的映射，并制定了相应的协议——ARP。

假定在一个以太网中，主机 A 要获得主机 B 的 IP 地址 I_B 与 MAC 地址 P_B 的映射关系。ARP 协议的工作过程如下(如图 7-13 所示)：

(1) 主机 A 广播发送一个带有 I_B 的请求信息包，请求主机 B 用它的 IP 地址 I_B 和 MAC 地址 P_B 的映射关系进行响应。

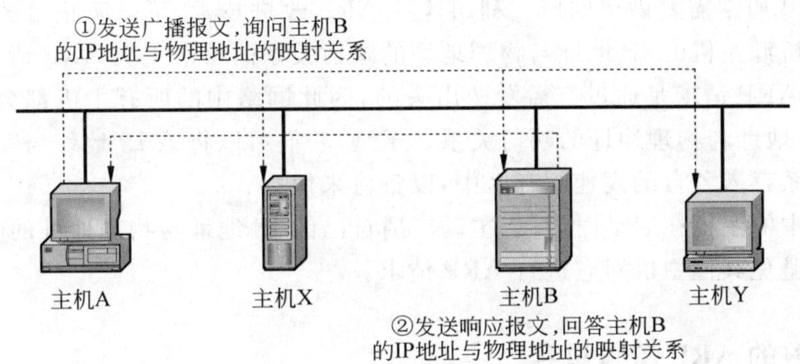

图 7-13 ARP 协议的基本思想

(2) 以太网上的所有主机接收到这个请求信息(包括主机 B 在内)。

(3) 主机 B 识别该请求信息,并向主机 A 发送带有自己的 IP 地址 I_B和 MAC 地址 P_B映射关系的响应信息包。

(4) 主机 A 得到 I_B与 P_B的映射关系,并可以在随后的发送过程中使用该映射关系。

7.6.2 ARP 协议的改进

ARP 请求信息和响应信息的频繁发送和接收必然对网络的效率产生影响。为了提高效率,ARP 可以采用以下改进技术。

1. 高速缓存技术

在每台使用 ARP 的主机中开辟一个专用的高速缓存区(cache),用于保存已知的 ARP 表项。一旦收到 ARP 应答,主机就将获得的 IP 地址与物理地址的映射关系存入高速缓存区的 ARP 表中。当发送信息时,主机首先到高速缓存区的 ARP 表中查找相应的映射关系,若找不到,再利用 ARP 进行地址解析。利用高速缓存技术,主机不必为每个发送的 IP 数据报使用 ARP 协议,这样就可以减少网络流量,提高处理的效率。

主机的物理地址通常存储在网卡上,一旦网卡从一台主机换到另一台主机,其 IP 地址与物理地址的对应关系也就发生了变化。为了保证主机中 ARP 表的正确性,ARP 表必须经常更新。为此,ARP 表中的每一个表项都被分配了一个计时器,一旦某个表项超过了计时时限,主机就会自动将它删除,以保证 ARP 表的有效性。

实验表明,由于多数网络通信都需要持续发送多个信息包,所以即使高速缓存区保存一个小的 ARP 表也可以大大提高 ARP 的效率。

2. 其他改进技术

为了提高网络效率,有些软件在 ARP 实现过程中还采取了以下措施:

- 主机在发送 ARP 请求时,信息包中包含了自己的 IP 地址与物理地址的映射关系。这样,目的主机就可以将该映射关系存储在自己的 ARP 表中,以备随后使用。由于主机之间的通信一般是相互的,因此,当主机 A 发送信息到主机 B 后,主机B通常需要做出回应。利用这种ARP改进技术，可以防止目的主机紧接着为解析源主机的IP地址与物理地址的映射关系而再来一次ARP请求。

- 由于ARP请求是通过广播发送出去的，因此网络中的所有主机都会收到源主机的IP地址与物理地址的映射关系。于是，它们可以将该IP地址与物理地址的映射关系存入各自的高速缓存区中，以备将来使用。
- 网络中的主机在启动时，可以主动广播自己的IP地址与物理地址的映射关系，以尽量避免其他主机对它进行ARP请求。

7.6.3 完整的ARP工作过程

假设以太网上有4台计算机，它们分别是计算机A、B、X和Y，如图7-14所示。现在，计算机A的应用程序需要和计算机B的应用程序交换数据。在计算机A发送信息前，必须首先得到计算机B的IP地址与MAC地址的映射关系。一个完整的ARP软件的工作过程如下：

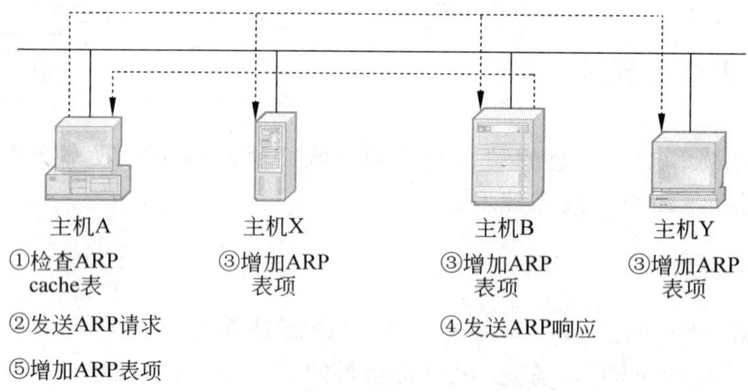

图7-14 完整的ARP工作过程

(1) 计算机A检查自己高速缓存区中的ARP表，判断ARP表中是否存有计算机B的IP地址与MAC地址的映射关系。如果找到，则完成ARP地址解析；如果没有找到，则转至下一步。

(2) 计算机A广播含有自身IP地址与MAC地址映射关系的请求信息包，请求解析计算机B的IP地址与MAC地址映射关系。

(3) 包括计算机B在内的所有计算机接收到计算机A的请求信息，然后将计算机A的IP地址与MAC地址的映射关系存入各自的ARP表中。

(4) 计算机B发送ARP响应信息，通知自己的IP地址与MAC地址的映射关系。

(5) 计算机A收到计算机B的响应信息，并将计算机B的IP地址与MAC地址的映射关系存入自己的ARP表中，从而完成计算机B的ARP地址解析。

计算机A得到计算机B的IP地址与MAC地址的映射关系后就可以顺利地与计算机B通信。在整个ARP工作期间，不但计算机A得到了计算机B的IP地址与MAC地址的映射关系，而且计算机B、X和Y也都得到了计算机A的IP地址与MAC地址的映射关系。如果计算机 B 的应用程序需要立刻返回数据给计算机 A 的应用程序，那么，计算机 B 就不必再次执行上面描述的 ARP 请求过程了。

网络互联离不开路由器，如果一个网络(如以太网)利用 ARP 协议进行地址解析，那么，与这个网络相连的路由器也应该实现 ARP 协议。

7.6.4 ARP 数据的封装和报文格式

当 ARP 报文在以太网中传送时，需要将它们封装在以太网数据帧中。为了使接收方能够容易地识别该数据帧携带的为 ARP 数据，发送方需要将以太网数据帧首部的长度/类型字段指定为 0806_{16}。由于 ARP 请求和应答分别采用广播方式和单播方式发送，因此封装 ARP 请求的数据帧的目的地址为全 1 形式的广播地址，而封装 ARP 响应的数据帧的目的地址为接收结点的单播地址。

ARP 是一种适应性非常强的协议，它既可以在以太网中使用，也可以在其他类型的物理网络中使用。在以太网中，ARP 数据包的格式如图 7-15 所示。

<table>
<tr><td>0</td><td>15</td><td>16</td><td>31</td></tr>
<tr><td colspan="2">硬件类型</td><td colspan="2">协议类型</td></tr>
<tr><td>硬件地址长度</td><td>协议地址长度</td><td colspan="2">操作</td></tr>
<tr><td colspan="4">源MAC地址(0-3)</td></tr>
<tr><td colspan="2">源MAC地址(4-5)</td><td colspan="2">源IP地址(0-1)</td></tr>
<tr><td colspan="2">源IP地址(2-3)</td><td colspan="2">目的MAC地址(0-1)</td></tr>
<tr><td colspan="4">目的MAC地址(2-5)</td></tr>
<tr><td colspan="4">目的IP地址(0-3)</td></tr>
</table>

图 7-15　以太网中 ARP 的报文格式

其中，各字段的意义如下：

- 硬件类型：物理接口类型。其中，以太网的接口类型为 1。
- 协议类型：高层协议类型。其中，IP 协议类型为 0800_{16}。
- 操作：指定该 ARP 报文是一个 ARP 请求还是一个 ARP 应答。其中，ARP 请求报文为 1，ARP 应答报文为 2。
- 硬件地址长度：以字节为单位的物理地址长度。在以太网中，物理地址(MAC 地址)的长度为 6B。
- 协议地址长度：以字节为单位的上层协议地址长度。IP 地址长度为 4B。
- 源 MAC 地址：发送方的 MAC 地址。
- 源 IP 地址：发送方的 IP 地址。
- 目的 MAC 地址：在 ARP 请求报文中，该字段内容没有意义；在 ARP 响应报文中，该字段为接收方的 MAC 地址。

- 目的IP地址：在ARP请求报文中，该字段为请求解析的IP地址；在ARP响应报文中，该字段为接收方的IP地址。

7.7 实验：获取IP地址与MAC地址的映射关系

在以太网中，获取MAC地址常常是其他工作的前提。本实验要求使用系统提供的命令和利用WinPcap编程两种方式获取以太网中主机的MAC地址。通过本实验不但可以学习ARP的工作过程，而且可以深入了解IP地址和MAC地址的有关概念。

7.7.1 实验环境

本实验的目的是获取以太网中主机的MAC地址，因此以太网在本实验中必不可少。本实验使用的以太网既可以是共享式以太网也可以是交换式以太网。

7.7.2 利用命令获取IP地址与MAC地址的映射关系

网络操作系统通常会将从网络中得到的IP地址与MAC地址的映射关系存放在本地的高速缓存区中，因此，查看该缓存区中的表项就可以获得一个IP地址与MAC地址的映射关系。多数网络操作系统(包括Windows、UNIX、Linux等系列操作系统)都内置了一个arp命令，用于查看、添加和删除高速缓存区中的ARP表项。

在Windows操作系统中，高速缓存区中的ARP表可以包含动态和静态表项。动态表项随时间推移自动添加和删除。而静态表项则一直保留在高速缓存区中，直到人为删除或重新启动计算机为止。

在ARP表中，每个动态表项的潜在生命周期是十分钟。新表项加入时定时器开始计时，如果某个表项添加后两分钟内没有被再次使用，则此表项过期并从ARP表中删除。如果某个表项被再次使用，则该表项又获得两分钟的生命周期。如果某个表项始终在使用，则它的最长生命周期为十分钟。

1. 显示高速缓存区中的ARP表

显示高速缓存区中的ARP表可以使用arp -a命令，因为ARP表在没有进行手工配置之前通常为动态ARP表项，因此，表项的变动较大，arp -a命令输出的结果也大不相同。如果高速缓存区中的ARP表项为空，则arp -a命令输出的结果为No ARP Entries Found；如果ARP表中存在IP地址与MAC地址的映射关系，则arp -a命令显示该映射关系，如图7-16所示。

如果希望看到的IP地址与MAC地址的映射关系没有包含在ARP表中，可以利用ping命令去ping该IP地址，一旦ping成功，该IP地址与MAC地址的映射关系就会加入到ARP表中。图7-17显示了使用ping 192.168.0.100之后ARP表项的变化情况。

```
cmd
D:\WINNT>
D:\WINNT>
D:\WINNT>
D:\WINNT>
D:\WINNT>
D:\WINNT>
D:\WINNT>
D:\WINNT>
D:\WINNT>
D:\WINNT>
D:\WINNT>
D:\WINNT>
D:\WINNT>
D:\WINNT>
D:\WINNT>
D:\WINNT>
D:\WINNT>
D:\WINNT>
D:\WINNT>arp -a

Interface: 192.168.0.64 on Interface 0x1000003
  Internet Address      Physical Address      Type
  192.168.0.65          00-07-95-01-68-29     dynamic

D:\WINNT>
```

图 7-16　利用 arp -a 命令显示高速缓存区中的 ARP 表

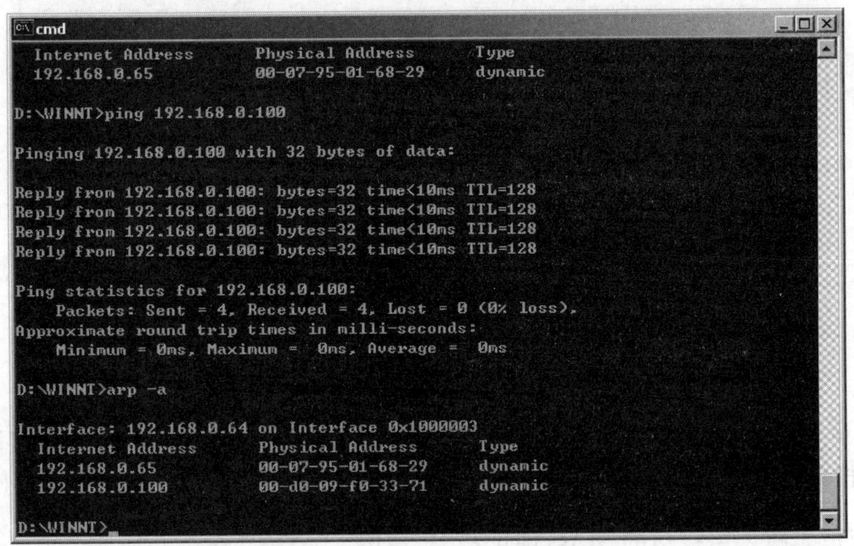

图 7-17　利用 ping 命令将 IP 地址与 MAC 地址的映射关系加入 ARP 表

2. 添加 ARP 静态表项

存储在高速缓存区中的 ARP 表，既可以有动态表项，也可以有静态表项。通过 arp -s inet_addr eth_addr 命令，可以将 IP 地址与 MAC 地址的映射关系手工加入到 ARP 表中。其中，inet_addr 为 IP 地址，eth_addr 为与其相对应的 MAC 地址。通过 arp -s 命令加入的表项是静态表项，所以，系统不会自动将它从 ARP 表中删除，直到人为删除或关机。需要注意，在人为增加 ARP 表项时一定要确保 IP 地址与 MAC 地址的映射关系是正确的，否则将导致发送失败。

3. 删除 ARP 表项

动态表项和静态表项都可以通过 arp -d inet_addr 命令删除，其中 inet_addr 为该表项的 IP 地址。如果要删除 ARP 表中的所有表项，也可以使用“ * ”代替具体的 IP 地址。

7.7.3 通过编程获取 IP 地址与 MAC 地址的映射关系

本实验要求利用 WinPcap 实现 ARP 协议，从而获取以太网上任意一台主机的 IP 地址与 MAC 地址的映射关系。编制的程序应该能够让用户方便地输入 IP 地址，并将获取的 IP 地址与 MAC 地址的映射关系显示在屏幕上，如图 7-18 所示。

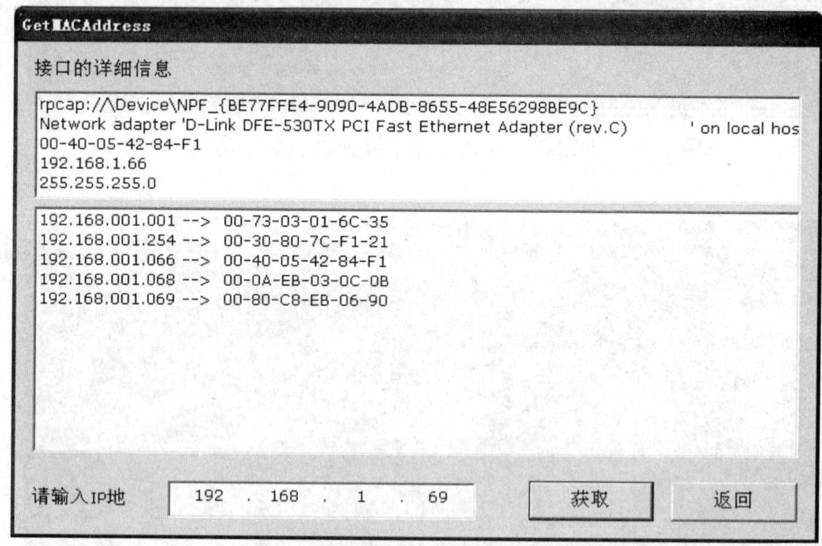

图 7-18 获取 IP 地址与 MAC 地址程序界面示例

编制该程序需要用到 WinPcap 提供的有关功能，WinPcap 的基本使用方法请参见 6.5 节的相关内容。另外，在利用 WinPcap 实现 ARP 协议过程中，应注意以下问题。

1. 获取本机网络接口的 MAC 地址和 IP 地址

调用 WinPcap 的 pcap_findalldevs_ex 函数后，参数 alldevs 指向的链表中包含了主机中安装的网络接口设备列表。在 alldevs 链表保存的网络接口相关信息中，地址信息保存了该网络接口卡上绑定的 IP 地址、网络掩码、广播地址和目的地址等。由于每个网卡接口卡上可以绑定多个 IP 地址，因此每个网络接口卡拥有的地址信息也采用了链表结构，其具体定义如下：

```
Typedef struct pcap_if pcap_if_t;

struct pcap_if {
        struct pcap_if * next;
```

```
        char * name;
        char * description;
        struct pcap_addr * addresses;
        u_int flags;
};

struct pcap_addr {
        struct pcap_addr * next;
        struct sockaddr * addr;
        struct sockaddr * netmask;
        struct sockaddr * broadaddr;
        struct sockaddr * dstaddr;
};
```

按照上面的链表结构，利用 WinPcap 的 pcap_findalldevs_ex 获取本机的网络接口卡及其每块网卡上绑定的 IP 地址的例子如下：

```
pcap_if_t      * alldevs;                          //指向设备链表首部的指针
pcap_if_t      * d;
pcap_addr_t    * a;
char errbuf[PCAP_ERRBUF_SIZE];                     //错误信息缓冲区
//获得本机的设备列表
if (pcap_findalldevs_ex(PCAP_SRC_IF_STRING,        //获取本机的接口设备
                        NULL,                      //无须认证
                        &alldevs,                  //指向设备列表首部
                        errbuf                     //出错信息保存缓存区
                        ) ==-1)
{
    …                                              //错误处理
}
                                                   //显示接口列表
for(d=alldevs; d ! =NULL; d=d->next)
{
    …  //利用 d->name 获取该网络接口设备的名字
    …  //利用 d->description 获取该网络接口设备的描述信息

    //获取该网络接口设备的 IP 地址信息
    for(a=d->addresses;a! =NULL;a=addr->next)
    {
        if (a->addr->sa_family==AF_INET)          //判断该地址是否 IP 地址
        {
            …  //利用 a->addr 获取 IP 地址
            …  //利用 a->netmask 获取网络掩码
            …  //利用 a->broadaddr 获取广播地址
            …  //利用 a->dstaddr 获取目的地址
```

```
            }
        }
    //释放设备列表
    pcap_freealldevs(alldevs);
```

尽管利用 WinPcap 的 pcap_findalldevs_ex 函数可以非常方便地获取本机安装的网络接口以及接口上绑定的 IP 地址，但是非常遗憾，它并没有给出网络接口的物理地址(在以太网环境中，pcap_findalldevs_ex 返回的参数中没有网卡的 MAC 地址信息)①。

为了形成 ARP 请求数据包，不但需要知道本机网络接口上绑定的 IP 地址，而且必须知道这块网卡的 MAC 地址。获取本机网络接口的 MAC 地址和 IP 地址可以使用不同的方法，常用的方法包括利用 NetBIOS 编程接口及 winsock 提供的 gethostbyname 函数等等。但是，如果希望这样获取的 MAC 地址和 IP 地址与 WinPcap 获取的设备接口名字联系起来，那么，编程过程中需要做进一步的处理。实际上，在理解 ARP 协议的基本思想后，可以直接通过 WinPcap 获取本机网络接口的 MAC 地址。

按照 ARP 协议，以太网中的主机如果发现一个 ARP 所请求的 IP 地址为自己拥有的 IP 地址，那么，它将形成 ARP 响应，并将该 IP 地址与 MAC 地址的对应关系返回给请求主机。如果应用程序能够捕获到本机发出的 ARP 响应，那么就能够知道本机网络接口的 MAC 地址。按照这种原理，利用 WinPcap 获得本机网络接口 MAC 地址和 IP 地址的过程大致如下：

(1) 获取本机安装的网络接口和接口上绑定的 IP 地址。利用 WinPcap 提供的 pcap_findalldevs_ex 函数获取本机的接口设备列表，从而获得本机网络接口及其接口上绑定的 IP 地址。

(2) 发送 ARP 请求，请求本机网络接口上绑定的 IP 地址与 MAC 地址的对应关系。本地主机模拟一个远端主机，发送一个 ARP 请求报文，该请求报文请求本机网络接口上绑定的 IP 地址与 MAC 地址的对应关系。在组装报文过程中，源 MAC 地址字段和源 IP 地址字段需要使用虚假的 MAC 地址和虚假的 IP 地址(例如，可以使用 66-66-66-66-66-66 作为源 MAC 地址，112.112.112.112 作为源 IP 地址等等)。本地主机一旦获取该 ARP 请求就会做出响应。

(3) 应用程序捕获本机的 ARP 响应，获取本机网络接口卡的 MAC 地址。利用 WinPcap 捕获本机的 ARP 响应，从而得到本机网络接口卡的 MAC 地址。

在得到本机网络接口的 MAC 地址和其上绑定的 IP 地址后，应用程序就可以组装和发送 ARP 请求报文，请求以太网中其他主机的 IP 地址与 MAC 地址的对应关系。

2. 向网络发送数据包

为了获取以太网中其他主机的 IP 地址与 MAC 地址的映射关系，应用程序需要向以太网广播 ARP 请求。向以太网发送数据包可以使用 WinPcap 提供的 pcap_sendpacket 函数，该函数的原型如下：

---

① 有关 pcap_findalldevs_ex 函数返回的接口列表中没有包含物理地址的讨论请参见 http://www.winpcap.org。

```
Int pcap_sendpacket(
        pcap_t  * p,
        u_char buf,
        int     size
};
```

其中，pcap_sendpacket 函数中各参数的意义如下：

- p：指定 pcap_sendpacket 函数通过哪块接口网卡发送数据包。该参数为一个指向 pcap_t 结构的指针，通常是调用 pcap_open 函数成功后返回的值。
- buf：指向需要发送的数据包，该数据包应该包括各层的头部信息。但需要注意，以太网帧的 CRC 校验和字段不应该包含在 buf 中，WinPcap 在发送过程中会自动为其增加校验和。
- size：指定发送数据包的大小。

在发送成功时，pcap_sendpacket 函数返回 0，否则返回 -1。

利用 WinPcap 发送 ARP 请求的一个例子如下：

```
#pragma pack(1)
typedef struct FrameHeader_t  {                          //帧首部
    BYTE    DesMAC[6];
    BYTE    SrcMAC[6];
    WORD    FrameType;
} FrameHeader_t;
typedef struct ARPFrame_t {                              //ARP帧
    FrameHeader_t FrameHeader;
    WORD          HardwareType;
    WORD          ProtocolType;
    BYTE          HLen;
    BYTE          PLen;
    WORD          Operation;
    BYTE          SendHa[6];
    DWORD         SendIP;
    BYTE          RecvHa[6];
    DWORD         RecvIP;
} ARPFrame_t;
#pragma pack()
ARPFrame_t ARPFrame;
//将 ARPFrame.FrameHeader.DesMAC 设置为广播地址
//将 ARPFrame.FrameHeader.SrcMAC 设置为本机网卡的 MAC 地址
ARPFrame.FrameHeader.FrameType=htons(0x0806);  //帧类型为 ARP

ARPFrame.HardwareType=htons(0x0001);                //硬件类型为以太网
ARPFrame.ProtocolType=htons(0x0800);                //协议类型为 IP
ARPFrame.HLen=6;                                    //硬件地址长度为 6
ARPFrame.PLen=4;                                    //协议地址长度为 4
```

```
ARPFrame.Operation =htons(0x0001);                //操作为 ARP 请求
//将 ARPFrame.SendHa 设置为本机网卡的 MAC 地址
//将 ARPFrame.SendIP 设置为本机网卡上绑定的 IP 地址
//将 ARPFrame.RecvHa 设置为 0
//将 ARPFrame.RecvIP 设置为请求的 IP 地址

if (pcap_sendpacket(adhandle,(u_char *) &ARPFrame,sizeof(ARPFrame_t)! =0)
{
    …  //发送错误处理
}
else
{
    …  //发送成功
}

…
```

练习与思考

一、填空题

(1) IP 地址由网络号和主机号两部分组成,其中网络号表示________,主机号表示________。

(2) IP 地址由________位二进制数组成。

(3) 以太网利用________协议获得目的主机 IP 地址与 MAC 地址的映射关系。

(4) 为高速缓存区中的每一个 ARP 表项分配定时器的主要目的是________。

(5) 在 Windows 2003 中,显示高速缓存区中 ARP 表项的命令是________。

二、单项选择题

(1) IP 地址 205.140.36.88 的(　　)表示主机号。

A. 205　　B. 205.140　　C. 88　　D. 36.88

(2) IP 地址 129.66.51.37 的(　　)表示网络号。

A. 129.66　　B. 129　　C. 192.66.51　　D. 37

(3) 假设一个主机的 IP 地址为 192.168.5.121,而子网掩码为 255.255.255.248,那么该主机的网络号为(　　)。

A. 192.168.5.12　　B. 192.168.5.121

C. 192.168.5.120　　D. 192.168.5.32

(4) 下列情况中需要启动 ARP 请求的是(　　)。

A. 主机需要接收信息,ARP 表中没有源 IP 地址与 MAC 地址的映射关系

B. 主机需要接收信息,ARP 表中已有源 IP 地址与 MAC 地址的映射关系

C. 主机需要发送信息,ARP 表中没有目的 IP 地址与 MAC 地址的映射关系

D. 主机需要发送信息,ARP表中已有目的IP地址与MAC地址的映射关系

三、动手与思考题

(1) 现需要对一个局域网进行子网划分,其中,第一个子网包含2台计算机,第二个子网包含260台计算机,第三个子网包含62台计算机。如果分配给该局域网一个B类地址128.168.0.0,请写出你的IP地址分配方案,并在组建的局域网上验证方案的正确性。

(2) 为了提高ARP的解析效率,可以使用多种改进技术。想一想,要使ARP正常工作,是否所有的主机必须使用同样的改进技术?制定一个实验方案,观察和判断Windows 2003实现了哪些ARP改进方案。

第 8 章　路由器与路由选择

在 IP 互联网中，路由选择(routing)是指选择一条路径发送 IP 数据报的过程，而进行这种路由选择的计算机就叫作路由器(router)。

实际上，互联网就是由具有路由选择功能的路由器将多个网络连接起来所组成的。由于 IP 互联网使用面向非连接的互联网解决方案，因此，互联网中每个自治的路由器独立地对待 IP 数据报。一旦 IP 数据报进入互联网，路由器就要负责为这些数据报选路，并将它们从源主机送往目的主机。

那么，互联网中什么设备需要具有路由选择功能呢？首先，路由器应该具有路由选择功能。它处于网络与网络连接的十字路口，主要任务就是路由选择(如图 8-1 中的路由器 R1、R2、R3 和 R4)；其次，具有多个物理连接的主机(多宿主主机)需要具有路由选择功能。在发送 IP 数据报前，它需要决定将数据报发送到哪个物理连接(如图 8-1 中的具有两条物理连接的多宿主主机 C)；再次，具有单个物理连接的主机也需要具有路由选择功能。如果它通过网络与两个或多个路由器相连，在发送 IP 数据报之前它必须决定将数据报发送给哪个路由器(如图 8-1 中的主机 A 和主机 B)。

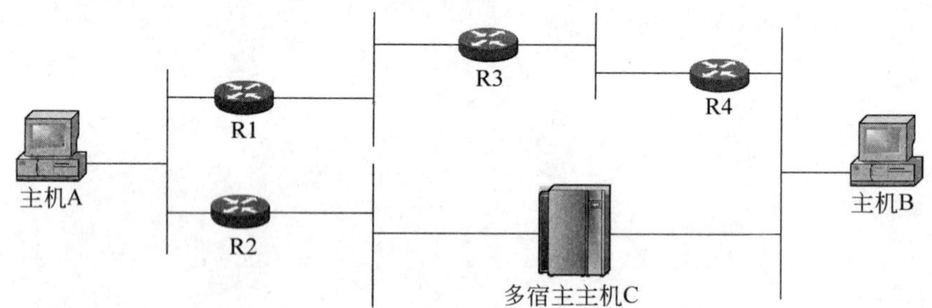

图 8-1　互联网中需要具有路由选择功能的设备

8.1　路由选择

8.1.1　表驱动 IP 选路

在 IP 互联网中，需要进行路由选择的设备一般采用表驱动的路由选择算法。每台需要路由选择的设备保存一张 IP 路由表(也叫 IP 选路表)，该表存储着有关目的地址及怎样到达目的地址的信息。在需要传送 IP 数据报时，路由软件查询该 IP 路由表，决定把数据报发往何处。

那么，在 IP 路由表中目的地址怎么表示呢？互联网可以包含成千上万台主机，如果路由表列出到达所有主机的路径信息，不但需要巨大的内存资源，而且需要很长的路由表查询时间。显然，这是不可能的。幸运的是，IP 地址的编址方法可以帮助我们隐藏互联网上大量的主机信息。由于 IP 地址可以分为网络号(netid)和主机号(hostid)两部分，而连接到同一网络的所有主机共享同一网络号(netid)，因此，可以把有关特定主机的信息与它所存在的环境隔离开来，IP 路由表中仅保存相关的网络信息，使远端的主机在不知道细节的情况下将 IP 数据报发送过来。

8.1.2 标准路由选择算法

一个标准的 IP 路由表通常包含许多(N,R)对序偶，其中 N 指的是目的网络的 IP 地址，R 是到网络 N 路径上的下一个路由器的 IP 地址(下一站地址)。因此，在路由器 R 中的路由表仅仅指定了从 R 到目的网络路径上的一步，而路由器并不知道到达目的地的完整路径。这就是下一站选路的基本思想。

需要注意的是，为了减小路由设备中路由表的长度，提高路由算法的效率，路由表中的 N 常常使用目的网络的网络地址，而不是目的主机地址，尽管我们可以将目的主机地址放入路由表中。图 8-2 给出了一个简单的网络互联图，表 8-1 为路由器 R 的 IP 路由表。

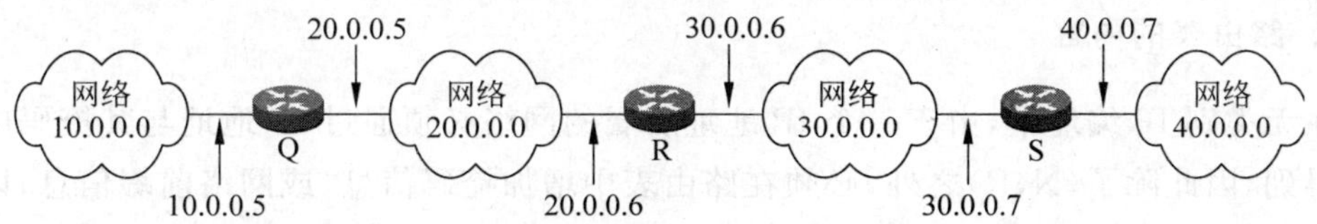

图 8-2 通过三个路由器互联的四个网络

表 8-1 路由器 R 的路由表

要到达的网络	下一个路由器	要到达的网络	下一个路由器
20.0.0.0	直接投递	10.0.0.0	20.0.0.5
30.0.0.0	直接投递	40.0.0.0	30.0.0.7

在图 8-2 中，网络 20.0.0.0 和网络 30.0.0.0 都与路由器 R 直接相连，路由器 R 收到一个 IP 数据报，如果其目的 IP 地址的网络号为 20.0.0.0 或 30.0.0.0，那么，R 就可以将该报文直接传送给目的主机。如果接收报文的目的地网络号为 10.0.0.0，那么，R 就需要将该报文传送给与其直接相连的另一路由器 Q，由路由器 Q 再次投递该报文。同理，如果接收报文的目的地网络号为 40.0.0.0，那么，R 就需要将报文传送给路由器 S。

基本的下一站路由选择算法如图 8-3 所示。

8.1.3 无类别域间路由——标准路由选择算法的扩充

目前，大多数网络并没有采用标准的 IP 编址，而是采用了无类别 IP 编址(子网编址可以看成无类别 IP 编址的特例)。无类别域间路由(Classless Inter-Domain Routing, CIDR)就是路由器为 IP 数据报在无类别 IP 编址的网络之间进行选路的过程。显然，在

```
RouteDatagram(Datagram,RoutingTable)            //Datagram:数据报
                                                //RoutingTable:路由表
{
    从Datagram中提取目的IP地址D,计算网络号N;
    If N 与路由器直接连接的网络地址匹配
    Then 在该网络上直接投递(封装、物理地址绑定、发送等)
    ElseIf Routing Table 中包含到N的路由
    Then 将 Datagram 发送到 RoutingTable 中指定的下一站
    Else 路由选择错误

}
```

图 8-3 基本的下一站路由选择算法

采用无类别 IP 编址方式后,仅仅通过一个 IP 地址的前几个比特已经不能判断它所属的网络,因此,引入无类别 IP 编址以后,必须对标准路由选择算法进行修改和扩充,以满足无类别域间路由的需要。

1. 路由表的内容

在无类别 IP 编址中,由于一个 IP 地址所属的网络必须通过 IP 地址与其掩码的组合才能得到,因此除了(N,R)之外,必须在路由表中增加掩码信息(或网络前缀信息)以判断 IP 地址中哪些比特代表网络号,哪些比特代表主机号。扩充掩码后的 IP 路由表可以表示为(M,N,R)三元组。其中,M 表示掩码,N 表示目的网络地址,R 表示到网络 N 路径上的下一个路由器的 IP 地址。

当进行路由选择时,将 IP 数据报中的目的 IP 地址取出,与路由表表项中的掩码进行逐位"与"运算,运算的结果再与表项中目的网络地址比较,如果相同,说明路由选择成功,IP 数据报沿下一站地址传送出去。

图 8-4 显示了通过 3 台路由器互联 4 个网络的简单例子,表 8-2 给出了路由器 R 的路由表。如果路由器 R 收到一个目的地址为 10.4.0.16 的 IP 数据报,那么它在进行路由选择时首先将该 IP 地址与路由表第一个表项的掩码 255.255.0.0 进行"与"操作,由于得到的操作结果 10.4.0.0 与本表项的网络地址 10.2.0.0 不相同,说明路由选择不成功,需要对路由表的下一个表项进行相同的操作。当对路由表的最后一个表项操作时,IP 地址 10.4.0.16 与掩码 255.255.0.0"与"操作的结果 10.4.0.0 同目的网络地址 10.4.0.0 一致,说明选路成功,于是,路由器 R 将报文转发给该表项指定的下一个路由器 10.3.0.7(即路由器 S)。当然,路由器 S 接收到该 IP 数据报后也需要按照自己的路由表,决定数据报的去向。

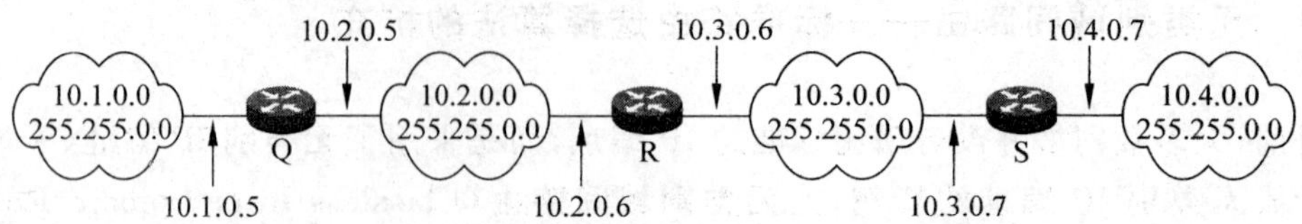

图 8-4 通过 3 台路由器互联的 4 个无类别网络

表 8-2 路由器 R 的路由表

掩　码	要到达的网络	下一个路由器	掩　码	要到达的网络	下一个路由器
255.255.0.0	10.2.0.0	直接投递	255.255.0.0	10.1.0.0	10.2.0.5
255.255.0.0	10.3.0.0	直接投递	255.255.0.0	10.4.0.0	10.3.0.7

2. 路由表中的特殊路由

用网络地址作为路由表的目的地址可以极大地缩小路由表的规模，既可以节省空间，又可以提高处理速度。但是，路由表也可以包含两种特殊的路由表项，一种是默认路由，另一种是特定主机路由。

- 默认路由。为了进一步隐藏互联网细节，缩小路由表的长度，经常用到一种称为“默认路由”的技术。在路由选择过程中，如果路由表没有明确指明一条到达目的网络的路由信息，就可以把数据报转发到默认路由指定的路由器。在图 8-4 中，如果路由器 Q 建立一个指向路由器 R 的默认路由，那么它就不必建立到达网络 10.3.0.0 和 10.4.0.0 的路由了。只要收到的数据报的目的 IP 地址不属于与 Q 直接相连的 10.1.0.0 和 10.2.0.0 网络，路由器 Q 就按照默认路由将它们转发至路由器 R。
- 特定主机路由。路由表的主要表项(包括默认路由)都是基于网络地址的。但是，IP 协议也允许为一个特定的主机建立路由表表项。对单个主机(而不是网络)指定一条特别的路径就是所谓的特定主机路由。特定主机路由方式可以赋予本地网络管理人员更大的网络控制权，可用于安全性、网络连通性调试及路由表正确性判断等目的。

3. 统一的路由选择算法

如果允许使用任意的掩码形式，那么无类别域间选路算法能够按照同样的方式处理网络路由、默认路由、特定主机路由以及直接相连网络路由。

对于特定主机路由，在路由表中可采用 255.255.255.255 作为掩码，采用目的主机 IP 地址作为目的地址；对于默认路由，在路由表中可采用 0.0.0.0 作为掩码和目的地址；对于一般的网络路由，可用相应的掩码和相应的目的网络地址构造路由表表项。这样，整个路由表的统一导致了路由选择算法的极大简化。

统一的路由选择算法如图 8-5 所示。

4. 路由聚合与最优路径的选择

小型网络的快速增加使主干路由器的路由表项数量迅速膨胀。大量的路由表项增加了路由器的存储开销和路由信息的查找时间，降低了路由器的转发性能。CIDR 方法在某些情况下可以将主干路由器的多个路由表项进行合并，减少主干路由器中路由信息的数量，从而提高路由器的转发性能。

例如，某学校分配到一个网络前缀为 202.113.48.0/20 的 IP 地址块(从 202.113.48.0 到 202.113.63.0 共 16 个连续的 C 类网络地址)，然后将这些地址平均分给 4 个部

```
RouteDatagram(Datagram,RoutingTable)                    //Datagram:数据报
                                                        //RoutingTable:路由表
{
    从Datagram中提取目的IP地址D
    If D 所处的网络与路由器直接连接
    Then 在该网络上直接投递(封装、物理地址绑定、发送等)
    Else
        For 路由表中每一表项 do
            N=D与掩码逐位求“与”
            If N= 表项中的目的地址域
            Then 将 Datagram 发往表项中指定的下一站
        Endfor loop
    If 无匹配表项
    Then 路由选择错误
}
```

图 8-5 统一的路由选择算法

门。202.113.48.0/22 分给部门 1,202.113.52.0/22 分给部门 2,202.113.56.0/22 分给部门 3,202.113.60.0/22 分给部门 4,如图 8-6 所示。按照现有的知识,由于学校中包含有 4 个独立的网络,因此与本地路由器 R2 相连接的主干路由器 R1 中将包含 4 个与该学校相关的路由,如表 8-3 所示。

表 8-3 主干路由器 R1 中与学校相关的路由表项

掩 码	要到达的网络	下一个路由器	掩 码	要到达的网络	下一个路由器
⋮	⋮	⋮	255.255.252.0	202.113.56.0	R2
255.255.252.0	202.113.48.0	R2	255.255.252.0	202.113.60.0	R2
255.255.252.0	202.113.52.0	R2	⋮	⋮	⋮

实际上,只要收到数据报的目的 IP 地址的网络前缀为 202.113.48.0/20,那么主干路由器 R1 就将其转发给学校的本地路由器 R2,不需要关心数据报的最终目的地址到底属于学校哪个部门的网络。这样,路由器 R1 可以忽略该学校的网络细节,将有关该学校的 4 个路由表项合并成一个,如表 8-4 所示。通过路由聚合,减小了路由表的规模,降低了路由选择所需的比较次数,提高了路由器的转发效率。

表 8-4 R1 聚合后的路由表项

掩 码	要到达的网络	下一个路由器
⋮	⋮	⋮
255.255.240.0	202.113.48.0	R2
⋮	⋮	⋮

CIDR 的路由聚合方法并不限定学校内部的所有网络必须通过本地路由器 R2 连入互联网。如果学校内部的某一部门(如部门 4)希望增加一条到达路由器 R1 的专用线路,如图 8-7 所示,那么路由器 R1 仅需要在自己的路由表中增加相应的表项即可,如表 8-5

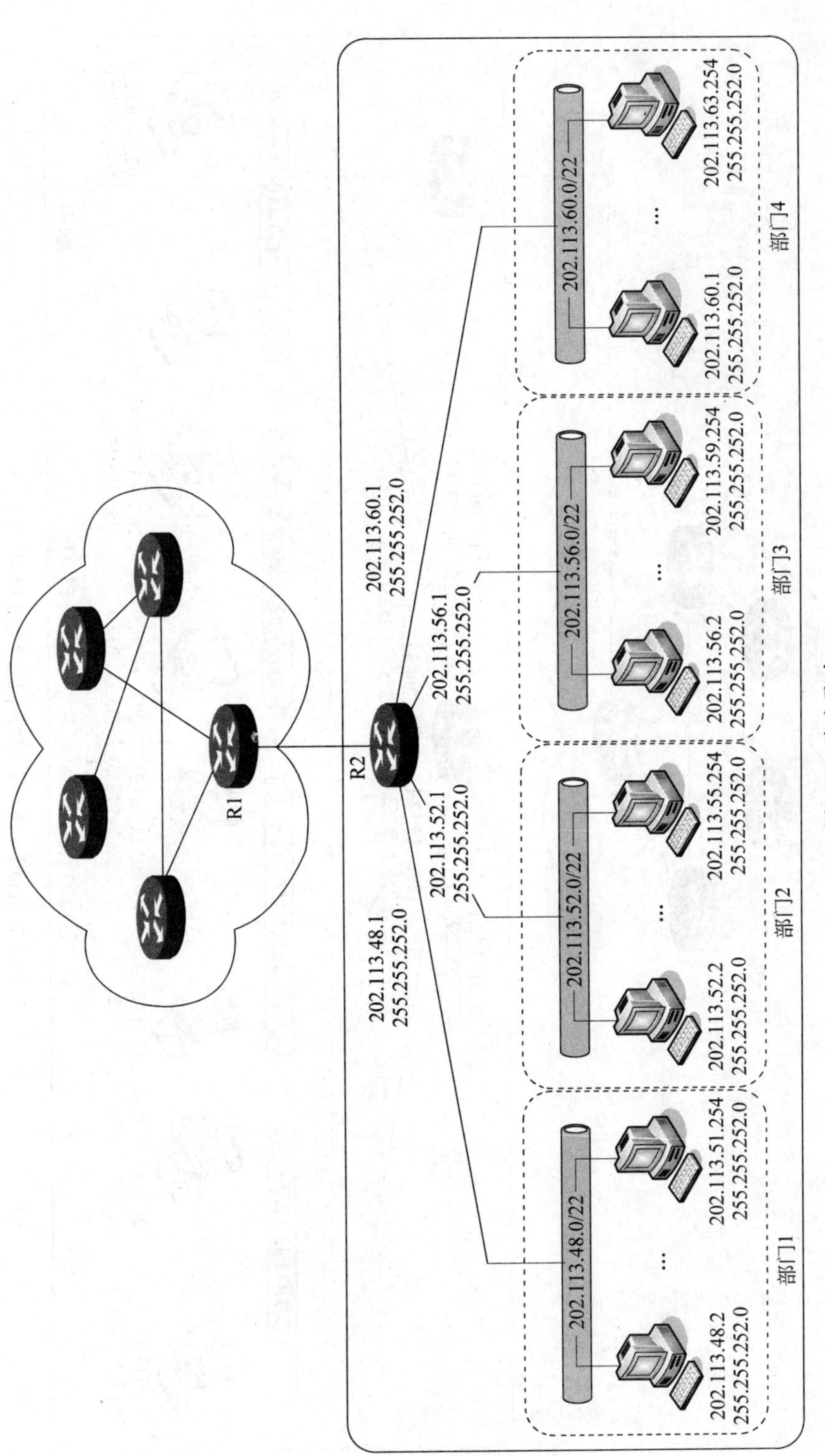

图 8-6 路由聚合

R1
R2
202.113.48.1
255.255.252.0
202.113.52.1
255.255.252.0
202.113.56.1
255.255.252.0
202.113.60.1
255.255.252.0
202.113.48.0/22
202.113.48.2
255.255.252.0
202.113.51.254
255.255.252.0
部门1
202.113.52.0/22
202.113.52.2
255.255.252.0
202.113.55.254
255.255.252.0
部门2
202.113.56.0/22
202.113.56.2
255.255.252.0
202.113.59.254
255.255.252.0
部门3
202.113.60.0/22
202.113.60.1
255.255.252.0
202.113.63.254
255.255.252.0
部门4

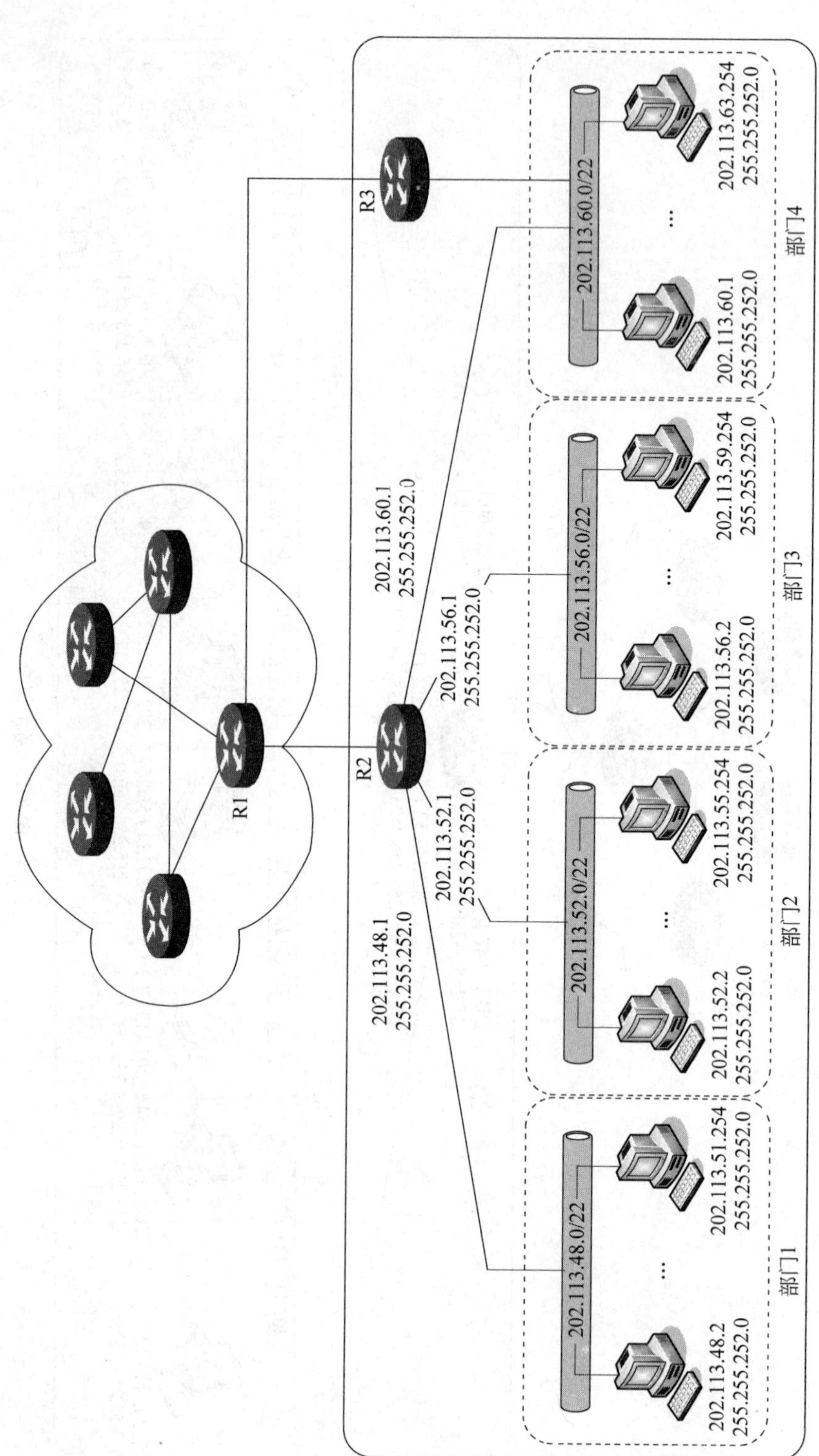

图 8-7 部门 4 增加专用线路后的互联网示意图

所示。在这种情况下，路由器R1将存在两条到达部门4网络的路由，一条通过路由器R2，另一条通过路由器R3。CIDR认为，到达目的网络经过的路由器越少则路径越好，因此R1通常会将目的地址为部门4的IP数据报转发给R3而非R2。按照CIDR思想，如果一个路由表中存在多个到达同一网络的路由，那么网络前缀越长的表项(或掩码中1越多的表项)给出的路径越优。这是因为网络前缀越长，其代表的IP地址块越小，说明路由越具体。在CIDR中，在多个可用的路由中选择网络前缀最长的表项转发数据报的原则叫作最长匹配原则。

表 8-5 R1路由表项在增加专用线路后的变化情况

掩 码	要到达的网络	下一个路由器	掩 码	要到达的网络	下一个路由器
⋮	⋮	⋮	255.255.252.0	202.113.60.0	R3
255.255.240.0	202.113.48.0	R2	⋮	⋮	⋮

显然，图8-5给出的路由选择算法计算得到的路由并不一定是最优的。为了按照最长匹配原则得到最优的路由，路由算法需要匹配路由表中的所有表项，并在找到的多个可用表项中选择网络前缀最长的(或掩码中1最多的)作为返回结果。图8-8显示了一个遵循最长匹配原则的路由选择算法。从该算法可以看到，由于主机路由的掩码为全1，因此如果存在主机路由，遵循最长匹配原则的路由器会选择主机路由指定的路径转发数据报。同时，由于默认路由的掩码为全0，因此，在不存在其他路由的情况下，路由器才会通过默认路由转发数据报。

```
RouteDatagram(Datagram,RoutingTable)                // Datagram: 数据报
                                                    // RoutingTable: 路由表
{
    将item置空                                       // item: 保存匹配得到的可用表项
    从Datagram中提取目的IP地址D
    If D 所处的网络与路由器直接相连
    Then 在该网络上直接投递(封装、物理地址绑定、发送等)
    Else
        For 路由表中每一表项 do
            N=D与掩码逐位求“与”
            If N= 表项中的目的地址域
                                                    // 找到一个匹配项
            Then
                If item 为空 or 当前表项的网络前缀比 item 中的更长
                Then 将当前表项的内容赋予 item
                EndIf
            EndIf
        EndFor loop
    EndIf
    If item 为空
    Then 路由选择错误
    Else item 中存储的路由表项为最优路由表项
    EndIf
}
```

图 8-8 遵循最长匹配原则的路由算法

8.1.4 IP 数据报传输与处理过程

在学习了路由算法之后，我们来看看 IP 数据报在互联网中较为完整的传输与处理过程。图 8-9 显示了由 3 个路由器互联 3 个以太网的互联网示意图，表 8-6～表 8-10 给出了主机 A、B 和路由器 R1、R2、R3 的路由表。假如主机 A 的某个应用程序需要发送数据到主机 B 的某个应用程序，IP 数据报在互联网中的传输与处理大致要经历如下过程。

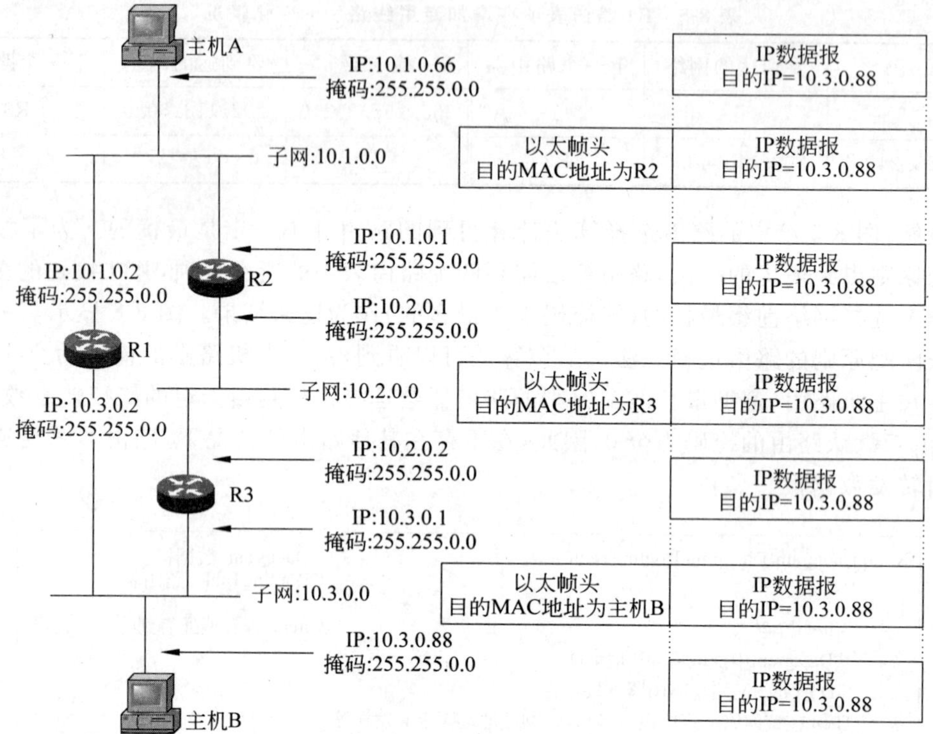

图 8-9 IP 数据报在互联网中传输与处理过程

表 8-6 主机 A 的路由表

掩 码	目的网络	下一站地址
255.255.0.0	10.1.0.0	直接投递
0.0.0.0	0.0.0.0	10.1.0.1

表 8-7 路由器 R1 的路由表

掩 码	目的网络	下一站地址
255.255.0.0	10.1.0.0	直接投递
255.255.0.0	10.3.0.0	直接投递
255.255.0.0	10.2.0.0	10.1.0.1

表 8-8 路由器 R2 的路由表

掩 码	目的网络	下一站地址
255.255.0.0	10.1.0.0	直接投递
255.255.0.0	10.2.0.0	直接投递
255.255.0.0	10.3.0.0	10.2.0.2

表 8-9 路由器 R3 的路由表

掩　码	目的网络	下一站地址
255.255.0.0	10.2.0.0	直接投递
255.255.0.0	10.3.0.0	直接投递
255.255.0.0	10.1.0.0	10.2.0.1

表 8-10 主机 B 路由表

掩　码	目的网络	下一站地址
255.255.0.0	10.3.0.0	直接投递
0.0.0.0	0.0.0.0	10.3.0.2

1. 主机发送 IP 数据报

如果主机 A 要发送数据给互联网上的另一台主机 B，那么，主机 A 首先要构造一个目的 IP 地址为主机 B 的 IP 数据报(目的 IP 地址＝10.3.0.88)，然后对该数据报进行路由选择。利用路由选择算法和主机 A 的路由表(表 8-6)可以得到，目的主机 B 和主机 A 不在同一网络，需要将该数据报转发到默认路由器 R2(IP 地址 10.1.0.1)。

尽管主机 A 需要将数据报首先送到它的默认路由器 R2 而不是目的主机 B，但是它既不会修改原 IP 数据报的内容，也不会在原 IP 数据报上面附加内容(甚至不附加下一默认路由器的 IP 地址)。那么，主机 A 怎样将数据报发送给下一路由器呢？在发送数据报之前，主机 A 首先调用 ARP 地址解析软件得到下一默认路由器 IP 地址与 MAC 地址的映射关系，然后以该 MAC 地址为帧的目的地址形成一个帧，并将 IP 数据报封装在帧的数据区，最后由具体的物理网络(以太网)完成数据报的真正传输。由此可见，在为 IP 数据报选路时主机 A 使用数据报的目的 IP 地址，并且得到的是默认路由器 R2 的 IP 地址。但真正的数据传输是通过将 IP 数据报封装成帧，并利用默认路由器 R2 的 MAC 地址实现的。

2. 路由器 R2 处理和转发 IP 数据报

路由器 R2 接收到主机 A 发送给它的帧后，去掉帧头，并把 IP 数据报提交给 IP 软件处理。由于该 IP 数据报的目的地并不是路由器 R2，因此 R2 需要将它转发出去。

利用路由选择算法和路由器 R2 的路由表(表 8-8)可知，如果要到达数据报的目的地，必须将它投递到 IP 地址为 10.2.0.2 的路由器(路由器 R3)。

通过以太网投递时，路由器 R2 需要调用 ARP 地址解析软件得到路由器 R3 的 IP 地址与 MAC 地址的映射关系，并利用该 MAC 地址作为帧的目的地址将 IP 数据报封装成帧，最后由以太网完成真正的数据投递。

需要注意的是，路由器在转发数据报之前，IP 软件需要从数据报报头的生存周期减去一定的值。若生存周期小于或等于 0，则抛弃该报文；否则，重新计算 IP 数据报的校验和并继续转发。

3. 路由器 R3 处理和转发 IP 数据报

与路由器 R2 相同,路由器 R3 接收到路由器 R2 发送的帧后也需要去掉帧头,并把 IP 数据报提交给 IP 软件处理。与路由器 R2 不同,路由器 R3 在路由选择过程中发现该数据报指定的目的网络与自己直接相连,可以直接投递。于是,路由器 R3 调用 ARP 地址解析软件得到主机 B 的 IP 地址与 MAC 地址的映射关系,利用该 MAC 地址作为帧的目的地址,将 IP 数据报封装成帧,并由以太网实现数据的真正传递。

4. 主机 B 接收 IP 数据报

当封装 IP 数据报的帧到达主机 B 后,主机 B 对该帧进行解封装,并将 IP 数据报送交主机 B 上的 IP 软件处理。IP 软件确认该数据报的目的 IP 地址 10.3.0.88 为自己的 IP 地址后,将 IP 数据报中封装的数据信息送交高层协议软件处理。

从 IP 数据报在互联网中被处理和传递的过程可以看到,每个路由器都是一个自治的系统,它们根据自己掌握的路由信息对每一个 IP 数据报进行路由选择和转发。路由表在路由选择过程中发挥着重要作用,如果一个路由器的路由表发生变化,到达目的网络所经过的路径就有可能发生变化。例如,假如主机 A 路由表中的默认路由不是路由器 R2(10.1.0.1)而是路由器 R1(10.1.0.2),那么,主机 A 发往主机 B 的 IP 数据报就不会沿 A-R2-R3-B 路径传递,它将通过 R1 到达主机 B。

另外,图 8-9 所示的互联网是 3 个以太网的互联。由于它们的 MTU 相同,因此 IP 数据报在传递过程中不需要分片。如果路由器连接不同类型的网络,而这些网络的 MTU 又不相同,那么,路由器在转发之前可能需要对 IP 数据报分片。对接收到的数据报,不管它是分片后形成的 IP 数据报还是未分片的 IP 数据报,路由器都一视同仁,进行相同的路由处理和转发。

8.2 路由表的建立与刷新

IP 互联网的路由选择的正确性依赖于路由表的正确性,如果路由表出现错误,IP 数据报就不可能按照正确的路径转发。

路由可以分为静态路由和动态路由两类。静态路由是通过人工设定的,而动态路由则是路由器通过自己的学习得到的。

8.2.1 静态路由

静态路由是由人工管理的。根据互联网的拓扑结构和连接方式,网络管理员可以为一个路由器建立静态路由。由于静态路由在正常工作中不会自动发生变化,因此,到达某一目的网络的 IP 数据报的路径也就固定下来。当然,如果互联网的拓扑结构或连接方式发生变化,网络管理员必须手工对静态路由做出更新。

静态路由的主要优点是安全可靠、简单直观，同时避免了动态路由选择的开销。在互联网络结构不太复杂的情况下，使用静态路由表是一种很好的选择。实际上，Internet 上的很多互联都使用了静态路由。

但是，对于复杂的互联网拓扑结构，静态路由的配置会让网络管理员感到头痛。不但工作量很大，而且很容易出现路由环，致使 IP 数据报在互联网中兜圈子。如图 8-10 所示，由于路由器 R1 和 R2 的静态路由配置不合理，R1 认为到达网络 4 应经过 R2，而 R2 认为到达网络 4 应经过 R1。这样，去往网络 4 的 IP 数据报将在 R1 和 R2 之间来回传递。

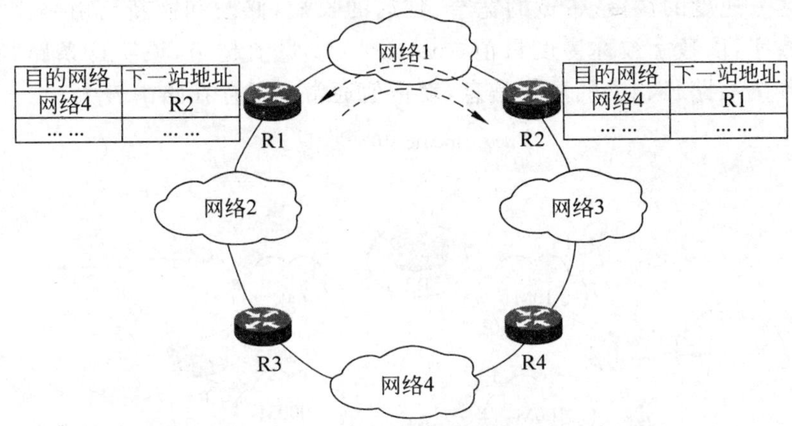

图 8-10 配置路由错误导致 IP 数据报在互联网中兜圈子

另外，在静态路由配置完毕后，去往某一网络的 IP 数据报将沿着固定路径传递。一旦该路径出现故障，目的网络就变得不可到达，即使存在着另外一条到达该目的网络的备份路径。如图 8-11 所示，在静态路由配置完成后，主机 A 到主机 B 的所有 IP 数据报都经过路由器 R1、R2、R4 传递。如果该路径出现问题(例如路由器 R2 故障)，IP 数据报不会自动经备份路径 R1、R3、R4 到达主机 B，除非网络管理员对静态路由重新配置。

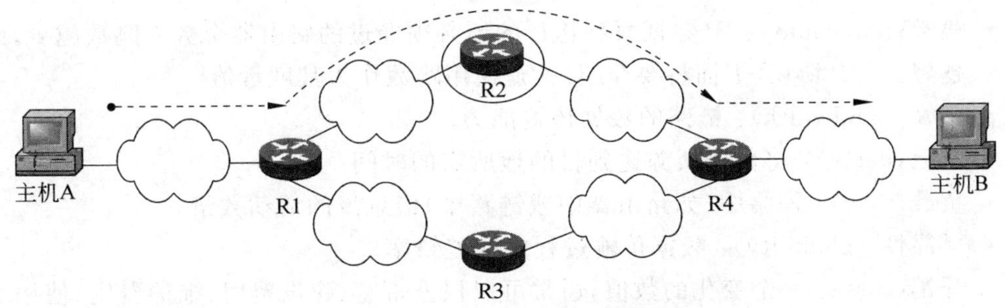

图 8-11 静态路由不能自动使用备份路由

8.2.2 动态路由

与静态路由不同，动态路由可以通过自身的学习，自动修改和刷新路由表。当网络管理员通过配置命令启动动态路由后，无论何时从互联网中收到新的路由信息，路由器都会利用路由管理进程自动更新路由表。

动态路由有更多的自主性和灵活性，特别适合于拓扑结构复杂、网络规模庞大的互联网环境。如图 8-11 所示，如果使用动态路由，根据各个路由器生成的路由表，开始时主机 A 发送的数据报可能通过路由器 R1、R2、R4 到主机 B。一旦路由器 R2 发生故障，路由器可以自动调整路由表，通过备份路径 R1、R3、R4 继续发送数据。当然，在路由器 R2 恢复正常工作后，路由器可再次自动修改路由表，仍然使用路径 R1、R2、R4 发送数据。

当路由器自动刷新和修改路由表时，它的首要目标是保证路由表中包含最佳的路径信息。为了区分速度的快慢、带宽的宽窄、延迟的长短，修改和刷新路由时需要给每条路径生成一个数字，该数字被称为度量值(metric)。度量值越小，说明这条路径越好，如图 8-12 所示。作为与路径相关的重要信息，度量值通常也保存在路由表中。

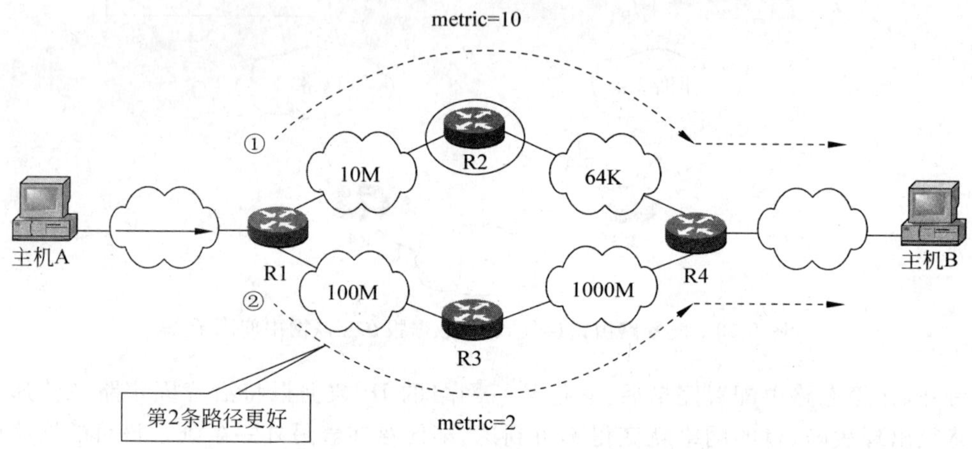

图 8-12　度量值越小路径越好

度量值的计算可以基于路径的一个特征，也可以基于路径的多个特征。在计算中经常使用的特征如下：

- 跳数(hop count)：IP 数据报到达目的地必须经过的路由器个数。跳数越少，路由越好。RIP 协议(下面将要介绍)就是使用跳数作为其度量值。
- 带宽(bandwidth)：链路的数据传输能力。
- 延迟(delay)：将数据从源送到目的地所需的时间。
- 负载(load)：网络中(如路由器中或链路中)信息流的活动数量。
- 可靠性(reliability)：数据传输过程中的差错率。
- 开销(cost)：一个变化的数值，通常可以根据带宽、建设费用、维护费用、使用费用等因素由网络管理员指定。

为了实现动态路由，路由器之间需要经常地交换路由信息。交换路由信息势必要占用网络的带宽。如果设计不合理，大量路由信息的交换将影响正常数据传送。另外，路由表的动态修改和刷新需要通过计算实现，这种计算也需要占用路由器的内存和 CPU 处理时间，消耗路由器的资源。

8.3 路由选择协议

为了使用动态路由,互联网中的路由器必须运行相同的路由选择协议,执行相同的路由选择算法。

目前,应用最广泛的路由选择协议有两种,一种叫作路由信息协议(Routing Information Protocol,RIP),另一种叫作开放式最短路径优先协议(Open Shortest Path First,OSPF)。RIP 协议利用向量-距离算法,而 OSPF 则使用链路-状态算法。

不管采用何种路由选择协议和算法,路由信息应以精确的、一致的观点反映新的互联网拓扑结构。当一个互联网中的所有路由器都运行着相同的、精确的、足以反映当前互联网拓扑结构的路由信息时,我们就说路由已经收敛(convergence)。快速收敛是路由选择协议最希望具有的特征,因为它可以尽量避免路由器利用过时的路由信息选择可能不正确或不经济的路由。

8.3.1 RIP 协议与向量-距离算法

RIP 协议是互联网中使用较早的一种动态路由选择协议,由于其算法简单,因此得到了广泛的应用。

1. 向量-距离路由选择算法

向量-距离(Vector-Distance,V-D)路由选择算法,也称为 Bellman-Ford 算法。其基本思想是:路由器周期性地向其相邻路由器广播自己知道的路由信息,用于通知相邻路由器自己可以到达的网络以及到达该网络的距离(通常用"跳数"表示),相邻路由器可以根据收到的路由表修改和刷新自己的路由表。

如图 8-13 所示,路由器 R1 向相邻的路由器(例如 R2)广播自己的路由信息,通知 R2 自己可以到达 net1、net2 和 net4。由于 R1 送来的路由信息包含了两条 R2 不知道的路由(到达 net1 和 net4 的路由),于是 R2 将 net1 和 net4 加入自己的路由表,并将下一站指定为 R1。也就是说,如果 R2 收到的目的网络为 net1 和 net4 的 IP 数据报,它将转发给路由器 R1,由 R1 进行再次投递。由于 R1 到达网络 net1 和 net4 的距离分别为 0 和 1,因此,R2 通过 R1 到达这两个网络的距离分别为 1 和 2。

下面对向量-距离算法的进行具体描述。

首先,路由器启动时对路由表进行初始化,该初始路由表包含所有去往与本路由器直接相连的网络路径。因为去往直接相连的网络不经过中间路由器,所以初始化的路由表中各路径的距离均为 0。图 8-14(a)显示了路由器 R1 附近的互联网拓扑结构,图 8-14(b)给出了路由器 R1 的初始路由表。

然后,各路由器周期性地向其相邻的路由器广播自己的路由表信息。与该路由器直接相连(位于同一物理网络)的路由器收到该路由表报文后,据此对本地路由表进行刷新。刷新时,路由器逐项检查来自相邻路由器的路由信息报文,遇到下述表项之一,须修改本

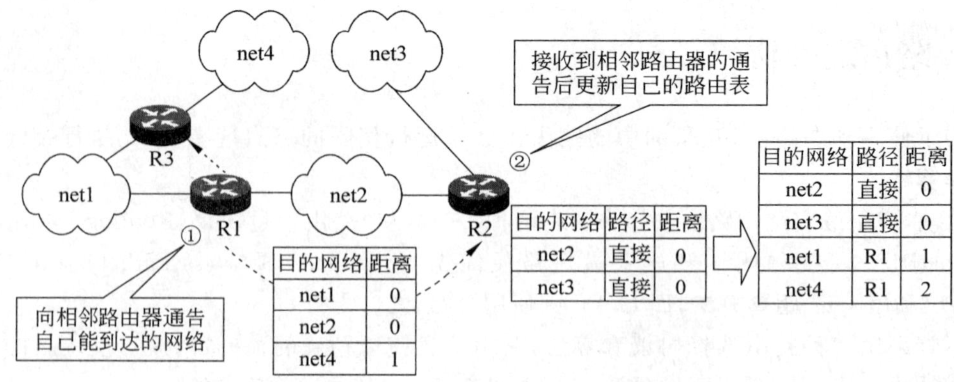

图 8-13 向量-距离路由算法的基本思想

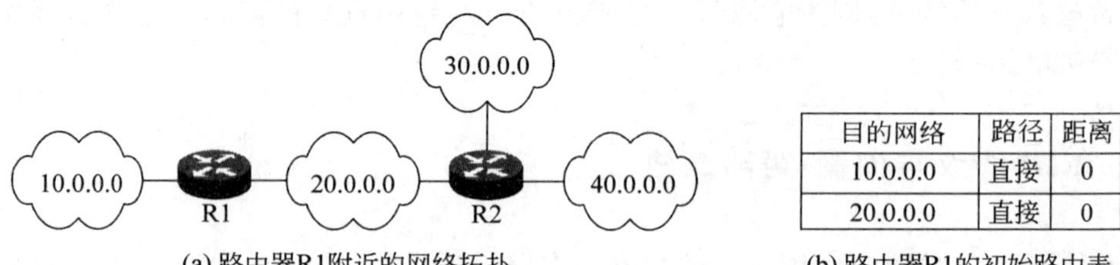

目的网络	路径	距离
10.0.0.0	直接	0
20.0.0.0	直接	0

(b) 路由器R1的初始路由表

图 8-14 路由器启动时初始化路由表

地路由表(假设路由器 R_i 收到路由器 R_j 的路由信息报文):

(1) R_j 列出的某表项 R_i 路由表中没有。则 R_i路由表中须增加相应表项,其"目的网络"是 R_j表目中的"目的网络",其"距离"为 R_j表项中的距离加 1,而"路径"则为 R_j。

(2) R_j去往某目的地的距离比 R_i去往该目的地的距离减 1 还小。这种情况说明 R_i去往某目的网络如果经过 R_j,距离会更短。于是,R_i需要修改本表项,其"目的网络"不变,"距离"为 R_j表项中的距离加 1,"路径"为 R_j。

(3) R_i去往某目的地经过 R_j,而 R_j去往该目的地的路径发生变化。则:

- 如果 R_j 不再包含去往某目的地的路径,则 R_i 中的相应路径须删除。
- 如果 R_j 去往某目的地的距离发生变化,则 R_i中相应表项的"距离"须修改,以 R_j中的"距离"加 1 取代之。

图 8-15 假设 R_i 和 R_j 为相邻路由器,对向量-距离路由选择算法给出了直观说明。

向量-距离路由选择算法的最大优点是算法简单、易于实现。但是,由于路由器的路径变化需要像波浪一样从相邻路由器传播出去,过程非常缓慢,有可能造成慢收敛等问题,因此,它不适合应用于路由剧烈变化的或大型的互联网网络环境。另外,向量-距离路由选择算法要求互联网中的每个路由器都参与路由信息的交换和计算,而需要交换的路由信息报文与自己的路由表的大小几乎一样,因此,需要交换的信息量极大。

2. RIP 协议

RIP 协议是向量-距离路由选择算法在局域网上的直接实现。它规定了路由器之间

目的网络	路径	距离
10.0.0.0	直接	0
30.0.0.0	R_n	7
40.0.0.0	R_j	3
45.0.0.0	R_l	4
180.0.0.0	R_j	5
190.0.0.0	R_m	10
199.0.0.0	R_j	6

(a) R_i原路由表

目的网络	距离
10.0.0.0	4
30.0.0.0	4
40.0.0.0	2
41.0.0.0	3
180.0.0.0	5

(b) R_j广播的路由信息

目的网络	路径	距离
10.0.0.0	直接	0
30.0.0.0	R_i	5
40.0.0.0	R_i	3
41.0.0.0	R_i	4
45.0.0.0	R_l	4
180.0.0.0	R_i	6
190.0.0.0	R_m	10

(c) R_i刷新后的路由表

图 8-15 按照向量-距离路由选择算法更新路由表

交换路由信息的时间、交换信息的格式、错误的处理等内容。

在通常情况下，RIP 协议规定路由器每 30s 与其相邻的路由器交换一次路由信息，该信息来源于本地的路由表，其中，路由器到达目的网络的距离以“跳数”计算。

RIP 协议除严格遵守向量-距离路由选择算法进行路由广播与刷新外，在具体实现过程中还做了某些改进，主要包括：

- 对相同开销路由的处理。在具体应用中，可能会出现若干条距离相同的路径可以到达同一网络的情况。对于这种情况，RIP 通常按照先入为主的原则解决。如图 8-16 所示，由于路由器 R1 和 R2 都与 net1 直接相连，所以它们都向相邻路由器 R3 发送到达 net1 距离为 0 的路由信息。R3 按照先入为主的原则，先收到哪个路由器的路由信息报文，就将去往 net1 的路径定为哪个路由器，直到该路径失效或被新的更短的路径代替。

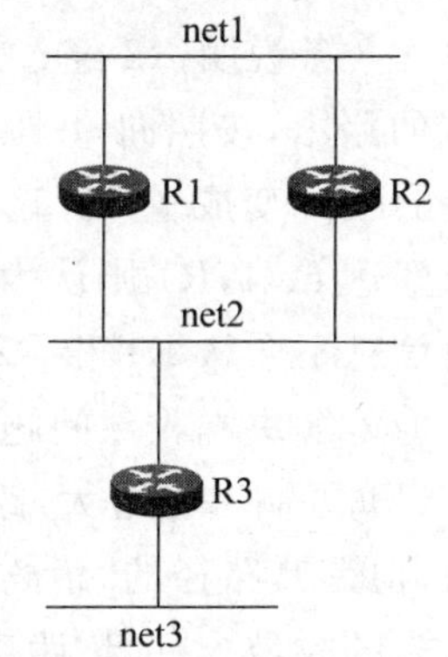

图 8-16 相同开销路由处理

- 对过时路由的处理。根据向量-距离路由选择算法，路由表中的一条路径被刷新是因为出现了一条开销更小的路径，否则该路径会在路由表中保持下去。按照这种思想，一旦某条路径发生故障，过时的路由表项会在互联网中长期存在下去。在图 8-16 中，假如 R3 到达 net1 经过 R1，如果 R1 发生故障后不能向 R3 发送路由刷新报文，那么，R3 关于到达 net1 需要经过 R1 的路由信息将永远保持下去，尽管这是一条坏路由。为了解决这个问题，RIP 协议规定，参与 RIP 选路的所有机器要为其路由表的每个表项增加一个定时器，在收到相邻路由器发送的路由刷新报文中如果包含关于此路径的表项，则将定时器清零，重新开始计时。如果在规定时间内一直没有再收到关于该路径的刷新信息，定时器溢出，说明该路径已经崩溃，需要将它从路由表中删除。RIP 协议规定路径的超时时间为 180s，相当于 6 个 RIP 刷新周期。

3. 慢收敛问题及对策

慢收敛问题是 RIP 协议的一个严重缺陷。那么，慢收敛问题是怎么产生的呢？

图 8-17(a)是一个正常的互联网拓扑结构，从 R1 可直接到达 net1，从 R2 经 R1(距离为 1)可到达 net1。正常情况下，R2 收到 R1 广播的刷新报文后，会建立一条距离为 1 的经 R1 到达 net1 的路由。

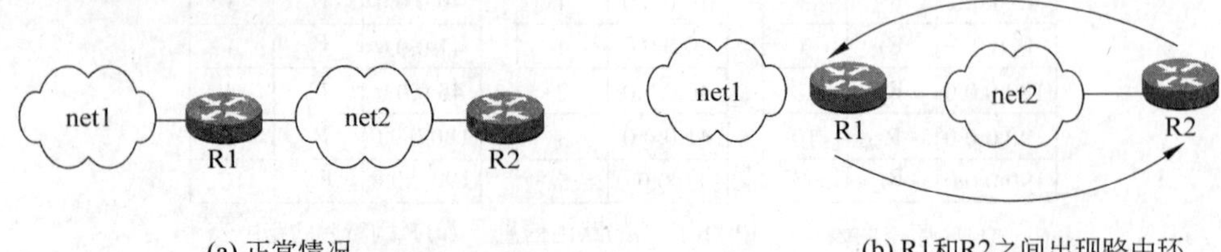

图 8-17 慢收敛问题的产生

现在，假设从 R1 到 net1 的路径因故障而崩溃，但 R1 仍然可以正常工作。当然，R1 一旦检测到 net1 不可到达，会立即将去往 net1 的路由删除。然后会出现两种可能：

(1) 在收到来自 R2 的路由刷新报文之前，R1 将修改后的路由信息广播给相邻的路由器 R2，于是 R2 修改自己的路由表，将原来经 R1 去往 net1 的路由删除。这没有什么问题。

(2) R2 赶在 R1 发送新的路由刷新报文之前，广播自己的路由刷新报文。该报中必然包含一条说明 R2 经过一个路由器可以到达 net1 的路由。由于 R1 已经删除了到达 net1 的路由，按照向量-距离路由选择算法，R1 会增加通过 R2 到达 net1 的新路径，不过路径的距离变成了 2。这样，在路由器 R1 和 R2 之间就形成了路由环，R2 认为通过 R1 可以到达 net1，R1 则认为通过 R2 可以到达 net1。尽管路径的"距离"会越来越大，但该路由信息不会从 R1 和 R2 的路由表中消失。这就是慢收敛问题的产生原因。

为了解决慢收敛问题，RIP 协议采用了以下解决对策：

(1) 限制路径最大"距离"对策。产生路由环以后，尽管无效的路由不会从路由表中消失，但是其路径的"距离"会变得越来越大。为此，可以通过限制路径的最大"距离"加速路由表的收敛。一旦"距离"到达某一最大值，就说明该路由不可达，需要从路由表中删除。RIP 协议规定"距离"的最大值为 16，距离超过或等于 16 的路由为不可达路由。当然，在限制路径最大距离为 16 的同时，也限制了应用 RIP 协议的互联网规模。在使用 RIP 协议的互联网中，每条路径经过的路由器数目不应超过 15 个。

(2) 水平分割对策。当路由器从某个网络接口发送 RIP 路由刷新报文时，其中不能包含从该接口获取的路由信息，这就是水平分割(split horizon)对策的基本原理。在图 8-16 中，如果 R2 不把从 R1 获得的路由信息再广播给 R1，R1 和 R2 之间就不可能出现路由环，这样就可避免慢收敛问题的发生。

(3) 保持对策。仔细分析慢收敛的原因，我们发现崩溃路由的信息传播比正常路由的信息传播慢了许多。针对这种现象，RIP 协议的保持(hold down)对策规定在得知目的网络不可到达后的一定时间内(RIP 规定为 60s)，路由器不接收关于此网络的任何可到达性信息。这样，可以给路由崩溃信息充分的传播时间，使它尽可能赶在路由环形成之前传出去，防止慢收敛问题的出现。

(4) 带触发刷新的毒性逆转对策。毒性逆转(poison reverse)对策的基本原理是：当某路径崩溃后，最早广播此路由的路由器将原路由继续保留在若干路由刷新报文中，但指明该路由的距离为无限长(距离为16)。与此同时，还可以使用触发刷新(trigged update)技术，一旦检测到路由崩溃，立即广播路由刷新报文，而不必等待下一刷新周期。

4. RIP 协议与子网路由

RIP 协议的最大优点是配置和部署相当简单。在 RFC 正式颁布 RIP 协议的第一个版本之前，RIP 已经被写成各种程序并被广泛使用。但是，RIP 的第一个版本是以标准的 IP 互联网为基础的，它使用标准的 IP 地址，并不支持 CIDR 路由。直到第二个版本的出现，才结束了 RIP 协议不能为 CIDR 选路的历史。与此同时，RIP 协议的第二个版本还具有身份验证、支持多播等特性。

8.3.2 OSPF 协议与链路-状态算法

在互联网中，OSPF 是另一种经常被使用的路由选择协议。OSPF 使用链路-状态路由选择算法，可以在大规模的互联网环境下使用。需要注意的是，与 RIP 协议相比，OSPF 协议要复杂得多。这里仅对 OSPF 协议和链路-状态路由选择算法作简单介绍。

链路-状态(Link-Status，L-S)路由选择算法也称为最短路径优先(Shortest Path First，SPF)算法。其基本思想是：互联网上的每个路由器周期性地向其他路由器广播自己与相邻路由器的连接关系，以使各个路由器都可以画出一张互联网拓扑结构图。利用这张图和最短路径优先算法，路由器可以计算出自己到达各个网络的最短路径。

如图 8-18 所示，路由器 R1、R2 和 R3 首先向互联网上的其他路由器(R1 向 R2 和 R3，R2 向 R1 和 R3，R3 向 R1 和 R2)广播报文，通知其他路由器自己与相邻路由器的关系(例如，R3 向 R1 和 R2 广播自己通过 net1 和 net3 与路由器 R1 相连)。利用其他路由器广播的信息，互联网上的每个路由器都可以形成一张由点和线相互联接而成的抽象拓扑结构图(图 8-18(b)给出了路由器 R1 形成的抽象拓扑结构图)。一旦得到了这张图，路由器就可以按照最短路径优先算法计算出以本路由器为根的 SPF 树(图 8-18(b)显示了以 R1 为根的 SPF 树)。这棵树描述了该路由器(例如 R1)到达每个网络(例如 net1、net2、net3 和 net4)的路径和距离。通过这棵 SPF 树，路由器可以生成自己的路由表(图 8-18(b)显示了路由器 R1 按照 SPF 树生成的路由表)。

从以上介绍可以看到，链路-状态路由选择算法与向量-距离路由选择算法有很大的不同。向量-距离路由选择算法并不需要路由器了解整个互联网的拓扑结构，它通过相邻的路由器了解到达每个网络的可能路径；而链路-状态路由选择算法则依赖于整个互联网的拓扑结构图，利用该图得到 SPF 树，再由 SPF 树生成路由表。

以链路-状态算法为基础的 OSPF 路由选择协议具有收敛速度快、支持服务类型选路、提供负载均衡和身份认证等特点，非常适合在规模庞大、环境复杂的互联网中使用。

但是，OSPF 协议也存在一些缺陷，主要包括：

- 要求较高的路由器处理能力。在一般情况下，运行 OSPF 路由选择协议要求路由

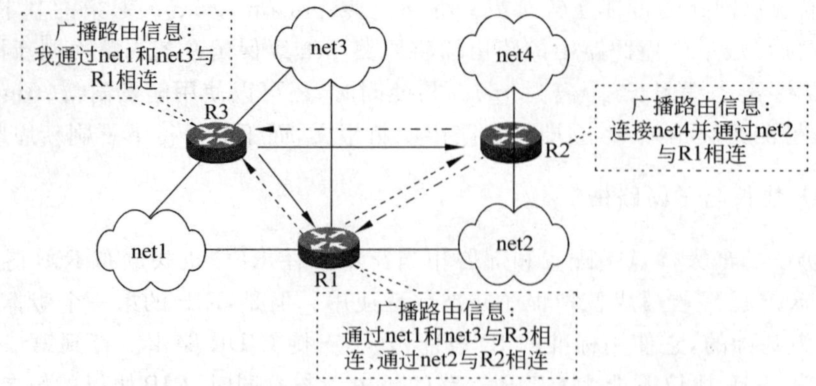

(a) 互联网上每个路由器向其他路由器广播自己与相邻路由器的关系

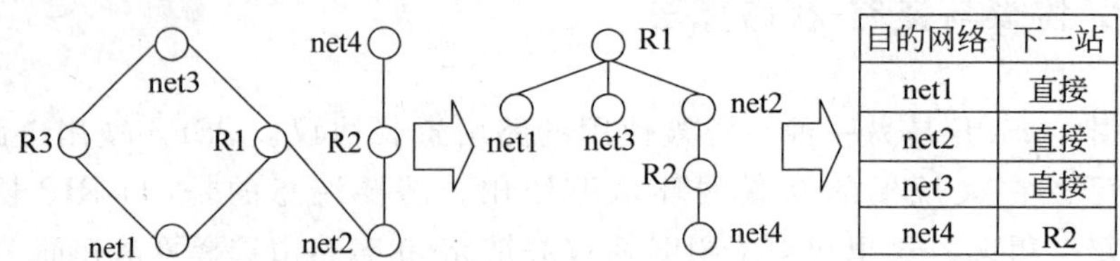

目的网络	下一站
net1	直接
net2	直接
net3	直接
net4	R2

(b) 路由器R1利用形成的互联网拓扑图计算路由

图 8-18　链路-状态路由选择算法的基本思想

器具有更大的存储器和更快的 CPU 处理能力。与 RIP 协议不同，OSPF 要求路由器保存整个互联网的拓扑结构图、相邻路由器的状态等众多的路由信息，并且利用比较复杂的算法生成路由表。互联网的规模越大，对内存和 CPU 的要求越高。

- 一定的带宽需求。为了得到与相邻路由器的连接关系，互联网上的每个路由器都需要不断地发送和应答查询信息，与此同时，每个路由器还需要将这些信息广播到整个互联网。因此，OSPF 对互联网的带宽有一定的要求。

为了适应更大规模的互联网环境，OSPF 协议通过一系列的办法来解决这些问题，其中包括分层和指派路由器。所谓分层就是将一个大型的互联网分成几个不同的区域，一个区域中的路由器只需要保存和处理本区域的网络拓扑和路由，区域之间的路由信息交换由几个特定的路由器完成。而指派路由器则是指在互联的局域网中，路由器将自己与相邻路由器的关系发送给一个或多个指定路由器（而不是广播给互联网上的所有路由器），指派路由器生成整个互联网的拓扑结构图，以便其他路由器查询。

8.4　部署和选择路由协议

静态路由、RIP 路由选择协议、OSPF 路由选择协议各有其特点，可以适应不同的互联网环境。

1. 静态路由

静态路由最适合在小型的、单路径的、静态的 IP 互联网环境下使用。其中：

- 小型互联网可以包含 2～10 个网络。
- 单路径表示互联网上任意两个结点之间的数据传输只能通过一条路径进行。
- 静态表示互联网的拓扑结构不随时间而变化。

一般来说，小公司、家庭办公室等小型机构建设的互联网具有这些特征，可以采用静态路由。

2. RIP 路由选择协议

RIP 路由选择协议比较适合小型到中型的、多路径的、动态的 IP 互联网环境。其中：

- 小型到中型互联网可以包含 10～50 个网络。
- 多路径表明在互联网的任意两个结点之间有多个路径可以传输数据。
- 动态表示互联网的拓扑结构随时会更改(通常是由于网络和路由器的改变而造成的)。

通常，在中型企业、具有多个网络的大型分支办公室等互联网环境中可以考虑使用 RIP 协议。

3. OSPF 路由选择协议

OSPF 路由选择协议最适合较大型到特大型、多路径的、动态的 IP 互联网环境。其中：

- 大型到特大型互联网应该包含 50 个以上的网络。
- 多路径表明在互联网的任意两个结点之间有多个路径可以传输数据。
- 动态表示互联网的拓扑结构随时会更改(通常是由于网络和路由器的改变而造成的)。

OSPF 路由选择协议通常在企业、校园、部队、机关等大型机构的互联网上使用。

8.5 实验：路由配置及简单路由程序的设计

路由的配置和维护是网络管理员的一项重要任务，路由的正确配置是保证互联网畅通的首要条件。同时，也可以深入理解互联网的工作机理，编写一个简单的路由程序，实现 IP 数据报的转发。

8.5.1 实验环境的选择

为了完成路由配置实验，测试编写的路由程序，可以采用以下任意一种实验环境。

1. 具有路由器的网络环境

互联网是将多个网络通过路由器相互连接而成的，因此，利用路由器组建互联网是天经地义的。而路由器的主要任务之一是路由选择，用实际的路由器学习配置路由的方法和过程是最好的一种解决方案。

路由器通常具有两个或多个网络接口，可以同时连接不同的网络。但是，不同品牌和型号路由器的配置过程和方法存在很大的差异，有的采用命令行方式，有的采用图形界面方式，甚至有的采用基于 Web 的浏览器方式。因此，如果需要配置一个路由器的路由，就需要学习这种品牌路由器的专用配置方法。

为了学习路由配置的过程和方法，完成编写路由器的测试工作，可以选择任意一款具有两个以太网接口的路由器，连接成如图 8-19 所示的互联网。当然，如果条件允许，可以增加路由器的数量或路由器接口的数量，组成结构更复杂的互联网。

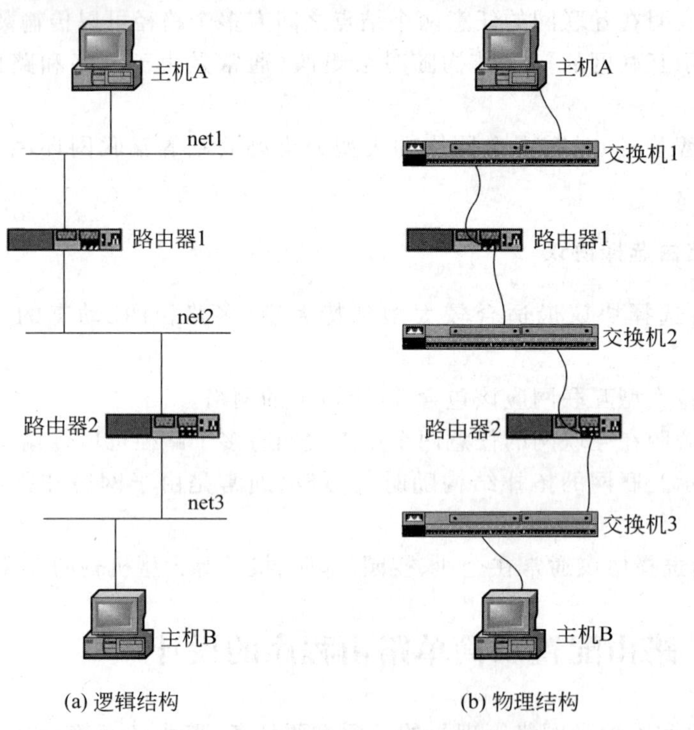

图 8-19 利用路由器组建实验互联网

2. 双网卡(或多网卡)方案

实际上，路由器就是具有多个网络接口，提供路由选择和数据报转发服务的专用计算机。如果将一台普通的计算机加入两块或多块网卡，同时运行相应的路由软件，就完全可以作为一台路由器使用。目前，大多数的网络操作系统(如 Windows 2003 Server、UNIX、Linux 等)都支持多块网卡并提供了路由转发功能，可以利用网络操作系统的这些特性，组建比较廉价的实验性互联网。

将两块(或多块)以太网卡插入同一台计算机,同时,通过电缆将每块网卡连入不同的网络,就构成了一个简单的互联网。图 8-20 显示了实验可以使用的简单互联网结构。由于利用双网卡(或多网卡)计算机组建实验性互联网的费用不高,因此,在实验过程中可以使用多个双网卡(或多网卡)计算机组成结构更加复杂的互联网,并通过对这些计算机的路由配置加深对路由的理解。

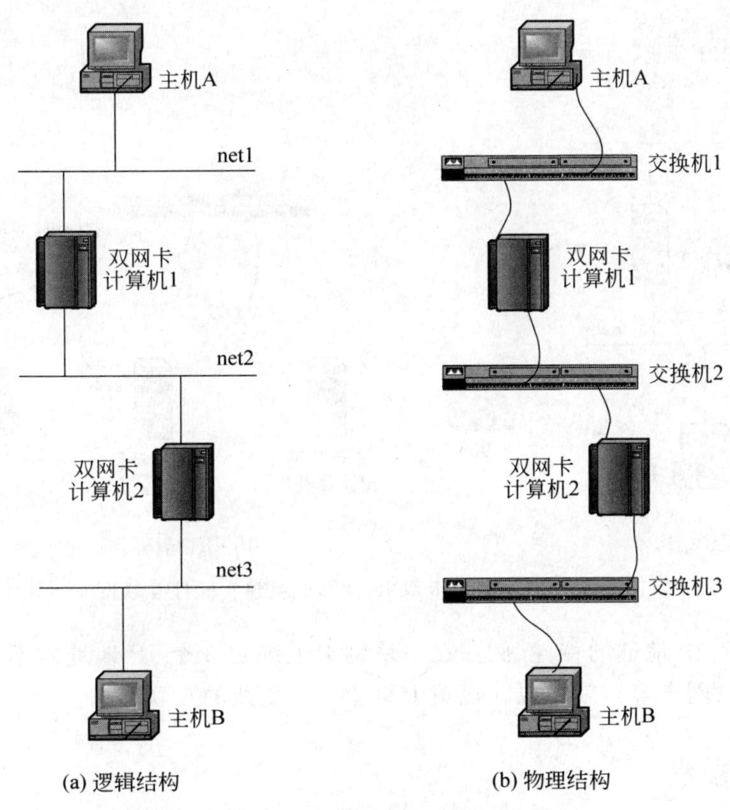

图 8-20 利用双网卡计算机组建实验互联网

3. 单网卡多 IP 地址方案

多数的网络操作系统(如 Windows 2003 Server、UNIX、Linux 等)都可以将两个(或多个)IP 地址绑定到一块网卡。如果这两个(或多个)IP 地址分别属于不同的网络,那么这些网络也可以相互联接而构成逻辑上的互联网。利用网络操作系统的这种特性和路由软件,可以组建更加廉价的实验性互联网。

将两个或多个 IP 地址绑定到一块网卡,构成一台具有单网卡多 IP 地址的计算机。这台计算机可以在两个(或多个)逻辑网络之间转发数据报,实现路由功能。

图 8-21 给出了利用单网卡双 IP 计算机组建的互联网实验方案。从图中可以看出,尽管从逻辑上这是 3 个网络通过两个路由设备相互联接而形成的互联网,如图 8-21(a)所示,但在物理上各个网络设备仍然连接到同一个以太网交换机或集线器,如图 8-21(b)所示。

与其他两个实验方案相比,利用单网卡多 IP 地址方案是最经济的一种。利用一块网

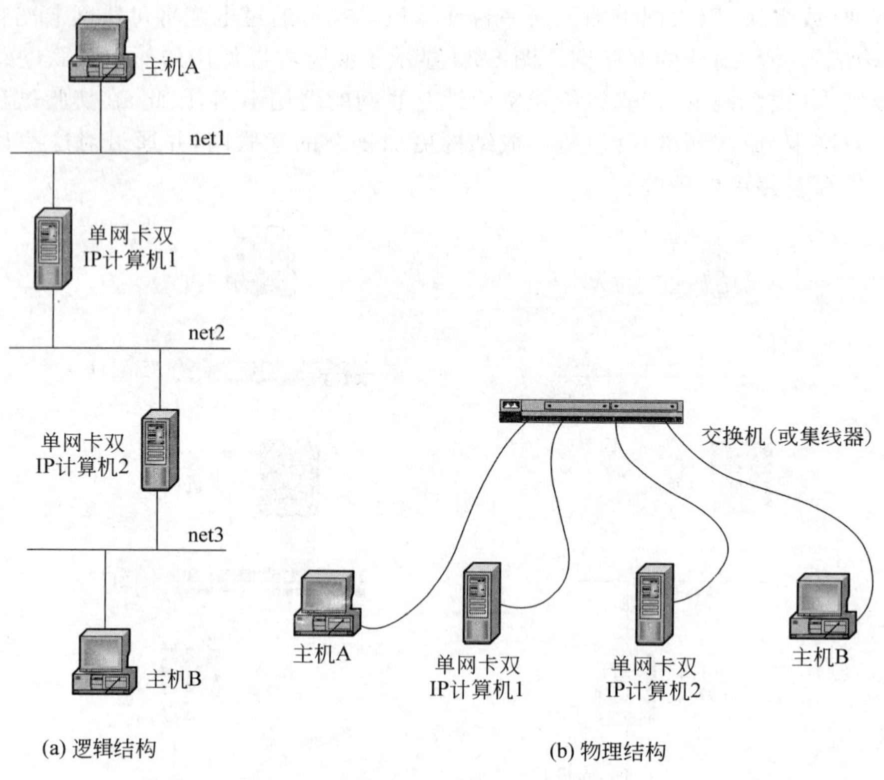

图 8-21 利用单网卡双 IP 计算机组建实验性互联网

卡可以绑定多个 IP 地址的特性(例如在一块网卡上绑定 3 个 IP 地址),不需要增加物理设备(如路由器、网卡等),就可以在逻辑上组建一个复杂的互联结构。

8.5.2 路由配置

Windows 2003 Server 网络操作系统提供了很强的路由功能,而且可以将多个 IP 地址绑定到一块网卡。由于单网卡多 IP 地址实验方案不但不需要昂贵的专用路由器,而且不需要对已组建的网络的物理硬件进行改动,因此,这里以该实验环境为例介绍路由的配置过程。

不管是实际应用的互联网还是实验性的互联网,在进行路由配置之前都应该绘制一张互联网的拓扑结构图,用于显示网络、路由器以及主机的布局。与此同时,这张图还应反映每个网络的网络号、每条连接的 IP 地址以及每台路由器使用的路由协议。

1. 静态路由的配置

图 8-22 给出了本次实验需要配置静态路由的互联网拓扑结构图。该互联网由 10.1.0.0、10.2.0.0 和 10.3.0.0 三个子网通过 R1、R2 两个路由设备相互连接而成。尽管图 8-21 中的 R1 和 R2 由两台具有单网卡双 IP 地址的普通计算机组成,但由于它们需要完成路由选择和数据报转发等工作,因此,仍以路由器符号表示。

(1) 配置互联网中主机的 IP 地址和默认路由。按照设计和绘制的互联网拓扑结构图(如图 8-22 所示)分别配置每台主机的 IP 地址,并将主机的默认路由指向各自的路由器(主机本身 IP 地址的网络号应与其默认路由 IP 地址的网络号相同)。

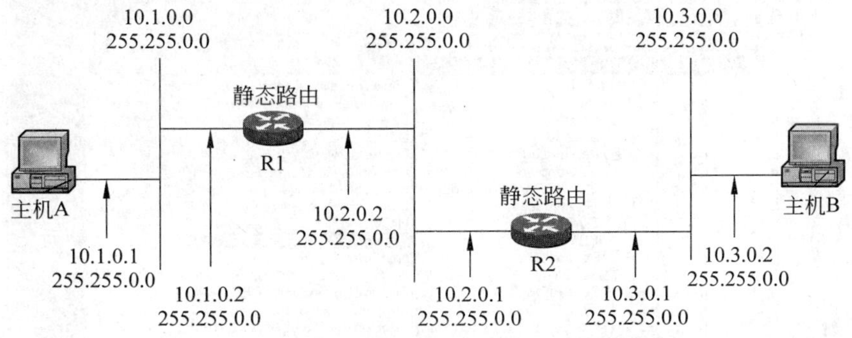

图 8-22 需要配置静态路由的互联网拓扑结构图

(2) 配置路由设备的 IP 地址。按照设计和绘制的互联网拓扑图(如图 8-22 所示)分别设置各个路由设备的 IP 地址。由于路由设备需要连接两个或两个以上的网络,因此,在该实验环境中需要将两个或两个以上的 IP 地址绑定在一块网卡上。

(3) 利用命令行程序配置路由设备的静态路由。与其他网络操作系统相同,Windows 2003 网络操作系统也提供一个叫作 route 的命令行程序,用于显示和配置机器的路由。表 8-11 总结了 route 命令可使用的主要参数和基本功能。使用 route 命令,可以配置图 8-22 中 R1 和 R2 的路由表。需要注意:虽然可以利用 route 命令配置图 8-22 中路由设备的路由表,但是在默认状态下 Windows 2003 Server 并不允许 IP 数据报转发。为了启动数据报转发,需要修改 Windows 2000 Server 的注册表。其中,HKEY_LOCAL_MACHINE\SYSTEM\CurrentControlSet\Services\Tcpip\Parameters 表项(如图 8-23 所示)中的 IPEnableRouter 参数控制 IP 数据报的转发。如果 IPEnableRouter 为 REG_DWORD:0x0,则不允许本机转发数据报;如果 IPEnableRouter 为 REG_DWORD:0x1,则允许转发数据报。

表 8-11 route 命令的主要参数和基本功能

参 数	功 能	示 例
PRINT	显示路由信息	route PRINT 显示和查看机器当前使用的路由表
ADD	增加路由表项	route ADD 10.3.0.0 MASK 255.255.0.0 10.2.0.1 增加目的网络为 10.3.0.0,掩码为 255.255.0.0,下一路由器地址为 10.2.0.1 的表项
CHANGE	修改现有的路由表项	route CHANGE 10.3.0.0 MSK 255.255.0.0 10.1.0.101 将目的网络 10.3.0.0 的表项中下一路由器 IP 地址由 10.2.0.1 改为 10.1.0.101
DELETE	删除路由表项	route DELETE 10.3.0.0 删除目的网络 10.3.0.0 对应的表项

(4) 利用图形界面配置静态路由。除了可以利用命令行配置路由外,Windows 2003

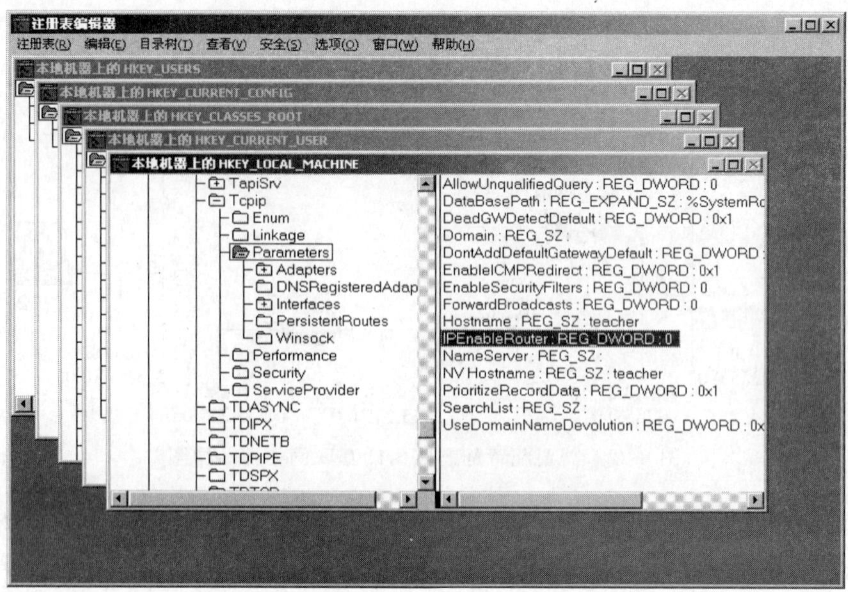

图 8-23 Windows 2003 Server 注册表编辑器

Server 还提供了“路由和远程访问”程序，如图 8-24 所示。利用这个程序，用户可以使用图形界面方便、直观地进行路由配置和路由查看。为了增加静态路由，可以右击“路由和远程访问”窗口中的“静态路由”，并执行弹出式菜单中的“静态路由”命令。增加的路由信息将显示在“路由和远程访问”窗口中，如图 8-25 所示。

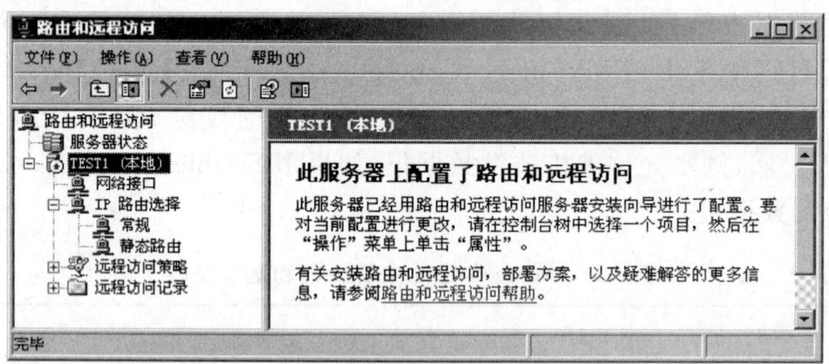

图 8-24 路由和远程访问启动后的程序窗口

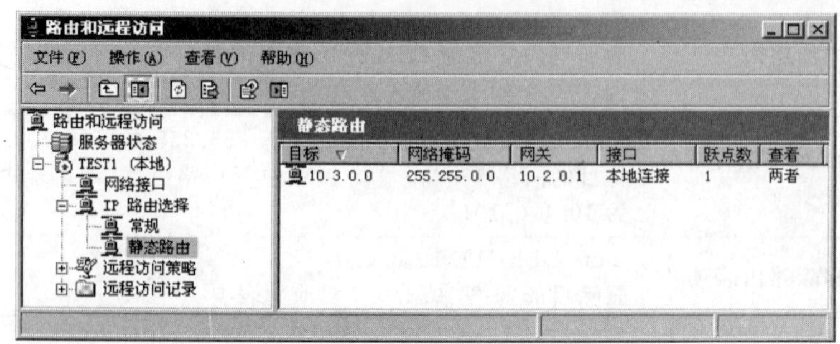

图 8-25 增加的路由信息显示在“路由和远程访问”窗口中

2. RIP 的配置过程

在互联网中,RIP 协议是一个经常使用的动态路由选择协议。由于利用 RIP 作为路由选择协议的互联网直径不能超过 16 个路由器,因此,它非常适合在中小型的互联网上使用。但是,Windows 2003 路由软件认为,所有从 RIP 协议获知的路由从固定跳数 2 开始。静态路由(包括直接连接的网络静态路由)都被认为是非 RIP 路由。因为 Windows 2003 的 RIP 路由软件使用 2 作为其与直接相连网络的距离,因此利用 Windows 2003 路由软件组建基于 RIP 协议的互联网,其最大直径为 14 个路由器。

与配置静态路由相同,在配置动态路由之前,也需要绘制一张用于显示网络、路由器以及主机布局的互联网拓扑结构图。为简单起见,本次动态路由配置实验和静态路由配置实验使用相同的互联网拓扑结构图,但在绘图过程中需要将路由设备使用的路由选择协议改为 RIP 协议,如图 8-26 所示。

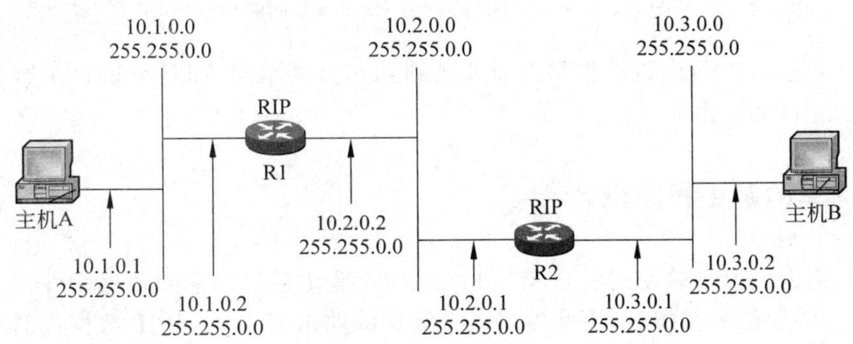

图 8-26 需要配置动态路由的互联网拓扑结构图

在 Windows 2003 Server 中,为路由器 R1 和 R2 配置 RIP 协议需要在"路由和远程访问"程序下进行,如图 8-24 所示。通过"路由和远程访问"程序中的"新增路由协议"命令可以将 RIP 协议增加到窗口界面中,同时可以添加使用 RIP 协议的接口信息。一旦完成接口添加,就可以对每个接口上运行的 RIP 协议进行配置(如 RIP 协议的运行版本、是否激活身份认证、是否启动触发更新等等)。

如果路由器 R1 和 R2 的 RIP 协议配置正确,稍后即能看到路由器中路由表的变化情况,如图 8-27 所示。

3. 测试配置的路由

不论是实际应用中的路由还是实验性路由,在配置完成后都需要进行测试。

路由测试最常使用的命令是 ping,如果需要测试实验中配置的路由是否正确,可以利用 ping 命令去 ping 另一个网络中的主机。通过判定 IP 数据报是否能顺利到达目的主机判断配置的路由是否正确。

但是,ping 命令只能显示 IP 数据报可以从一台主机顺利到达另一台主机,并不能显示 IP 数据报沿着哪条路径转发和前进。为了能够显示 IP 数据报所走过的路径,可以使用 Windows 2003 网络操作系统提供的 tracert 命令(有的网络操作系统写为 traceroute)。

TEST1 - IP 路由表

目标	网络掩码	网关	接口	跃点数	通讯协议
10.3.0.0	255.255.0.0	10.2.0.1	本地连接	3	RIP
255.255.255.255	255.255.255.255	10.1.0.2	本地连接	1	本地
224.0.0.0	240.0.0.0	10.1.0.2	本地连接	20	本地
127.0.0.1	255.255.255.255	127.0.0.1	环回	1	本地
127.0.0.0	255.0.0.0	127.0.0.1	环回	1	本地
10.255.255.255	255.255.255.255	10.1.0.2	本地连接	20	本地
10.2.0.2	255.255.255.255	127.0.0.1	环回	20	本地
10.2.0.0	255.255.0.0	10.2.0.2	本地连接	20	本地
10.1.0.2	255.255.255.255	127.0.0.1	环回	20	本地
10.1.0.0	255.255.0.0	10.1.0.2	本地连接	20	本地

TEST2 - IP 路由表

目标	网络掩码	网关	接口	跃点数	通讯协议
10.1.0.0	255.255.0.0	10.2.0.2	本地连接	3	RIP
10.2.0.0	255.255.0.0	10.2.0.1	本地连接	20	本地
10.2.0.1	255.255.255.255	127.0.0.1	环回	20	本地
10.3.0.0	255.255.0.0	10.3.0.1	本地连接	20	本地
10.3.0.1	255.255.255.255	127.0.0.1	环回	20	本地
10.255.255.255	255.255.255.255	10.2.0.1	本地连接	20	本地
127.0.0.0	255.0.0.0	127.0.0.1	环回	1	本地
127.0.0.1	255.255.255.255	127.0.0.1	环回	1	本地
224.0.0.0	240.0.0.0	10.2.0.1	本地连接	20	本地
255.255.255.255	255.255.255.255	10.2.0.1	本地连接	1	本地

图 8-27　运行 RIP 协议后 R1 和 R2 的路由表

tracert 命令不但可以给出数据报是否能够顺利到达目的结点，而且可以显示数据报在前进过程中所经过的路由器。

8.5.3　简单的路由程序设计

上面的路由配置实验使用的是 Windows 2003 操作系统自带的路由软件。为了进一步掌握 IP 互联层的有关概念，下面编写一个简单的路由程序，实现 IP 数据报的转发。

简单路由程序设计实验的目的是利用 VC 编写一个简单的路由程序，实现 IP 数据报的转发。本实验可以在一个局域网中进行，采用如图 8-22 所示的实验环境。其中，路由器 R1 和 R2 为连接不同网络的通用计算机，通过在 R1 和 R2 上运行自己编制的路由程序，实现处于不同网络中的主机(如主机 A 和主机 B)的相互通信。

1. 路由软件应处理的主要内容

由于完整的路由软件需要完成的工作很多，因此，编制一个较为完整的路由软件相当复杂。一个较为完整的路由处理软件至少应该完成如下工作：

(1) 为经过的 IP 数据报选择路由。路由选择是路由器的主要功能。因此，当一个需要转发的 IP 数据报到达后，路由软件应该能够提取数据报的目的 IP 地址，并根据自己拥有的路由表信息为该数据报选择最优的转发路径。

(2) 处理 IP 数据报 TTL 域中的数值。IP 数据中的 TTL 控制数据报在互联网中的停留时间，因此，当数据报经过时，路由软件需要判断 TTL 域中的值，抛弃 TTL 值小于等于 0 的数据报并将可以转发数据报的 TTL 值减 1。

(3) 分片处理。由于不同网络的 MTU 可以不同，因此，路由软件将数据报从一个接口转发到另一个接口过程中有可能需要做分片处理。

(4) 处理 IP 数据报选项。IP 数据报可以带有选项(如记录路由、源路由、时间戳等)。完整的路由软件应该能够处理这些选项。

(5) 重新计算 IP 数据报的头部校验和。由于路由软件需要进行 TTL 处理、分片处理、选项处理等工作,因此,需要送出的 IP 数据报报头与接收时的 IP 数据报报头总会存在一定差异,因此,需要重新计算 IP 数据报的头部校验和。

(6) 生成和处理 ICMP 报文。ICMP 报文的生成和处理功能应该是路由软件的一部分。因此,在抛弃收到的 IP 数据报时(如 TTL 超时、校验和错误等),路由软件应能形成和发送 ICMP 差错报文;在发生拥塞时,路由软件应能形成和发送 ICMP 源站抑制报文。

(7) 实现动态路由协议,维护静态路由。为了实现路由表的动态更新,路由软件需要实现动态路由协议(如 RIP、OSPF 等)。同时,路由软件应该提供便利的用户界面,以便进行静态路由的添加、删除或修改。

(8) 实现 ARP 协议,形成数据帧。在将一个 IP 数据报送往下一站之前,路由软件需要获取下一站的物理地址(在以太网中需要通过 ARP 协议实现),然后,形成数据帧从选择的网络接口发送出去。

2. 利用 WinPcap 编制简单的路由程序

尽管编制一个较为完整的路由软件非常复杂和耗时,但是,路由程序的编制对深入了解互联层的工作原理大有裨益。为了简化路由程序的编制工作,实验要求编制一个简化的路由处理软件。该程序可以忽略分片处理、选项处理、动态路由等功能的实现,集中精力于路由的选择与 IP 数据报的转发。

为了清楚地显示路由程序的工作过程,编制的程序最好留有日志窗口,记录本机的网络接口情况、IP 数据报的接收情况、IP 数据报的选路情况、IP 数据报的发送情况等。其程序的界面示意图可以如图 8-28 所示。

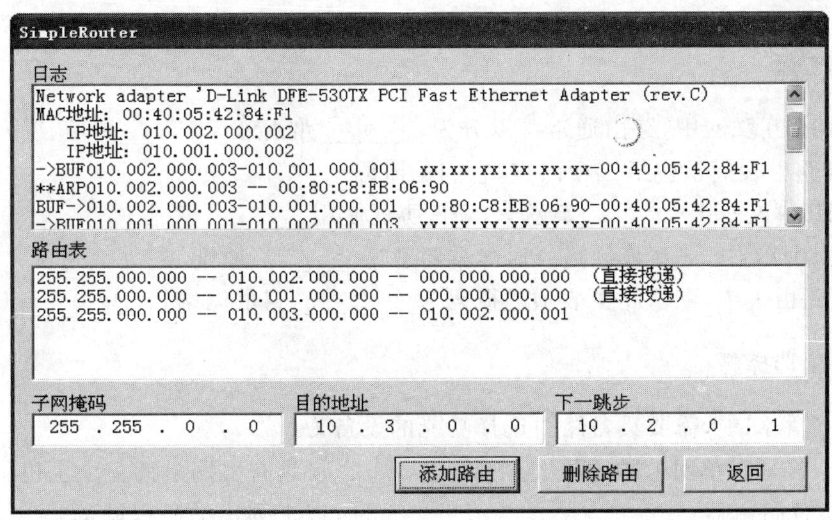

图 8-28 简单的路由程序界面示意图

简单的路由程序可以分为静态路由表的维护和 IP 数据报的处理两大部分。由于路由器的路由选择是通过路由表进行的,因此,路由表的维护是一个路由软件必须具备的功能。由于本实验要求使用静态路由，因此，程序应提供静态路由的添加、修改和删除等维护功能。对于与本机直接相连的路由信息，程序可自动搜索获知。而IP数据报的处理包括IP数据报的接收、IP数据报的选路、IP数据报的发送等工作。

简单的路由程序可以仅仅接收需要转发的IP数据报，这些IP数据报的共同特点是目的MAC地址指向本机，但目的IP地址不属于本机的IP地址。由于WinPcap提供的包过滤机制效率很高(见第6章练习与思考)，因此，可以利用WinPcap的包过滤机制筛选出需要处理的IP数据报提交给简单路由程序。

按照IP路由选择算法，在利用WinPcap获取需要转发的IP数据报后，路由程序首先需要提取该报文的目的IP地址，并通过路由表为其进行路由选择。如果选路成功，则记录需要投递到的下一路由器地址；如果不成功，则简单地将该报文抛弃。

在将选路成功的IP数据报发送到相应的接口之前，首先需要利用ARP协议获取下一站路由器接口的MAC地址。一旦得到该MAC地址，就可以把IP数据报封装成数据帧并通过相应的接口发送出去。

简单路由编程实验可以看成利用WinPcap捕获网络数据包实验(第6章)和使用ARP协议获取MAC地址实验(第7章)的继续。具体编程方法请参阅前面章节的相关内容。

在通用计算机R1和R2上运行编制完成的简单路由程序，并在主机A和主机B上执行ping命令和tracert命令，验证程序的正确性并观察简单路由程序处理需要转发的IP数据报的过程。

练习与思考

一、填空题

(1) 在IP互联网中，路由通常可以分为________路由和________路由。

(2) IP路由表通常包括三项内容，它们是掩码、________和________。

(3) RIP协议使用________算法，OSPF协议使用________算法。

(4) 在CIDR中，选择最优路径通常需要遵循________原则。

(5) 在路由表中，默认路由表项的掩码为________，目的网络为________。

二、单项选择题

(1) 在互联网中，需要具备路由选择功能的设备为(　　)。

A. 仅具有单网卡的主机　　B. 仅具有多网卡的宿主主机

C. 仅路由器　　D. 以上列出的所有设备

(2) 路由器中的路由表需要包含(　　)。

A. 到达所有主机的完整路径信息

B. 到达所有主机的下一步路径信息

C. 到达目的网络的完整路径信息

D. 到达目的网络的下一步路径信息

(3) 以下关于 OSPF 和 RIP 协议的路由信息广播方式的说法中正确的是(　　)。

A. OSPF 和 RIP 都需向全网广播

B. OSPF 和 RIP 都仅需向相邻路由器广播

C. OSPF 需向全网广播,RIP 仅需向相邻路由器广播

D. RIP 需向全网广播,OSPF 仅需向相邻路由器广播

三、动手和思考题

(1) 路由选择是互联层需要完成的最重要任务之一。为 IP 互联网配置路由是网络管理人员的基本工作之一,而路由程序的编制可以深入理解 IP 互联层的工作原理和机制。在完成这些实验的过程中,请练习和思考以下问题:

- 在大中型的互联网中,动态路由选择协议通常采用 OSPF。请学习 OSPF 的有关知识,查找配置 OSPF 动态路由的相关资料,使用 Windows 2003 自带的路由和远程访问程序配置一个 OSPF 动态路由,验证配置的正确性。
- 分片是路由软件应该具有的基本功能之一。在完成简单路由程序的编程之后,为其增加分片功能。

(2) 不但 Windows 2003 Server 支持 route 命令,而且 Windows 7 等常用的操作系统都支持该命令。请灵活使用 route 命令解决以下问题:

一个校园网用户的计算机中安装有两块网卡,一块网卡通过 ADSL 路由器利用电话网接入因特网,另一块网卡通过交换机直接接入校园网。假设用户计算机和路由器的 IP 地址如图 8-29 所示,用户使用的操作系统为 Windows 7,校园网拥有的 IP 地址为 202.118.25.××,202.118.26.××,202.118.27.××,202.118.28.××,202.118.29.××,202.118.30.××。请配置用户的计算机,使其通过路由器 R 访问校园内的所有联网计算机,通过 ADSL 路由器访问因特网。

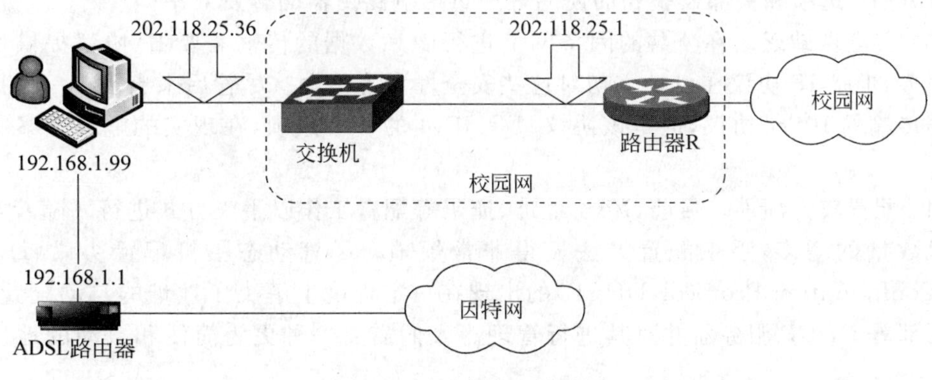

图 8-29　用户接入示意图

第 9 章　IPv6

目前，通常使用的 IP 协议为其第 4 个版本（即 IPv4）。IPv4 协议不但部署较为简单，而且在运行中表现出良好的健壮性和互操作性。30 多年的实践充分证明了 IPv4 协议的基本设计思想是正确的。但是，随着因特网规模的增长和应用的深入，人们也发现 IPv4 存在地址空间不足、转发效率有待提高、配置烦琐、安全性难于控制等问题。于是，一种新版本的 IP 协议——IPv6 协议逐渐浮出水面，并逐渐开始在因特网中部署和应用。

IPv6 是一个正在迅速发展并不断完善的标准。本章主要介绍 IPv6 的主要设计思想和工作原理。

9.1　IPv6 的新特征

在介绍 IPv6 协议的主要特征之前，先讨论一下 IPv4 协议的局限性。IPv4 的局限性主要包括：

（1）地址空间不足。IPv4 地址的长度为 32 位，可以提供 2^{32} 个 IP 地址。随着因特网规模呈指数级增长，IP 地址空间逐渐耗尽。尽管子网划分方法可以解决部分 IP 地址浪费问题，但该方法并不能使 IP 地址的数量增大。NAT 技术可以使多台主机共享一个公用 IP 地址，但这种技术使 IP 协议失去了点到点的特性①。IPv4 地址空间危机是 IP 协议升级的主要动力。

（2）性能有待提高。使用 IP 协议的主要目的是在不同网络之间高效地传输数据。尽管 IPv4 在很大程度上已经实现了此目标，但是在性能上还有改进的余地。例如，IP 报头的设计、IP 选项和头部校验和的使用等严重影响路由器的转发效率。

（3）安全性缺乏。在公共的因特网上进行隐私数据的传输需要 IP 协议提供加密和认证服务，但是 IP 协议在设计之初对这些安全性考虑很少。尽管后来出现了一个提供安全数据传输的 IPSec 协议，但是该协议只是 IPv4 的一个选项，在现实的解决方案中并不流行。

（4）配置较为烦琐。目前，IPv4 地址、掩码等配置工作以手工方式进行。随着互联网中主机数量的增多，手工配置方法显得非常烦琐。尽管动态主机配置协议（Dynamic Host Configuration Protocol，DHCP）的出现在一定程度上解决了地址的自动配置问题，但需要部署 DHCP 服务器并对其进行管理。人们需要一种更为简便和自动的地址配置方法。

（5）服务质量欠缺。IPv4 中的服务质量（Quality of Service，QoS）保证主要依赖于 IP 报头中的“服务类型”字段，但是，“服务类型”字段的功能有限，不能满足实时数据传输

---

① 关于 NAT 技术的讨论参见第 10 章。

质量的要求。为了支持互联网中的实时多媒体应用，需要 IP 协议能够提供有效的 QoS 保障机制。

针对 IPv4 存在的局限性，IETF 推出了下一代 IP 协议标准——IPv6。IPv6 沿用了 IPv4 的核心设计思想，但对报文格式、地址表示等进行了重新设计。IPv6 的新特征主要包括：

(1) 全新的报文结构。在 IPv6 报文中，报头分为基本头和扩展头两部分。基本头的长度固定，包含中途路由器转发数据报必需的信息。扩展头位于基本头之后，包含一些扩展字段。这种设计能使路由器快速定位转发需要的信息，提高转发效率。

(2) 巨大的地址空间。IPv6 地址长度为 128 位，可以提供超过 3×10^{38} 个 IP 地址。IPv6 地址空间是 IPv4 地址空间的 2^{96} 倍。如果这些 IP 地址均匀分布于地球表面，那么每平方米可以获得 6.65×10^{23} 个。

(3) 有效的层次化寻址和路由结构。IPv6 巨大的地址空间能够更好地将路由结构划分出层次，允许使用多级子网划分和地址分配。由于 IPv6 地址可以使用的网络号部分位数较长，因此层次的划分可以覆盖从主干网到部门内部子网的多级结构。同时，合理的层次划分和地址分配可以使路由表的聚合性更好，有利于数据报的高效寻址和转发。

(4) 内置的安全机制。IPSec 是 IPv6 协议要求的标准组成部分。它可以对 IP 数据报加密和认证，增强网络的安全性。

(5) 自动地址配置。为了简化主机的配置过程，IPv6 支持有状态和无状态两种自动地址配置方式。在有状态的自动地址配置中，主机借助于 DHCP 服务器获取 IPv6 地址；在无状态的自动地址配置中，主机借助于路由器获取 IPv6 地址。即使没有 DHCP 服务器和路由器，主机也可以自动生成一个链路本地地址而无须人工干预。

(6) QoS 服务支持。IPv6 在其报头中设计了一个流标签，用于标识从源到目的地的一个数据流。中途路由器可以识别这些数据流并可以对它们进行特殊的处理。

9.2 IPv6 地址

与 IPv4 相同，IPv6 地址用于表示主机(或路由器)到一个网络的连接(或接口)，因此具有多个网络连接(或接口)的主机(或路由器)应该具有多个 IPv6 地址。同样，多个 IPv6 地址可以绑定到一条物理连接(或接口)上，使一条物理连接(或接口)具有多个 IP 地址。与 IPv4 不同，IPv6 地址长度为 128 位二进制数，理论上 IP 地址的数量为 2^{128}(340 282 366 920 938 463 463 374 607 431 768 211 456)个。本节讨论 IPv6 地址表示法和 IPv6 地址分类。

9.2.1 IPv6 地址表示法

IPv4 地址采用点分十进制表示法，32 位的 IP 地址按每 8 位划分为一个位段，每个位段转换为相应的十进制数，十进制数之间用“.”隔开。由于 IPv6 地址的长度较长，使用点分十进制表示法显得非常烦琐，因此在 IPv6 标准中采用了新表示法。

新的表示法分为两种，一种为冒号十六进制表示法，一种为双冒号表示法。不过双冒号表示法可以看成冒号十六进制表示法的简化方式。另外，IPv6 使用地址前缀标识 IPv6 地址中哪些部分表示网络，哪些部分表示主机。

1. 冒号十六进制表示法

所谓冒号十六进制表示法是将 IPv6 的 128 位地址按每 16 位划分为一个位段，每个位段转换为一个十六进制数，十六进制数之间用“:”隔开。

例如，一个 128 位的 IPv6 地址如下：

0010000000000001000000000000000100000000000000000000000000000000
0000000000000000000000000000000011000000001100001011111101110110

这 128 位的地址按每 16 位一组划分为 8 个位段：

0010000000000001 0000000000000001 0000000000000000 0000000000000000
0000000000000000 0000000000000000 1100000000110000 1011111101110110

每个位段转换为一个十六进制数，十六进制数之间用“:”隔开，其结果为

2001:0001:0000:0000:0000:0000:C030:BF97

冒号十六进制表示法可以进一步简化，其方法是移除每个位段前导的 0，但每个位段至少保留一位数字。例如，可以将 IPv6 地址 2001:0001:0000:0000:0000:0000:C030:BF97 中第 2 个位段 0001 中的前导 0 去掉，变成 1；将第 3 个位段 0000 仅保留 1 位，变成 0。这样 IPv6 地址 2001:0001:0000:0000:0000:0000:C030:BF97 可以表示为

2001:1:0:0:0:0:c030:BF97

需要注意，每个位段非零数字后面的 0 不能去掉，例如第 1 位段 2001 中的 0 和第 7 位段 c030 中的 0 不能去掉。

2. 双冒号表示法

有些类型的 IPv6 地址会包含一长串的 0，为了进一步简化 IPv6 地址表示，可以将多个连续为 0 的位段简写为::，这就是双冒号表示法。

例如在 IPv6 地址 2001:1:0:0:0:0:c030:BF97 中，第 3～6 个位段连续为 0，可以将其用双冒号表示法表示为

2001:1::C030:BF97

需要注意，一个 IPv6 地址中只能包含一个“::”，双冒号代表的位段数需要根据“::”前面和后面的位段数决定。即：双冒号代表的位段数、双冒号前面的位段数、双冒号后面的位段数总和应为 8。

例如在 2001:1::C030:BF97 中，“::”代表 4 个 0 位段；而在 2001:1::BF97 中，“::”代表 5 个 0 位段。

如果一个 IPv6 地址的开始几个位段为 0(或最后几个位段为 0)，那么也可以用双冒号表示法表示。例如 IPv6 地址 0:0:0:0:0:0:0:1 可以表示为“::1”，2001:1:0:0:0:0:0:0 可以表示为“2001:1::”。如果 IPv6 地址为 0:0:0:0:0:0:0:0，那么可以简单表示为“::”。

3. IPv6 地址前缀

在 IPv4 中，IP 地址的网络号部分和主机号部分可以使用掩码表示法或斜杠标记法进行标识。IPv6 允许使用多级子网划分和地址分配方案(类似于将网络划分为子网，子网再次划分为子子网等)，其网络号部分和主机号部分如何标识呢?

IPv6 抛弃了 IPv4 中使用的掩码表示法，采用了与斜杠标记法一致的地址前缀表示法。地址前缀表示法采用"地址/前缀长度"的表示方式，其中，"地址/前缀长度"中的"地址"为一个 IPv6 地址，"前缀长度"表示这个 IP 地址的前多少位为网络号部分。实际上，前缀可以简单地看做 IPv6 地址的网络号部分，用作 IPv6 路由或子网标识。

例如，2001:D3::/48 表示 IPv6 地址 2001:D3::的前 48 位为其地址前缀(即 2001:D3::的前 48 位为其网络号部分)，而 2001:D3:0:2F3B::/64 表示 IPv6 地址 21DA:D3:0:2F3B::的前 64 位为其地址前缀(即 21DA:D3:0:2F3B::的前 64 位为其网络号部分)。

9.2.2 IPv6 地址类型

IPv6 地址类型主要分为单播地址(unicast address)、多播地址(multicast address)、任播地址(anycast address)和特殊地址(special address)等几种。

1. 单播地址

单播地址用于标识 IPv6 网络中的一个区域中单个网络接口。在这个区域中，单播地址是唯一的。发送到单播地址的 IPv6 数据报将被传送到该地址标识的接口上。按照覆盖的区域不同，单播地址分为全球单播地址(global unicast address)、链路本地地址(link-local address)、站点本地地址(site-local address)等。

(1) 全球单播地址。IPv6 的全球单播地址类似于 IPv4 中的公网 IP 地址，该地址在整个互联网中是唯一的，用于全球范围内的互联网寻址。全球单播地址以 001 开始，其后的 61 位通常用于网络和子网的划分，最后 64 位标识主机的接口，如图 9-1(a)所示。

(2) 链路本地地址。链路本地地址用于同一链路上邻居结点之间的通信，使用该地址的 IPv6 数据报不能穿越路由器。链路本地地址总是以 1111111010 开始，后面跟随 54 位的 0，其地址前缀为 FE80::/64，如图 9-1(b)所示。链路本地地址的最后 64 位标识主机的接口。

(3) 站点本地地址。IPv6 站点本地地址类似于 IPv4 的私有地址(192.168.××.××、10.××.××.××等)，用于标识私有互联网中的网络连接。站点本地地址在所属站点的私有互联网范围内有效，以其做地址的 IPv6 数据报可以被站点中的路由器转发，但不能转发出该站点范围。站点本地地址以 1111111011 开始，随后的 54 位用于站点中子网的划分，最后 64 位标识主机的接口，如图 9-1(c)所示。我们通常看到的以 FEC0 开始的 IPv6 地址就是站点本地地址。

与全球单播地址不同，链路本地地址和站点本地地址可以重复使用。例如，链路本地地址可以在不同的链路上重复使用，站点本地地址可以在一个组织内部的不同站点上使

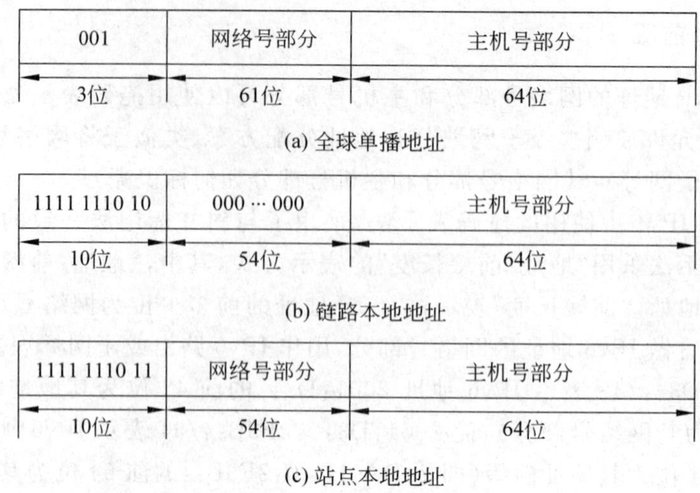

图 9-1 单播地址

用。本地地址可以重复使用的特性有时会造成其二义性。为了解决这个问题，IPv6 使用附加的区域标识符(zoneID)表示一个 IPv6 地址具体属于哪个链路或哪个站点，其具体格式为 Address%zoneID。其中，Address 为一个链路本地地址或站点本地地址，zoneID 表示该 IPv6 地址所属的链路号或站点号。例如，FE80::1%6 表示第 6 号链路上的 FE80::1，FEC0::1%2 表示第 2 号站点上的 FEC0::1。

zoneID 是由本地结点分配的。对于同一条链路或同一个站点，不同的结点可能会分配不同的链路号或不同的站点号。图 9-2 显示了不同主机为同一个链路和站点分配的链路号和站点号。主机 A 为 FE80::1 所在的链路分配的链路号为 4，为 FEC0::1 分配的站点号为 9；主机 B 为 FE80::2 所在的链路分配的链路号为 6，为 FEC0::2 分配的站点号为 2。在主机 A 需要使用主机 B 的 FE80::2 和 FEC0::2 地址时，可以使用 FE80::2%4 和 FEC0::2%9。其意义可以简单理解为 FE80::2 在本机(主机 A)的 4 号链路上，FEC0::2 在本机(主机 A)的 9 号站点上。

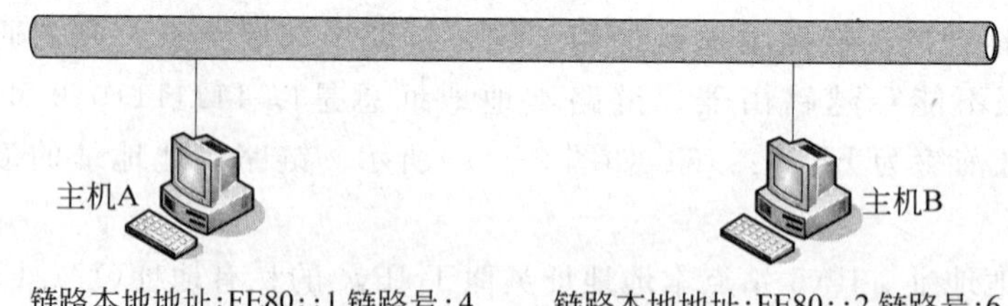

图 9-2 zoneID 的分配和使用

2. 多播地址

IPv6 的多播地址用于表示一组 IPv6 网络接口，发送到该地址的数据报会被送到由该地址标识的所有网络接口。多播地址通常在一对多的通信中使用，一个结点发送，组中的其他所有成员接收。IPv6 标准规定，一个结点不但可以同时收听多个多播组的信息，而且可以在任何时候加入或退出一个多播组。

IPv6 多播地址由 8 位的 11111111 开始，后面跟随 4 位的标志、4 位的范围和 112 位的组标识，如图 9-3 所示。其中，4 位标志用于表示该多播地址是否为永久分配的多播组(例如是否为官方分配的著名多播组地址)；4 位范围用于表示该多播地址的作用范围(例如是本地链路有效还是本地站点有效)；112 位的组标识用于标识一个多播组，该值应该在其作用范围内唯一。

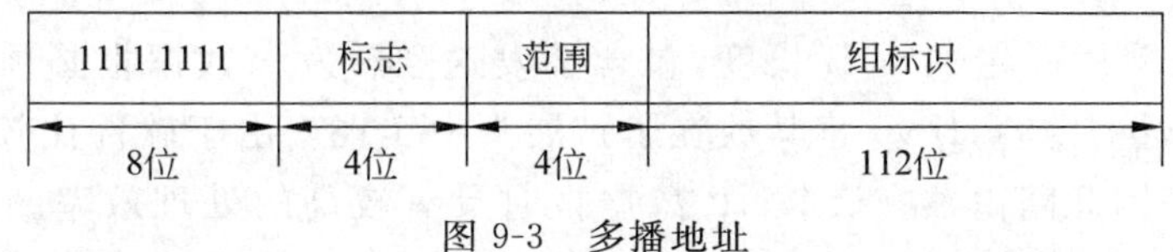

图 9-3　多播地址

由于多播地址以 FF 开头，因此很容易识别。需要注意，多播地址只能用作目的地址而不能用作源地址。另外，IPv6 中抛弃了广播地址，一对多的广播通信也需要利用多播方式实现。

3. 任播地址

任播地址也称泛播地址，用于表示一组网络接口，发送到该地址的数据报会被传送到由该地址标识的其中一个接口，该接口通常是最近的一个。任播地址通常在“一个对多个中的任何一个”通信中使用，一个发送，组中的一个接收并处理即可。任播地址需要从单播地址空间中分配，它没有自己单独的地址空间。

4. 特殊地址

与 IPv4 类似，IPv6 地址中也包含一些特殊的地址。常见的特殊 IPv6 地址包括：

(1) 非指定地址。0:0:0:0:0:0:0:0(或::)为非指定地址，表示一个网络接口上的 IPv6 地址还不存在。该 IPv6 地址不能分配给一个网络接口，也不能作为目的地址使用。但是在某些特殊场合中，该地址可以用做源地址。

(2) 回送地址。0:0:0:0:0:0:0:1(或::1)为回送地址。该地址与 IPv4 的 127.0.0.1 类似，允许一个结点向它自己发送数据报。

(3) 兼容地址。包括 IPv4 兼容地址、IPv4 映射地址、6to4 地址等。在 IPv4 向 IPv6 过渡时期，我们可能会用到这些地址。

9.3 IPv6 数据报

与 IPv4 的数据报不同，IPv6 数据报由一个 IPv6 基本头、多个扩展头和上层数据单元组成，如图 9-4 所示。

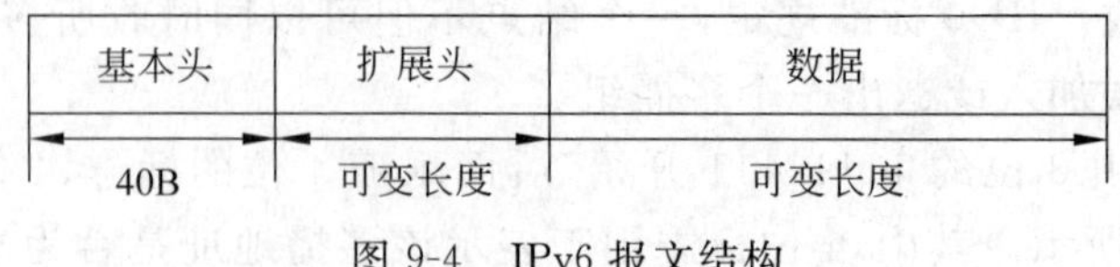

图 9-4 IPv6 报文结构

9.3.1 IPv6 的基本头

IPv6 基本头采用固定的 40B 长度，包含了发送和转发该数据报必须处理的一些字段。对于一些可选的内容，IPv6 将其放在了扩展头中实现。由于软件比较容易定位这些必须处理的字段，因此路由器在转发 IP 数据报时具有较高的处理效率。IPv6 基本头的格式如图 9-5 所示。

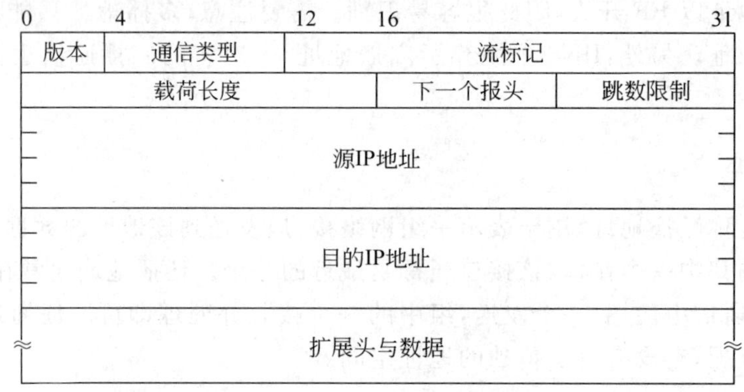

图 9-5 IPv6 基本头的格式

(1) 版本。取值为 6，表示该报文符合 IPv6 数据报格式。

(2) 通信类型。与 IPv4 报头中的“服务类型”字段类似，表示 IPv6 数据报的类型或优先级，用于提供区分服务。

(3) 流标记。表示该数据报属于从源结点到目的结点的一个特定的流。如果该字段的值不为 0，说明该数据报希望途经的 IPv6 路由器需要对其进行特殊处理。

(4) 载荷长度。表示 IPv6 有效载荷的长度，有效载荷的长度包括扩展头和高层数据。

(5) 下一个报头。如果存在扩展头，该字段的值指明下一个扩展头的类型。如果不存在扩展头，该字段的值指明高层数据的类型，如 TCP、UDP 或 ICMPv6 等。

(6) 跳数限制。表示 IPv6 数据报在被丢弃之前可以被路由器转发的次数。数据报每经过一个路由器，该字段的值减 1。当该字段的值减为 0 时，路由器向源结点发送 ICMPv6 错误报文并丢弃该数据报。

(7) 源地址。表示源结点的 IPv6 地址。

(8) 目的地址。表示目的结点的 IPv6 地址[①]。

9.3.2 IPv6 扩展头

IPv6 数据报可以包含 0 个或多个扩展头。如果存在扩展头,那么扩展头位于基本头之后。IPv6 基本头中的“下一个报头”字段指出第一个扩展头的类型。每个扩展头中也都包含“下一个报头”字段用以指出后继扩展头类型。最后一个扩展头中的“下一个报头”字段指出高层协议的类型。例如,图 9-6 所示的 IPv6 数据报包含路由和认证两个扩展头,基本头中的“下一个报头”字段指出其后跟随的为“路由头”;路由头中的“下一个报头”字段指出其后跟随的为“认证头”;认证头中的“下一个报头”字段指出其后跟随的为 TCP 头和数据。

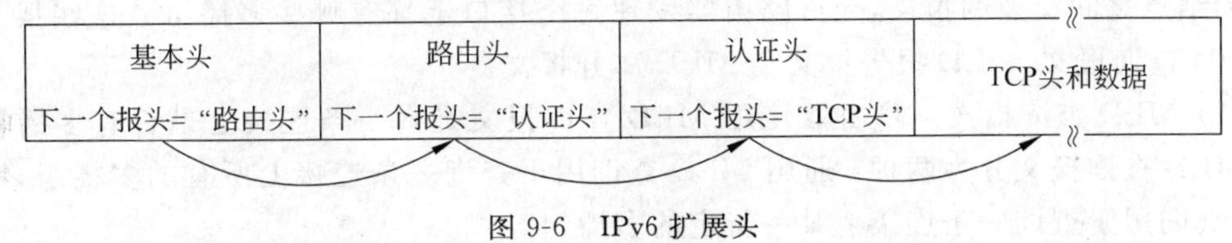

图 9-6 IPv6 扩展头

IPv6 扩展头包括逐跳选项头、路由头、目的选项头、分片头、认证头和封装安全有效载荷头。

(1) 逐跳选项头。用于指定数据报传输路径上每个中途路由器都需要处理的一些转发参数。如果数据报中存在该扩展头,中途路由器都需要对其进行处理。

(2) 路由头。用来指出数据报在从源结点到达目的结点的过程中需要经过的一个或多个中间路由器。该扩展头类似于 IPv4 中的松散源路由选项。

(3) 目的选项头。用于为中间结点或目的结点指定数据报的转发参数。如果存在路由头,并且目的选项头出现在路由头之前,则路由头指定的每个中途路由器和目的结点都需要处理该目的选项头;如果不存在路由头,或者目的选项头出现在路由头之后,则只需要目的结点处理该目的选项头。

(4) 分片头。用于 IPv6 的分片和重组服务。该扩展头中含有分片的数据部分相对于原始数据的偏移量、是否是最后一片标志及数据报的标识符,目的结点利用这些参数进行分片数据报的重组。

(5) 认证头。用于 IPv6 数据报的数据认证(数据来源于真实的结点)、数据完整性验证(数据没有被修改过)和防重放攻击(保证数据不是已经发送过一次的数据)。

(6) 封装安全有效载荷头。用于 IPv6 数据报的数据保密、数据认证和数据完整性验证。

① 在有些情况下,目的地址字段可能为下一个转发路由器的地址。本书不对其具体内容进行详细阐述。

9.4 IPv6差错与控制报文

IPv6使用的ICMP通常称为ICMPv6,它可以看成IPv4 ICMP的升级版。除了具有IPv4 ICMP具有的错误报告、回应请求与应答等功能外,ICMPv6还具有多播侦听者发现、邻居发现等功能。本节将对ICMPv6特有的一些功能做简单介绍。

9.4.1 多播侦听者发现

多播在IPv6中使用非常广泛,因此多播的管理非常重要。ICMPv6中的多播侦听者发现(Multicast Listener Discovery,MLD)就是为管理多播设计的。MLD定义了一组路由器和结点之间交换的报文,允许路由器发现每个接口上都有哪些多播组。这些报文包括MLD查询报文、MLD报告报文和MLD离开报文。

(1) MLD查询报文。路由器使用MLD查询报文查询一条连接上是否有多播收听者。MLD查询报文分为两种:通用MLD查询用于查询一条连接上所有的多播组,特定MLD查询用于查询一条连接上某一特定的多播组。

(2) MLD报告报文。多播接收者在响应MLD查询报文时可以发送MLD报文。另外,多播接收者希望接收某一多播地址的信息时也可以发送MLD报文。

(3) MLD完成报文。多播接收者使用MLD完成报文指示它希望离开某一特定的多播组,不再希望接收该多播地址的信息。

9.4.2 邻居发现

所谓邻居结点指的是处于同一物理网络中的结点。IPv6邻居发现(Neighbor Discovery,ND)定义了一组报文和过程,用于探测和判定邻居结点之间的关系。邻居发现包括了物理地址解析、路由发现、路由重定向等功能。其中,IPv6网络不再使用ARP协议,地址解析需要使用邻居发现完成。而重定向功能则与IPv4中的重定向功能类似。

邻居发现定义了5种不同的报文,它们是路由器请求报文、路由器公告报文、邻居请求报文、邻居公告报文、重定向报文。

1. 路由器请求与公告

路由器请求与路由器公告报文是路由器与主机之间交换的报文,用于本地IPv6路由器的发现和链路参数配置。

(1) 路由器请求报文。由主机发送,用于发现链路上的IPv6路由器。该报文请求IPv6路由器立即发送路由器公告报文,而不要等待路由器公告报文发送周期的到来。

(2) 路由器公告报文。IPv6路由器周期性地发送路由器公告报文,以通知链路上的主机应使用的地址前缀、链路MTU、是否使用地址自动配置等信息。另外,在收到主机发送的路由器请求报文后,路由器会立即响应路由器公告报文。

图 9-7 显示了一个具有两台主机和一台路由器的以太网。在通常情况下，路由器 R 周期性地在一个特定的多播组中发送路由器公告报文，如图 9-7(a)所示。这些公告报文除宣布路由器 R 为本地路由器之外，还提供所在链路的默认跳数限制、MTU 和前缀等参数信息。属于该多播组的主机(例如主机 A 和主机 B)接收这些路由器公告报文，然后按照公告报文提供的信息更新自己的路由表和其他参数。

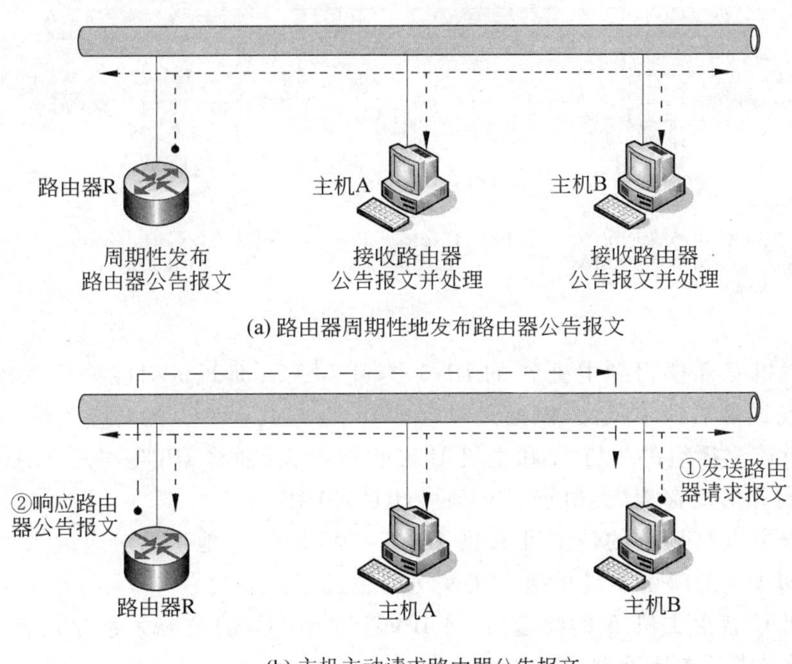

图 9-7　路由器请求与公告

在有些情况下(例如主机启动时)，主机也可以主动请求路由器公告，以尽快获得路由信息和其他参数信息。在图 9-7(b)中，主机 B 主动向一个特定的多播组中发送路由器请求报文，该多播组的主机 A 和路由器 R 都会接收该请求报文。当路由器 R 接收到该报文后，它会立刻使用路由器公告报文进行响应。路由器发送的响应采用单播方式，即如果主机 B 发送路由器请求报文，那么路由器 R 响应的路由器公告报文的目的地为主机 B。

2. 邻居请求与公告

邻居请求与邻居公告报文是本地结点之间交换的报文，这些结点既可以是主机也可以是路由器。在 IPv6 中，物理地址解析、邻居结点不可达探测、重复地址探测等功能的实现主要依靠邻居请求与公告报文的交换。

(1) 邻居请求报文。由 IPv6 结点发送，用于发现本链路上一个结点的物理地址。该报文中包含了发送结点的物理地址。

(2) 邻居公告报文。当接收到邻居请求报文后，结点使用邻居公告报文进行响应。另外，结点也会主动发送邻居广播报文，以通知其物理地址的改变。邻居公告报文包含了发送结点的物理地址。

图 9-8 显示了利用邻居请求与公告报文进行物理地址解析的例子。尽管 IPv6 不再使用 ARP 协议进行地址解析，但是利用邻居请求与公告进行地址解析的过程与 ARP 的解析过程非常相似。

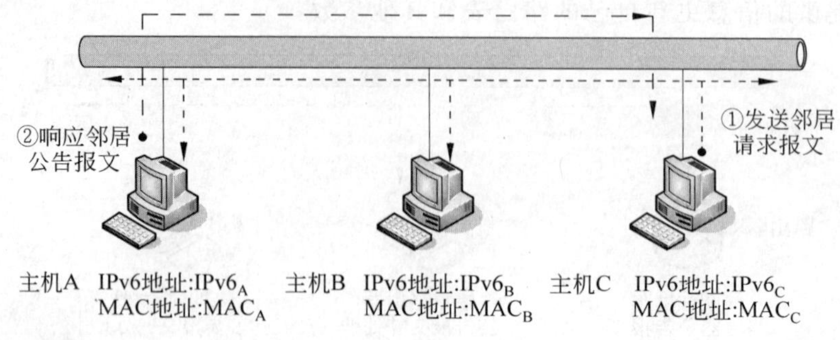

图 9-8 物理地址解析

(1) 当主机 C 希望得到主机 A 的 $IPv6_A$ 与其 MAC_A 地址的对应关系时，它向一个特定的多播组发送邻居请求报文，该报文包含有 $IPv6_C$ 与其 MAC_C 的对应关系。

(2) 侦听该多播组的主机 A 和主机 B 接收该报文，并将 $IPv6_C$ 与其 MAC_C 的对应关系存入各自的邻居缓存表(类似于 IPv4 的 ARP 表)中。

(3) 由于主机 C 请求的是主机 A 的 $IPv6_A$ 与其 MAC_A 地址的对应关系，因此主机 A 将 $IPv6_A$ 与 MAC_A 的映射通过单播方式发送给主机 C。

(4) 主机 C 获得主机 A 的响应后，将 $IPv6_A$ 与 MAC_A 的对应关系存入自己的邻居缓存表中，从而完成一次地址解析任务。

3. 路由重定向

重定向报文由 IPv6 路由器发送，用于通知某本地主机到达一个特定目的地的更好路由。路由重定向的过程如图 9-9 所示。

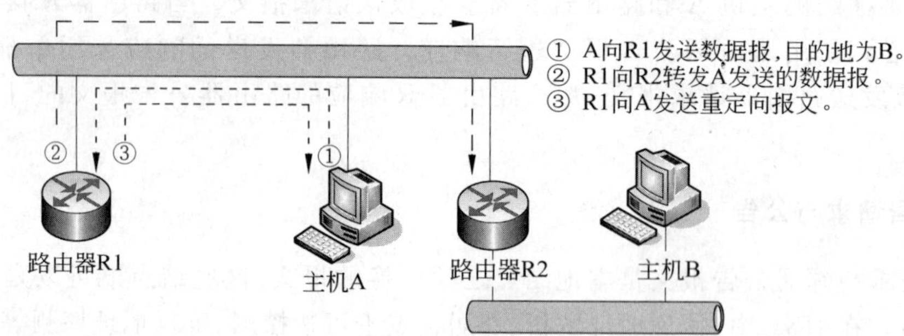

图 9-9 路由重定向

(1) 主机 A 准备发送一个 IPv6 数据报，其目的地址为主机 B。由于路由表中到达主机 B 所在网络的下一跳指向路由器 R1，因此主机 A 将数据报投递给 R1。

(2) R1 接收主机 A 发送的数据报并为其选路，确定该数据报应投递至 R2。路由器

R1 发现该数据报来自自己的邻居主机 A,同时下一跳路由器 R2 也是自己的邻居,于是,R1 判定主机 A 与 R2 也是邻居。这样,主机 A 发送目的地为主机 B 的数据报可以直接投递给 R2,不需要经过 R1。

(3) R1 将主机 A 发送的数据报转发到下一跳路由器 R2。然后,R1 向主机 A 发送重定向报文,通知主机 A 到达主机 B 所在网络的最优路径。

(4) 主机 A 接收到 R1 发送的重定向报文后更新自己的路由表。如果以后再向主机 B 发送数据报,则直接投递到 R2。

9.5 地址自动配置与路由选择

128 位的 IPv6 地址对人们的记忆力是一个挑战。为了简化 IPv6 地址的配置,人们常常采用自动方式配置 IPv6 地址。另外,路由选择也是 IPv6 的重要内容之一。

9.5.1 地址自动配置

地址自动配置包括链路本地地址配置、无状态地址配置和有状态地址配置。

1. 链路本地地址配置

无论主机还是路由器,在 IPv6 协议启动时都会在每个接口自动生成一个链路本地地址。该地址的网络前缀固定为 FE80::/64,后 64 位(主机号部分)自动生成。物理网络内各结点之间可以使用该地址进行通信。

2. 无状态地址配置

主机在自动配置链路本地地址后,可以继续进行无状态地址配置,其过程如下:

(1) 主机发送 ICMPv6 路由器请求报文,询问是否存在本地路由器。

(2) 如果没有路由器响应路由器公告报文,那么主机需要使用有状态方式或手工方式配置 IPv6 地址和路由。

(3) 如果接收到路由器公告报文,那么主机按照该报文的内容更新自己的 MTU 值、跳步限制数等参数。同时,主机会按照公告报文中的地址前缀更新自己的路由表并自动生成 IPv6 地址。

3. 有状态地址配置

有状态地址自动配置需要 DHCPv6 服务器的支持。主机向 DHCPv6 服务器多播"DHCP 请求消息",DHCPv6 服务器在返回的"DHCP 应答消息"中将分配的地址返回给请求主机。主机利用该地址作为自己的 IPv6 地址。

9.5.2 路由选择

与 IPv4 相似,IPv6 路由选择也使用了路由表;与 IPv4 不同,IPv6 通过目的地缓存表提高了路由选择效率。

一个基本的 IPv6 路由器表通常包含许多(P,R)对序偶,其中 P 指的是目的网络前缀,R 是到目的网络路径上的下一个路由器的 IPv6 地址。在图 9-10 所示的互联网中,IPv6 路由器的路由表如表 9-1 所示。

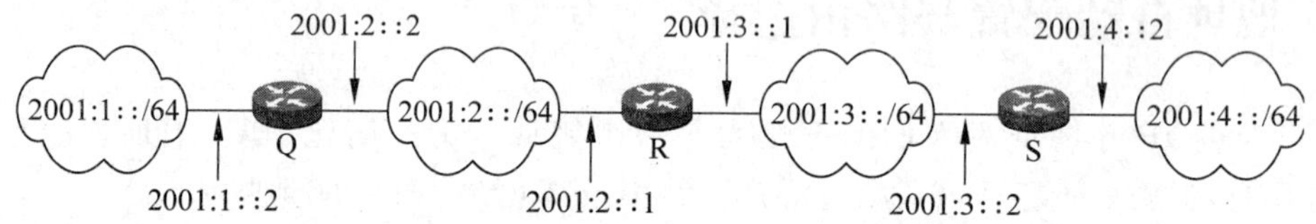

图 9-10 由 3 个 IPv6 路由器互联的 4 个网络

表 9-1 路由器 R 的路由表

要到达的网络	下一跳	要到达的网络	下一跳
2001:2::/64	直接投递	2001:1::/64	2001:2::2
2001:3::/64	直接投递	2001:4::/64	2001:3::2

从表 9-1 可以看出,网络 2001:2::/64 和网络 2001:3::/64 都与路由器 R 直接相连,路由器 R 收到一个 IPv6 数据报,如果其目的地址的前缀为 2001:2::/64 或 2001:3::/64,那么 R 就可以将该报文直接传送给目的主机。如果收到目的地址前缀为 2001:1::/64 的报文,那么 R 就需要将该报文传送给 2001:2::2(路由器 Q),由路由器 Q 再次投递该报文。同理,如果收到目的地址前缀为 2001:4::/64 的报文,那么 R 就需要将报文传送给 2001:3::2(路由器 S)。

目的地缓存表是 IPv6 在内存中动态生成的一个表,保存最近的路由选择结果。在连续向一个目的地发送多个数据报时,从第 2 个数据报开始便可以通过目的地缓存表找到转发路由。由于目的地缓存表通常比路由表小很多,因此路由的查找效率比较高。

表 9-2 显示了一个简单的目的地缓存表。当目的地址为 2001:1::2 时,下一跳为 2001:1::2(该数据报可以直接投递);当目的地址为 2001:2::2 时,下一跳为 2001:1::1(该数据报需要通过路由器转发)。

表 9-2 目的地缓存表

目的地址	下一跳
2001:1::2	2001:1::2
2001:2::2	2001:1::1

在 IPv6 中,主机的路由选择和路由器的路由选择稍有不同。

1. 主机的路由选择

主机通常具有单一的网络接口,它的路由选择过程如图 9-11 所示。从图中可以看到,主机在进行 IPv6 路由选择时首先在目的地缓存表中进行查找和匹配。如果在目的地缓存表中找到与目的 IPv6 地址匹配的表项,那么利用该表项进行投递,不再查找路由表;如果在目的地缓存表中没有找到匹配的表项,则继续在路由表中查找。如果在路由表中查找到与目的 IPv6 地址匹配的表项,那么路由算法首先更新目的地缓存表,然后利用该表项进行投递。

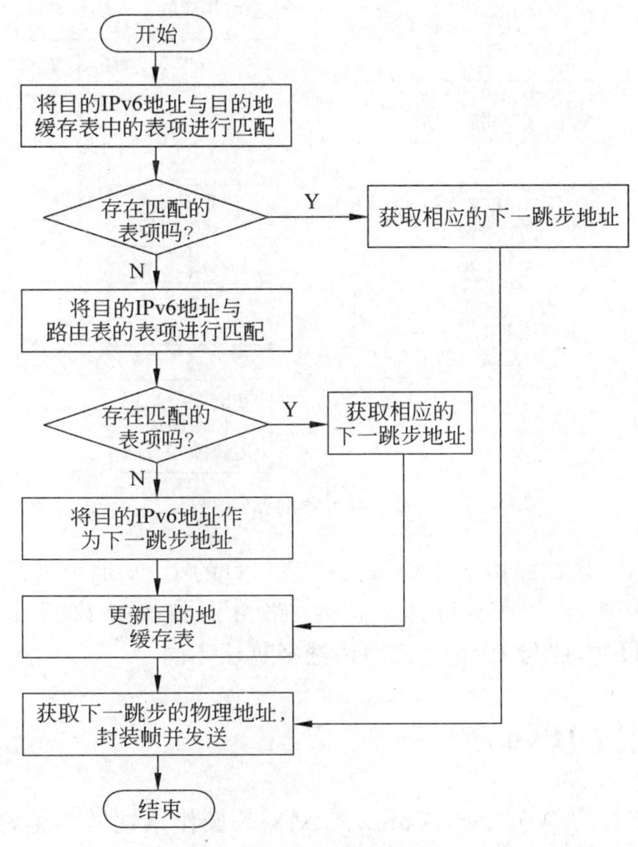

图 9-11 主机的路由选择

需要注意的是,一旦路由表也没有找到与目的 IPv6 地址匹配的表项,主机路由选择算法认为数据报的目的地与该主机处于同一物理网络,进行直接投递。这与 IPv4 路由选择算法和 IPv6 路由器路由选择算法不同。

2. 路由器的路由选择

通常路由器具有多个网络接口,它的路由选择过程如图 9-12 所示。从图中可以看到,路由器在进行 IPv6 路由选择时首先在目的地缓存表中进行查找和匹配。如果在目的地缓存表中找到与目的 IPv6 地址匹配的表项,那么利用该表项进行投递,不再查找路由表;如果在目的地缓存表中没有找到匹配的表项,则继续在路由表中查找。如果在路由表中查找到与目的 IPv6 地址匹配的表项,那么路由算法首先更新目的地缓存表,然后利用该表项进行投递。

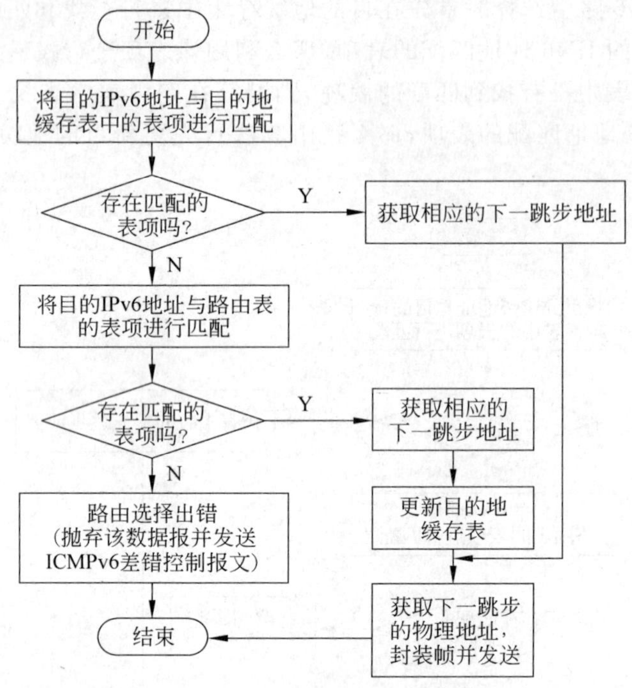

图 9-12 路由器的路由选择

需要注意的是,一旦在路由表中也没有找到与目的 IPv6 地址匹配的表项,路由器路由选择算法会认为该目的地不可达。这时,路由器将抛弃该报文并向源主机发送 ICMPv6 差错控制报文,这与 IPv6 主机路由选择算法不同。

9.6 实验:配置 IPv6

目前,市场上流行的 Windows、Linux、UNIX 等操作系统基本上都支持 IPv6。本实验将采用 Windows 2003 操作系统,在一个局域网中配置 IPv6 地址。实验使用的网络结构图可以如图 9-13 所示。

图 9-13 实验使用的网络示意图

在默认情况下，Windows 2003 不会自动安装 IPv6 协议。为了完成实验，需要首先安装 IPv6 协议。在 Windows 2003 中安装 IPv6 协议可以通过“开始”→“控制面板”→“网络连接”→“本地连接”→“属性”进入“本地连接 属性”对话框，如图 9-14 所示。然后通过单击“安装”按钮添加 IPv6 协议模块。

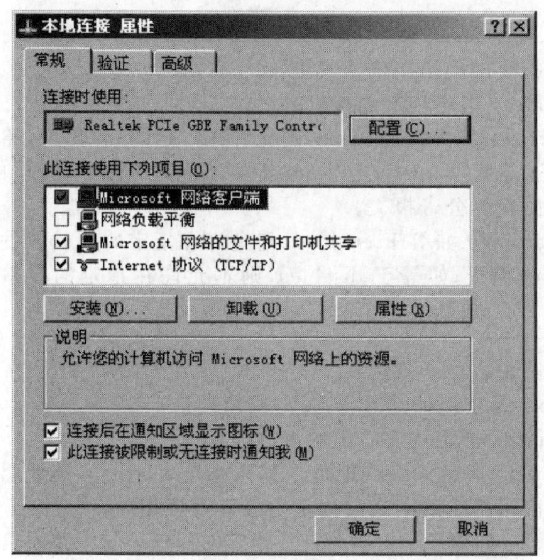

图 9-14 “本地连接 属性”对话框

9.6.1 IPv6 地址的配置命令

Windows 2003 没有提供图形界面的 IPv6 配置方法，配置 IPv6 协议需要使用 netsh 命令。netsh 的功能非常强大，与网络相关的配置工作（包括 IPv4 的配置）基本上都可以通过 netsh 完成。

在 Windows 命令行界面输入 netsh 命令，就可进入 netsh 程序，如图 9-15 所示。由于 netsh 把与 IPv6 配置相关的功能放置在 interface 的 ipv6 之下，因此，进入 netsh 后可以依次输入 interface 和 ipv6，以便进行 IPv6 地址配置工作。

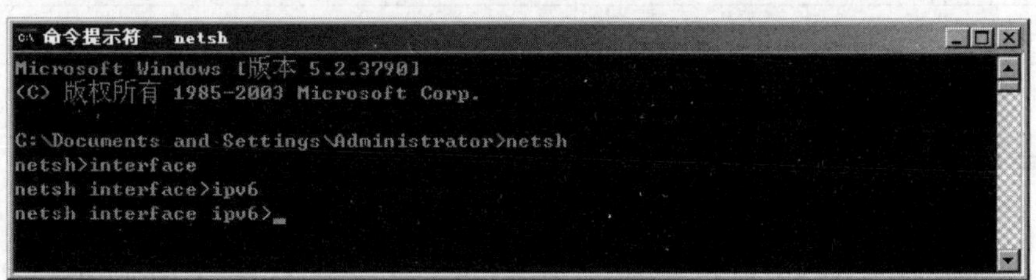

图 9-15 使用 netsh 配置 IPv6 协议

netsh 中包含的命令很多，表 9-3 列出了本实验需要使用的命令及参数。

表 9-3 实验中用到的 netsh 命令及参数

命 令	格 式	含 义
show address	show address	显示接口上绑定的 IPv6 地址。
add address	add address interface=＜接口名称＞ address=＜IPv6 地址＞	在指定的接口上添加 IPv6 地址。其中： interface：指定特定的接口。 address：指定需添加的 IPv6 地址
delete address	delete address interface=＜接口名称＞ address=＜IPv6 地址＞	删除指定接口上的特定 IPv6 地址。其中： interface：指定特定的接口。 address：指定需删除的 IPv6 地址

续表

命 令	格 式	含 义
set interface	set interface interface=<接口名称>advertise=<enabled/disabled> forwarding=<enabled/disabled>	设置指定的网络接口。其中： interface：指定特定的接口。 advertise：如等于 enabled，则允许在指定的接口发送路由器公告报文；如等于 disabled，则不允许在指定的接口发送路由器公告报文。 forwarding：如等于 enabled，则允许在指定的接口转发 IPv6 数据报；如等于 disabled，则不允许在指定的接口转发 IPv6 数据报
add route	add route prefix = <地址前缀>interface= <接口名称> nexthop=<IPv6 地址>publish=<yes/no>	添加路由表项。其中： prefix：指定地址前缀(即目的网络地址)。 interface：指定转发使用的接口。 nexthop：指定下一跳地址。如未指定 nexthop，则说明地址前缀指定的网络与指定的接口直接相连。 publish：如等于 yes，则允许在指定的接口公告该路由信息；如等于 no，则不允许在指定的接口公告该路由信息
delete route	delete route prefix=<地址前缀> interface = <接口名称> nexthop=<IPv6 地址>	删除路由表项。其中： prefix：指定地址前缀(即目的网络地址)。 interface：指定转发使用的接口。 nexthop：指定下一跳地址
show routes	show routes	显示 IPv6 路由表项

9.6.2 显示 IPv6 地址

在 netsh 中，显示 IPv6 地址的命令为 show address，如图 9-16 所示。利用 show address 命令可以查看每个接口上的绑定的 IPv6 地址，也可以查看主机为每个接口分配的索引号和名称。需要注意，主机为接口分配的索引号具有本地性质，主机每次启动时为同一接口分配的索引号可能不同。

在本实验中，我们关心的是“本地连接”的 IPv6 地址情况。从图 9-16 中可以看到，主机为“本地连接”分配的索引号为 4，名称为“本地连接”，其 IPv6 地址为 FE80::8E89:A5FF:FE73:4D70。

9.6.3 链路本地地址

在 IPv6 协议启动时，主机将自动为每个接口分配一个链路本地地址，该 IPv6 地址以 FE80::开始，可以用于物理网络内部结点之间的通信。在图 9-16 中，主机为本地连接自动分配的链路本地地址为 FE80::8E89:A5FF:FE73:4D70。

在使用 IPv6 协议的网络中，也可以使用 ping 命令测试网络的连通性。IPv6 的 ping 命令与 IPv4 的 ping 命令的使用方法类似，但是，在 ping 链路本地地址或站点本地地址

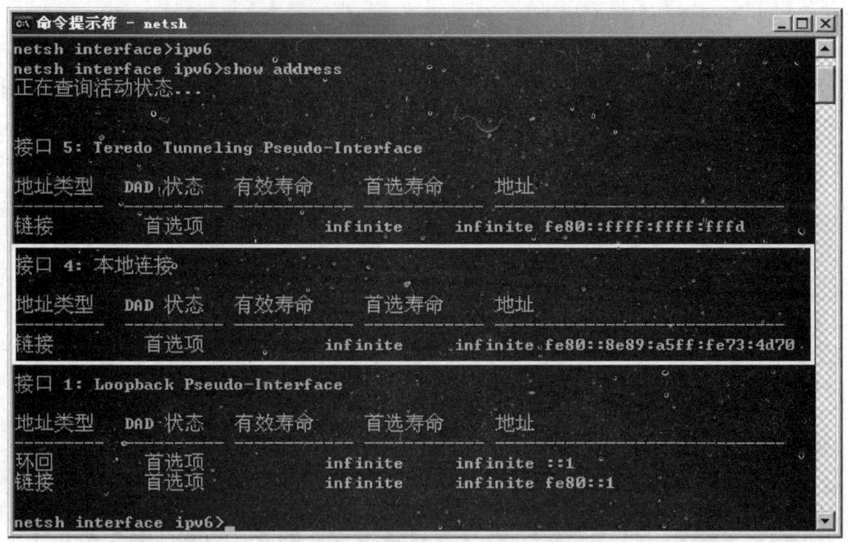

图 9-16 netsh 的显示 IPv6 地址命令 show address

时需要加上区域标识符 zoneID。在 Windows 系统中，链路本地地址的 zoneID 就是主机为接口分配的索引号，而站点本地地址的 zoneID 可以由用户通过 netsh 命令设定。

例如，在采用图 9-13 所示的网络进行实验时，主机 A 的本地连接的索引号为 4，主机 B 的链路本地地址为 FE80::8E89:A5FF:FE6F:DEB7，那么主机 A 可以采用 ping FE80::8E89:A5FF:FE6F:DEB7%4 的形式去 ping 主机 B，如图 9-17 所示。

图 9-17 ping 命令

9.6.4 配置 IPv6

在 Windows 2003 中，可以手动配置 IPv6 地址，也可以通过适当的设置让主机自动获取 IPv6 地址。

1. 手动添加和删除 IPv6 地址

手动添加 IPv6 地址可以使用 netsh 中的 add address 命令。如果需要将 IPv6 地址 2001:1::1 添加到"本地连接"上，可以使用 add address interface="本地连接" address=2001:1::1 命令，如图 9-18 所示。

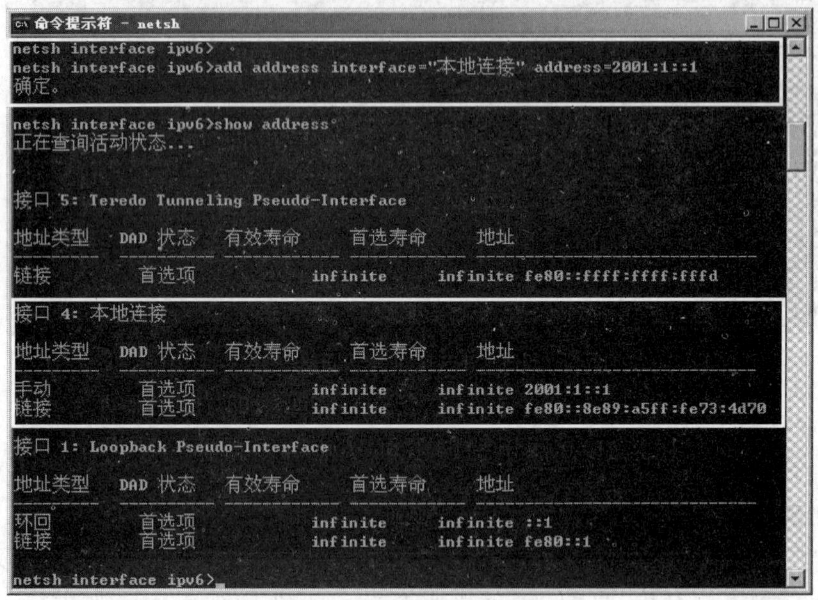

图 9-18　手动添加 IPv6 地址

在 IPv6 地址添加完成之后，可以使用 show address 命令确认添加的结果，如图 9-18 所示。

如果希望删除已添加的 IPv6 地址，可以使用 netsh 的 delete address 命令。例如，如果希望删除"本地连接"上的 2001:1::1，可以使用 delete address interface="本地连接" address=2001:1::1 命令。

2. 自动配置 IPv6 地址

利用 ICMPv6 路由器请求报文和路由器公告报文，主机可以从本地路由器获取本地地址前缀（网络号部分），进而自动生成一个 IPv6 地址。为了进行自动地址配置，需要将实验中的一台 Windows 2003 主机配置为 IPv6 路由器，使其周期性地发送 ICMPv6 路由器公告。假设将主机 A 作为 IPv6 路由器，其自动配置过程如下：

(1) 设置网络接口。在默认情况下，Windows 2003 作为 IPv6 主机使用。因此，运行 Windows 2003 的主机 A 既不允许接口发送路由器公告报文也不允许转发 IPv6 数据报。为了使主机 A 在"本地连接"上发送路由器公告，需要使用 set interface interface="本地连接" advertise=enabled 命令，如图 9-19 所示。另外，如果希望主机 A 在"本地连接"上转发 IPv6 数据报，可以使用 set interface interface="本地连接" forwarding=enabled 命令。不过由于本实验不关心路由器是否转发 IPv6 数据报，因此实验中可以忽略该命令。

```
命令提示符 - netsh
netsh interface ipv6>
netsh interface ipv6>
netsh interface ipv6>
netsh interface ipv6>
netsh interface ipv6>set interface interface="本地连接" advertise=enabled
确定。

netsh interface ipv6>
```

图 9-19 设置接口

(2) 添加公告路由。虽然使用 set interface 命令可以允许接口发送路由器公告报文,但是具体公告什么内容需要路由表项决定。例如,在本实验中,主机 A 希望在"本地连接"公告地址前缀 2001:2::/64,那么可以使用 add route prefix=2001:2::/64 interface="本地连接" publish=yes 命令添加一个公告的路由表项,如图 9-20 所示。需要注意,该命令中的 publish=yes 表示添加的路由表项允许公告。如果写成 publish=no,那么添加的表项就不允许公告。

```
命令提示符 - netsh
netsh interface ipv6>
netsh interface ipv6>add route prefix=2001:2::/64 interface="本地连接"
                     publish=yes
确定。

netsh interface ipv6>
```

图 9-20 添加公告路由

完成以上工作后,作为 IPv6 路由器的主机 A 中就会增加一条到达 2001:2::/64 的路由表项,并且自动生成了一个以 2001:2::/64 为前缀的 IPv6 地址。可以使用 show address 显示新生成的 IPv6 地址,如图 9-21 所示;使用 show routes 显示 IPv6 路由表,如

```
命令提示符 - netsh
netsh interface ipv6>
netsh interface ipv6>show address
正在查询活动状态...

接口 5: Teredo Tunneling Pseudo-Interface

地址类型  DAD 状态   有效寿命    首选寿命    地址
--------  ---------  ----------  ----------  ------------------------
链接      首选项       infinite    infinite fe80::ffff:ffff:fffd

接口 4: 本地连接

地址类型  DAD 状态   有效寿命    首选寿命    地址
--------  ---------  ----------  ----------  ------------------------
公用      首选项       infinite    infinite 2001:2::8e89:a5ff:fe73:4d70
手动      首选项       infinite    infinite 2001:1::1
链接      首选项       infinite    infinite fe80::8e89:a5ff:fe73:4d70
任意广播                                   2001:2::

接口 1: Loopback Pseudo-Interface

地址类型  DAD 状态   有效寿命    首选寿命    地址
--------  ---------  ----------  ----------  ------------------------
环回      首选项       infinite    infinite ::1
链接      首选项       infinite    infinite fe80::1

netsh interface ipv6>
```

图 9-21 路由器(主机 A)的 IPv6 地址

图 9-22 所示。请注意，在图 9-22 中，2001：2：：/64 表项的类型为“手动”配置，“发行”为 yes。

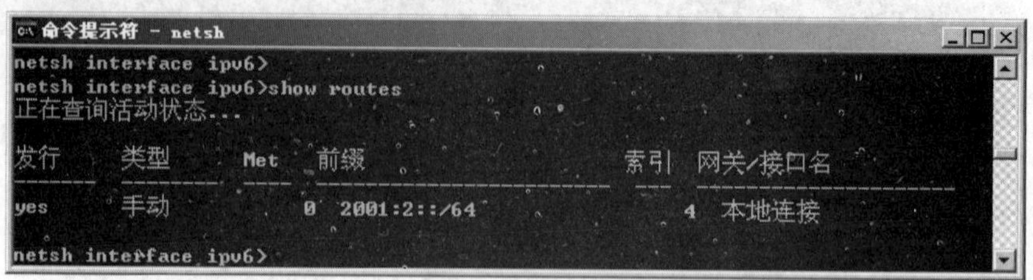

图 9-22 路由器(主机 A)的 IPv6 路由表项

当然，在接收到主机 A 发送的路由器公告之后，主机 B 也会自动生成一个以 2001：2：：/64 为前缀的 IPv6 地址，同时自动配置自己的路由表项。图 9-23 显示了主机 B 自动配置的 IPv6 地址，图 9-24 显示了主机 B 自动配置的路由表项。与图 9-22 相比，图 9-24 显示的主机 B 的路由表项的“类型”为 Autoconf(自动配置)，“发行”为 no。需要注意，因为只有主机可以通过其连接的路由器进行自动配置，所以作为主机使用的 B 不应启动路由功能，否则 B 无法进行自动地址配置。

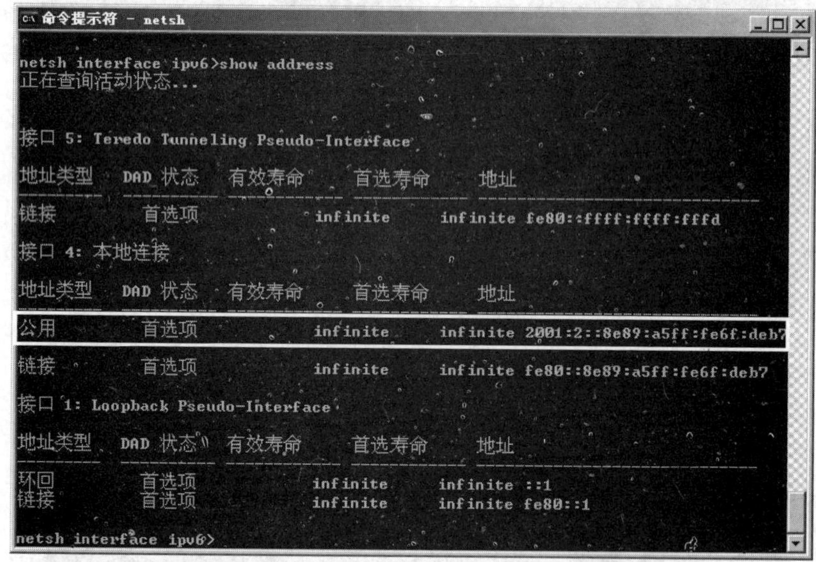

图 9-23 主机 B 自动生成的 IPv6 地址

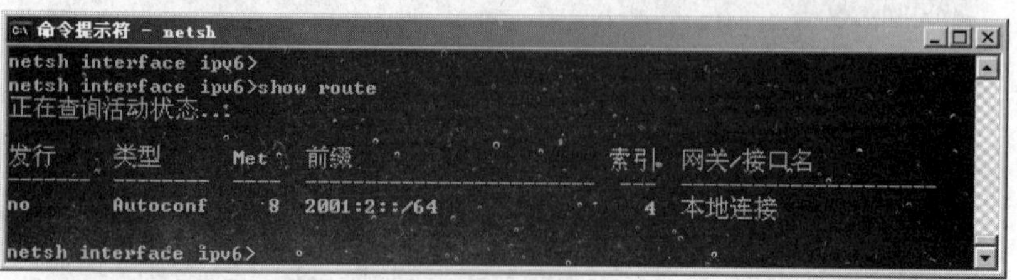

图 9-24 主机 B 自动配置的路由表

为了验证自动配置的 IPv6 地址是否可以使用，可以在主机 A 中 ping 主机 B 自动生成的 IPv6 地址，也可以在主机 B 中 ping 主机 A 自动生成的 IPv6 地址。如果配置正确，ping 的结果应如图 9-25 所示。

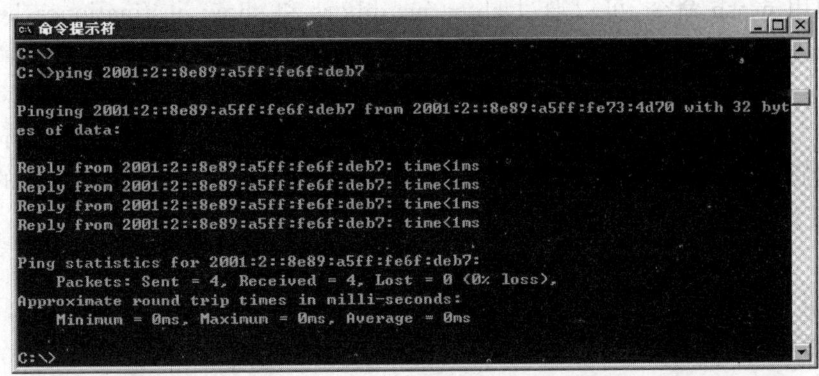

图 9-25 在主机 A 中 ping 主机 B 自动生成的 IPv6 地址

练习与思考

一、填空题

(1) IPv6 的地址由________位二进制数组成。

(2) 一个 IPv6 地址为 2001:0001:0000:0000:030B:0000:D530: 97BF。如果使用双冒号表示法，那么该 IPv6 地址可以表示为________。

(3) IPv6 数据报由一个 IPv6 ________、多个________和上层数据单元组成。

(4) MLD 定义了一组路由器和结点之间交换的报文。这些报文包括________、________和________。

二、单项选择题

(1) 在 IPv6 中，以 FE80 开始的地址为(　　)。

A. 链路本地地址　　B. 链路站点地址
C. 多播地址　　D. 回送地址

(2) 以下关于 IPv6 自动配置的描述中正确的是(　　)。

A. 无状态自动配置需要 DHCPv6 服务器，有状态自动配置不需要
B. 有状态自动配置需要 DHCPv6 服务器，无状态自动配置不需要
C. 有状态自动配置和无状态自动配置都需要 DHCPv6 服务器
D. 有状态自动配置和无状态自动配置都不需要 DHCPv6 服务器

(3) IPv6 的基本头由(　　)字节组成。

A. 32　　B. 40　　C. 48　　D. 64

(4) 在 IPv6 中，邻居发现功能是在(　　)协议中实现的。

A. ARPv6　　B. ICMPv6　　C. DHCPv6　　D. MLDv6

三、动手与思考题

(1) 利用 netsh 命令,可以通过 show neighbors 和 show destinationcache 查看内存中的邻居缓存表和目的地缓存表。在主机中运行这两条命令,解释这两条命令的执行结果。

(2) 在 IPv4 环境中,可以采用单网卡多 IP 地址方案在一个局域网中进行 IPv4 路由转发实验验证(参见第 8 章相关内容)。在 IPv6 环境下,是否可以采用相同的方法进行 IPv6 路由转发实验验证?试一试,对实验现象进行解释。

第 10 章　TCP 与 UDP

可靠是人们对计算机系统的基本要求。程序员在编写应用程序过程中，有时会向某个 I/O 设备发送数据（如打印机），但并不需要验证数据是否正确到达设备。这是因为应用程序依赖于底层计算机系统确保数据的可靠传输，系统保证数据传送到底层后不会丢失和重复。

与单机工作的程序员相同，网络用户希望互联网能够提供迅速、准确、可靠的通信功能，保证不发生丢失、重复、错序等可靠性问题。

传输层是 TCP/IP 网络体系结构中至关重要的一层，它的主要作用就是保证端对端数据传输的可靠性。在 IP 互联网中，传输控制协议（Transport Control Protocol，TCP）和用户数据报协议（User Datagram Protocol，UDP）是传输层最重要的两种协议，它们为上层用户提供不同级别的通信可靠性。

10.1　端对端通信

利用互联层，互联网提供了一个虚拟的通信平台。在这个平台中，数据报从一站转发到另一站，从一个结点又传送给另一个结点，其主要的传输控制是在相邻两个结点之间进行的（如图 10-1 所示）。

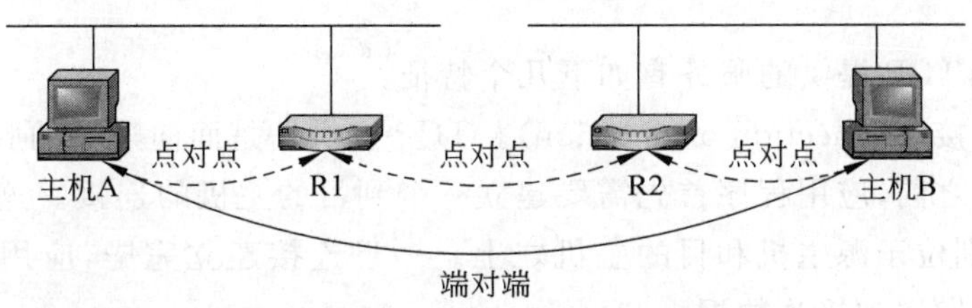

图 10-1　传输层的端对端通信控制

与互联层不同，传输层需要提供一个直接从一台计算机到另一台远程计算机上的“端对端”通信控制（如图 10-1 所示）。传输层利用互联层发送数据，每一传输层数据都需要封装在一个互联层的数据报中通过互联网。当数据报到达目的主机后，互联层再将数据提交给传输层。请注意，尽管传输层使用互联层携带报文，但互联层并不阅读或干预这些报文。因而，传输层只把互联层看作一个包通信系统，这一通信系统负责连接两端的主机。

图 10-2 显示了一个具有两台主机和一台路由器的互联网。由于主机需要进行端对端的通信控制，因此，主机 A 和主机 B 都需要安装传输层软件，但是，中间的路由器并不需要。从传输层的角度看，整个互联网是一个通信系统，这个系统能够接收和传递传输层的数据而不会改变和干预这些数据。

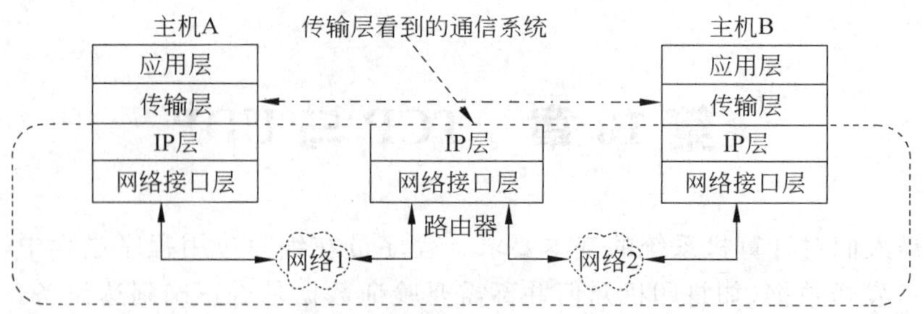

图 10-2 端对端通信与虚拟通信平台

10.2 传输控制协议 TCP

保证可靠性是传输层协议的主要责任，应用程序发送和接收数据时就要和传输协议打交道。传输控制协议 TCP 是传输层最优秀的协议之一，很多互联网应用程序都建立在它的基础之上。

10.2.1 TCP 提供的服务

从 TCP 的用户角度看，TCP 可以提供面向连接的、可靠的(没有数据重复或丢失)、全双工的数据流传输服务。它允许两个应用程序建立一个连接，然后发送数据并终止连接。每一 TCP 连接可靠地建立，优雅地关闭，保证数据在连接关闭之前被可靠地投递到目的地。

具体地说，TCP 提供的服务有如下几个特征：

- 面向连接(connection orientation)。TCP 提供的是面向连接的服务。在发送正式的数据之前，应用程序首先需要建立一个到目的主机的连接。这个连接有两个端点，分别位于源主机和目的主机之上。一旦连接建立完毕，应用程序就可以在该连接上发送和接收数据。
- 完全可靠性(complete reliability)。TCP 确保通过一个连接发送的数据正确地到达目的地，不会发生数据的丢失或乱序。
- 全双工通信(full duplex communication)。一个 TCP 连接允许数据在任何一个方向上流动，并允许任何一方的应用程序在任意时刻发送数据。
- 流接口(stream interface)。TCP 提供了一个流接口，应用程序利用它可以发送连续的数据流。也就是说，TCP 连接提供了一个管道，只能保证数据从一端正确地流到另一端，但不提供结构化的数据表示法(例如，TCP 不区分传送的是整数还是实数，记录还是表格)。
- 连接的可靠建立与优雅关闭(reliable connection startup & graceful connection shutdown)。在建立连接的过程中，TCP 保证新的连接不与其他的连接或过时的连接混淆；在连接关闭时，TCP 确保关闭之前传递的所有数据可靠地到达目的地。

10.2.2 TCP 报文段格式

TCP 传输的数据包单元叫作报文段，其格式如图 10-3 所示。

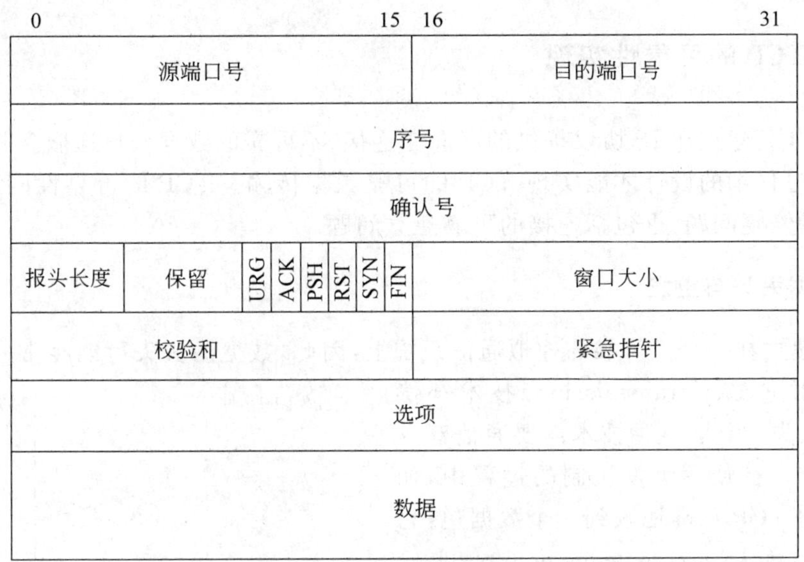

图 10-3 TCP 报文段格式

(1) 端口号。TCP 报文的端口号包括源端口号与目的端口号两个字段。每个端口号字段长度为 16 位，分别表示发送该报文段应用进程的端口号与接收该报文段应用进程的端口号。

(2) 序号。该字段长度为 32 位。由于 TCP 协议是面向数据流的，它所传送的报文段可以视为连续的数据流，因此需要给发送的每一个 8 位组编上号。序号字段的“序号”是指本报文段数据的第 1 个 8 位组的顺序号。

(3) 确认号。该字段长度为 32 位。用于表示接收端希望接收到的下一个报文段的第一个 8 位组的序号。

(4) 报头长度。该字段长度为 4 位。TCP 报头长度是以 4B 为一个单元计算的，实际报头长度为 20～60B，因此这个字段的值在 5～15 之间。

(5) 保留。该字段长度为 6 位。留做今后扩展使用，目前使用时应全部置 0。

(6) 控制字段。该字段定义了 6 种不同的控制标志，每个 1 位。控制字段用于 TCP 的流量控制、连接建立和终止、数据传送方式等方面。

(7) 窗口。该字段长度为 16 位。窗口对应的数据是以 8 位组为单位的数据，它表示接收方下一次能够接收的最大数据量。

(8) 紧急指针。该字段长度为 16 位。只有当控制字段中的 URG＝1 时，紧急指针才有效，它表示该报文段中含有紧急数据的位置。

(9) 选项。TCP 报头可以有多达 40B 的选项。选项包括单字节选项和多字节选项两类。单字节选项包含选项结束和无操作两种，多字节选项包含最大报文段长度、窗口扩大因子和时间戳 3 种。

(10) 校验和。该字段的长度为 16 位，是对报头和数据以 16 位字进行计算所得的结果。校验和的计算范围还包括 96 位的伪首部。

10.2.3 TCP 的可靠性实现

由于 TCP 建立在 IP 协议提供的面向非连接、不可靠的数据报投递服务基础之上，因此，必须经过仔细的设计才能实现 TCP 的可靠数据传输。TCP 的可靠性问题既包括数据丢失后的恢复问题，也包括连接的可靠建立问题。

1. 数据丢失与重发

TCP 建立在一个不可靠的虚拟通信系统上，因此，数据的丢失可能经常发生。通常，发送方利用重发(retransmission)技术补偿数据包的丢失，当然，这种技术需要通信双方的共同参与。在使用重发机制的过程中，如果接收方的 TCP 正确地收到一个数据包，它要回发一个确认(acknowledgement)信息给发送方。而发送方在发送数据时，TCP 需要启动一个定时器。在定时器到时之前，如果没有收到一个确认信息，则发送方重发该数据。图 10-4 说明了重发的概念。

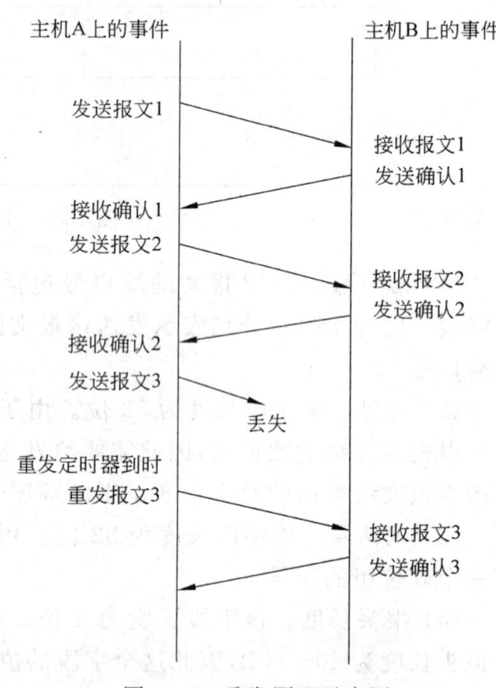

图 10-4 重发原理示意图

尽管重发原理看起来简单，但它在实现中却遇到了很大的问题。问题的关键是 TCP 很难确定重发之前应等待多长时间。

如果处于同一个局域网中的两台主机进行通信，确认信息在几个毫秒之内就能到达。若为这种确认等待得过久，则使网络处于空闲而无法使吞吐率达到最高。因此，在一个局域网中 TCP 不应该在重发之前等待太久。然而，互联网可以由多个不同类型网络互联而成，大规模的互联网(如因特网)可以包含成千上万个不同类型的网络。显然，几个毫秒的重发等待时间在这样的互联网上是不够的。另外，互联网上的任意一台主机都有可能突然发送大量的数据包，数据报的突发性可能导致传输路径的拥挤程度发生很大的变化，以至于数据报的传输延迟也发生很大的变化。

那么，TCP 在重发之前应该等待多长时间呢？显然，在一个互联网中，固定的重发时间不会工作得很好。因此，在选择重发时间过程中，TCP 必须具有自适应性。它需要根据互联网当时的通信状况给出合适的数据重发时间。

TCP的自适应性来自对每一连接当前延迟的监视。事实上，TCP没法知道一个互联网的所有部分在所有时刻的精确延迟，但TCP通过测量收到一个确认所需的时间来为每一活动的连接计算一个往返时间(Round Trip Time，RTT)。当发送一个数据时，TCP记录发送的时间，当确认到来时，TCP利用当前的时间减去记录的发送时间来产生一个新的往返时间估计值。在多次发送数据和接收确认后，TCP就产生了一系列的往返时间估计值。利用一些统计学的原理和算法(如Karn算法等)，就可以估计该连接的当前延迟，从而得到TCP重发之前需要等待的时间值。

经验告诉我们，TCP的自适应重发机制可以很好地适应互联网环境。如果说TCP的重发方案是它获得成功的关键，那么，自适应重发时间的确定则是重发方案的基石。

2. 连接的可靠建立与优雅关闭

为确保连接建立和终止的可靠性，TCP使用了三次握手(3-way handshake)法。所谓三次握手法就是在连接建立和终止过程中，通信的双方需要交换三个报文。可以证明，在数据包丢失、重复和延迟的情况下，三次握手法是保证连接无二义性的充要条件。

在创建一个新的连接过程中，三次握手法要求每一端产生一个随机的32位初始序列号。由于每次请求新连接使用的初始序列号不同，因此，TCP可以将过时的连接区分开来，避免二义性的产生。

图10-5显示了TCP利用三次握手法建立连接的正常过程。在三次握手法的第一次中，主机A向主机B发出连接请求，其中包含主机A选择的初始序列号x。第二次，主机B收到请求后，发回连接确认，其中包含$x+1$和主机B选择的初始序列号y($x+1$表示主机B对主机A初始序列号x的确认)。第三次，主机A向主机B发送序号为$x+1$的数据，其中包含$y+1$，表示对主机B初始序列号y的确认。

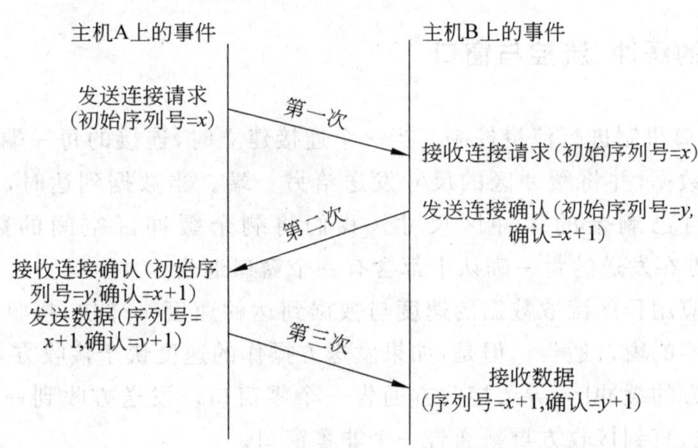

图10-5 TCP连接的正常建立过程

图10-6给出了一个利用三次握手法避免过时连接请求的例子。主机A首先向主机B发送了一个连接请求，其中主机A为该连接请求选择的初始序列号为x。但是，由于种

种原因(例如重新启动计算机等),主机 A 在未收到主机 B 的确认前终止了该连接。而后,主机 A 又开始进行新一轮的连接请求,不过主机 A 这次选择的初始序列号为 x'。由于主机 B 并不知道主机 A 停止了前一次的连接请求,于是对收到的初始序列号为 x 的连接请求按照正常的方法进行确认。当主机 A 收到该确认后,发现主机 B 确认的不是初始序列号为 x' 的新连接请求,于是向主机 B 发送拒绝信息,通知主机 B 该连接请求已经过时。通过这个过程,TCP 可以避免连接请求的二义性,保证连接建立过程的可靠和准确。

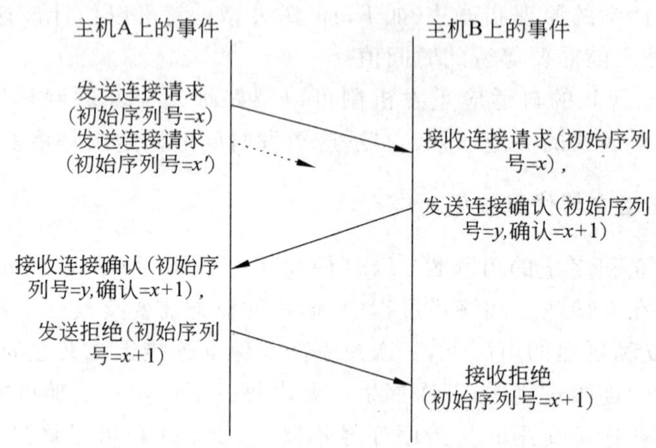

图 10-6　利用三次握手法避免过时的连接请求

在 TCP 协议中,连接的双方都可以发起关闭连接的操作。为了保证在关闭连接之前所有的数据都可靠地到达了目的地,TCP 再次使用了与三次握手法类似的方法。一方发出关闭请求后并不立即关闭连接,而要等待对方确认。只有收到对方的确认信息,才能关闭连接。

10.2.4　TCP 的缓冲、流控与窗口

TCP 使用窗口机制进行流量控制。当一个连接建立时,连接的每一端分配一块缓冲区存储接收到的数据,并将缓冲区的尺寸发送给另一端。当数据到达时,接收方发送确认,其中包含了自己剩余的缓冲区尺寸。我们将剩余缓冲区空间的数量叫作窗口(window),接收方在发送的每一确认中都含有一个窗口通告。

如果接收方应用程序读取数据的速度与数据到达的速度一样快,接收方将在每一确认中发送一个非零的窗口通告。但是,如果发送方操作的速度快于接收方,接收到的数据最终将充满接收方的缓冲区,导致接收方通告一个零窗口。发送方收到一个零窗口通告时,必须停止发送,直到接收方重新通告一个非零窗口。

图 10-7 揭示了 TCP 利用窗口进行流量控制的过程。在图中,假设发送方每次最多可以发送 1000B,并且接收方通告了一个 2500B 的初始窗口。由于 2500B 的窗口说明接收方具有 2500B 的空闲缓冲区,因此,发送方传输了三个数据段,其中两个数据段包含 1000B,一段包含 500B。在每个数据段到达时,接收方就产生一个确认,其中的窗口减去

了到达的数据尺寸。

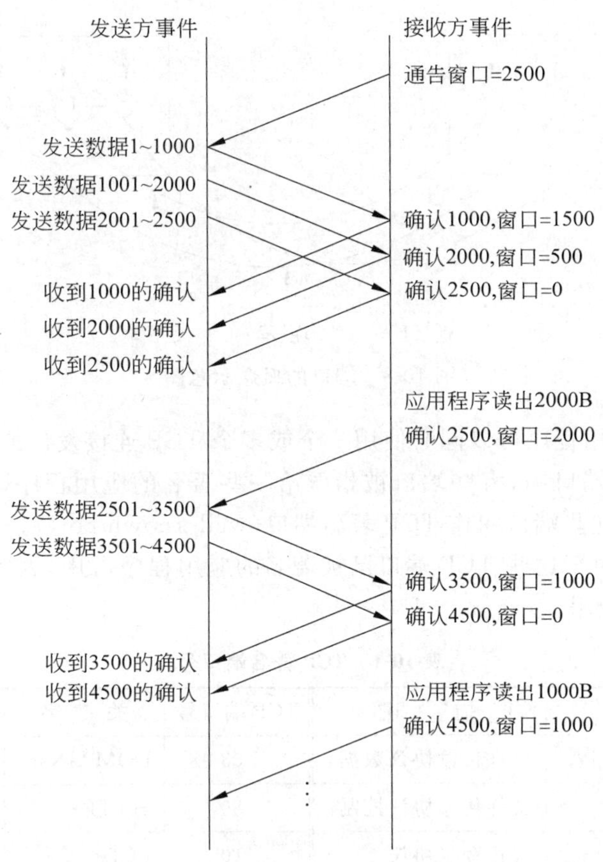

图 10-7 TCP 的流量控制过程

由于前三个数据段在接收方应用程序使用数据之前就充满了缓冲区,因此,通告的窗口达到零,发送方不能再传送数据。在接收方应用程序用掉了 2000B 之后,接收方 TCP 发送一个额外的确认,其中的窗口通告为 2000B,用于通知发送方可以再传送 2000B。于是,发送方又发送两个数据段,致使接收方的窗口再一次变为零。

窗口和窗口通告可以有效地控制 TCP 的数据传输流量,使发送方发送的数据永远不会溢出接收方的缓冲空间。

10.2.5 TCP 连接与端口

在应用程序利用 TCP 协议传输数据之前,首先需要建立一条到达目的主机的 TCP 连接。TCP 协议将一个 TCP 连接两端的端点叫作端口,如图 10-8 所示。端口用一个 16 位的二进制数表示,例如 21 端口、8080 端口等。实际上,应用程序利用 TCP 进行数据传输的过程就是数据从一台主机的 TCP 端口流入,经 TCP 连接从另一台主机的 TCP 端口流出的过程。

TCP 可以利用端口提供多路复用功能。一台主机可以通过不同的端口建立多个到

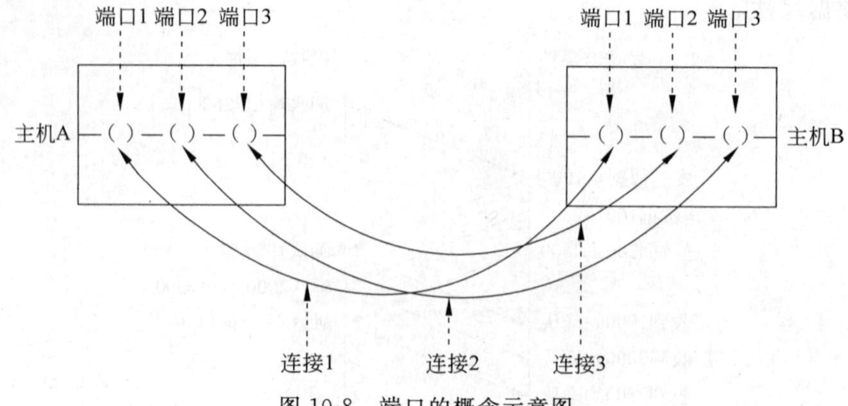

图 10-8 端口的概念示意图

其他主机的连接，应用程序可以同时使用一个或多个 TCP 连接发送或接收数据。

在 TCP 的所有端口中，有些端口被指派给一些著名的应用程序（如 Web 应用程序、FTP 应用程序等），这些端口叫作 TCP 著名端口（well-known port）。表 10-1 给出了一些 TCP 著名端口号。由于这些 TCP 端口已被著名的应用程序占用，因此，在编写其他应用程序时应尽量避免使用。

表 10-1 TCP 著名端口号

TCP 端口号	关键字	描述	TCP 端口号	关键字	描述
20	FTP-DATA	文件传输协议数据	53	DOMAIN	域名服务器
21	FTP	文件传输协议控制	80	HTTP	超文本传输协议
23	Telnet	远程登录协议	110	POP3	邮局协议
25	SMTP	简单邮件传输协议	119	NNTP	新闻传送协议

10.3 用户数据报协议 UDP

与传输控制协议 TCP 相同，用户数据报协议 UDP 也位于传输层。但是，它的可靠性远没有 TCP 高。

1. UDP 提供的服务

从用户的角度看，UDP 提供了面向非连接的、不可靠的传输服务。它使用 IP 数据报携带数据，但增加了对给定主机上多个目标进行区分的能力。

由于 UDP 是面向非连接的，因此它可以将数据直接封装在 IP 数据报中进行发送。这与 TCP 发送数据前需要建立连接有很大的区别。UDP 既不使用确认信息对数据的到达进行确认，也不对收到的数据进行排序。因此，利用 UDP 协议传送的数据有可能会出现丢失、重复或乱序现象，一个使用 UDP 的应用程序要承担可靠性方面的全部工作。

UDP 协议的最大优点是运行的高效性和实现的简单性。尽管可靠性不如 TCP 协议,但很多著名的应用程序还是采用了UDP。

2. UDP用户数据报格式

使用UDP协议传送的数据包通常被叫作UDP用户数据报,其格式如图10-9所示。UDP用户数据报有固定8B的报头。报头中的字段包括:

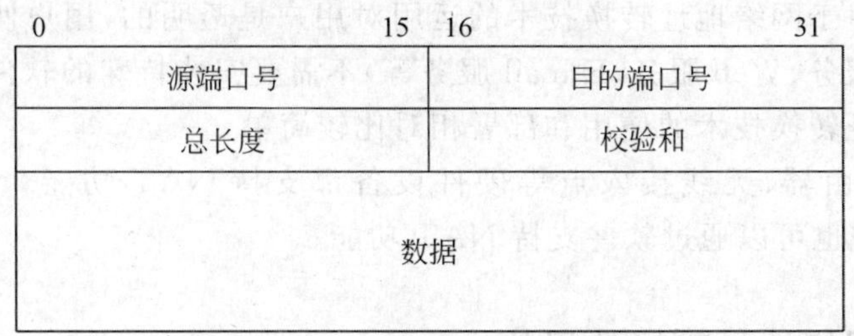

图10-9 UDP用户数据报格式

(1) 端口号。UDP数据报的端口号包括源端口号与目的端口号两个字段。每个端口号字段长度为16位,它们分别表示发送该报文应用进程的端口号与接收该报文应用进程的端口号。

(2) 总长度。该字段为16位,定义了包括报头在内的用户数据报的总长度。因此,用户数据报的总长度最大为65 535B,最小为8B。如果长度字段的值为8,那么说明该用户数据报只有报头,没有数据。

(3) 校验和。与TCP的校验和相似,用户数据报的校验和字段长度为16位,是对报头和数据以16位字进行计算所得。该校验和的计算范围也包含96位的伪首部。

3. UDP的端口号

UDP使用端口对给定主机上的多个目标进行区分。与TCP协议相同,UDP的端口也使用16位二进制数表示。需要注意,TCP和UDP各自拥有自己的端口号,即使TCP和UDP的端口号相同,主机也不会混淆它们。

与TCP端口相同,UDP的有些端口也被指派给一些著名的应用程序(如SNMP应用程序等),这些端口叫作UDP著名端口。表10-2给出了一些UDP著名端口号。由于这些UDP端口已被著名的应用程序占用,因此,在编写其他应用程序时也应尽量避免使用。

表10-2 UDP著名端口号

UDP端口号	关键字	描述	UDP端口号	关键字	描述
53	DOMAIN	域名服务器	69	TFTP	简单文件传送
67	BOOTPS	引导协议服务器	161	SNMP	简单网络管理协议
68	BOOTPC	引导协议客户机	162	SNMP-TRAP	简单网络管理协议陷阱

10.4 实验：端口的应用——网络地址转换

网络地址转换(Network Address Translation,NAT)是 TCP 和 UDP 端口的典型应用之一。网络地址转换的主要目的是利用较少和有限的 IP 地址资源将私有的互联网接入公共互联网。由于网络地址转换技术的运用对用户是透明的，用户使用公共互联网上的服务(如 DNS 服务、Web 服务、E-mail 服务等)不需要安装特殊的软件和进行特殊的设置，因此，网络地址转换技术的使用和部署相对比较简单。

目前，很多路由器、无线接入点等硬件设备都支持 NAT 功能。Windows、Linux、UNIX 等操作系统也可以通过软件支持 NAT 功能。

10.4.1 使用网络地址转换的目的

在 TCP/IP 互联网中，IP 地址用来标识网络连接。如果一个网络设备与互联网有多个网络连接，那么它就应该有多个 IP 地址。在目前使用的互联网中，由于 IP 地址使用 32 位的二进制数表示，因此，理论上它可以唯一地标识 2^{32} 个网络连接。实际上，由于 IP 地址的分类、需要为多播和测试等目的预留 IP 地址等原因，真正可以分配给用户的 IP 地址的数量要比 2^{32} 小一些。随着 TCP/IP 互联网应用的广泛和深入，越来越多的用户、家庭网络和企业网络要求连入互联网，这导致 IP 地址的分配逐渐出现短缺。

解决 IP 地址短缺问题的最直接和显而易见的方法是抛弃现有的 IP 地址方案，重新设计和启用新的 IP 地址方案。下一代互联网使用的 IPv6 就是通过将目前使用的 32 位 IP 地址扩展为 128 位(理论上 IP 地址的数量由 2^{32} 个增加到 2^{128} 个)来解决这个问题。但是，由于实施 IPv6 需要更换和升级整个互联网的网络设施(如路由器等)，因此，完成 IPv6 的部署需要很长的时间和大量的资金投入。

NAT 就是为了在现阶段解决 IP 地址短缺问题而设计的。它允许用户使用单一的设备作为外部网(如因特网)和内部网(如家庭内部网或企业内部网)之间的代理，利用一个或很少的几个合法的 IP 地址代表整个本地网上所有计算机的 IP 地址，达到本地网上的所有计算机通过这一个或很少的几个合法 IP 地址上网的目的。

10.4.2 NAT 的主要技术类型

NAT 的主要技术类型有 3 种，它们是静态 NAT(static NAT)、动态 NAT(pooled NAT)和网络地址端口转换 NAPT(port-level NAT)。

1. 静态 NAT

静态 NAT 是最简单的一种 NAT 转换方式，如图 10-10 所示。在使用静态 NAT 之前，网络管理员需要在 NAT 设备中设置 NAT 地址映射表，该表确定了一个内部 IP 地址与一个全局 IP 地址的对应关系。NAT 地址映射表中的内部地址与全局地址是一一对应的，只要网络管理员不重新设置，这种对应关系将一直保持。

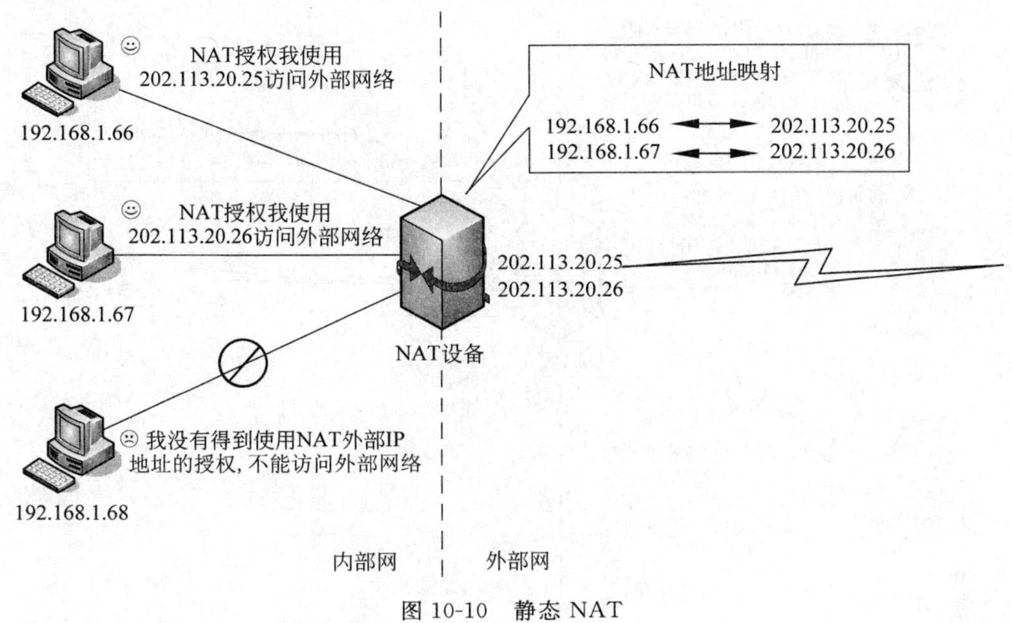

图 10-10 静态 NAT

每当内部结点与外界通信时，内部地址就会转换为对应的全局地址。在图 10-10 中，当 NAT 设备接收到主机 192.168.1.66 发来的数据报时，它按照 NAT 地址映射表将数据报中的源地址 192.168.1.66 转换为 202.113.20.25，然后发送至外部网络；同样，当 NAT 设备从外网接收到目的地址为 202.113.20.25 的数据报时，它也将按照 NAT 地址映射表将其转换为 192.168.1.66，而后发往内部网络。请注意，由于 NAT 地址映射表中没有 192.168.1.68 的映射项，因此，使用 192.168.1.68 的主机不能利用静态 NAT 技术访问外部网络。

2. 动态 NAT

在动态 NAT 方式中，网络管理员首先需要为 NAT 设备分配一些全局 IP 地址，这些全局 IP 地址构成 NAT 地址池。当内部主机需要访问外部网络时，NAT 设备就在 NAT 地址池中为该主机选择一个目前未被占用的 IP 地址，并建立内部 IP 地址与全局 IP 地址之间的映射；当该主机本次通信结束时，NAT 设备将回收该全局 IP 地址，并删除 NAT 地址映射表中对应的映射项，以便其他内部主机访问外部网络时使用，如图 10-11 所示。需要注意的是，当 NAT 池中的全局 IP 地址被全部占用后，NAT 设备将拒绝再来的地址转换申请。在图 10-11 中，NAT 地址池中有两个全局 IP 地址：202.113.20.25 和 202.113.20.26。当内部主机 192.168.1.66、192.168.1.67 和 192.168.1.68 需要访问外部网络时，NAT 设备就会按照内部主机的申请次序为其中的两台(如 192.168.1.66 和 192.168.1.67)分配全局 IP 地址，并在 NAT 地址映射表建立映射。由于 NAT 地址池中只有两个全局 IP 地址，第 3 个申请的主机(如 192.168.1.68)此时将会被拒绝。因此，如果主机 192.168.1.68 想与外部网络进行通信，那么它必须等到 192.168.1.66 或 192.168.1.67

通信结束并释放全局 IP 地址。

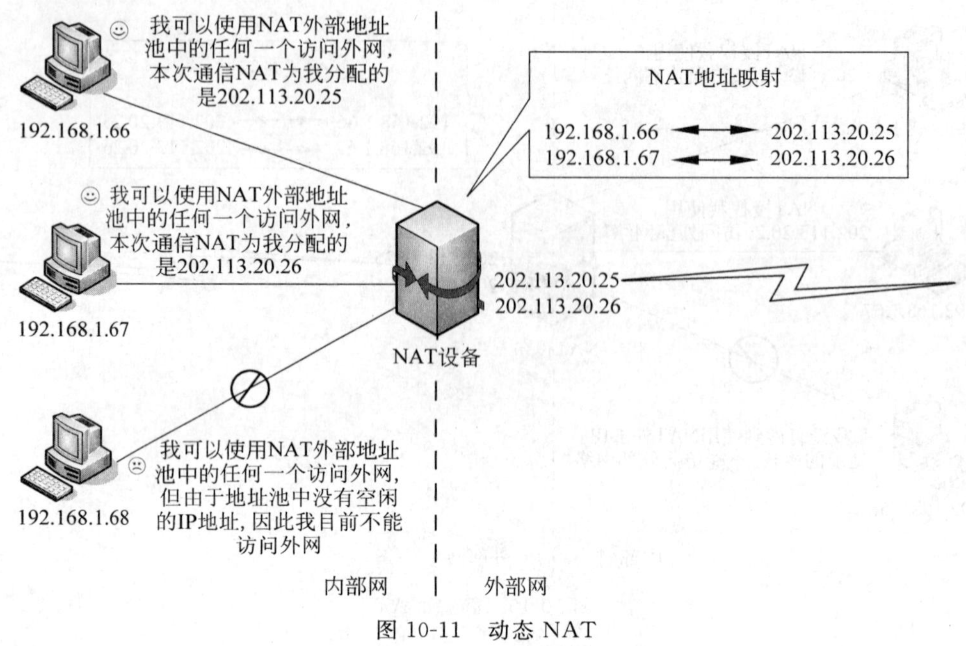

图 10-11 动态 NAT

3. 网络地址端口转换 NAPT

网络地址端口转换是目前最常使用的一种 NAT 类型，它利用 TCP/UDP 的端口号区分 NAT 地址映射表中的转换条目，可以使内部网中的多个主机共享一个（或少数几个）全局 IP 地址，同时访问外部网络。图 10-12 显示了一个内部网内多个用户共享两个全局 IP 地址的示意图。在图 10-12 中，网络管理员将 NAT 设备的工作方式设置为 NAPT，同时为 NAT 设备配置了两个全局 IP 地址，一个为 202.113.20.25，另一个为 202.113.20.26。当内部网络中的一台主机（如 192.168.1.66）利用一个 TCP 或 UDP 端口（如 TCP 的 6837 端口）开始访问外部网络时，NAPT 设备在自己拥有的全局 IP 地址中随机选择一个（如 202.113.20.25）作为该主机在外部网络中使用的 IP 地址，同时，为其指定外部网络中使用的 TCP 端口号（如 3200）。NAPT 在自己的地址转换表中添加该地址转换信息（如 192.168.1.66:6837—202.113.20.25:3200），并在之后的数据包转发中，通过变换发送数据包的源地址和接收数据包的目的地址维持内部主机和互联网中外部主机的通信。

当内部网中的其他主机（如 192.168.1.68）需要与外部网中的主机通信时，NAPT 设备可以将其 IP 地址映射为 NAPT 地址映射表中正在使用的全局 IP 地址（如 202.113.20.25），但需要为其指定不同的 TCP 或 UDP 端口号（如可以将 TCP 端口号指定为 3201，但不能为 3200）。由于映射的 TCP 或 UDP 的端口号不同，NAPT 接收到来自外部网络的数据包时就可以根据端口号转发到不同的主机和应用程序。例如，在图 10-12 的地址映射表中有两个表项用到了外部全局 IP 地址 202.113.20.25，它们是 192.168.1.66:6837—202.113.20.25:3200 和 192.168.1.68:6975—202.113.20.25:3201。NAPT 将 192.168.1.66:6837 发送的数据包的源地址转换为 202.113.20.25:3200，而将

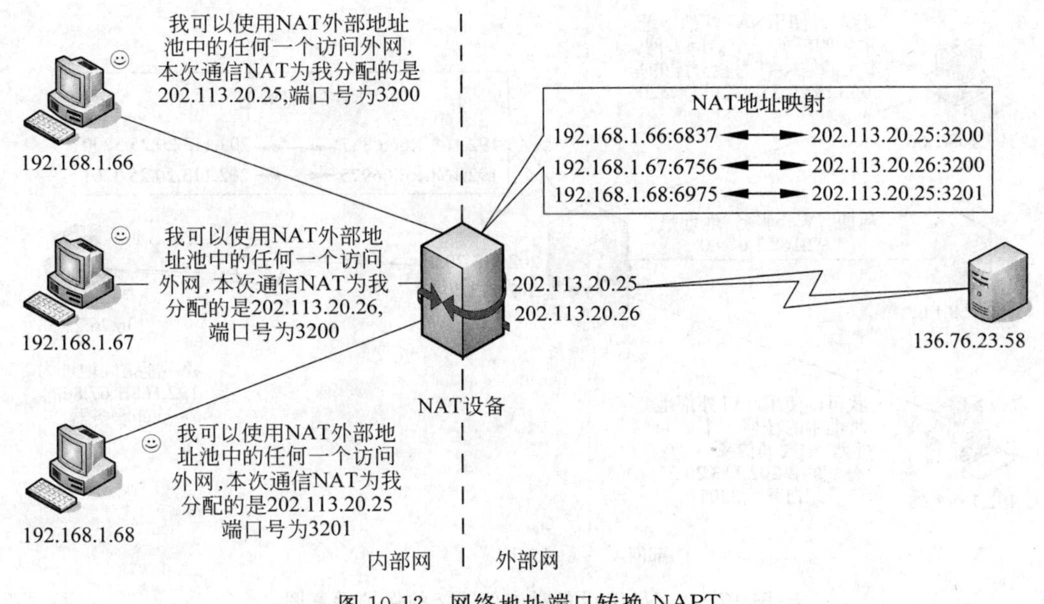

图 10-12　网络地址端口转换 NAPT

192.168.1.68:6975 发送的数据包的源地址转换为 202.113.20.25:3201。由于 192.168.1.66 和 192.168.1.68 主机上的应用对外都使用了 202.113.20.25，因此，这两个应用对应的目的主机回送的数据包都利用 202.113.20.25 作为其目的地址。当接收到这些外部网络发送来的数据包时，NAPT 设备根据不同的 TCP 或 UDP 端口号将其映射到不同的内部主机或应用。按照图 10-12 所示的地址映射表，当 NAPT 接收到 IP 地址为 202.113.20.25、端口号为 3200 的数据包时，它将其 IP 地址转换为 192.168.1.66、端口号转换为 6837 进行转发；当 NAPT 接收到 IP 地址为 202.113.20.25、端口号为 3201 的数据包时，它将其 IP 地址转换为 192.168.1.68、端口号转换为 6975 进行转发。

NAT 技术(特别是 NAPT 技术)较为成功地解决了目前 IP 地址的短缺问题，可以使内部网络的多个主机和用户共享少数几个全局 IP 地址。同时，NAT 还可以在一定程度上提高内部网络的安全性。在图 10-13 中，外部网络的主机不能主动访问内部网络中的主机，即使内部网络中主机 192.168.1.67 为 Web 服务器。这是因为这个内部网络对外只有 202.113.20.25 和 202.113.20.26 两个 IP 地址。由于 NAT 地址映射表中不存在到达内部 Web 服务器的映射，因此，外部主机发起的访问内部 Web 服务器的数据包在到达 NAT 设备时将被抛弃。但是，NAT 这种隐藏内部主机，使外部主机不可访问内部主机的方式也会给一些网络应用(如 P2P 应用)带来一些问题，这些应用常常希望内部网主机和外部网主机之间能够自由地进行通信。

10.4.3　配置网络地址转换服务器

在前面的实验中，已经组建了一个有线以太网和一个自组无线局域网。本实验将有线以太网模拟为外部网络，将自组无线局域网模拟为内部网络，利用 Windows 2003 提供

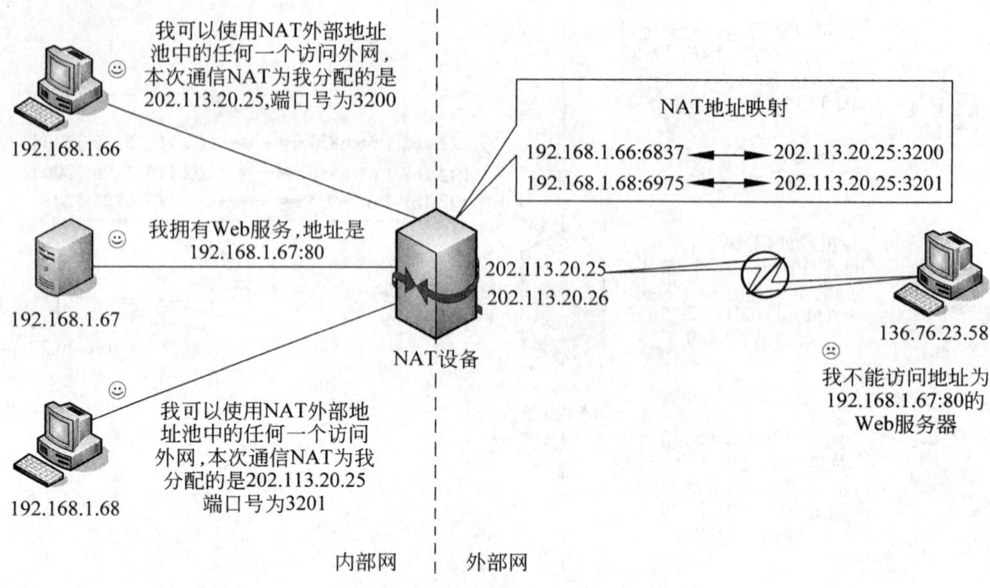

图 10-13　NAT 设备对内部网络的保护示意图

的 NAPT 技术实现内部无线网通过一个外部 IP 地址访问外部网络，如图 10-14 所示。

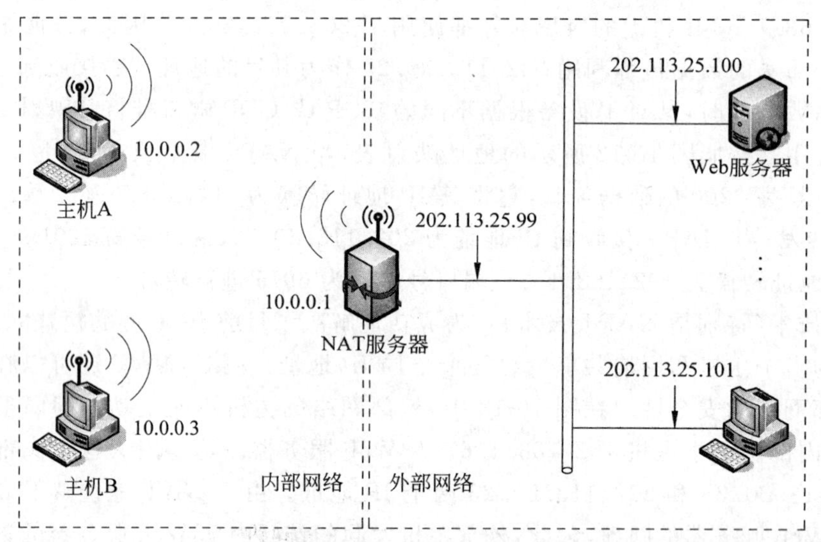

图 10-14　配置 NAT 服务器使用的网络结构示意图

在图 10-14 中，NAT 服务器为一台运行 Windows 2003 Server 操作系统的计算机。它安装有有线和无线两块网卡，能同时与有线以太网和自组无线局域网通信。有线以太网上的 Web 服务器可以加载一些简单的页面，其主要目的是测试配置的 NAT 服务器是否运行正常①。

① Web 服务器的安装和配置请参见第 14 章内容。教师可以事先安装和配置一台 Web 服务器，以便学生测试配置的 NAT 服务器。

1. 配置内部网络和外部网络

在配置NAT服务器之前，请按照前面章节介绍的方法分别组建一个有线以太网和一个自组无线局域网。在实验中，组建的有线以太网用于模拟外部网络，假设其IP地址的范围为202.113.25.1至202.113.25.254。组建的自组无线局域网用于模拟内部网络，其IP地址范围为10.0.0.1至10.0.0.254。由于NAT服务器的有线和无线两块网卡分别连接外部和内部网络，因此，它具有内部和外部两个IP地址(202.113.25.99和10.0.0.1)，既能与外部网络中的主机直接通信，又能与内部网络中的主机通信。另外，在利用NAT方法时，由于内部网络主机发送给外部网络主机的信息需要在NAT服务器处转发和处理，因此，需要将内部主机(如主机A和主机B)的默认网关指向NAT服务器(即10.0.0.1)。

2. 配置NAT服务器

在Windows 2003 Server中，支持IP路由器功能的“路由和远程访问”程序也可以提供NAT转换功能，其具体配置过程如下：

(1) 添加NAT服务模块。启动Windows 2003 Server上的“路由和远程访问”程序(如图10-15所示)，右击“常规”，在弹出的菜单中执行“新增路由协议”命令，添加“NAT/基本防火墙”模块。添加完成后，“路由和远程访问”程序的界面如图10-16所示。

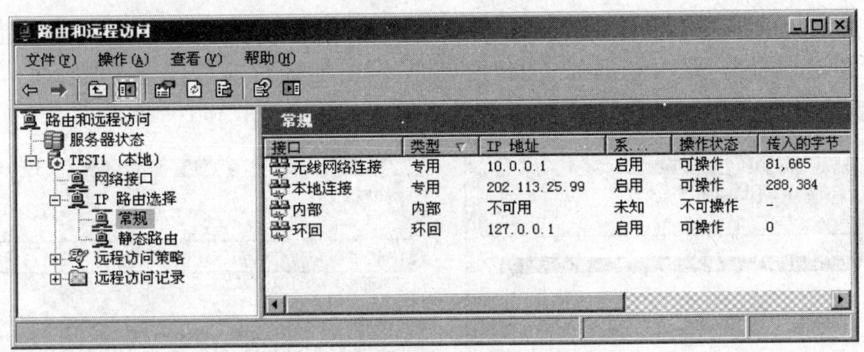

图10-15 “路由和远程访问”窗口

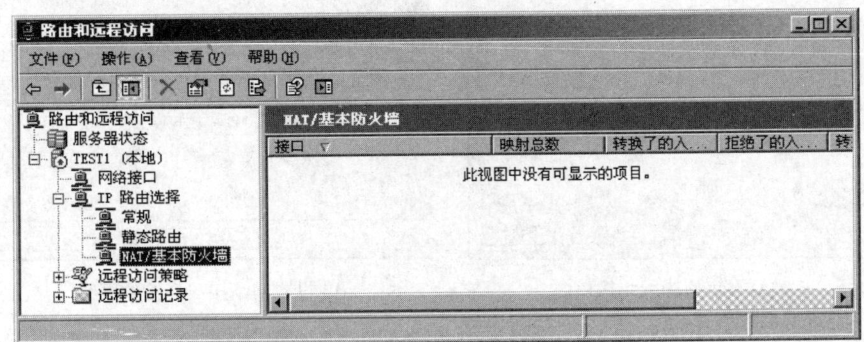

图10-16 增加NAT后的“路由和远程访问”窗口

(2) 设置与外部网络的接口连接。右击“路由和远程访问”窗口的“网络地址转换(NAT)”项,在弹出的菜单中执行“新接口”命令,选择和设置与外部网络的接口连接,如图 10-17 所示。

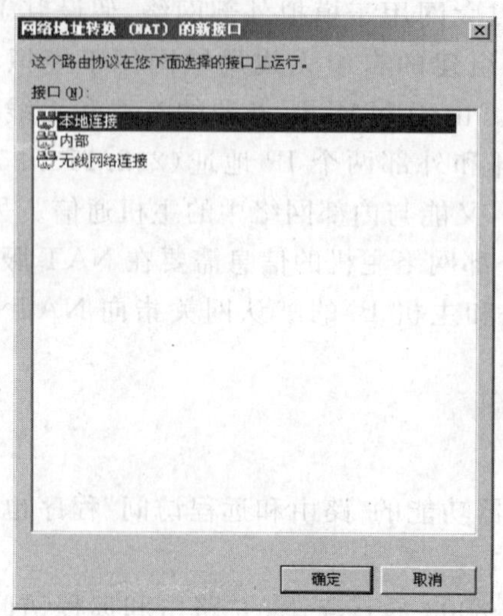

(a) 可选择的网络接口

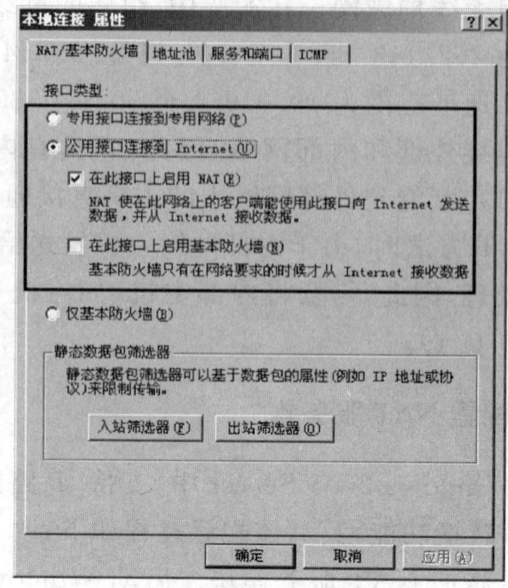

(b) 设置网络接口连接的网络

图 10-17　设置与外部网络连接的网络接口

(3) 指定与内部网络连接的接口。设置与内部网络连接的接口与指定与外部网络连接的接口相似。右击“路由和远程访问”窗口的“网络地址转换(NAT)”项,在弹出的菜单中执行“新接口”命令,选择和设置与内部网络的接口连接,如图 10-18 所示。

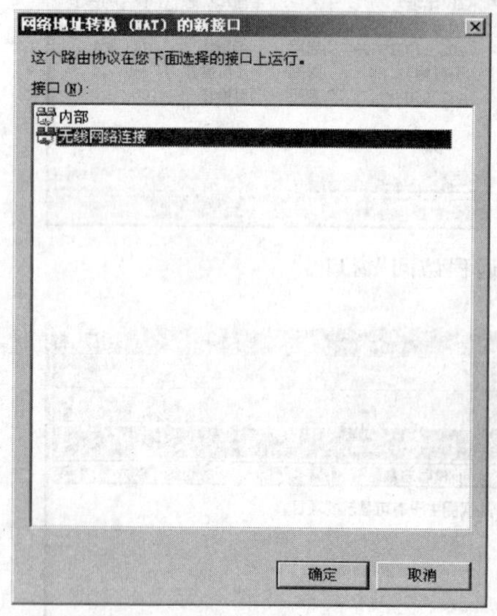

(a) 可选择的网络接口

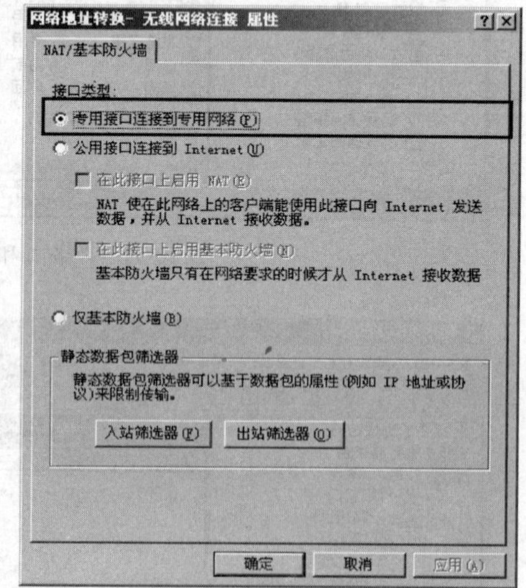

(b) 设置网络接口连接的网络

图 10-18　设置与内部网络连接的网络接口

指定外部网络接口和指定内部网络接口后，这些接口将显示在“路由和远程访问”窗口的右侧，如图 10-19 所示。至此，NAT 服务器的配置结束。

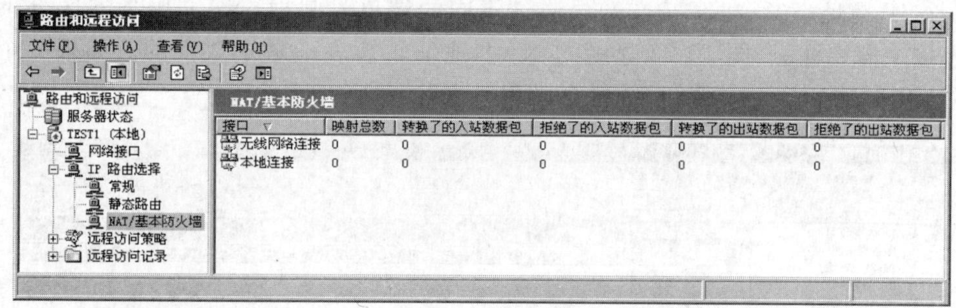

图 10-19　指定外部网络连接和内部网络连接后的“路由和远程访问”窗口

3. 测试配置的 NAT 服务器并观察网络地址映射表

为了测试配置的 NAT 服务器，最简单的方法是利用内部网络中的主机(例如图 10-14 中的主机 A)访问外部网络的服务器(例如图 10-14 中的 Web 服务器)。如果内部网络主机能够顺利访问外部网络服务，那么说明 NAT 的配置是正确的；否则，则说明配置可能存在问题，需要重新检查。

为此，在主机 A 上启动 IE 浏览器，然后在 IE 浏览器的地址栏中输入 Web 服务器的 IP 地址 202.113.25.100，如图 10-20 所示。如果 NAT 服务器配置正确，Web 服务器的首页将会出现在 IE 浏览器中。

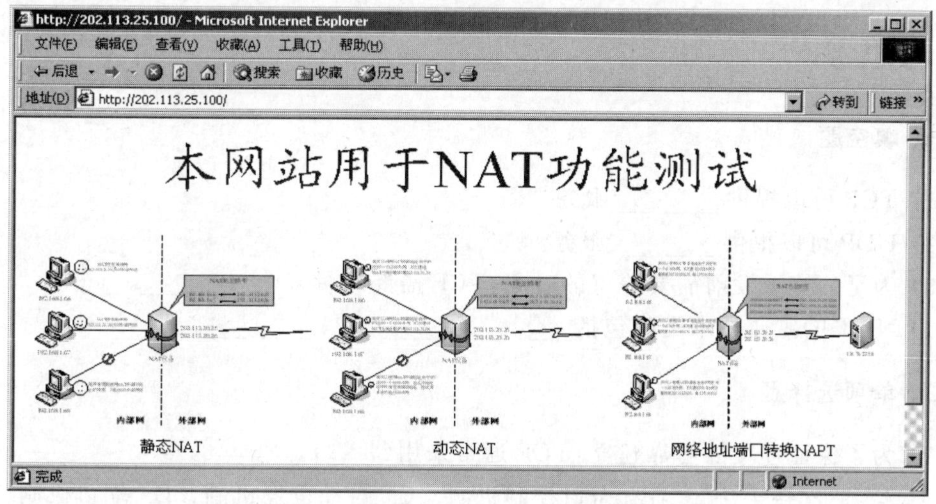

图 10-20　测试配置的 NAT 服务器

另外，“路由和远程访问”窗口能够显示映射总数、转换的数据包数、拒绝的数据包数等 NAT 转换统计信息，如图 10-21 所示。从图 10-21 显示的统计信息看，当时的 NAT 地址转换映射表中有 5 项，转换的入站数据包数为 483 个，转换的出站数据包数为 459 个。右击“本地连接”，在弹出的菜单中执行“显示映射”命令，可以查看当时的 NAT 网络地址转换映射表，如图10-22所示。从图10-22显示的NAT地址映射表中可以看到，不论IP地址为10.0.0.2的主机还是IP地址为10.0.0.3的主机，它们在访问外部网络时都使用了同一个IP地址(202.113.25.99)。通过不同的端口号映射，NAT服务器区分不同的TCP连接。需要注意，图10-22显示的NAT地址转换表不是永久性的。如果一个映射表项的空闲时间达到一定值，系统会自动将其删除。

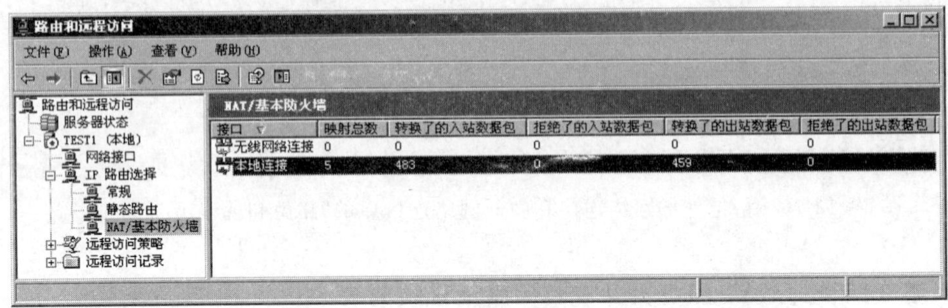

图10-21 “路由和远程访问”窗口中显示的NAT转换信息

TEST1 - 网络地址转换会话映射表格

通讯协议	方向	专用地址	专用端口	公用地址	公用端口	远程地址	远程端口	空闲时间
TCP	出站	10.0.0.3	1,080	202.113.25.99	62,966	202.113.25.100	80	7
TCP	出站	10.0.0.3	1,084	202.113.25.99	62,968	202.113.25.101	80	54
TCP	出站	10.0.0.2	1,055	202.113.25.99	62,969	202.113.25.100	80	52
TCP	出站	10.0.0.2	1,057	202.113.25.99	62,970	202.113.25.101	80	31
TCP	出站	10.0.0.2	1,059	202.113.25.99	62,971	202.113.25.102	80	5

图10-22 网络地址转换映射表

练习与思考

一、填空题

(1) TCP可以提供________服务。

(2) UDP可以提供________服务。

(3) 为了估算重发前需要等待的时间，TCP需要测量多个________。

(4) NAT的主要技术类型包括________、________、________。

二、单项选择题

(1) 为了保证连接的可靠建立，TCP通常采用(　　)。

A. 三次握手法　B. 窗口控制机制　C. 自动重发机制　D. 端口机制

(2) 以下关于TCP和UDP的描述中错误的是(　　)。

A. TCP和UDP的端口是相互独立的

B. TCP和UDP的端口是完全相同的，没有本质区别

C. 在利用TCP发送数据前，需要与对方建立一条TCP连接

D. 在利用UDP发送数据时，不需要与对方建立连接

三、动手与思考题

(1) 在 TCP 协议中,发送端和接收端的初始序号都不是一个固定的数值(例如 1),而是采用了随机选择方式。查找相关资料,分析如果初始序号为一个固定数值,那么 TCP 协议会产生什么问题。

(2) 利用网络地址转换,内部网络的多个主机可以利用一个或少数几个外部 IP 地址访问外部网络服务。但是,网络地址转换技术也给外部网络主机访问内部网络中的服务带来一定的问题。如果内部网络中配备有 Web 服务器,如图 10-23 所示,那么请设置 NAT 服务器,使外部主机(例如主机 X)能够顺利访问该 Web 服务。

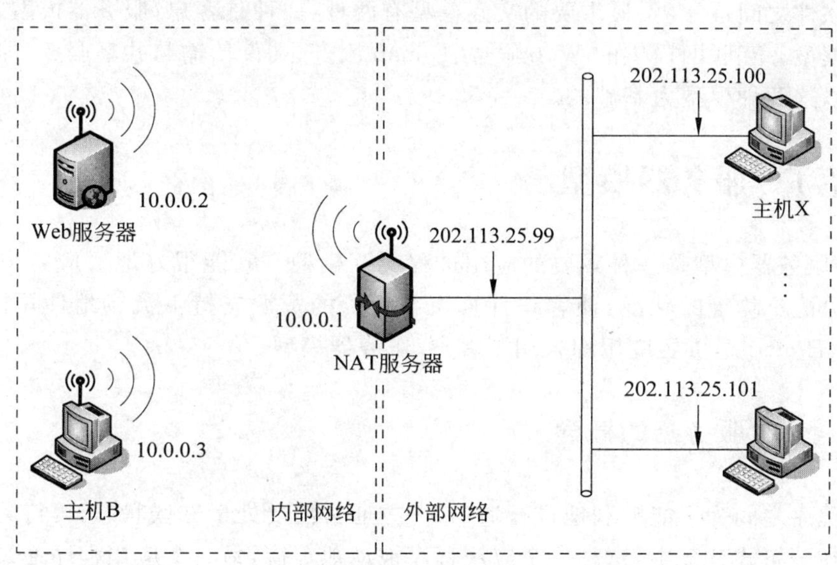

图 10-23 内部网络中包含 Web 服务器

第11章　应用程序交互模型

从网络的系统结构看，传输层、互联层和网络接口层提供了一个通用的通信架构，负责将数据准确、可靠地从一端传输到另一端。然而，用户最感兴趣的服务功能却是由应用软件提供的，尽管这些应用软件必须使用下层的通信架构进行相互沟通。应用软件使收发电子邮件、信息浏览、文件共享等成为可能。

应用软件之间最常用、最重要的交互模型有两种，一种是客户/服务器模型，另一种是对等计算模型。互联网提供的 Web 服务、E-mail 服务、文件传输与共享服务、即时通信服务等都是以这两种模型为基础的。

11.1　客户/服务器模型

客户/服务器模型是一种重要的应用进程交互模型。它能很好地适应客户端和服务器端资源分配不均等的状况，使客户计算机在很少的资源支持下流畅地使用网络服务。目前 Web、E-mail 等重要应用都采用了客户/服务器模型。

11.1.1　客户/服务器的概念

应用程序之间为了能顺利地进行通信，一方通常需要处于守候状态，等待另一方请求的到来。在分布式计算中，这种一个应用程序被动地等待，另一个应用程序通过请求启动通信的模式就是客户/服务器交互模式。

实际上，客户(client)和服务器(server)分别指两个应用程序进程。客户向服务器发出服务请求，服务器做出响应。图 11-1 显示了一个通过互联网进行交互的客户/服务器模型。在图中，服务器应处于守候状态并监视客户端的请求。客户端发出请求，该请求经互联网传送给服务器。一旦服务器接收到这个请求，就可以执行请求指定的任务，并将执行的结果经互联网回送给客户。

11.1.2　客户与服务器的特性

一台主机上通常可以运行多个服务器程序，每个服务器程序需要并发地处理多个客户的请求，并将处理的结果返回给客户。因此，服务器程序通常比较复杂，对主机的硬件资源(如 CPU 的处理速度、内存的大小等)及软件资源(如分时、多线程网络操作系统等)都有一定的要求。而客户程序由于功能相对简单，通常不需要特殊的硬件和高级的网络操作系统。在图 11-2 中，运行服务器程序的主机同时提供 Web 服务、FTP 服务和文件服务。由于客户 1、客户 2 和客户 3 分别运行访问文件服务和 Web 服务的客户端程序，因

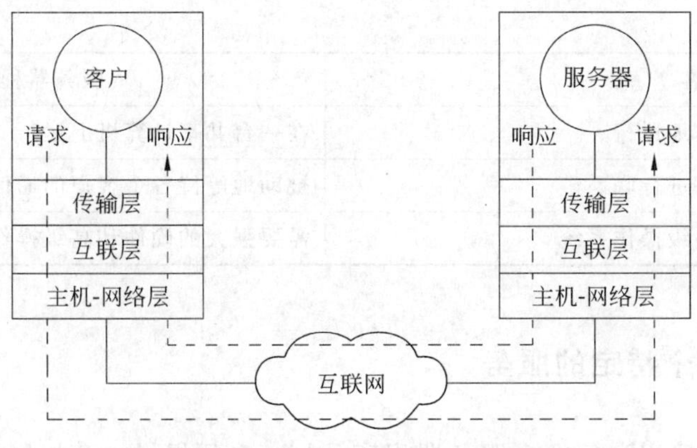

图 11-1 客户/服务器交互模型

此,通过互联网,客户 1 可以访问运行文件服务的主机上的文件系统,而 Web 服务器程序则需要根据客户 2 和客户 3 的请求,同时为他们提供服务。

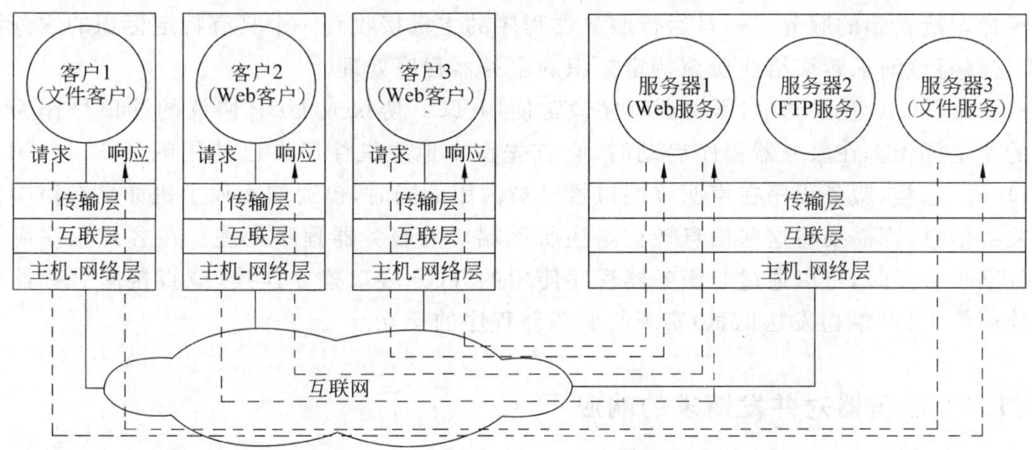

图 11-2 一台主机可同时运行多个服务器程序,服务器程序需要并发地处理多个客户的请求

客户/服务器模型不但很好地解决了互联网应用程序之间的同步问题(何时开始通信、何时发送信息、何时接收信息等),而且客户/服务器非对等相互作用的特点(客户与服务器处于不平等的地位,服务器提供服务,客户请求服务)很好地适应了互联网资源分配不均的客观事实(有些主机是具有高速 CPU、大容量内存和外存的巨型机,有些主机则仅仅是简单的个人计算机),因此成为互联网应用程序相互作用的主要模型。

表 11-1 给出了客户程序和服务器程序特性对照。

表 11-1 客户程序和服务器程序特性对照

客户程序	服务器程序
是一个非常普通的应用程序,在需要进行远程访问时临时成为客户,同时也可以进行其他本地计算	是一种有专门用途的、享有特权的应用程序,专门用来提供一种特殊的服务
为一个用户服务,用户可以随时开始或停止其运行	同时处理多个远程客户的请求,通常在系统启动时自动调用,并一直保持运行状态

续表

客户程序	服务器程序
在用户的计算机上本地运行	在一台共享计算机上运行
主动地与服务器程序进行联系	被动地等待各个客户的通信请求
不需要特殊硬件和高级操作系统	需要强大的硬件和高级操作系统支持

11.1.3 标识一个特定的服务

由于一个主机可以运行多个服务器程序,因此,必须提供一套机制让客户程序无二义性地指明所希望的服务。这种机制要求赋予每个服务一个唯一的标识,同时要求服务器程序和客户程序都使用这个标识。当服务器程序开始执行时,首先在本地主机上注册自己提供服务所使用的标识。在客户需要使用服务器提供的服务时,则利用服务器使用的标识指定所希望的服务。一旦运行服务器程序的主机接收到一个具有特定标识的服务请求,它就将该请求转交给注册该特定标识的服务器程序处理。

在TCP/IP互联网中,服务器程序通常使用TCP协议或UDP协议的端口号作为自己的特定标识。在服务器程序启动时,它首先在本地主机注册自己使用的TCP或UDP端口号。这样,服务程序在声明该端口号已被占用的同时,也通知本地主机如果在该端口上收到信息,则需要将这些信息转交给注册该端口的服务器程序处理。在客户程序需要访问某个服务时,可以通过与服务器程序使用的TCP端口建立连接(或直接向服务器程序使用的UDP端口发送信息)实现与服务器程序的交互。

11.1.4 服务器对并发请求的响应

在互联网中,客户发起请求完全是随机的,很有可能出现多个请求同时到达服务器的情况。因此,服务器必须具备处理多个并发请求的能力。为此,服务器可以有以下两种实现方案:

(1) 重复服务器(iterative server)方案。该方案实现的服务器程序中包含一个请求队列,客户请求到达后,首先进入队列中等待,服务器按照先进先出(First In First Out, FIFO)的原则顺序做出响应,如图11-3所示。

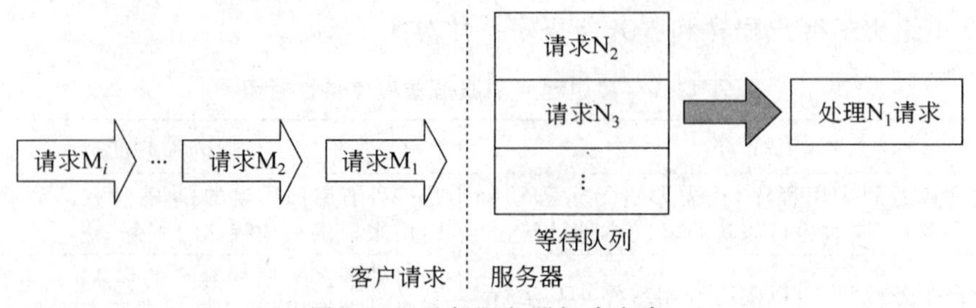

图11-3 重复服务器解决方案

(2) 并发服务器(concurrent server)方案。并发服务器是一个守护进程(daemon),在没有请求到达时它处于等待状态。一旦客户请求到达,服务器立即再为之创建一个子进程,然后回到等待状态,由子进程响应请求。当下一个请求到达时,服务器再为之创建一个新的子进程。其中,并发服务器叫作主服务器(master),子进程叫作从服务器(slave),如图 11-4 所示。

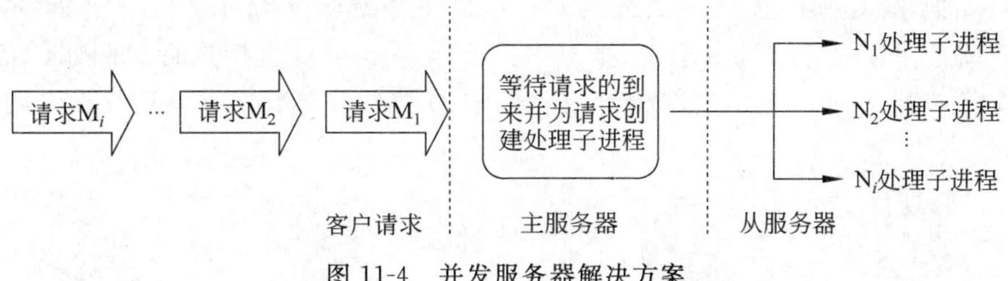

图 11-4 并发服务器解决方案

重复服务器方案和并发服务器方案各有特点,应按照特定服务器程序的功能需求选择。重复服务器对系统资源要求不高,但是,如果服务器需要在较长时间内才能完成一个请求任务,那么,其他的请求必须等待很长时间才能得到响应。例如,一个文件传输服务允许客户将服务器端的文件复制到客户端,客户在请求中包含文件名,服务器在收到该请求后返回这个文件副本。当然,如果客户请求的是很小的文件,那么服务器能在很短的时间内送出整个文件,等待队列中的其他请求就可以迅速得到响应;但是,如果客户请求的是一个很大的文件,那么服务器送出该文件的时间自然会很长,等待队列中的其他请求就不可能立即得到响应。因此,重复服务器解决方案一般用于处理可在预期时间内处理完的请求,针对面向无连接的客户/服务器模型。

与重复服务器解决方案不同,并发服务器解决方案具有实时性和灵活性的特点。由于主服务器经常处于守护状态,多个客户同时请求的任务分别由不同的从服务器并发执行,因此,请求不会长时间得不到响应。但是,由于创建从服务器会增加系统开销,因此,并发服务器解决方案通常对主机的软硬件资源要求较高。实践中,并发服务器解决方案一般用于处理不可在预期时间内处理完的请求,针对面向连接的客户/服务器模型。

11.2 对等计算模型

随着计算机技术的发展,用户计算机的硬件资源越来越强大。这些计算机的 CPU、内存、硬盘等资源常常处于闲置状态。为了充分利用这些闲置的用户资源,对等计算模型诞生了。

11.2.1 对等计算的概念

对等计算模型通常也称为 P2P(Peer-to-Peer)计算模型。所谓对等计算,就是交互双方为达到一定目的而进行直接的、双向的信息或服务交换，是一种点对点的对等计算模型。与传统的客户/服务器模型不同，对等计算中每个结点的地位都是平等的，既充当服务器，为其他结点提供服务，同时又是客户机，享用其他结点提供的服务。图11-5显示了对等计算模型与客户/服务器模型的差异。从图中可以明显看到，客户/服务器模型中存在中心服务器结点，客户之间交换的所有信息需要通过服务器中转。例如，客户A希望与客户C交换信息，那么客户A首先需要将信息上传给服务器，而后客户C再从服务器下载这些信息。在对等计算模型中，结点之间交换信息可以直接进行。例如，结点A希望与结点C交换信息，那么结点A可以将信息直接传送给结点C，不需要中间结点的中转。

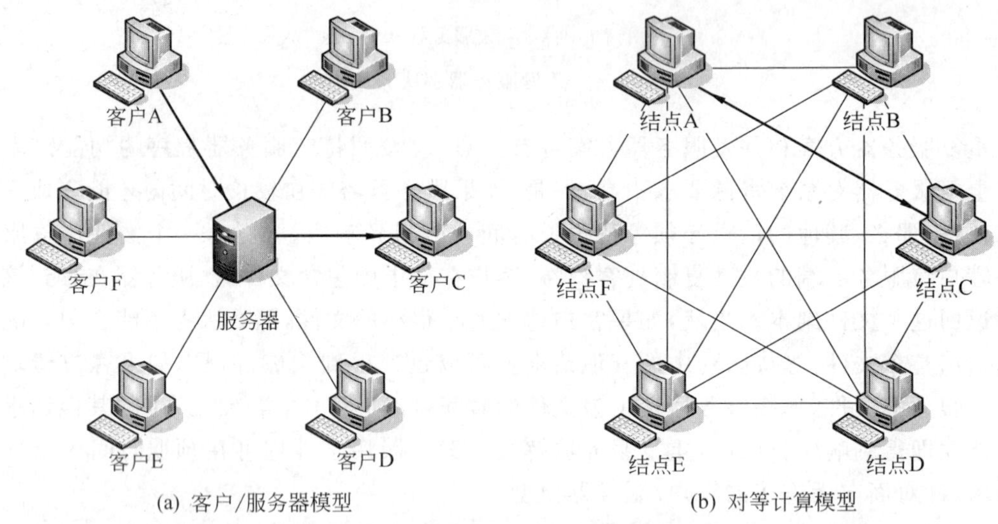

图11-5 对等计算模型与客户/服务器模型的对比

过去，客户/服务器模型一直是最主要的计算模型。这是由三方面原因造成的：从硬件原因看，当时个人计算机的存储和计算能力很弱，而且网络带宽是“非对称的”。因此，个人计算机之间相互提供并共享服务是不可能的；从软件原因看，随着客户/服务器模型的出现，诞生了一些非常有效的软件开发方法和协议。这些方法和协议大大提高了软件开发的效率，降低了软件开发的成本；从人为因素看，由于病毒、垃圾邮件、网络攻击的泛滥以及一些网络协议的滥用，导致了网络管理的加强，特别是防火墙的广泛设立和拥塞控制的加强。这些措施虽然保障了网络的正常运作，却削弱了结点间的协作能力，抑制了对等计算发展的可能。客户/服务器模型对客户机的性能资源要求非常低，可使用户以非常低廉的成本方便地连接因特网，从而推动了因特网的快速普及。可以说，因特网的高速发展得益于客户/服务器模型的成熟应用。

但随着个人计算机数目的增加，客户/服务器模式中服务器的负载越来越重，很多时候难以满足客户机的服务请求；同时随着计算机和网络性能的提升，人们已经能够以越来越低廉的价格成本得到性能越来越好的终端机器和网络连接，但在传统的应用模式下个人计算机只能处于客户机地位，这将导致可用资源的闲置。因此，传统的客户/服务器模型会造成这样一种现象：一方面，处在网络中心的服务器不堪重负，而另一方面，网络边缘却存在大量的空闲资源，网络负载极不平衡。在这种背景下，对等计算模型应运而生了。在短短数年间，对等计算模型已渗入到因特网的众多应用领域，并在这些领域里迅速展现出挑战传统客户/服务器模型的势头和潜力。对等计算技术的出现将推动因特网的计算和存储模式由现在的集中式向分布式转移，网络应用的核心也会从中央服务器向网络边缘的智能终端设备扩散。

11.2.2 对等网络的分类

每种具体的对等计算应用都会在网络的应用层形成一个面向应用的网络，这个网络叫作对等网络(或P2P网络)。由于这个面向应用的对等网络建立在具体的互联网络之上，因此又被称为覆盖网络(overlay network)。覆盖网络通常不考虑或很少考虑其下层网络的问题(如网络的互联层问题、网络接口层问题)，结点之间通过虚拟的和逻辑的链路相互连接。图11-6显示了一个覆盖网络示意图。图中结点A、C、D、E和F参与同一个对等计算应用，进而形成了一个对等网络(或覆盖网络)。在该对等网络中，结点A与结点D、E和F相邻(即结点A与结点D、E和F之间拥有直达的逻辑链路)，结点A到这些结点的逻辑链路可能跨越了互联网上的多个物理网络。

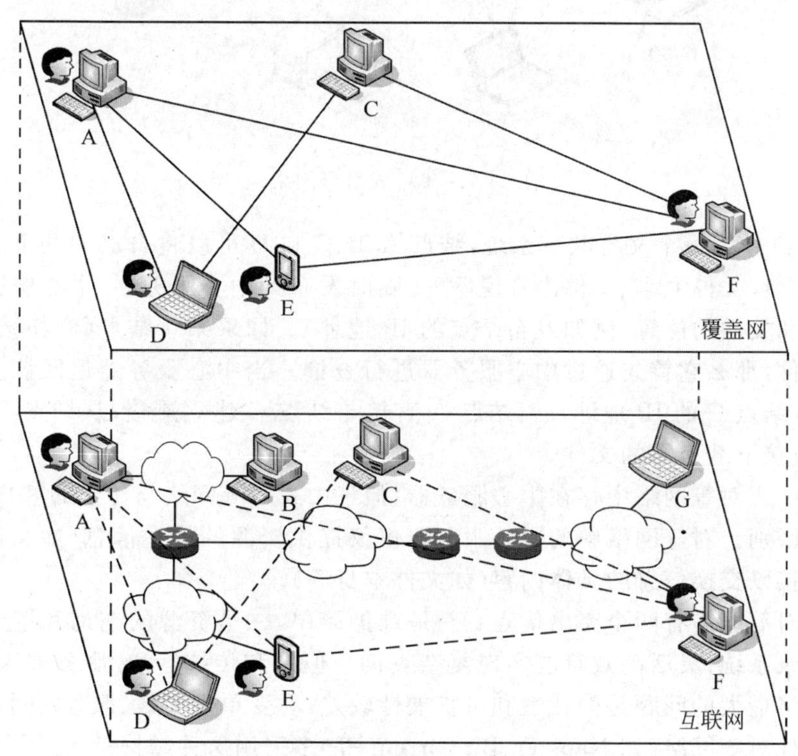

图11-6 覆盖网络示意图

从采用的拓扑结构看，应用形成的对等网络可以分为 4 种类型：集中式对等网络、分布式非结构化对等网络、混合式对等网络、分布式结构化对等网络。

1. 集中式对等网络

与传统 C/S 网络模式的拓扑结构类似，集中式对等网络结构采用了星形结构，如图 11-7 所示。中心服务器位于星形结构的中心点，负责保存和维护对等网络中所有结点发布的共享资源的描述信息并提供资源搜索功能。结点通过向中心服务器发送请求以搜索资源，服务器将结点请求和已发布的资源信息进行匹配并返回存储匹配资源的结点地址信息，然后资源的访问将在请求的发起结点与资源的存储结点之间直接进行，不需要中心服务器的干涉。

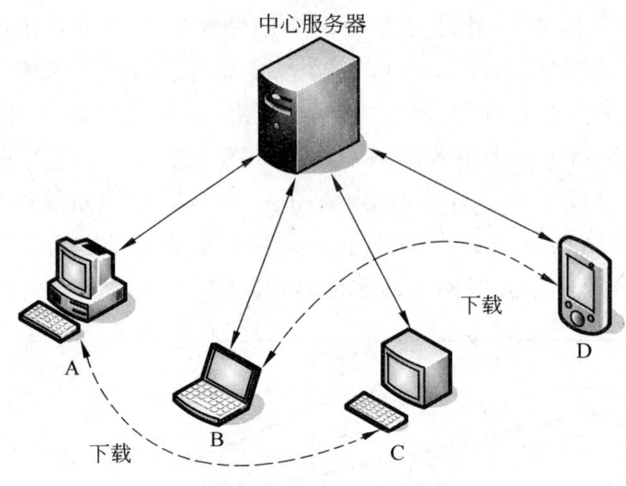

图 11-7　集中式对等网络

假设图 11-7 为一个文件共享系统，结点 A、B、C 和 D 可以将自己的共享文件的描述信息（如文件名、文件大小、文件内容说明等）随时发布到中心服务器，中心服务器记录这些描述信息和文件的位置（例如发布结点的 IP 地址）。如果某一结点（例如结点 A）需要下载一个文件，那么它首先通过中心服务器进行查询。当中心服务器返回该文件所在的具体位置（如结点 C 的 IP 地址）后，结点 A 直接与结点 C 建立连接，从结点 C（而不是中心服务器）直接下载所需的文件。

尽管集中式对等网络中存在中心服务器，但集中式对等网络与传统的客户/服务器网络有根本的区别。对等网络中的中心服务器仅仅提供资源的描述信息（如文件名），各个结点直接连接以交换信息的具体内容（如文件本身等）。

集中式对等网络有两个突出优点：一是维护简单，二是资源的查询和搜索可以借助集中式的目录系统，灵活高效且能实现复杂查询。但是和传统客户/服务器系统类似，集中式对等网络最大的问题是健壮性和可扩展性较差，易受单点失效、服务器过载等问题的影响。第一代对等网络（如 Napster、BitTorrent 等）多采用这种结构。

2. 分布式非结构化对等网络

分布式非结构化对等网络通常采用随机图的方式组织网络中的结点，结点之间的连接关系随机形成，没有预先定义的拓扑构造要求，如图 11-8 所示。分布式非结构化对等网络中不存在居中的中心服务器，各个结点自由地与其他结点相连。每个结点存储的资源放置在本地，不需向网络中其他结点发送资源描述信息。当用户提出资源搜索请求时，网络以洪泛(flooding)方式向其他结点发送查询消息。其他结点收到查询消息后检索本地资源，如果找到符合条件的资源，则将查询结果返回给查询的发起结点。

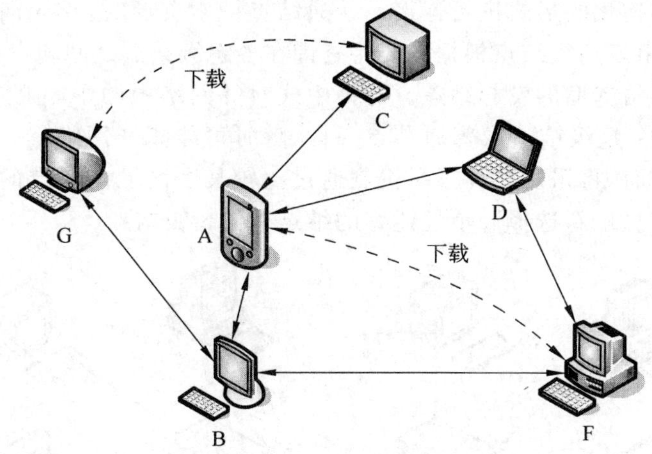

图 11-8　分布式非结构化对等网络

假设图 11-8 为文件共享系统，每个结点将需要共享的文件存储在本地硬盘中。如果某一结点(例如结点 A)需要下载一个文件，那么它需要形成一个包含文件描述的查询，并将该查询发送给自己的邻居结点(例如结点 A 可以把查询消息发送给结点 B、C 和 D)。收到查询消息的 B、C 和 D 结点搜索本地文件，如果发现与查询请求相关的共享文件，则向查询发起结点 A 返回查询应答。与此同时，收到查询的结点继续向各自的邻居结点转发结点 A 的查询请求(例如结点 B 将向结点 F 和 G 转发 A 的查询请求，结点 D 将向结点 F 转发查询请求)，直到查询请求的生命周期完结。这样，一个结点的查询请求将在整个对等网络中传播开来。当发起查询的结点 A 收到其他结点返回的查询应答后，汇总这些应答，如果发现多个结点都拥有符合自己下载条件的文件，那么选择其中一个，直接从该结点进行下载。

分布式非结构化对等网络的优点是不受单点故障的影响，容错性好，支持复杂查询，受结点频繁进出网络的影响较小，具有较好的可用性。但是，由于没有确定拓扑结构的支持，全分布式非结构化对等网络无法保证资源发现的效率，搜索、查询的结果可能不完全。同时随着结点的不断增加，网络规模不断扩大，通过洪泛方式查找资源的方法会造成网络流量急剧增加，导致网络中部分低带宽结点因网络资源过载而失效，可扩展性较差。Gnutella、Freenet 等系统是分布式非结构化对等网络的典型应用。

3. 混合式对等网络

混合式对等网络如图 11-9 所示，它结合了集中式对等网络和分布式非结构化对等网络的特点，运用了超级结点(super node)的概念。在这种对等网络中，一些性能较好的结点被挑选作为超级结点(如图 11-9 中的结点 S1、S2、S3 和 S4)。每个超级结点与对等网络中的一部分普通结点以集中式拓扑的方式建立一个子对等网络，由超级结点保存并维护其子网中普通结点的资源索引信息(例如，超级结点 S1 与普通结点 A1、B1、C1 构成一个子对等网络，超级结点 S2 与普通结点 A2、B2、C2 构成一个子对等网络)。超级结点之间则以分布式非结构化的形式进行连接。普通结点搜索资源时，首先向其连接的超级结点发送查询，然后由该超级结点根据需要将查询在各超级结点之间转发，最后由该超级结点将查询结果返回给查询的发起结点。与集中式对等网络中的中心服务器不同，超级结点的选择是动态的：超级结点像普通结点一样，随时可能离开网络。一旦系统发现某个超级结点不再工作时，将采用某种选举机制通过比较某个区域内结点的 CPU 处理能力、网络带宽等性能信息重新选择一个性能好的结点担任超级结点。

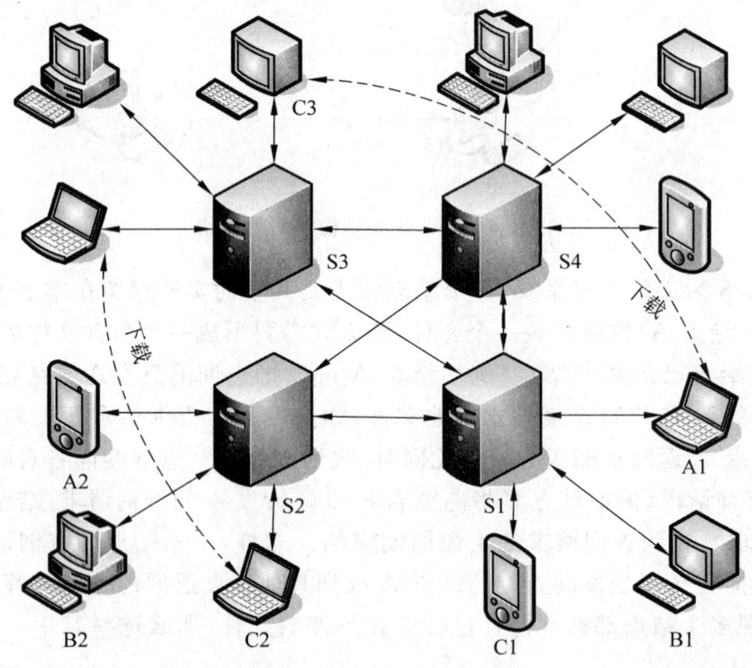

图 11-9 混合式对等网络

假设图 11-9 给出的对等网络为一个文件共享网络，那么普通结点在共享自己的文件时首先需要将该文件的描述信息(例如文件名等)发布到超级结点。当一个结点(例如结点 A1)需要下载一个文件时，它需要向它的超级结点 S1 发送一个包含文件名等描述信息的查询请求。按照无结构对等网络信息查询方法，超级结点 S1 在各超级结点上查询结点 A1 所需的文件，然后将查询结果返回给 A1。当 A1 得到查询结果并确定所需文件的具体位置后，直接与该结点(例如结点 C3)建立连接并下载所需文件。

使用混合式对等网络的目的是希望结合集中式网络和分布式非结构化网络的优点，提升对等网络的性能和可用性。通过使用多个超级结点，混合式结构的对等网络在一定程度上缓解了单点失效问题。从结构上看，超级结点的全分布式非结构化拓扑结构使系统具有更好的扩展性。同时由于超级结点具备索引功能，使搜索效率大大提高。但由于对超级结点依赖性大，混合式对等网络的可扩展性、健壮性仍然较差。混合式对等网络的典型应用包括 KaZaA、Grokster、iMesh 等系统。

4. 分布式结构化对等网络

每种分布式结构化对等网络都有严格的逻辑拓扑结构和查询路由算法。尽管逻辑结构和查询路由算法各不相同，但由于它们都需要维护一个庞大的分布式哈希表(Distributed Hash Table，DHT)，因此分布式结构化对等网络也被称为 DHT 网络。DHT 网络的哈希表被划分成多个不重叠的子空间，结点在加入网络时根据自身的标识获得属于自己的子空间，并成为这一子空间中标识的管理维护者。

在 DHT 网络中，每一个结点都具有一个标识符，称为 Nid，Nid 通常可以通过哈希主机的 IP 地址等信息得到。一旦结点的 Nid 确定，那么该结点将负责哈希表中与其 Nid 值相近的一块区域。另外，DHT 网络中的每个资源也都拥有一个资源标识符，称为 Rid，Rid 通过哈希资源的名称、内容等信息得到。Nid 与 Rid 使用相同的哈希值空间，一个资源的描述信息通常存储在与其 Rid 较近的 Nid 上。

Chord 网络是一个典型的分布式结构化 DHT 网络，它采用环形的逻辑拓扑结构，首尾相接。如果存在 Nid＝Rid 的结点，那么资源 Rid 的描述信息就存储在结点 Nid 上；否则，资源 Rid 的描述信息存储在 Nid 大于 Rid 的第一个结点上。图 11-10(a)显示了一个仅能容纳 8 个结点的小型 Chord 网络(实际的 Chord 网络能容纳成千上万个结点)。在这个 Chord 网络中存在 5 个实际的结点，Nid 分别为 0、1、3、5 和 6。这样 Rid 为 1 的资源描述将存储在结点 1，Rid 为 2 的资源描述将存储在结点 3，Rid 为 6 的资源描述将存储在结点 6。由于采用环状结构，Rid 为 7 的资源描述将存储在结点 0 上。

由于 DHT 网络具有固定的逻辑拓扑结构，网络中结点的连接关系严格遵守某一特定规则，因此可以使用精确的查询路由算法将一个查询信息传递到存储查询信息的结点。为此，DHT 网络中的每一结点需要维护一张路由表，以记录在逻辑拓扑结构中与之相连的结点的信息。当结点收到查询时，它会将查询转发给其路由表中与目标结点“距离”更接近的结点。DHT 网络的查询请求通常只需要 $O(\log N)$步传递就能到达目标结点(其中 N 为网络中结点的数量)。

Chord 路由的设计采用“距离远，大步跨越；距离近，小步到达”的思想，保证转发的信息能够高效到达目标结点。如果目标结点距离自己很远，那么一次投递可能跨越半个 Chord 环；如果目标结点距离自己很近，那么一次投递可能仅跨越一个或两个结点。在图 11-10(b)显示的查询信息转发路径示例中，由结点 1 发起键值 key＝6 的查询。Chord 网络第一步将查询信息转发至结点 5(跨越半个 Chord 环)，第二步就可以到达目标结点 6。由于 Chord 网络的路由算法比较复杂，这里不做详述。

与分布式非结构化对等网络不同，只要给定资源的 Rid，DHT 网络就能准确、高效地在

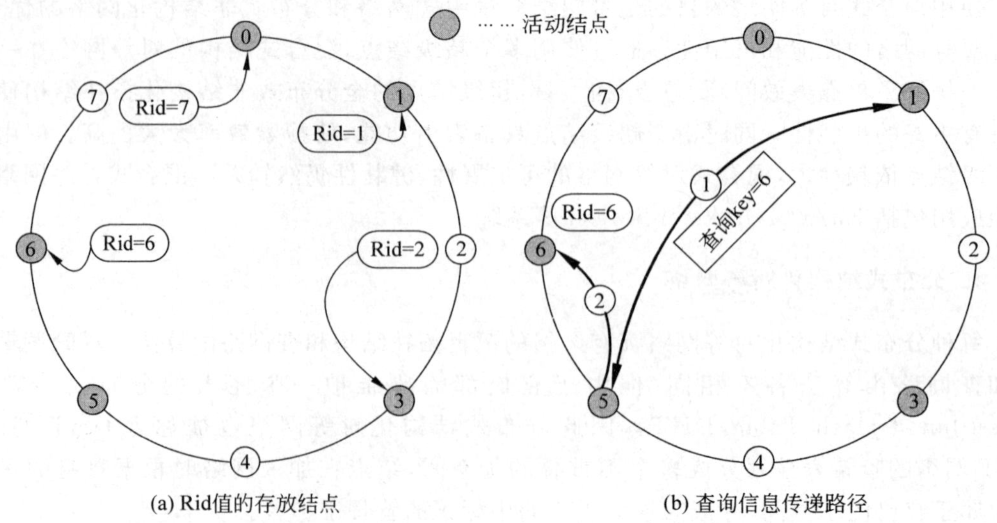

图 11-10 Chord 网络的结构示意图

DHT 哈希表中定位维护该资源的结点。查询请求通常只需要 $O(\log N)$步传递就能到达目标结点，因此查询代价相对较低。同时，DHT 网络可以自适应结点的动态进出，均衡结点的负载，具有良好的可扩展性、健壮性和自组织能力。DHT 网络的最大问题是网络的维护与修复算法比较复杂，拓扑结构维护代价较大，对内容、语义等复杂查询的支持困难等。

11.2.3 对等计算模型的特点

对等计算模型的特点体现在以下几个方面：

(1) 资源利用率高。闲散的资源可以得到较好的利用，所有结点的资源综合起来构成整个网络的资源，整个对等网络可以作为提供海量存储以及巨大计算处理能力的网络超级计算机。

(2) 自组织性。结点可以在没有仲裁者的情况下自己维护网络的连接和性能，对等网络拓扑会随着结点的加入和离去而重新组织。对等网络的自组织性使其能够适应动态变化的应用环境。

(3) 结点自治性。结点可以依据自己的意愿选择行为模式，没有外在的强制约束，对等网络对结点的自主行为给予了充分的自由。

(4) 无中心化结构。网络中的资源和服务分散在所有结点上，信息的传输和服务的实现都直接在结点之间进行，可以无须中间环节和服务器的介入，避免了可能的性能瓶颈。对等网络无中心化的特点带来了其在可扩展性、健壮性等方面的优势。

(5) 可扩展性。在对等计算中，随着用户的加入，不仅服务的要求随之增加，系统整体的资源和服务能力也在同步地扩充。对等计算的整个体系是全分布式的，不存在瓶颈，理论上其可扩展性几乎是无限的。

(6) 健壮性。对等计算模型具有抗攻击、高容错的优点。由于服务分散在各个结点上，部分结点或网络遭到破坏时对其他部分的影响很小。对等网络一般在部分结点失效时能够自动调整整体拓扑，保持其他结点的连通性。

(7) 高性能价格比。性能优势是对等计算模型被广泛关注的一个重要原因。随着硬件技术的发展，个人计算机的计算能力和存储能力以及网络带宽等性能依照摩尔定律高速增长。采用对等计算模型可以有效地利用 Internet 中散布的大量普通结点，将计算任务或数据存储分布到所有结点上，以利用其中闲置的计算能力或存储空间，达到高性能计算和海量存储的目的。通过利用网络中的大量空闲资源，可以用更低的成本提供更高的计算和存储能力。

(8) 隐私保护。在对等计算中，由于信息的传输分散在各结点之间进行而无须经过某个集中环节，用户的隐私信息被窃听和泄漏的可能性大大减小。此外，目前解决 Internet 隐私问题主要采用中继转发的技术方法，从而将通信的参与者隐藏在众多的网络实体之中。在传统的一些匿名通信系统中，实现这一机制依赖于某些中继服务器结点。而在对等网络中，所有参与者都可以提供中继转发的功能，因而大大提高了匿名通信的灵活性和可靠性，能够为用户提供更好的隐私保护。

(9) 负载均衡。在对等计算环境下，由于每个结点既是服务器又是客户机，减少了对传统客户/服务器模式的服务器计算能力、存储能力的要求，同时因为资源分布在多个结点之上，更好地实现了整个网络的负载均衡。

11.2.4 对等计算模型的主要应用

1. 文件共享

对等计算技术使 Internet 上任意两台计算机之间直接共享文件成为了可能。按照传统的文件共享模式，每个共享文件的计算机必须先把文件上载到中心服务器上，而需要获取文件的计算机必须到服务器上下载所需的文件。传统模式不仅耗费了大量的服务器资源，而且存在单点失效的问题。利用对等网络技术，计算机之间可以直接交换数据和文件，而不需要借助中心服务器的中转，不仅节约了资源，还提高了系统健壮性。实际上，正是对文件共享与交换的巨大需求直接引发了对等计算的热潮。第一个对等文件共享系统是 1999 年 Fann 开发的 Napster 系统。Napster 抓住了人们对共享和交换 MP3 音乐的强大需求，引发了应用程序计算模式的进一步变革。其他典型的对等文件共享系统还有 Gnutella、KaZaA、eDonkey、eMule、Maze 等。基于对等网络的文件共享应用已经超过了 HTTP 和 FTP，一跃成为 Internet 上最受欢迎和流量最大的网络应用。

2. 分布式数据存储

随着信息化进程步伐的加快，每时每刻都有海量的数据产生，而这些数据的存储和备份已经成为很多信息系统的沉重负担。基于对等网络技术构建的分布式存储系统为这一问题的解决带来了希望。对等网络可以充分收集和利用位于网络边缘的空闲存储空间，并将其聚合成为一个容量近乎无限的存储系统，从而节约购买昂贵存储设备的费用。目前已出现很多基于对等网络的存储系统模型，例如 Freenet、FreeHaven、OceanStore、PAST、CFS、Farsite 等。

3. 分布式计算

人们一直在尝试通过并行技术、分布式技术将多个网络结点联合起来，利用闲散计算资源共同完成大规模的计算任务。现在，对等计算的结构组织方式为这种计算技术提供了新的契机。对等计算可以通过结点之间的协调与合作，整合许多弱小而分散的计算能力来共同完成大型的计算任务，构成一个对等网络分布式计算系统。其典型代表是美国加州大学伯克利分校于 1999 年开发的 SETI@HOME 项目。SETI@HOME 项目旨在利用连入 Internet 的成千上万台计算机的闲置计算能力搜寻地外文明，它可以将连入 Internet 的计算机在闲置时的处理运算能力整合起来，形成一个巨大的虚拟机，并且通过这个虚拟机对由巨型望远镜收集的来自外太空的无线电磁波数据进行分析。2000 年斯坦福大学开发的 Folding@Home 项目致力于研究蛋白质折叠、误折、聚合及由此引起的相关疾病，到目前已经成功吸引了超过 400 000 个用户的加入。英特尔公司研制的 P2P 分布式中间件 NetBatch 使工程师能够在本地和全球的英特尔环境中寻找可用的计算能力，使计算机能够提高吞吐量，缩短程序运行时间，从而降低开发成本。

4. 协同工作

协同工作是指多个用户之间利用网络中的协同计算平台共同完成计算任务，共享各种各样的信息资源等。协同工作使得在不同地点的参与者可以一起工作。在对等计算出现之前，协同工作的任务通常由诸如 Lotus Notes 或者 MS Exchange 等软件实现，但是无论是采用哪种软件，都会产生极大的计算负担，造成昂贵的成本支出，而且并不能很好地完成企业与合作伙伴、客户、供应商之间的交流。对等网络技术的出现，使 Internet 上任意两台 PC 都可以建立实时的联系，在这种安全、共享、互通的虚拟空间中，人们可以进行各种各样的活动，这些活动可以是同时进行的，也可以是交互进行的。对等网络技术可以帮助企业与关键客户以及合作伙伴之间建立起一种方便、安全的网上工作联系方式，因此基于对等网络技术的协同工作系统受到了极大的重视。Lotus 公司开发的 P2P 协同工作产品 Groove(2006 年被微软公司收购，并成为 Office 2007 的一部分)就是对等网络技术在该领域最具有代表性的应用之一。Sun 公司的 JXTA 规范和微软公司的.NET My Service 架构则为开发和构建基于对等结构的协同工作系统提供了两个更加通用的平台。

5. 分布式搜索引擎

搜索引擎是目前人们在网络中检索信息资源的主要手段，但目前普遍采用的 Google、Baidu、Yahoo 等搜索引擎工具都具有集中式的特点：在需要搜索信息时，用户向服务器发出指令，服务器将检索出来的相关条目进行排序后返回给用户。随着网络规模不断扩大，这种集中的模式势必会带来诸如单点失效等问题。将对等计算技术应用到搜索引擎领域可以使搜索以用户为中心，每个终端都共享他们所认为的有价值的信息，这将极大地提高系统的健壮性和稳定性。这种搜索引擎模式被称为第三代搜索引擎，将成为下一代搜索引擎发展的方向。

6. 网络游戏

由于大型网络游戏庞大的规模(网络游戏中在线用户数可以达到百万级),网络游戏对游戏服务器的性能(如网络带宽、CPU处理能力)有很高的要求:游戏服务器需要在短时间内处理大量用户发送的信息。通过对等计算技术,网络游戏软件的运行方式将不再完全依赖游戏服务器:游戏用户可以直接通信和进行信息交互,而不需要通过游戏服务器,从而能够降低游戏服务器的负载,提高系统整体的健壮性。在基于对等网络的游戏系统中,游戏服务器的数量将大大降低,因此有助于游戏运营商运营成本的降低。

7. 即时通信

即时通信(Instant Messaging,IM)是目前Internet上最受欢迎的应用形式之一。腾讯QQ、微软MSN、点对点网络电话Skype等都已经成功吸引了大量用户的使用。目前即时通信软件通常采用中心服务器与P2P技术相结合的方式进行设计。例如,QQ和MSN软件的最新版本都支持点对点的直接文件传送,并且语音和视频聊天功能也可以不经过中心服务器中转,中心服务器仅用于控制用户的认证信息等基本信息以及帮助完成结点之间的初始互连。

8. 网络流媒体服务

流媒体(streaming media)指在数据网络上按时间先后次序传输和播放的连续音/视频数据流。以前人们在网络上观看电影或收听音乐时,必须先将整个影音文件下载并存储在本地计算机上。与传统的播放方式不同,流媒体在播放前并不下载整个文件,只将部分内容缓存,使流媒体数据流边传送边播放,这样就节省了文件下载等待时间和存储空间,同时流媒体方式为媒体内容的版权控制提供了有效的解决方案。本质上,流媒体技术是一种在数据网络上传递多媒体信息的技术。传统的流媒体服务主要基于CDN(Content Distribution Network,内容分发网)和IP组播(IP Multicast)技术,但这两者都受到硬件条件的限制,往往不能普及应用。同时,目前数据网络具有无连接、无确定路由路径、无质量保证的特点,给多媒体实时数据在数据网络上的传输带来了极大的困难。在基于对等计算的流媒体服务中,通过引入应用层组播技术(application layer multicast),应用中只有少数结点从服务器直接获取数据,而更多的结点则通过彼此共享、交换数据获得多媒体数据流。利用对等结点之间资源的共享,可以通过低成本实现流媒体分发网络。这方面的研究和开发包括香港科技大学的Coolstreaming、华中科技大学的Anysee,以及由企业开发的PPlive、PPstream等系统。

11.3 实验:编写简单的客户/服务器程序

本实验要求利用CAsyncSocket类编写一个简单的客户/服务器程序,客户与服务器之间使用数据报方式传送信息,服务器在收到客户发来的Time或Date请求后,利用本地的时间和日期分别进行响应，如图11-11所示。通过该编程实验，可以加深对客户/服务器交互模型的理解，学习简单的socket编程方法。

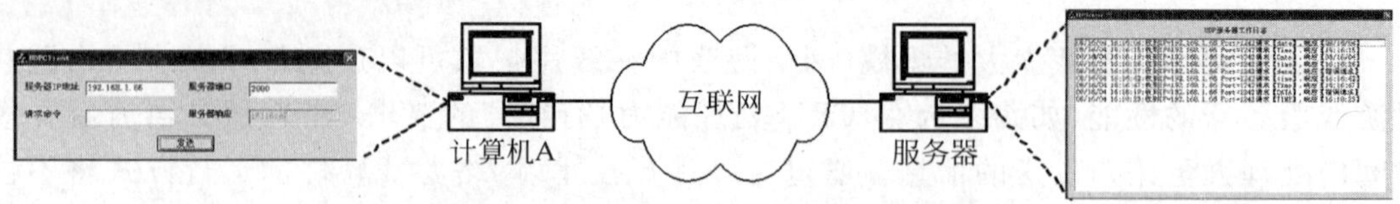

图11-11 简单客户/服务器程序的实验环境

11.3.1 网络编程界面socket

TCP/IP技术的核心部分是传输层(TCP和UDP协议)、互联层(IP协议)和主机-网络层，这3层通常在操作系统的内核中实现。为了使应用程序方便地调用内核中的功能，操作系统常常提供编程界面(有时也叫程序员界面或应用编程界面)。其中，socket(套接字)调用就是TCP/IP网络操作系统为网络程序开发提供的典型网络编程界面。

socket分为数据报套接字(datagram sockets)和流式套接字(stream sockets)两种形式。其中，数据报方式使用UDP协议，支持主机之间面向非连接、不可靠的信息传输；流方式使用TCP协议，支持主机之间面向连接的、顺序的、可靠的全双工字节流传输。

常用的网络操作系统(如Windows、UNIX、Linux等)都支持socket网络编程接口。程序员可以利用socket界面使用TCP/IP互联网功能，完成主机之间的通信。Windows网络操作系统提供的socket被称为Windows Sockets API，程序员可以直接调用这些API编写自己的网络应用程序。在Microsoft Visual C++中，这些socket API被封装成CAsyncSocket类，程序员的网络编程更加方便。

11.3.2 利用CAsyncSocket编制网络应用程序

CAsyncSocket对Windows Sockets API在比较低的级别上进行了封装，利用CAsyncSocket编制网络应用程序不但比较灵活，而且能够避免直接调用Windows Sockets API函数的烦琐工作。

1. 创建socket

socket的创建需要分为两步进行，首先通过调用CAsyncSocket类的构造函数构造CAsyncSocket对象，然后再调用Create成员函数创建和初始化socket。CAsyncSocket对象的构造可以按以下两种方式进行：

```
//在堆栈上构造 CAsyncSocket 对象
CAsyncSocket sock;
//在堆上构造 CAsyncSocket 对象
CAsyncSocket * pSocket =new CAsyncSocket;
```

其中,第 1 种方式在堆栈上构造 CAsyncSocket 对象,第 2 种方式在堆上构造 CAsyncSocket。

在构造 CAsyncSocket 对象之后,需要调用 Create 成员函数对其进行创建和初始化。Create 成员函数的原型如下:

```
BOOL Create(
    UINT nSocketPort=0,
    int nSocketType=SOCK_STREAM,
    longlEvent=FD_READ|FD_WRITE|FD_OOB|FD_ACCEPT|FD_CONNECT |FD_CLOSE,
    LPCTSTR lpszSocketAddress=NULL
);
```

Create 成员函数中各参数的意义如下:

- nSocketPort:为 socket 指定一个端口。如果是服务器端的 socket,那么应该为其指定一个具体的端口号。如果是客户机端 socket,那么既可以为其指定一个具体的端口号,也可以让系统自动为其分配一个端口号。默认值 0 表示让系统自动为其选择端口号。
- nSocketType:指定 socket 类型。socket 类型分为流方式和数据报方式两种。流方式通过 SOCK_STREAM 指定,数据报方式通过 SOCK_DGRAM 指定。其中,流方式为默认方式。
- lEvent:用于指定要生成的事件通知。CAsyncSocket 类将事件处理封装成虚函数,应用程序重载这些虚函数就可以处理这些事件。事件 FD_READ、FD_WRITE、FD_OOB、FD_ACCEPT、FD_CONNECT 和 FD_CLOSE 处理对应的虚函数分别为 OnReceive、OnSend、OnOutOfBandData、OnAccept、OnConnect 和 OnClose。
- lpszSocketAddress:指定 socket 的网络地址。该地址既可以为主机的 IP 地址(如 202.113.25.99),也可以为主机的域名地址(如 netlab.nankai.edu.cn)。默认值 NULL 将 socket 的网络地址限定为本机。

如果调用成功,Create 以非 0 值返回。调用出错时,可以调用 GetLastError 函数得到具体的错误信息。

创建 socket 的例子如下:

```
//以流方式创建 socket
CAsyncSocket    MySock;
BOOL bFlag=MySock.Create(2000,SOCK_STREAM,FD_ACCEPT);
if(! bFlag)
{
    …      //创建套接口错误处理
}

…
```

```
//以数据报方式创建 socket
CAsyncSocket    MySock;
BOOL bFlag=MySock.Create(2000,SOCK_DGRAM,FD_READ);
if(!bFlag)
{
    …    //创建套接口错误处理
}

…
```

其中,第1种方式按照流方式创建和初始化socket。它在本机的2000端口等待远程应用程序的连接请求,并在收到远程应用程序的建立连接请求后触发FD_ACCEPT事件。第2种方式按照数据报方式创建和初始化socket。它在本机的2000端口等待远程应用程序发送的数据,并在收到远程应用程序发送的数据后触发FD_READ事件。

2. 发送和接收数据报

如果创建的是数据报socket,那么可以用CAsyncSocket的成员函数SendTo发送数据报,用ReceiveFrom接收数据报。由于采用数据报方式,因此,在利用SendTo和ReceiveFrom发送和接收数据报时不需要与目标建立连接。

SendTo成员函数的原型如下:

```
int SendTo(
    const void * lpBuf,
    int nBufLen,
    UINT nHostPort,
    LPCTSTR lpszHostAddress=NULL,
    int nFlags=0
);
```

其中,各参数的意义如下:

- lpBuf: 存放需要发送的数据信息。
- nBufLen: 需要发送的字节数。
- nHostPort: 目标主机端口号。
- lpszHostAddress: 目标主机的IP地址或域名。
- nFlag: 指定以何种方式调用该函数。

如果没有错误发生,那么,SendTo将返回已经发送的字节数。如果发生错误,SendTo将以SOCKET_ERROR返回,具体的错误信息可以通过调用GetLastError得到。

ReceiveFrom成员函数的原型如下:

```
Int ReceiveFrom(
    void * lpBuf,
    int nBufLen,
    CString& rSocketAddress,
```

```
        UINT& rSocketPort,
        int nFlags=0
);
```

其中，各参数的意义如下：

- lpBuf：存放接收到的数据信息。
- nBufLen：接收缓冲区 lpBuf 的长度。
- rSocketAddress：发送方使用的 IP 地址。
- rSocketPort：发送方使用的端口号。
- nFlags：指定以何种方式调用该函数。

在没有错误发生时，ReceiveFrom 返回实际读取的字节数。如果调用发生错误，ReceiveFrom 将以 SOCKET_ERROR 返回，具体的错误信息可以调用 GetLastError 函数得到。

3. 客户程序的建立连接请求

如果利用流方式使用 socket，那么客户程序在发送正式的数据信息之前需要调用 CAsyncSocket 的 Connect 成员函数请求与服务器建立连接。Connect 成员函数的原型如下：

```
BOOL Connect(
    LPCTSTR lpszHostAddress,
    UINT nHostPort
);
```

其中，lpszHostAddress 指定需要连接的远程主机的 IP 地址或域名，nHostPort 指定需要连接的远程主机的端口号。

如果连接成功，Connect 函数返回 TRUE；否则返回 FALSE。在连接失败时，可以调用 GetLastError 得到详细的错误报告。但是需要注意，默认状态下 CAsyncSocket 使用异步方式，在操作不能立即返回时采用触发事件通知方式。因此，在 Connect 函数返回 FALSE 后，需要判定连接出错还是没有完成。如果这时调用 GetLastError 函数返回 WSAEWOULDBLOCK，那么可以判定 Connect 操作还未完成。一旦完成，系统将通过事件 FD_CONNECT 调用虚函数 OnConnect。程序员可以通过重载 OnConnect 对已经完成的建立连接请求进行处理。

4. 服务器程序的连接接受

服务器程序在创建 socket 之后，需要调用 CAsyncSocket 的 Listen 成员函数侦听连接请求。Listen 成员函数的原型如下：

```
BOOL Listen(
    int nConnectionBacklog=5
);
```

nConnectionBacklog 为连接请求等待队列的最大长度，有效值为 1～5，默认值为 5。

如果 Listen 函数调用成功，则返回非 0 值；否则返回 0。具体的错误信息可以通过调用 GetLastError 函数得到。

当客户程序的连接请求到来时，系统通过触发 FD_ACCEPT 事件调用 OnAccept 虚函数。为了接受客户程序的建立连接请求，程序员需要重载 OnAccept 函数并在该函数中调用 CAsyncSocket 的成员函数 Accept。Accept 成员函数的原型如下：

```
virtual BOOL Accept(
    CAsyncSocket &rConnectedSocket,
    SOCKADDR * lpSockAddr=NULL,
    int * lpSockAddrLen=NULL
);
```

利用 Accept 成员函数接受客户程序的建立连接请求时，首先需要构造一个新的 CAsyncSocket 对象，并将该对象与建立的连接联系起来。通过该连接进行的数据收发等操作都需要通过这个新建立的 CAsyncSocket 对象进行。在 Accept 函数中，rConnectedSocket 参数指向这个新构造的 CAsyncSocket 对象，lpSockAddr 和 lpSockAddrLen 为接收请求端的地址信息和长度。

5. 发送和接收流式数据

在流式 socket 中发送和接收数据可以分别调用 CAsyncSocket 的 Send 和 Receive 成员函数。

当一个 socket 的发送缓冲区空并且可以进行另一次发送时，系统将触发 FD_WRITE 事件并调用 OnSend 虚函数通知程序员可以通过调用 Send 成员函数发送数据。Send 函数的原型如下：

```
virtual int Send(
    const void * lpBuf,
    int nBufLen,
    int nFlags=0
);
```

其中，lpBuf 指向需要发送数据的缓冲区，nBufLen 为需要发送数据的长度，nFlags 指定以何种方式调用该函数。在调用成功后，Send 函数将返回实际送出的字节数；否则，Send 将返回 SOCKET_ERROR，具体的错误信息可以调用 GetLastError 函数获得。

当 socket 接收到数据后，系统将触发 FD_READ 事件并调用 OnReceive 虚函数通知程序员可以通过调用 Receive 成员函数从 socket 接收缓冲区中读取数据。Socket 接收的数据将一直保存在缓冲区中，直到调用 Receive 成员函数将其读走。Receive 成员函数的原型如下：

```
virtual int Receive(
        void * lpBuf,
    int nBufLen,
    int nFlags=0
);
```

其中，lpBuf 指定存放接收到数据的缓冲区，nBufLen 为接收数据缓冲区的最大长度，nFlag 指定以何种方式调用该函数。在调用成功后，Receive 函数将返回实际读取到的字节数；否则，Receive 将返回 SOCKET_ERROR，具体的错误信息可以调用 GetLastError 函数获得。

6. 关闭 socket

在使用完 socket 后，需要使用 CAsynSocket 类的 Close 成员函数将其关闭，以释放该 socket 占用的有关系统资源。Close 函数非常简单，其函数的原型如下：

```
virtual void Close( );
```

在调用 Close 函数将 socket 关闭后，如果应用程序再次使用该 socket，那么系统将返回错误信息 WSAENOTSOCK。

11.3.3 简单的客户/服务器程序实验指导

利用 CAsyncSocket 类编写网络应用程序非常简单。现在，我们利用 CAsyncsocket 类提供的数据报方式编写一个简单的客户/服务器程序，实现服务器对客户时间和日期请求的响应。其中，客户程序和服务器程序的界面可以如图 11-12 和图 11-13 所示。

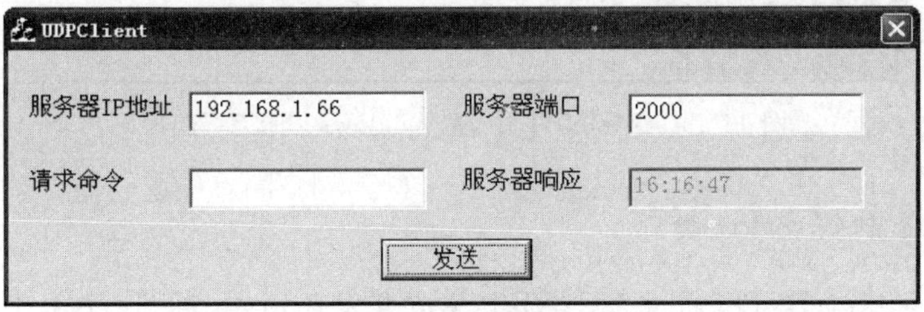

图 11-12 客户程序界面示例

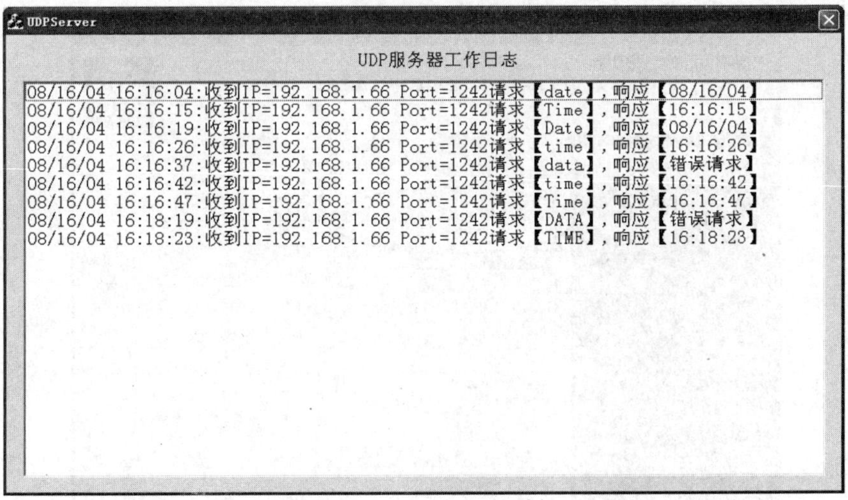

图 11-13 服务器程序界面示例

在编写客户和服务器程序过程中需要注意的问题如下。

1. 选中 Windows 套接字选项

不论是客户程序还是服务器程序，在建立使用 Windows 套接字的应用程序项目时应选中“Windows 套接字”选项，如图 11-14 所示。选中该选项，VC. NET 集成开发环境将自动为该应用程序增加与套接字有关的宏和常数等内容，以便编译过程顺利完成。

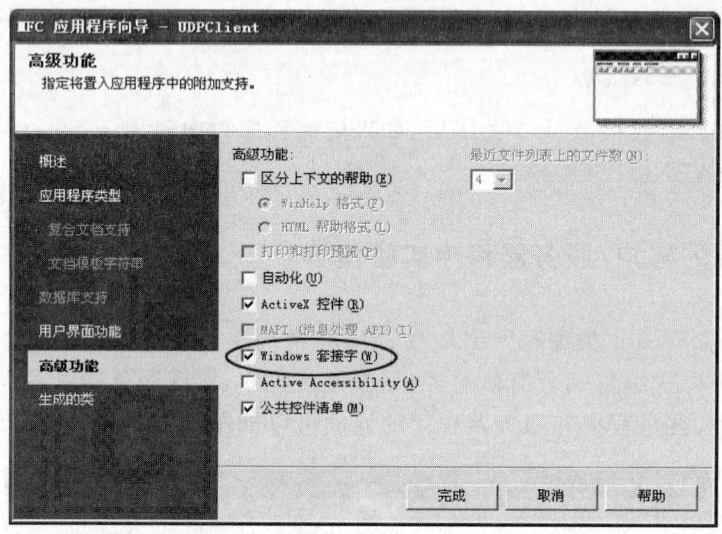

图 11-14 VC. NET 中的“Windows 套接字”选项

2. 添加和定制新 socket 类

添加新的 socket 类可以通过 VC. NET 集成开发环境中“项目”菜单中的“添加类”命令进行。添加的新 socket 类应该以 CAsyncSocket 类为基类，如图 11-15 所示。

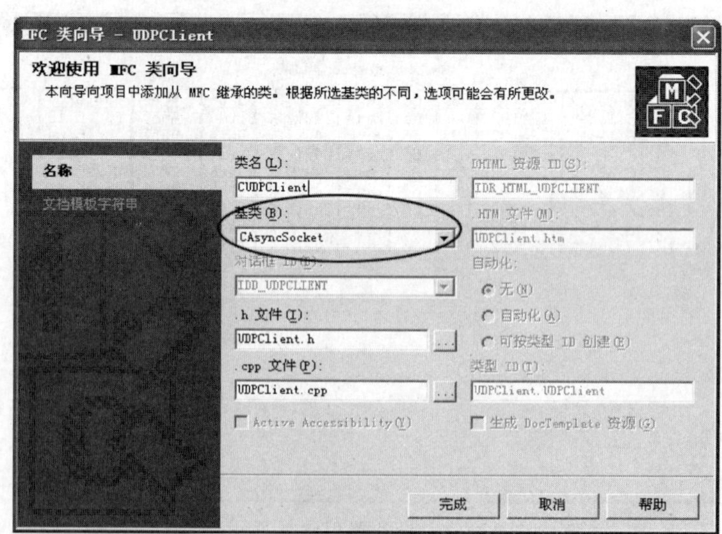

图 11-15 在 VC. NET 中添加新 socket 类

为了能够处理FD_CONNECT、FD_ACCEPT、FD_READ、FD_WRITE等socket事件，添加的新socket类需要重载OnConnect、OnAccept、OnReceive、OnSend等虚函数。重载这些虚函数可以通过鼠标右击类视图中添加的新socket类(如CUDPClient)并执行快捷菜单中的“属性”命令进行。在弹出的“属性”窗口中选中“重写”图标，如图11-16所示，即可重写该虚函数。

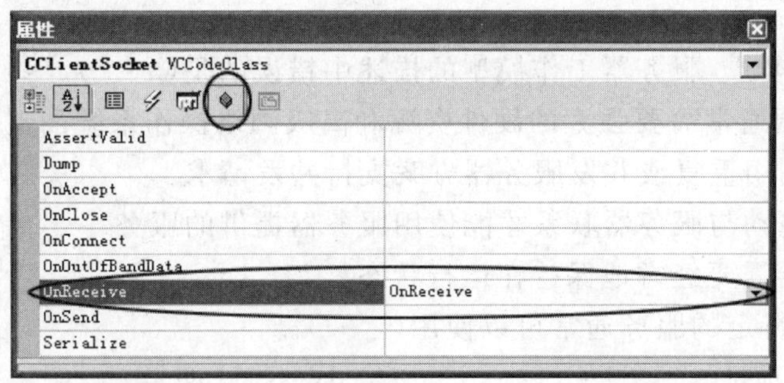

图11-16 重载新建socket类的虚函数

由于该客户/服务器应用程序比较简单，因此，仅仅重载OnReceive虚函数就可以满足要求。在客户程序中，通过调用ReceiveFrom成员函数获取该socket接收到的数据并将该数据显示在应用程序界面上。在服务器程序中同样调用ReceiveFrom成员函数获取该socket接收到的数据并对接收到的数据内容进行判定，如果接收到的为Time，那么通过SendTo成员函数响应服务器本机的当前时间；如果接收到的为Date，那么通过SendTo成员函数响应服务器本机的当前日期；如果接收到的既不是Time也不是Date，那么通过SendTo成员函数响应“错误请求”信息。

3. 创建和关闭套接口

在添加和定制新的socket类后，可以对该类进行实例化(如CClientSocket m_ClientSocket)，然后利用Create成员函数对其进行创建，如m_ClientSocket.Create(…)。在利用Create为客户应用程序创建socket时，通常可以让系统为该socket自动选择端口号。但在利用Create为服务器应用程序创建socket时，用户则需要指定socket使用的端口号。同时，由于该简单的客户/服务器程序要求使用数据报方式和处理数据到达事件，因此nSocketType和lEvent参数需要分别置为SOCK_DGRAM和FD_READ。

由于采用数据报方式，客户程序和服务器程序的数据发送都可以通过SendTo成员函数进行。

在使用完毕后，需要使用Close成员函数对其进行关闭。

练习与思考

一、填空题

(1) 在客户/服务器交互模型中，客户和服务器是指________，其中，________经常处于守候状态。

(2) 为了使服务器能够响应并发请求，在服务器实现中通常可以采取两种解决方案，一种是________，另一种是________。

(3) 对等网络的类型分为4种，它们是________、________、________和________。

(4) DHT网络的查询请求通常需要________步传递就能到达目标结点。

二、单项选择题

(1) 以下关于客户/服务器工作模型的描述中错误的是(　　)。

A. 服务器通常需要强大的硬件资源和高级网络操作系统的支持

B. 客户利用重复或并发服务器方案支持并发请求

C. 客户主动与服务器联系才能使用服务器提供的服务

D. 服务器需要经常地保持在运行状态

(2) 标识一个特定的服务通常可以使用(　　)。

A. MAC地址　　B. CPU型号

C. 操作系统种类　　D. TCP和UDP端口号

(3) 如果一个Chord网络中存在4个结点，它们的Nid分别为1、15、26和42，那么Rid＝45的资源描述应该存放在(　　)。

A. 结点1　　B. 结点15　　C. 结点26　　D. 结点42

三、动手与思考题

(1) 客户/服务器工作模式是目前大多数网络应用程序使用的模式，因此，学习客户/服务器的工作原理、编程思想具有重要的意义。在完成简单的客户/服务器程序编程的基础上，编写一个简单的客户/服务器程序，要求实现：①使用UDP数据报完成客户程序与服务器程序的交互；②服务器程序根据客户请求的文件名将相应的文件传送给客户(可以只处理文本文件)；③客户程序进行文件传送请求，并将获得的文件显示在屏幕上(可以只处理文本文件)。在程序编制完成后，从不同客户端同时对服务器发起请求，改变请求文件的大小，观察客户程序和服务器程序的运行状态及响应时间。

(2) 除了数据报方式之外，socket网络应用程序使用的另一种主要方式是流方式。由于流方式利用TCP协议进行数据的传送，因此能够保证传输数据的可靠性。在学习本章内容的基础上，请查阅其他相关的资料和文档，利用socket提供的流方式实现一个简单的客户/服务器程序，使其同样实现服务器对客户时间和日期请求的响应。

第12章 域名系统

在TCP/IP互联网中，可以使用IP地址的32位整数识别主机。虽然这种地址能方便、紧凑地表示传递分组的源地址和目的地址，但是对一般用户而言，IP地址还是太抽象，最直观的表达方式也不外乎将它分为4个十进制整数。为了使用户能够利用好读、易记的字符串为主机指派名字，IP互联网采用了域名系统(Domain Name System，DNS)。

实质上，主机名是一种比IP地址更高级的地址形式，主机名的管理、主机名-IP地址映射等是域名系统要解决的重要问题。

12.1 互联网的命名机制

互联网提供主机名的主要目的是为了让用户更方便地使用互联网。一种优秀的命名机制应能很好地解决以下三个问题：

(1) 全局唯一性。一个特定的主机名在整个互联网上是唯一的，它能在整个互联网中通用。不管用户在哪里，只要指定这个名字，就可以唯一地找到这台主机。

(2) 便于名字管理。优秀的命名机制应能方便地分配名字、确认名字以及回收名字。

(3) 高效地进行映射。用户级的名字不能为使用IP地址的协议软件所接受，而IP地址也不能为一般用户所理解，因此，二者之间存在映射需求。优秀的命名机制可以使域名系统高效地进行映射。

12.1.1 层次型命名机制

命名机制可以分成两类，一类是无层次型命名机制(flat naming)，另一类是层次型命名机制(hierarchy naming)。

在无层次命名机制中，主机的名字简单地由一个字符串组成，该字符串没有进一步的结构。从理论上说，无层次名字的管理与映射很简单。其名字的分配、确认以及回收等工作可以由一个部门集中管理。名字和地址之间的映射也可以通过一个一对一的表格实现。但是，随着无层次命名机制中名字数量的增加，不但名字冲突的可能性增大，单一管理机构的工作负担变重，而且名字的解析效率会变得越来越低。因此，无层次型命名机制只能适用于主机不经常变化的小型互联网。对于主机经常变化、数量不断增加的大型互联网，无层次命名机制无能为力。事实上，无层次命名机制已被TCP/IP互联网淘汰，取而代之的是一种层次型命名机制。

所谓层次型命名机制就是在名字中加入结构，而这种结构是层次型的。具体地说，在层次型命名机制中，主机的名字被划分成几个部分，而每一部分之间存在层次关系。实际上，在现实生活中经常应用层次型命名，例如，人们邮寄信件时采用的邮件人、发件人地址

(如:中华人民共和国河北省石家庄市解放路)就具有一定结构和层次。

层次型命名机制将名字空间划分成一个树状结构(如图 12-1 所示),树中的每一结点都有一个相应的标识符,主机的名字就是从树叶到树根(或从树根到树叶)路径上各结点标识符的有序序列。例如,www→nankai→edu→cn 就是一台主机的完整名字。

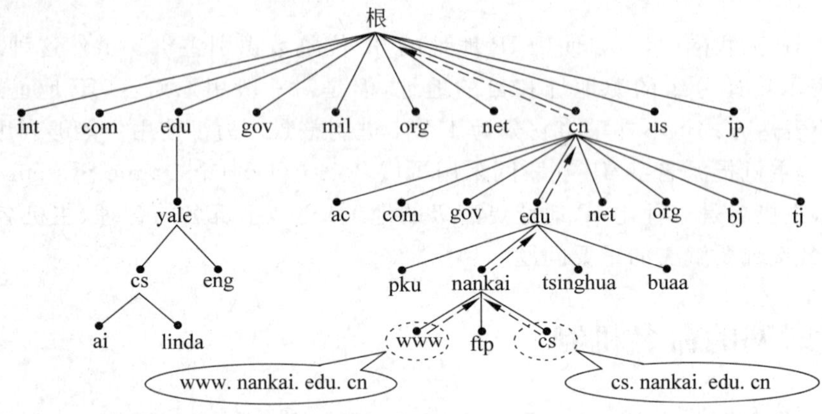

图 12-1 层次型名字的树状结构

显然,只要同一子树下每层结点的标识符不冲突,完整的主机名绝对不会冲突。在图 12-1 所示的名字树中,尽管相同的 edu 出现了两次,但由于它们出现在不同的结点之下(一个在根结点下,一个在 cn 结点下),完整的主机名不会因此而产生冲突。

层次性命名机制的这种特性对名字的管理非常有利。一棵名字树可以划分成几个子树,每个子树分配一个管理机构。只要这个管理机构能够保证自己分配的结点名字不重复,完整的主机名就不会重复和冲突。实际上,每个管理机构可以将自己管理的子树再次划分成若干部分,并将每一部分指定一个子部门负责管理。这样,对整个互联网名字的管理也形成了一个树状的层次化结构。

在图 12-2 显示的层次化树状管理机构中,中央管理机构管辖下的结点标识符为 com、edu、cn、us 等。与此同时,中央管理机构还将其 com、edu、cn、us 等的下一级标识符的管理分别授权给 com 管理机构、edu 管理机构、cn 管理机构和 us 管理机构等。同样,cn

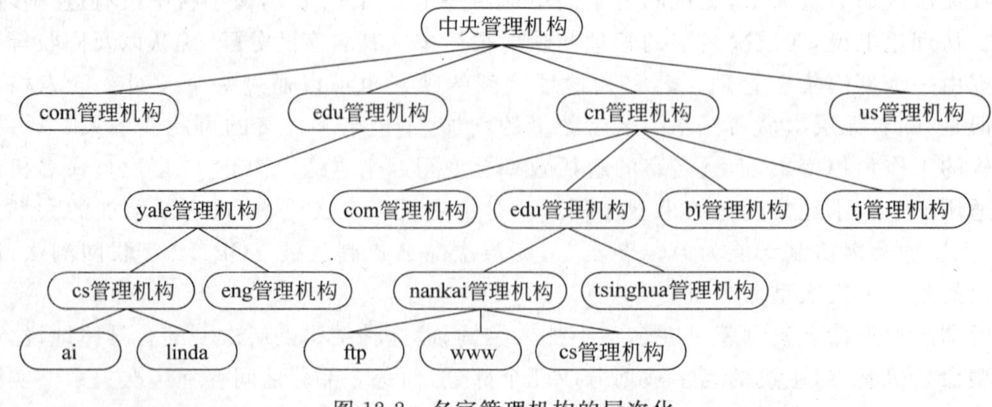

图 12-2 名字管理机构的层次化

管理机构又将 com、edu、bj、tj 等标识符分配给它的下一层结点，并分别交由 com 管理机构、edu 管理机构、bj 管理机构和 tj 管理机构等进行管理。只要图中的每个管理机构能够保证其管辖的下一层结点标识符不发生重复和冲突，从树叶到树根（或从树根到树叶）路径上各结点标识符的有序序列就不会重复和冲突，由此而产生的互联网中的主机名就是全局唯一的。

12.1.2 TCP/IP 互联网域名

在 TCP/IP 互联网中实现的层次型名字管理机制叫作域名系统(DNS)。TCP/IP 互联网中的域名系统一方面规定了名字语法以及名字管理特权的分派规则，另一方面则描述了关于高效的名字-地址映射分布式计算机系统的实现方法。

域名系统的命名机制叫作域名(domain name)。完整的域名由名字树中的一个结点到根结点路径上结点标识符的有序序列组成，其中结点标识符之间以“.”隔开，如图 12-1 所示。域名 cs. nankai. edu. cn 由 cs、nankai、edu 和 cn 四个结点标识符组成（根结点标识符为空，省略不写），这些结点标识符通常被称为标号(label)，而每一标号后面的各标号叫作域(domain)。在 cs. nankai. edu. cn 中，最低级的域为 cs. nankai. edu. cn，代表计算机系；第三级域为 nankai. edu. cn，代表南开大学；第二级域为 edu. cn，代表教育机构；顶级域为 cn，代表中国。

12.1.3 Internet 域名

TCP/IP 域名语法只是一种抽象的标准，其中各标号值可任意填写，只要原则上符合层次型命名规则的要求即可。因此，任何组织均可根据域名语法构造本组织内部的域名，但这些域名的使用当然也仅限于组织内部。

作为国际性的大型互联网，Internet 规定了一组正式的通用标准标号，形成了国际通用顶级域名，如表 12-1 所示。顶级域的划分采用了两种划分模式，即组织模式和地理模式。前七个域对应组织模式，其余的域对应地理模式。地理模式的顶级域是按国家进行划分的，每个申请加入 Internet 的国家都可以作为一个顶级域，并向 Internet 域名管理机构 NIC 注册一个顶级域名，如 cn 代表中国，us 代表美国，uk 代表英国，jp 代表日本，等等。

表 12-1 Internet 顶级域名分配

顶级域名	分 配 对 象	顶级域名	分 配 对 象
com	商业组织	net	主要网络支持中心
edu	教育机构	org	非营利组织
gov	政府部门	int	国际组织
mil	军事部门	国家代码	各个国家

其次，将顶级域的管理权分派给指定的子管理机构，各子管理机构对其管理的域进行继续划分，即划分成二级域，并将各二级域的管理权授予其下属的管理机构，如此下去，便

形成了层次型域名结构。由于管理机构是逐级授权的,因此最终的域名都得到 NIC 承认,成为 Internet 中的正式名字。

图 12-3 列举出了 Internet 域名结构中的一部分,如顶级域名 cn 由中国互联网中心 CNNIC 管理,它将 cn 域划分成多个子域,包括 ac、com、edu、gov、net、org、bj 和 tj 等,并将二级域名 edu 的管理权授予 CERNET 网络中心。CERNET 网络中心又将 edu 域划分成多个子域,即三级域,各大学和教育机构均可以在 edu 下向 CERNET 网络中心注册三级域名,如 edu 下的 tsinghua 代表清华大学、nankai 代表南开大学,并将这两个域名的管理权分别授予清华大学和南开大学。南开大学可以继续对三级域 nankai 进行划分,将四级域名分配给下属部门或主机,如 nankai 下的 cs 代表南开大学计算机系,而 www 和 ftp 代表两台主机等。表 12-2 列出了我国二级域名的分配情况。

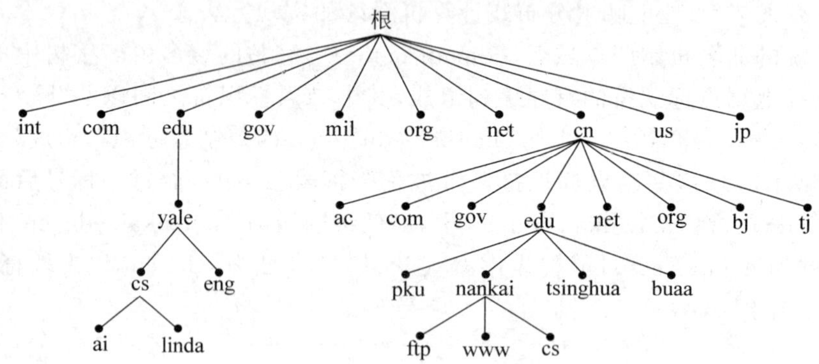

图 12-3 Internet 域名结构

表 12-2 我国二级域名分配

划分模式	二级域名	分配对象
类别域名(6 个)	ac	科研机构
	com	工业、商业、金融等企业
	edu	教育机构
	gov	政府部门
	net	互联网络、接入网络的信息中心和运行中心
	org	各种非营利性组织
行政区域名(34 个)	bj	北京市
	sh	上海市
	tj	天津市
	cq	重庆市
	he	河北省
	sx	山西省
	⋮	⋮

12.2 域名解析

域名系统的提出为TCP/IP互联网用户提供了极大的方便。通常构成域名的各个部分(各级域名)都具有一定的含义,相对于主机的IP地址来说更容易记忆。但域名只是为用户提供了一种方便记忆的手段,主机之间不能直接使用域名进行通信,仍然要使用IP地址来完成数据的传输。所以当应用程序接收到用户输入的域名时,域名系统必须提供一种机制,该机制负责将域名映射为对应的IP地址,然后利用该IP地址将数据送往目的主机。

12.2.1 TCP/IP域名服务器与解析算法

那么到哪里去寻找一个域名所对应的IP地址呢?这就要借助于一组既独立又协作的域名服务器完成。这组域名服务器是解析系统的核心。

所谓域名服务器实际上是一个服务器软件,运行在指定的主机上完成域名-IP地址映射。有时候,我们也把运行域名服务软件的主机叫作域名服务器,该服务器通常保存着它所管辖区域内的域名与IP地址的对照表。相应地,请求域名解析服务的软件叫域名解析器。在TCP/IP域名系统中,一个域名解析器可以利用一个或多个域名服务器进行名字映射。

在TCP/IP互联网中,对应域名的层次结构,域名服务器也构成一定的层次结构,如图12-4所示。这个树形域名服务器的逻辑结构是域名解析算法赖以实现的基础。总的来说,域名解析采用自顶向下的算法,从根服务器开始直到叶服务器,在其间的某个结点上一定能找到所需的名字-地址映射。当然,由于父子结点的上下管辖关系,域名解析的

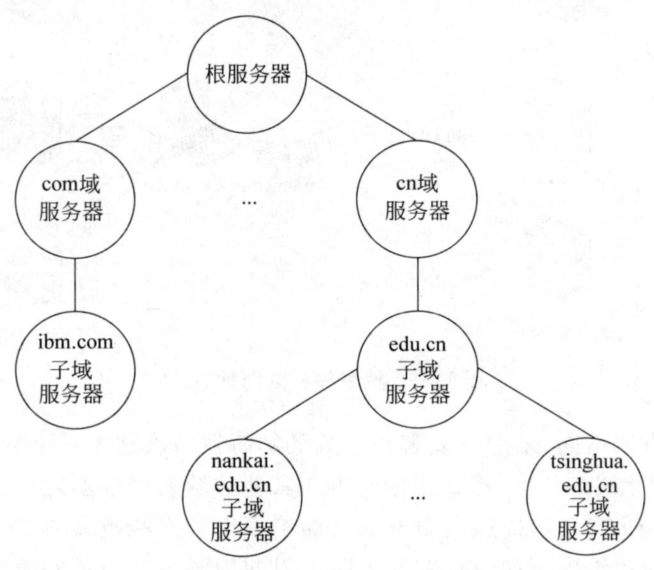

图12-4 名字服务器层次结构示意图

过程只需走过一条从树根结点开始到另一结点的一条自顶向下的单向路径，无须回溯，更不用遍历整个服务器树。

但是，如果每一个解析请求都从根服务器开始，那么，到达根服务器的信息流量随互联网规模的增大而加大。在大型互联网中，根服务器有可能因负荷太重而超载。因此，每一个解析请求都从根服务器开始并不是一个很好的解决方案。

实际上，在域名解析过程中，只要域名解析器软件知道如何访问任意一个域名服务器，而每一域名服务器都知道根服务器的IP地址(或父结点服务器的IP地址)，域名解析就可以顺利地进行。

域名解析有两种方式，一种叫递归解析(recursive resolution)，另一种叫反复解析(iterative resolution)。使用递归解析方式的解析器希望其请求的域名服务器能够给出域名与IP地址对应关系的最终答案，一次性完成全部名字-地址变换过程，如图12-5(a)所示。如果解析器请求的域名服务器保存着请求域名与IP地址的对应关系，那么这台服务器直接应答解析器；否则，该域名服务器请求其他域名服务器帮助解析该域名并将结果传给自己。在获得最终域名与IP地址对应关系后，服务器将结果传递给解析器。例如在图12-5(a)中，当客户机需要解析域名www.nankai.edu.cn时，解析器首先向本地域名服务器A(tsinghua.edu.cn)提出请求。由于域名服务器在本地没有找到www.nankai.edu.cn与其IP地址的映射关系，因此服务器A请求服务器B(edu.cn)帮助解析该域名。与此类似，服务器B会请求服务器C(nankai.edu.cn)帮助解析该域名。由于www.nankai.edu.cn域名由服务器C管理，因此服务器C会将该域名与其IP地址的映射关系回送给服务器B。之后，服务器B将得到的结果传递给服务器A，由服务器A将最终结果通知客户机。

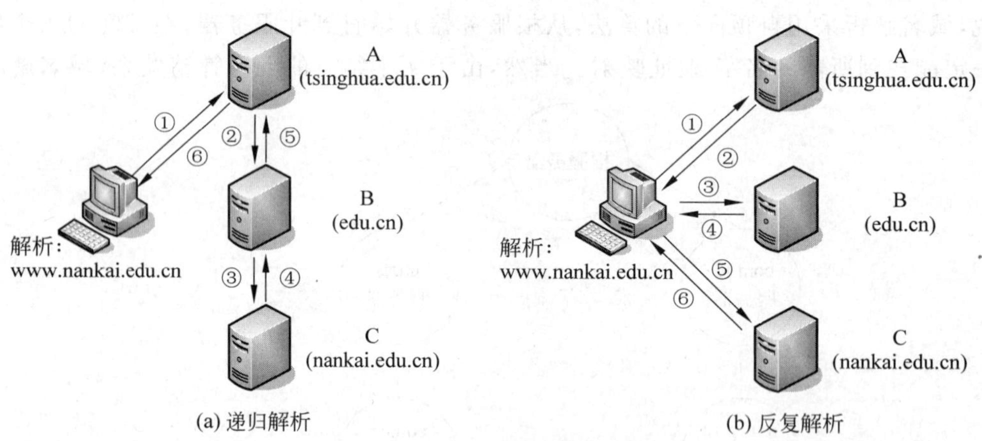

图12-5 域名解析的两种方式

与递归解析方式不同，采用反复解析方式的解析器每次请求一个域名服务器，如果该域名服务器给不出最终的答案，那么解析器再向其他的域名服务器发出请求，如图12-5(b)所示。尽管解析器每次请求的域名服务器可能给不出最终的域名与IP地址的对应关系，但是域名服务器应该给出下次解析器请求时可以使用的域名服务器的IP地址(例如根域名服务器的IP地址)。解析器经过多次反复请求，最终就可以得到请求域名与IP地址的对应关系。在图 12-5(b)显示的例子中,当客户机的解析器请求本地域名服务器 A (tsinghua. edu. cn)解析 www. nankai. edu. cn 时,由于服务器 A 没有在本地找到该域名与 IP 地址的对应关系,因此它返回了一个可能知道该映射关系的域名服务器地址(服务器 B 的地址)。于是,解析器向服务器 B(edu. cn)再次发出请求。当服务器 B 返回域名服务器 C(nankai. edu. cn)可能存有 www. nankai. edu. cn 与其 IP 地址的对应关系后,解析器向域名服务器 C 发出请求。由于 www. nankai. edu. cn 域名由服务器 C 管理,因此服务器 C 直接将结果传送给客户机的解析器。

图 12-6 描述了一个简单的域名解析过程。其中,构造的域名请求报文包含需要解析的域名及希望使用何种方式解析域名。

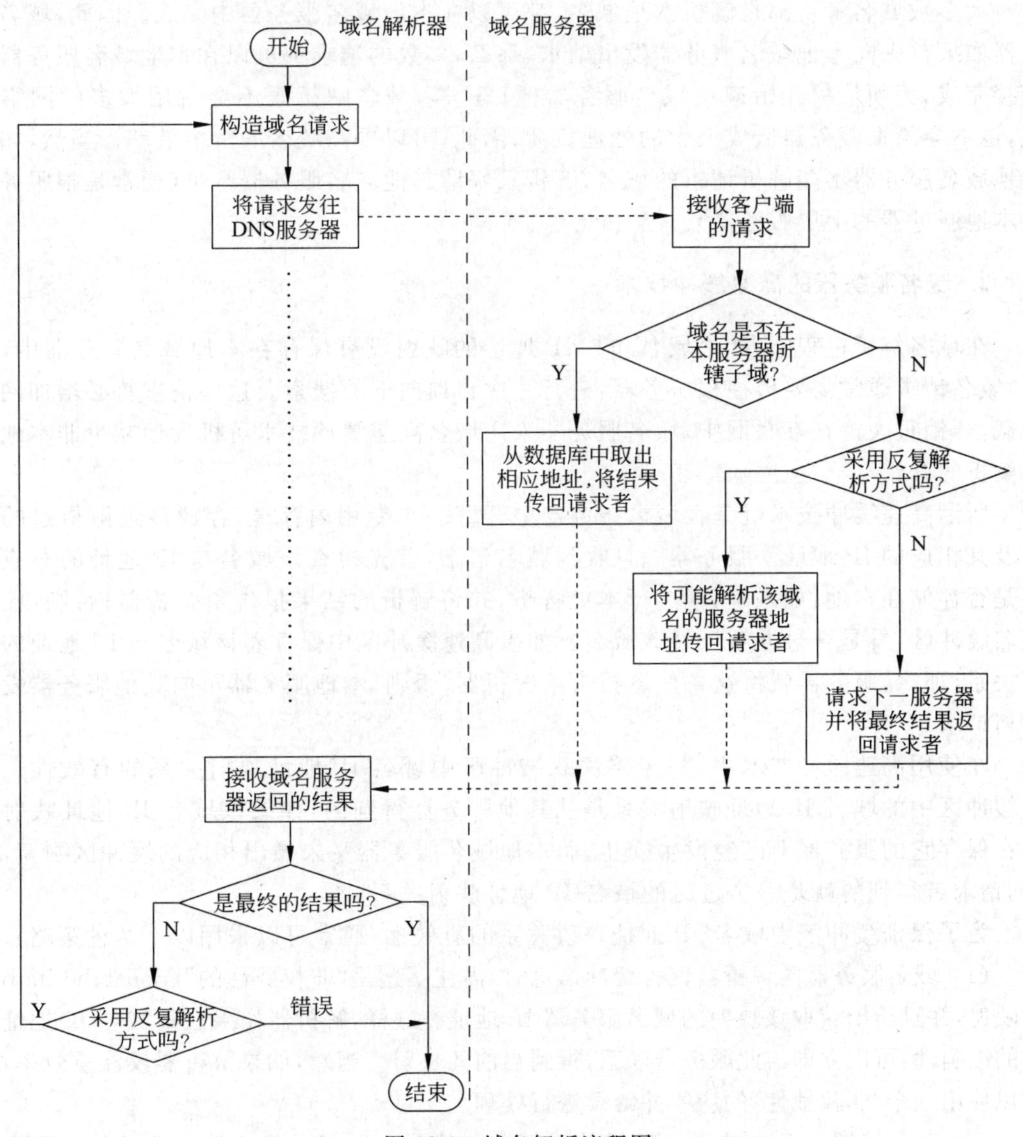

图 12-6 域名解析流程图

12.2.2 提高域名解析的效率

在大型TCP/IP互联网中，域名解析请求频繁发生，因此，名字-IP地址的解析效率是检验域名系统成功与否的关键。尽管TCP/IP互联网的域名解析可以沿域名服务器树自顶向下进行，但是严格按照自树根到树叶的搜索方法并不是最有效的。在实际的域名解析系统中，可以采用以下解决方法提高解析效率。

1. 解析从本地域名服务器开始

大多数域名解析都是解析本地域名，都可以在本地域名服务器中完成。因此，域名解析器如果首先向本地域名服务器发出请求，那么，多数的请求都可以在本地域名服务器中直接完成，无须从根开始遍历域名服务器树。这样，域名解析既不会占用太多的网络带宽，也不会给根服务器造成太大的处理负荷，因此，可以提高域名的解析效率。当然，如果本地域名服务器不能解析请求的域名，解析只好请其他域名服务器帮忙(通常是根服务器或本地服务器的上层服务器)。

2. 域名服务器的高速缓冲技术

在域名解析过程中，如果域名和其IP地址的映射没有保存在本地域名服务器中，那么，域名请求通常需要传往根服务器，进行一次自顶向下的搜索。这些请求势必增加网络负载，开销很大。在互联网中，域名服务器采用域名高速缓冲技术可极大地减少非本地域名解析的开销。

所谓高速缓冲技术就是在域名服务器中开辟一个专用内存区，存放最近解析过的域名及其相应的IP地址。服务器一旦收到域名请求，首先检查该域名与IP地址的对应关系是否存储在本地，如果是，就进行本地解析，并将解析的结果报告给解析器；否则，检查域名缓冲区，看是否最近解析过该域名。如果高速缓冲区中保存着该域名与IP地址的对应关系，那么，服务器就将这条信息报告给解析器；否则，本地服务器再向其他服务器发出解析请求。

在使用高速缓冲技术中，一定要注意缓冲区中域名-IP地址映射关系的有效性。因为缓冲区中的域名-IP地址映射关系是从其他服务器得到的，如果该域名-IP地址映射关系在保存它的服务器上已经发生变化，而本地域名服务器又未做出相应的缓冲区刷新，那么，请求者得到的就是一个过时的域名-IP地址映射关系。

为了保证缓冲区中域名-IP地址映射关系的有效性，通常可以采用以下两种策略：

(1) 域名服务器向解析器报告缓冲信息时，需注明这是“非权威性的”(nonauthoritative)的映射，并且给出获取该映射的域名服务器IP地址。这样，解析器如果注重域名-IP地址映射的准确性，可以立即与此服务器联系，得到当前的映射。当然，如果解析器仅注重效率，就可以使用这个“非权威性”的应答并继续进行处理。

(2) 对高速缓冲区中的每一映射关系都保存其最大生存周期(Time To Live，TTL)，它规定该映射关系在缓冲区中保留的最长时间。一旦某映射关系的TTL时间到，系统便将它从缓冲区中删除。需要注意的是，缓冲区中各表目对应的TTL不是由本地服务器决定的，而是由域名所在的管理机构决定的。换言之，响应域名请求的管理机构在其响应中附加了一个TTL值，指出本机构保证该表目在多长时间内保持不变。由于管理机构对自己管理的域名是否经常变动有充分的了解，它可以给那些长期不变的映射以较长的TTL，给那些经常变动的映射以较短的TTL，因此，服务器缓冲区中的各条目一般是正确的。

3. 主机上的高速缓冲技术

高速缓冲机制不仅用于域名服务器，在主机上也可以使用。与域名服务器的缓冲机制相同，主机将解析器获得的域名-IP地址的对应关系也存储在一个高速缓冲区中，当解析器进行域名解析时，它首先在本地主机的高速缓冲区中进行查找，如果找不到，再将请求送往本地域名服务器。当然，主机也必须采用与服务器相同的技术保证高速缓冲区中的域名-IP地址映射关系的有效性。

12.2.3 域名解析的完整过程

假如一个应用程序需要访问名字为www.nankai.edu.cn的主机，其较为完整的解析过程如图12-7所示(以使用递归解析方式为例)：

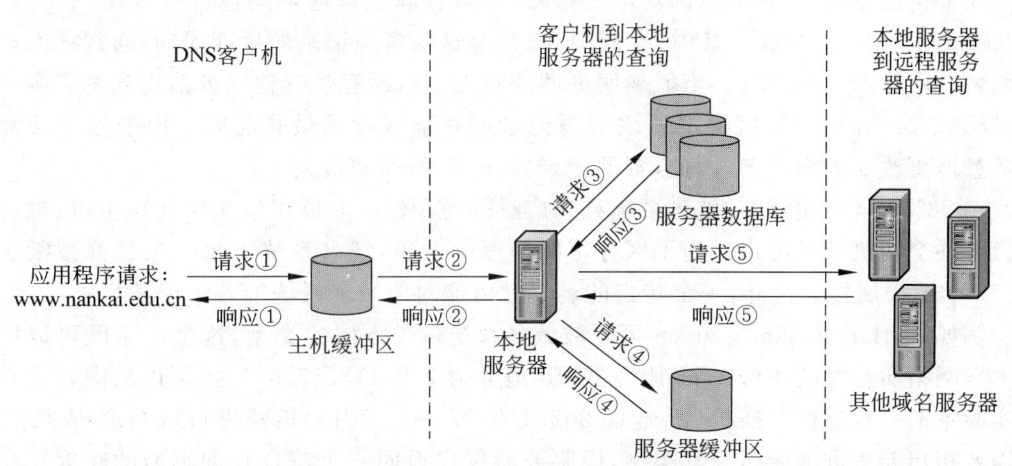

图12-7 域名解析的完整过程

(1) 域名解析器首先查询本地主机的缓冲区，查看主机是否以前解析过主机名www.nankai.edu.cn。如果在此找到www.nankai.edu.cn的IP地址，解析器立即用该IP地址响应应用程序。如果主机缓冲区中没有www.nankai.edu.cn与其IP地址的映射关系，解析器将向本地域名服务器发出请求。

(2) 本地域名服务器首先检查www.nankai.edu.cn与其IP地址的映射关系是否存储在它的数据库中，如果是，本地服务器将该映射关系传送给请求者，并告诉请求者这是一个“权威性”的应答；如果不是，本地服务器将查询它的高速缓冲区，检查是否在自己的高速缓冲区中存储有该映射关系。如果在高速缓冲区中发现该映射关系，本地服务器将使用该映射关系进行应答，并通知请求者这是一个“非权威性”的应答。当然，如果在本地服务器的高速缓冲区中也没有发现 www.nankai.edu.cn 与其 IP 地址的映射关系，那么，只好请其他域名服务器帮忙了。

(3) 在其他域名服务器接收到本地服务器的请求后，继续进行域名的查找与解析工作，当发现 www.nankai.edu.cn 与其 IP 地址的对应关系时，就将该映射关系送交给提出请求的本地服务器。进而，本地服务器再使用从其他服务器得到的映射关系响应客户端。

12.3 资源记录和 DNS 报文

在 TCP/IP 互联网中，域名与 IP 地址的对应关系通常以资源记录(Resource Record，RR)的形式存在，存储在域名服务器的 DNS 数据库中。域名解析器和域名服务器之间通过 DNS 报文传递域名请求和应答信息。

12.3.1 资源记录

除了包含域名与 IP 地址的对应关系外，一条资源记录通常还包含有效期(TTL)、类别(class)、类型(type)域。其中，有效期 TTL 是这条资源记录的生存周期，通常在用户注册域名时由管理机构设置。当域名服务器或本地主机缓存从其他服务器得到的资源记录时，资源记录中的 TTL 值决定了该资源记录能够被缓存的最长时间。由于用户通常不会随意地更改或更换域名，因此，资源记录的 TTL 值通常很大。

在 TCP/IP 互联网中，域名系统具有广泛的通用性。它既可以用于标识主机，也可以标识邮件交换机甚至用户。为了区分不同类型的对象，域名系统中每一条目都被赋予了“类型”(type)属性。这样，一个特定的名字就可能对应域名系统的若干个条目。

例如，netlab.nankai.edu.cn 可以被域名系统赋予不同的类型，这个名字既可以指南开大学网络实验室的一台 Web 服务器(IP 地址为 202.113.27.53)，也可以指南开大学网络实验室的一台邮件交换机(IP 地址 202.113.27.55)。当解析器进行域名解析请求时，它需要指出要查询的域名及其类型，而服务器仅仅返回一个符合查询类型的映射。在这里，如果解析器发出域名为 netlab.nankai.edu.cn，类型为“邮件交换机”的解析请求，服务器将以 IP 地址 202.113.27.55 响应。

表 12-3 显示了域名系统具体的对象类型。其中，A 类型标识一个主机名与其所对应的 IP 地址的映射，MX 类型标识一个邮件服务器(或邮件交换机)与其所对应的 IP 地址的映射。这两种类型的应用都非常普遍，ping 应用程序经常请求一个符合 A 类型的映射，而电子邮件应用程序则经常请求一个符合 MX 类型的映射。

另外，域名对象还被赋予“类别”(class)属性，标识使用该域名对象的协议类别。其中，最常用的协议类别为 IN，指出使用该对象的协议为 Internet 协议。

表 12-3 对象类型

类 型	意 义	内 容
SOA	授权开始	一个资源记录集合(称为授权区段)的开始
A	主机地址	32 位二进制值 IP 地址
MX	邮件交换机	邮件服务器名及优先级
NS	域名服务器	域的授权名字服务器名
CNAME	别名	别名的规范名字
PTR	指针	对应 IP 地址的主机名
HINFO	主机描述	ASCII 字符串,CPU 和 OS 描述
TXT	文本	ASCII 字符串,不解释

表 12-4 给出了一个简单的资源记录集合。其中,netlab. nankai. edu. cn 可以作为主机名和邮件交换机名使用。在作为主机名使用时,netlab. nankai. edu. cn 的 IP 地址为 202. 113. 27. 53,在作为邮件交换机名使用时,netlab. nankai. edu. cn 指向 mail. netlab. nankai. edu. cn(对应 IP 地址为 202. 113. 27. 55),且邮件交换机的优先级为 5。另外,info. netlab. nankai. edu. cn 为主机名,其对应的 IP 地址为 202. 113. 27. 54,www. netlab. nankai. edu. cn 和 ftp. netlab. nankai. edu. cn 都是主机名 info. netlab. nankai. edu. cn 的别名,它们与 info. netlab. Nankai. edu. cn 使用同样的 IP 地址。

表 12-4 资源记录示例

域 名	TTL/s	类别	类型	值
nankai. edu. cn	86 400	IN	SOA	NankaiDNS (…)
nankai. edu. cn	86 400	IN	TXT	"Nankai University"
netlab. nankai. edu. cn	86 400	IN	HINFO	HP Unix
netlab. nankai. edu. cn	86 400	IN	A	202. 113. 27. 53
netlab. nankai. edu. cn	86 400	IN	MX	5 mail. netlab. nankai. edu. cn
mail. netlab. nankai. edu. cn	86 400	IN	A	202. 113. 27. 55
info. netlab. nankai. edu. cn	86 400	IN	A	202. 113. 27. 54
www. netlab. nankai. edu. cn	86 400	IN	CNAME	info. netlab. Nankai. edu. cn
ftp. netlab. nankai. edu. cn	86 400	IN	CNAME	info. netlab. nankai. edu. cn

12. 3. 2 DNS 报文

DNS 解析器与 DNS 服务器之间的信息传递既可以采用 TCP 协议也可以采用 UDP 协议。在通常情况下,DNS 服务器使用 TCP 的 53 端口或 UDP 的 53 端口。

DNS解析器和DNS服务器之间传递的报文类型有两种，一种为查询报文(query message)，另一种为响应报文(response message)。这两种报文具有相同的格式，其中查询报文由首部和查询问题部分组成，响应报文由首部、查询问题、应答资源记录、授权资源记录和附加资源记录几部分组成。图12-8显示了DNS报文的格式。

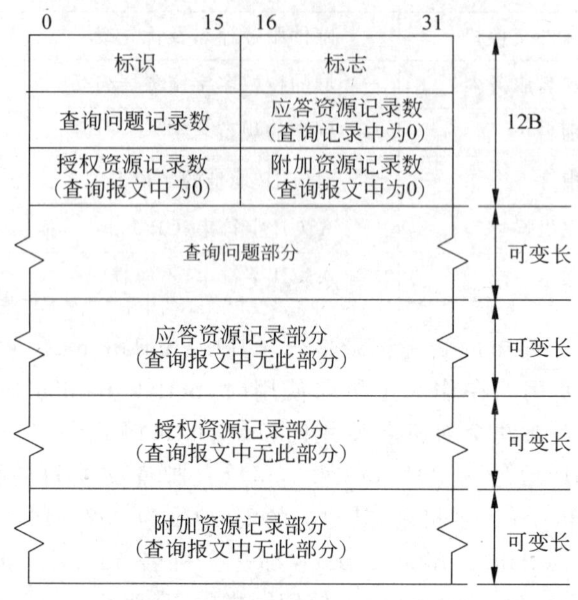

图12-8 DNS报文格式

DNS报文的头部共12B，由6个字段组成。其中，标识字段用于标识一个查询请求。这个字段的值由解析器生成请求报文时随机形成，DNS服务器响应时将其复制到响应报文中，以便解析器进行匹配。标志字段含有若干标志位，指明该报文的特征及应如何处理。例如，该字段含有1b的“查询/响应”位，用于指出该报文是请求报文还是响应报文；1b的“希望递归”位，指明请求报文是否希望采用递归解析方式；1b的“递归可用”位，指明服务器是否可以支持递归方式等。查询问题记录数、应答资源记录数、授权资源记录数、附加资源记录数分别指示头部后这4类数据的数量。

查询问题部分包含了解析器请求解析的域名和其类别。该部分数据根据查询问题数的多少长度可变。

应答资源记录部分包含了服务器的解析结果。解析结果以资源记录的形式给出，每条资源记录都包含了域名、类型、类别、TTL、值等域。由于一个域名可以对应多个IP地址，因此即使请求解析的域名数量为1也有可能返回多条资源记录。

授权资源记录部分包含了授权域名服务器资源记录。例如，在反复解析方式中，该部分数据可能包含了解析器下次可以使用的域名服务器信息等。

附加资源记录部分包含了一些可能对解析器“有帮助”的记录信息。例如，对于请求解析MX类型域名的应答中，应答资源记录部分包含了邮件服务器的规范主机名和优先级。附加资源记录部分包含类型为A的资源记录，提供该邮件服务器的IP地址。

12.4 实验：配置 DNS 服务器

DNS 服务器是 DNS 域名系统的重要组成部分，域名服务器的配置和维护是网络管理员的主要任务之一。

互联网上运行的 DNS 服务器分为 3 种类型，分别为主 DNS 服务器（primary name server）、从 DNS 服务器（secondary name server）和唯缓存 DNS 服务器（caching-only server）。主 DNS 服务器是一种权威性的 DNS 服务器，它从管理员构造的本地磁盘文件中加载域信息，该信息包含着对其管理的域名的最精确信息。在这台服务器上，网络管理员通常可以对其管理的 DNS 域名进行增加、删除和修改。从 DNS 服务器可以看成主 DNS 服务器的备份。它从主 DNS 服务器下载资源记录信息，使其 DNS 数据库与主 DNS 数据库保持同步。从 DNS 服务器可以对解析器提出的请求进行应答，但不能按照用户的要求修改资源记录。唯缓存 DNS 服务器中不存在 DNS 数据库。当收到解析器的域名解析请求后，唯缓存 DNS 服务器将请求转发至其他域名服务器并将获得的结果返回给解析器。与此同时，唯缓存 DNS 服务器将得到的解析结果缓存在自己的内存中，以便下次直接使用。唯缓存 DNS 服务器不是权威性的服务器，它提供的所有域名信息都是间接信息。

本实验要求在局域网环境下配置 Windows 2003 Server 提供的 DNS 服务器，并用相应的客户程序验证配置的正确性。

12.4.1 域名服务器管理的域名树

为了学习配置 DNS 域名服务器，实验中可以虚构一棵域名树，由于该域名树仅仅在实验的局域网（或互联网）中使用，因此没有必要严格遵循 Internet 域名的命名规则和方式，如图 12-9 所示。其中，本实验的 DNS 域名服务器管理图 12-9 中阴影部分所示的子树。

12.4.2 配置 Windows 2003 Server DNS 服务器

DNS 服务是 Windows 2003 Server 网络操作系统中一个重要的服务，因此，在一般情况下，DNS 服务通常做为一个默认组件随同 Windows 2003 Server 一起安装。如果没有安装，那么可以通过“开始”→“控制面板”→“添加或删除程序”添加 DNS 服务。在安装 DNS 服务后，如果希望管理图 12-9 阴影部分所示的子树，需要经过以下步骤：

（1）启动 DNS 服务器管理程序并选择目标 DNS 服务器。在 Windows 2003 Server 系统中，可以通过“开始”→“管理工具”→“DNS”启动 DNS 服务器管理程序。在启动 DNS 服务器后，操作人员可以选择和添加要管理的目标 DNS 服务器。在实验中，配置和维护的 DNS 服务器位于本地计算机中，如图 12-10 所示。

（2）创建用于存储授权区域名字信息的 DNS 数据库。为了管理图 12-9 阴影部分所

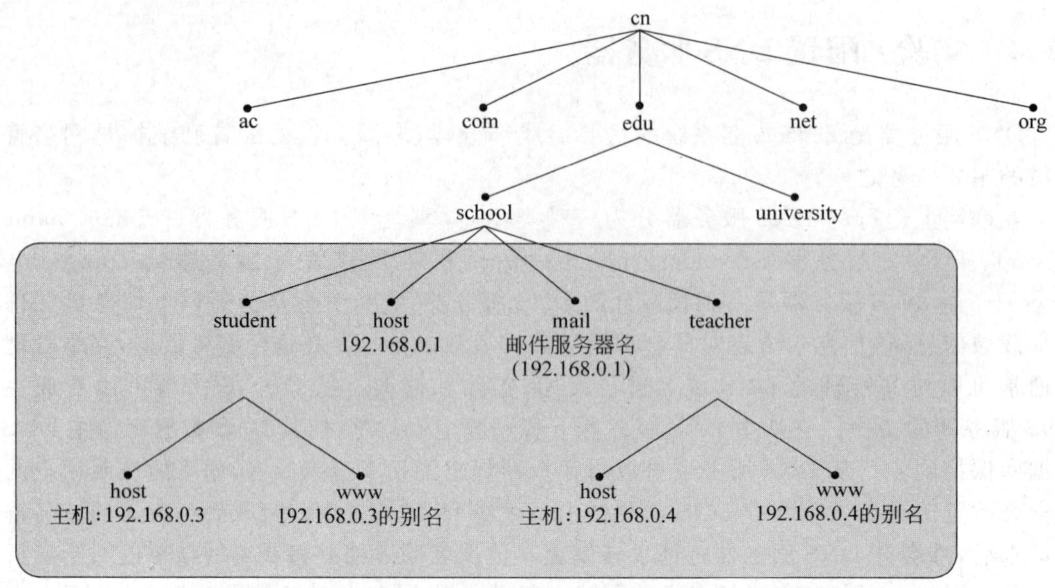

图 12-9 阴影部分为 DNS 服务器需要管理的部分

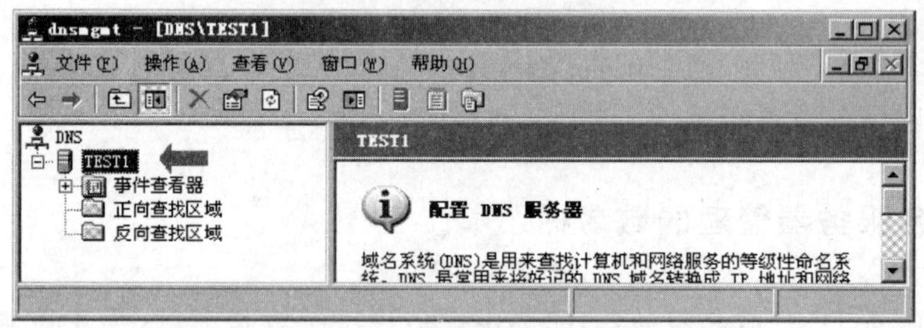

图 12-10 DNS 服务器管理与配置界面

示的子树,需要建立一个 school. edu. cn 区域,并将该区域的域名信息存储在指定的数据文件中。建立新区域(如 school. edu. cn)可以通过选中“正向查找区域”并执行“新建区域”命令进行。按照“新建区域向导”的提示输入需要管理的区域名(如 school. edu. cn)、保存该区域信息的文件名等内容后即可完成建立一个新区域的工作,如图 12-11 所示。

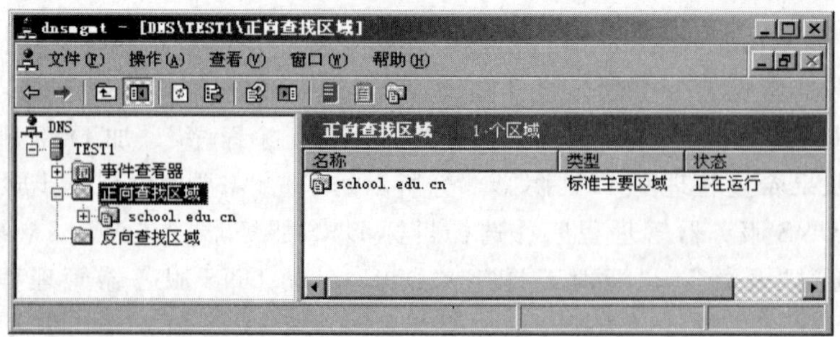

图 12-11 添加 school. edu. cn 区域后的 DNS 管理窗口

(3) 在创建的区域中添加资源记录。在区域创建完成后，右击该区域名(如 school.edu.cn)并执行弹出菜单的相应命令，就可以将需要维护的资源记录添加到系统中，如图 12-12 所示。其中，“新建主机”可以将一台主机与其 IP 地址的对应关系添加到系统中；“新建别名”可以为一台主机指定其他的名字；“新建邮件交换器”可以将一台邮件服务器与其主机名的对应关系添加入系统；“新建域”可以将域名树中的非叶结点添加入系统。添加完成后的 DNS 管理界面如图 12-13 所示。

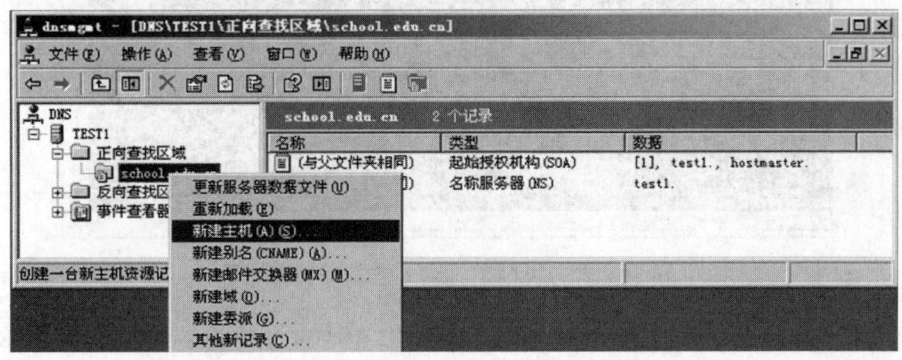

图 12-12 右击区域 school.edu.cn 后系统弹出的菜单

图 12-13 添加 school.edu.cn 下属结点后的 DNS 管理系统界面

(4) 修改和删除资源记录。双击某一资源记录可以对其进行修改(如修改主机名与其 IP 地址的对应关系等)。如果需要删除资源记录，那么可以通过右击该资源记录并执行弹出菜单中的“删除”命令进行。

12.4.3 测试配置的 DNS 服务器

1. 测试配置的 DNS 服务器

测试配置的 DNS 服务器可以通过两种方式进行，一种是利用 ping 命令，另一种是利用 nslookup 命令。

利用简单的 ping 命令测试配置 DNS 服务器需要将主机 Internet 协议属性中的 DNS 服务器指向需要测试的 DNS 服务器。通过 ping 该 DNS 服务器管理的域名(如 ping www.student.school.edu.cn)返回的显示结果，判断 DNS 域名服务器是否能够将该域名(如 www. student. school. edu. cn)解析为正确的 IP 地址(如 192. 168. 0. 3)。如果 DNS 服务器配置正确,同时主机 192. 168. 0. 3 可以正确地收发报文,其结果将如图 12-14 所示。

```
C:\WINDOWS\system32\cmd.exe
D:\WINNT>ping www.student.school.edu.cn

Pinging host.student.school.edu.cn [192.168.0.3] with 32 bytes of data:

Reply from 192.168.0.3: bytes=32 time<1ms TTL=128
Reply from 192.168.0.3: bytes=32 time<1ms TTL=128
Reply from 192.168.0.3: bytes=32 time<1ms TTL=128
Reply from 192.168.0.3: bytes=32 time<1ms TTL=128

Ping statistics for 192.168.0.3:
    Packets: Sent = 4, Received = 4, Lost = 0 (0% loss),
Approximate round trip times in milli-seconds:
    Minimum = 0ms, Maximum = 0ms, Average = 0ms

D:\WINNT>
```

图 12-14　使用 ping 命令测试配置的域名服务器

另一种测试 DNS 服务器有效性的方法是利用 nslookup 命令。nslookup 命令是一个比较复杂的命令,最简单的命令形式为 nslookup host server,其中 host 是需要查找其 IP 地址的主机名,而 server 则是查找使用的域名服务器。在使用 nslookup 过程中,server 参数可以省略,如果省略 server 参数,系统将使用默认的域名服务器。

例如,可以使用 nslookup www. teacher. school. edu. cn 192. 168. 0. 66 请求我们配置的域名服务器返回 www. teacher. school. edu. cn 的 IP 地址,如图 12-15 所示。如果 nslookup 正确返回 www. teacher. school. edu. cn 与其 IP 地址的映射关系,则说明域名服务器的配置正确。

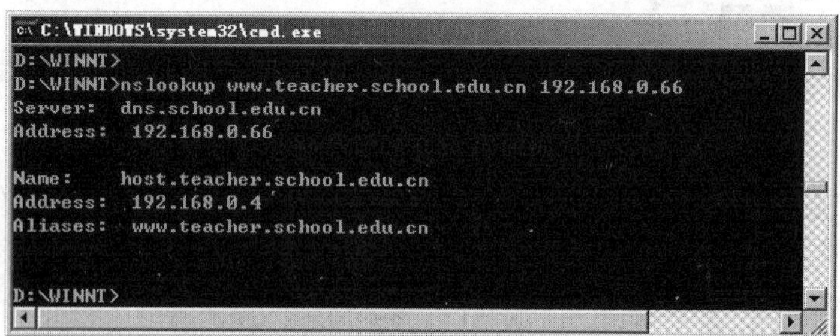

```
C:\WINDOWS\system32\cmd.exe
D:\WINNT>
D:\WINNT>nslookup www.teacher.school.edu.cn 192.168.0.66
Server:  dns.school.edu.cn
Address:  192.168.0.66

Name:    host.teacher.school.edu.cn
Address:  192.168.0.4
Aliases:  www.teacher.school.edu.cn


D:\WINNT>
```

图 12-15　利用 nslookup 命令测试配置的域名服务器

2. 查看主机的域名高速缓冲区

为了提高域名的解析效率,主机常常采用高速缓冲区存储检索过的域名与其 IP 地址的映射关系。UNIX、Linux 以及 Windows 2003 等网络操作系统都提供了相应的命令,允许用户查看域名高速缓冲区中的内容。在 Windows 2003 中,ipconfig /displaydns 命令可以将缓冲区中域名与其 IP 地址的映射关系显示在屏幕上(包括域名、类型、TTL、IP 地址等),如图 12-16 所示。另外,如果希望清除主机高速域名缓冲区中的内容,可以使用

ipconfig/flushdns 命令。

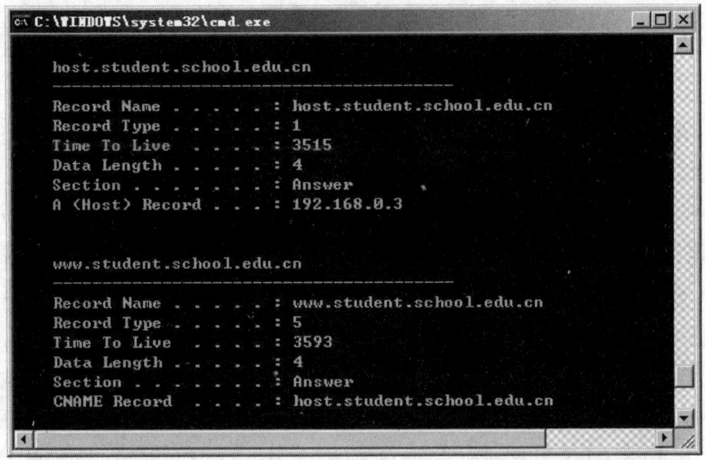

图 12-16　使用 ipconfig /displaydns 显示域名高速缓冲区中的内容

练习与思考

一、填空题

(1) TCP/IP 互联网上的域名解析有两种方式,一种是________,另一种是________。

(2) 有一种域名解析方式,解析器希望其请求的域名服务器能够给出域名与 IP 地址对应关系的最终答案,一次性完成全部名字-地址变换过程。这种解析被称为________。

(3) 在 Internet 域名系统中,edu 通常表示________。

二、单项选择题

(1) 为了实现域名解析,客户机(　　)。

A. 必须知道根域名服务器的 IP 地址
B. 必须知道本地域名服务器的 IP 地址
C. 必须知道根域名服务器的域名
D. 知道任意一个域名服务器的 IP 地址既可

(2) 下列(　　)符合 TCP/IP 域名系统的要求。

A. www-nankai-edu-cn　　B. www.nankai.edu.cn
C. netlab>nankai>edu>cn　　D. www<nankai<edu<cn

(3) 域名解析的两种方式为(　　)。

A. 递归解析和重复解析　　B. 反复解析和重复解析
C. 重复解析和过程解析　　D. 递归解析和反复解析

(4) 在域名服务器中,类型 A 表示(　　)。

A. 邮件交换机　　B. 别名　　C. 授权开始　　D. 主机地址

三、动手与思考题

配置和维护DNS域名服务器是一项比较复杂的任务，同时也是网络管理人员的主要任务之一。因此，掌握域名服务系统的工作原理、学习域名服务器的配置过程和方法具有重要的意义。在完成配置简单的DNS域名服务器实验的基础上，请练习和思考以下问题：

(1) Windows 2003 Server DNS服务器将域名与IP地址的映射表存储在一个文本文件中（文件名在建立新区域时指定）。实际上，通过直接修改这个文件可以快速地建立、删除和修改其维护的资源记录。打开该文件，看看是否能够明白其中的内容。同时，试着修改这个文件，在保存之后重新启动计算机，验证修改的内容是否已经生效。

(2) 互联网上的域名解析系统借助于一组既相互独立又相互作用的域名服务器完成。虚构一棵域名树并对其进行区域划分，同时利用网络中不同的域名服务器管理不同的域名区域。查找和参阅相关资料，合理地配置每个域名服务器，使网络中的主机指向任意一台域名服务器都可以完成所有的域名解析工作。

第 13 章　Web 服务

Web 服务，也称 WWW（World Wide Web，万维网）服务，是目前 TCP/IP 互联网上最方便和最受欢迎的信息服务类型，它的影响力已远远超出了专业技术的范畴，并且已经进入了广告、新闻、销售、电子商务与信息服务等诸多领域，它的出现是 TCP/IP 互联网发展中一个革命性的里程碑。

13.1　Web 服务基础

Web 是 TCP/IP 互联网上一个完全分布的信息系统，最早由欧洲核物理研究中心（European Center for Nuclear Research，CERN）的 Tim-Berners Lee 主持开发，其目的是为研究中心分布在世界各地的科学家提供一个共享信息的平台。当第一个图形界面的 Web 浏览器 Mosaic 在美国国家超级计算应用中心 NCSA 诞生后，Web 系统逐渐成为 TCP/IP 互联网上不可或缺的服务系统。

13.1.1　Web 服务系统

Web 服务采用客户/服务器工作模式。它以超文本标记语言 HTML（HyperText Markup Language）与超文本传输协议 HTTP（HyperText Transfer Protocol）为基础，为用户提供界面一致的信息浏览服务。在 Web 服务系统中，信息资源以页面（也称网页或 Web 页面）的形式存储在服务器（通常称为 Web 服务器或 Web 站点）中，这些页面采用超文本方式对信息进行组织，通过链接将一页信息接到另一页信息，这些相互链接的页面信息既可放置在同一主机上，也可放置在不同的主机上。页面到页面的链接信息由 URL（Uniform Resource Locators，统一资源定位符）维持，用户通过客户端应用程序（即浏览器）向 Web 服务器发出请求，服务器根据客户端的请求内容将保存在服务器中的某个页面返回给客户端，浏览器接收到页面后对其进行解释，最终将图、文、声并茂的画面呈现给用户。Web 服务工作模式如图 13-1 所示。

图 13-1　Web 服务流程

与其他服务相比，Web服务具有其鲜明的特点。它具有高度的集成性，能将各种类型的信息（如文本、图像、声音、动画、视频等）与服务（如News、FTP、Gopher等）紧密连接在一起，提供生动的图形用户界面。Web不仅为人们提供了查找和共享信息的简便方法，还为人们提供了动态多媒体交互的最佳手段。总的来说，Web服务具有以下主要特点：

- 以超文本方式组织网络多媒体信息。
- 用户可以在世界范围内任意查找、检索、浏览及添加信息。
- 提供生动直观、易于使用、统一的图形用户界面。
- 服务器之间可以互相链接。
- 可访问图像、声音、影像和文本等信息。

13.1.2 Web服务器

Web服务器可以分布在互联网的各个位置，每个Web服务器都保存着可以被Web客户共享的信息。Web服务器上的信息通常以页面（也称为Web页面）的方式进行组织。页面一般都是超文本文档，也就是说，页面通常由多个对象组成，除了普通文本外，还包含指向其他页面的指针（通常称这个指针为超链接）。利用Web页面上的超链接，可以将Web服务器上的一个页面与互联网上其他服务器的任意页面进行关联，使用户在检索一个页面时，可以方便地查看其相关页面。图13-2显示了Web服务器上存储的超文本Web页面，这些页面可以在同一台服务器上，也可以分布在互联网上不同的服务器中，但它们通过超链接进行关联。用户一旦检索到财务页面，就可以顺着财务页面这根“藤”摸到销售、制造、产品这三个“瓜”。

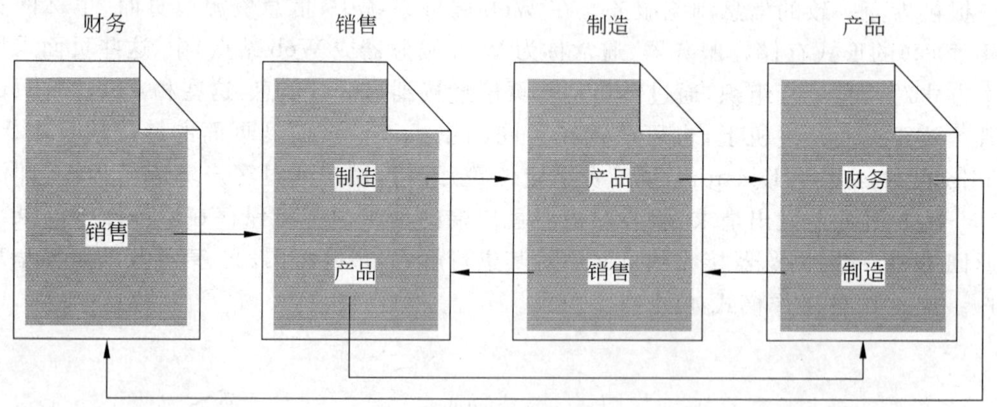

图13-2 Web服务器上存储的Web页面

超链接不但可以将一个Web页面与另一个Web页面相互关联，而且可以将一个Web页面与图形图像、音频、视频等多媒体信息进行关联，形成所谓的超媒体信息。例如，一个介绍老虎的页面，不但可以通过超链接与虎的文字描述页面关联，也可以通过超链接与虎的音频和视频文件关联。这样，用户就可以通过文字、声音和视频对虎有一个全面的了解，如图 13-3 所示。

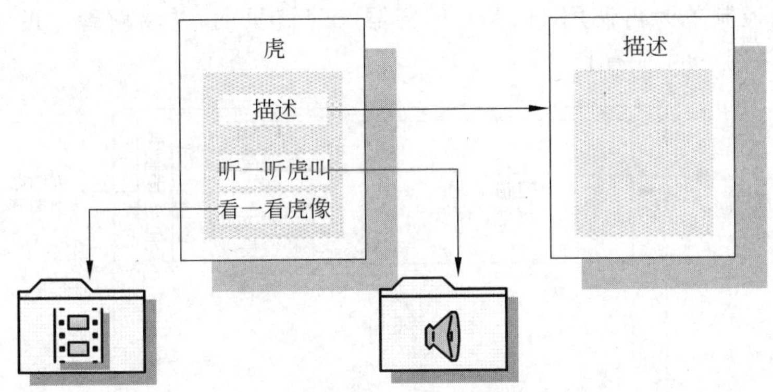

图 13-3 页面通过超链接与音频和视频关联

Web 服务器不但需要保存大量的 Web 页面，而且需要接收和处理浏览器的请求，实现 HTTP 服务器功能。通常，Web 服务器在 TCP 的著名端口 80 侦听来自 Web 浏览器的连接请求。当 Web 服务器接收到浏览器对某一页面的请求信息时，服务器搜索该页面，并将该页面返回给浏览器，如图 13-4 所示。

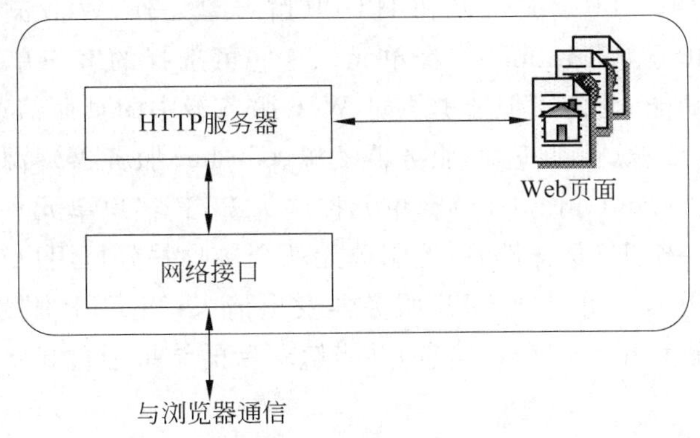

图 13-4 Web 服务器的主要组成部分

13.1.3 Web 浏览器

Web 的客户程序称为 Web 浏览器(browser)，它是用来浏览服务器中 Web 页面的软件。

在 Web 服务系统中，Web 浏览器负责接收用户的请求(例如，用户的键盘输入或鼠标输入)，并利用 HTTP 协议将用户的请求传送给 Web 服务器。在服务器请求的页面送回到浏览器后，浏览器再对页面进行解释，显示在用户的屏幕上。

从浏览器的结构上讲，浏览器由一个控制单元和一系列的客户单元、解释单元组成，如图 13-5 所示。控制单元是浏览器的中心，它负责协调和管理客户单元和解释单元。控制单元接收用户的键盘或鼠标输入，并调用其他单元完成用户的指令。例如，用户输入了一个请求某一 Web 页面的命令或用鼠标点击了一个超链接，控制单元接收并分析这个命令,然后调用HTML客户单元并由客户单元向Web服务器发出请求;当服务器返回用户指定的页面后,控制单元再调用HTML解释器解释该页面,并将解释后的结果通过显示驱动程序显示在用户的屏幕上。

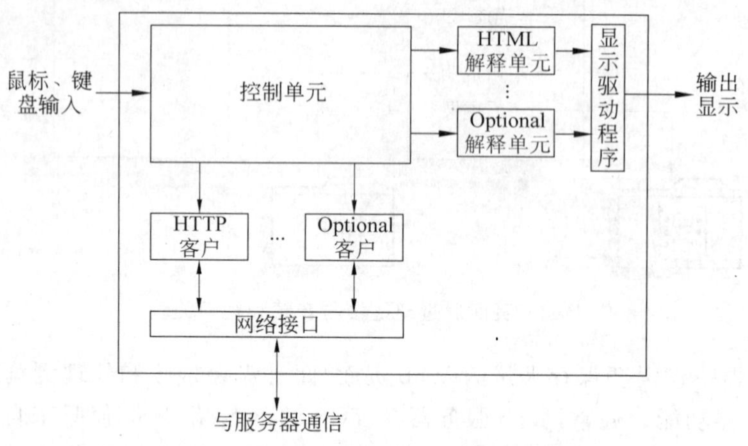

图13-5 Web浏览器的主要组成部分

除了包含基本的HTTP客户单元和HTTP解释单元外,Web浏览器的结构中还包含了Optional客户单元和Optional解释单元。这些可选择的客户单元和服务单元可以扩展Web浏览器的功能,使之不但能够浏览Web服务器中的页面信息,而且可以访问互联网中其他服务器和资源(例如FTP服务器资源、Gopher服务器资源等)。例如,可以将一个Optional客户单元和Optional解释单元扩展为FTP客户单元和FTP解释单元,这样,当用户请求访问一个FTP文件时,控制单元就会接收并分析用户输入的命令,然后调用FTP客户单元并由客户单元向FTP服务器发出请求;当FTP服务器返回信息后,控制单元再调用FTP解释单元解释该信息,并将解释后的结果通过显示驱动程序显示在用户的屏幕上。

浏览器软件应具备的主要功能如下:

- 通过键盘指定请求的Web页面,这是最传统、最有效的方法之一。
- 利用浏览器显示的超链接指定Web页面。浏览器通常以加亮或加下划线方式显示带有超链接的文字内容,用户可以简单地单击这段文字请求另一个页面。当然,图像或图标也可以带有超链接,用户也可以通过单击来指定下一个Web页面。
- 历史(history)与书签(bookmark)功能。当用户使用历史命令时,用户能得到最后访问过的一些页面。实际上,历史命令只记录一个用户最新访问过的页面地址列表。书签命令能够提供更多的网页地址记录。当用户将一个网页地址加入书签表中时,只要用户不将它移出或更换,它将一直保留在书签中。
- 自由定制浏览器窗口。浏览器窗口通常可以定制,用户可以根据自己的喜好选择浏览器窗口的样式(如是否显示工具按钮等)。
- 选择起始页。起始页是用户打开窗口后第一个在屏幕中出现的页面。用户可以自行设置和修改起始页，也可以随时将起始页恢复到默认状态。

- 图像的下载与显示。通常图像、文本、表格等元素同时显示在页面上。与文本相比，图像的字节数一般较大，因此图像传输的时间也较长。为此，浏览器允许用户将图像的下载方式设置为不下载不显示，取而代之在图像处显示一个小小的标记。当用户点击这一标记时，浏览器再下载和显示图像。
- 保存与打印页面。一般的浏览器软件都提供了将页面作为一个文件保存到用户计算机中的功能。用户可以将一个页面保存为一个磁盘文件，而不是将该网页显示在屏幕上。当这个文件存入磁盘后，用户能够以正常打开文件的方式显示页面。另外，用户也可以根据需要打印当前网页。
- 缓存功能。目前的Web浏览器通常都具有缓存功能，它将近期访问过的Web页面存放在本地磁盘。当用户通过键盘或鼠标请求一个页面时，浏览器首先从本地缓冲区中进行查找，只要缓冲区中保存有该页面而且该页面没有过期，浏览器就不再请求远程的Web服务器。当然，浏览器需要一定的机制保证缓存区中页面的有效性。一旦发现过期的页面，立即将其删除，以免造成缓冲区中的页面与远程服务器中的页面不一致。

13.1.4 页面地址——URL

互联网中存在着众多的Web服务器，而每台Web服务器中又包含有很多页面，那么用户如何指明要请求和获得的页面呢？这就要求助于统一资源定位符(URL)了。利用URL，用户可以指定要访问什么协议类型的服务器、互联网上的哪台服务器以及服务器中的哪个文件。URL一般由三部分组成：协议类型、主机名以及路径和文件名。例如，南开大学网络实验室Web服务器中一个页面的URL为

$$\underbrace{\text{http}}_{\text{协议类型}}\text{://}\underbrace{\text{netlab.nankai.edu.cn}}_{\text{主机名}}\underbrace{\text{/student/network.html}}_{\text{路径和文件名}}$$

其中http:指明要访问的服务器为Web服务器；netlab.Nankai.edu.cn指明要访问的服务器的主机名，主机名可以是该主机的IP地址，也可以是该主机的域名；而/student/network.html指明要访问的页面的路径及文件名。

实际上，URL是一种较为通用的网络资源定位方法。除了指定“http:”访问Web服务器之外，URL还可以通过指定其他协议类型访问其他类型的服务器。例如，可以通过指定“ftp:”访问FTP文件服务器，通过指定“gopher:”访问Gopher服务器等。表13-1给出了URL可以指定的主要协议类型。

表13-1 URL可以指定的主要协议类型

协议类型	描　　述	协议类型	描　　述
http	通过HTTP协议访问Web服务器	gopher	通过Gopher协议访问Gopher服务器
ftp	通过FTP协议访问FTP文件服务器	file	在本地计算机上获取文件

在 Web 服务系统中，可以使用忽略路径及文件名的 URL 指定 Web 服务器上的默认页面。例如，如果浏览器请求的页面为 http://netlab.nankai.edu.cn/，那么，服务器将使用它的默认页面（文件名通常为 index.html 或 default.html）进行响应。

13.2　Web 系统的传输协议

Web 客户机与 Web 服务器之间传递信息使用超文本传输协议 HTTP（HyperText Transfer Protocol）。HTTP 协议建立在 TCP 基础之上，是一种无状态的传输协议。所谓无状态是指 HTTP 服务器不记录 HTTP 客户端的状态信息，它为客户所做的工作马上就会“忘记”。即使客户端进行了连续两次相同的请求，服务器需要对这两个请求逐一应答，不会因为这两个请求相同且连续而尝试忽略其中一个。

由于下层使用 TCP 协议，因此 HTTP 协议不必考虑 HTTP 请求或应答数据的丢失问题。在默认情况下，HTTP 服务器使用 TCP 的 80 端口等待客户端连接请求的到来。

13.2.1　HTTP 信息交互过程

HTTP 协议支持两种形式的信息交互过程，一种为非持久连接（nonpersistent），一种为持久连接（persistent）。

1. 非持久连接

不论早期的 HTTP 版本还是当前的 HTTP 版本，它们都支持非持久连接方式。在采用非持久连接方式时，每个 TCP 连接只传送一个请求报文和一个响应报文。如果一个 Web 页面包含多个对象（例如，页面上含有多个图像链接），那么需要为每个对象建立一个新的 TCP 连接。例如某一 Web 浏览器需要访问的页面为 http://netlab.nankai.edu.cn/network.html。除包含有文字信息外，页面 network.html 中还包含 10 幅图像信息，那么在采用非持久连接方式时，HTTP 服务器和 HTTP 客户机的交互过程如下：

(1) HTTP 客户机向 HTTP 服务器 netlab.nankai.edu.cn 的 80 端口请求一个 TCP 连接。

(2) HTTP 服务器对连接请求进行确认，TCP 连接建立过程完成。

(3) HTTP 客户机发出页面请求报文（如 GET /network.html）。

(4) HTTP 服务器 netlab.nankai.edu.cn 以 network.html 页面的具体内容进行响应。

(5) HTTP 服务器通知下层的 TCP 关闭该 TCP 连接。

(6) HTTP 客户机将收到的页面 network.html 交由 Web 浏览器进行显示。

(7) 对于 network.html 页面上的 10 个图像对象，浏览器重复(1)～(6)步，为每个图像对象建立一个新的 TCP 连接，从服务器获得对象信息并进行显示。

为了得到 network.html 页面上的 10 幅图像，浏览器可以采用串行或并行方式建立 TCP 连接。在串行方式下，浏览器先为第一幅图片建立 TCP 连接，在得到第一幅图像并关闭连接后再为第二幅图像建立 TCP 连接……在并行方式下，浏览器一次建立多个 TCP 连接，分别下载第一幅图像、第二幅图像、第三幅图像……由于并行方式可以缩短获取页面对象的时间，因此多数浏览器都允许同时打开多个 TCP 连接。不过由于每个 TCP 连接都会占用一部分系统资源，服务器在应付众多的客户机请求时可能会因为 TCP 连接数过多而资源耗尽，因此每个浏览器同时打开的 TCP 连接数不宜过多(多数浏览器允许 5～10 个)。

2. 持久连接

非持久连接方式需要为每个请求的对象建立和维护一个新的 TCP 连接，因此 TCP 连接需要不断地建立和关闭。这样不但增加了 Web 服务器的负担，而且每次 TCP 的建立和关闭也增加了请求单元的响应时间。因此，新版本的 HTTP 增加了持久连接方式。目前，持久连接方式是多数服务器和浏览器的默认支持方式。

在持久连接方式下，服务器在发送响应信息后保持该 TCP 连接，在相同的客户机和服务器之间的后续请求和响应报文可以通过已建立的该 TCP 连接进行传送。这样，一个完整的 Web 页面，不论其包含着多少对象单元，都可以通过一个 TCP 连接进行传送，不用为每个对象建立一个新 TCP 连接。有时候，一台客户机可以利用单一的 TCP 连接将多个 Web 页面从一台服务器下载下来。如果一个 TCP 连接在一定时间间隔内没有被使用，那么 HTTP 服务器就通知 TCP 软件关闭该连接。当然，客户机也可能主动发出关闭 TCP 连接的请求，这时，服务器也会通知 TCP 软件关闭连接。

持久连接有两种操作方式，一种是非流水线方式，另一种是流水线方式。在非流水线方式下，客户机只能在前一个响应收到之后才能发出新的对象请求。而在流水线方式下，客户机能够将多个对象请求一个接一个地发送出去，即使对前面请求的应答还没有收到。显然，流水线方式比非流水线方式效率更高，因此多数 Web 服务器和 Web 浏览器以流水线方式作为默认的工作方式。

13.2.2 HTTP 报文格式

为了保证 Web 客户机与 Web 服务器之间通信不会产生二义性，HTTP 精确定义了请求报文和响应报文的格式。

1. 请求报文

HTTP 请求报文包括一个请求行和若干个报头行，有时还可能带有报文体。报文头和报文体以空行分隔。

- 请求行。包括请求方法、被请求的文档以及 HTTP 版本。主要的请求方法如表 13-2 所示。
- 报头行。客户机利用请求报文的报头行向服务器传递附加的请求信息(例如客户机可以请求服务器以某种特殊的格式响应请求的文件等)。报头行由一行或多行组成，每一行由一个名字、一个冒号加空格和一个值组成。表 13-3 列出了可以在请求报文的报头行中使用的名字及其意义。

- 报文体。有的请求报文含有报文体,有的则没有。例如在利用 GET 方法请求 Web 页面时通常就没有报文体。但是在使用 POST 方法提交表单时,表单信息常常包含在报文体中。

表 13-2 主要的请求方法

请求方法	意义	请求方法	意义
GET	向服务器请求文档	POST	从客户端向服务器发送信息
HEAD	向服务器请求文档信息而不是文档本身	PUT	客户端向服务器上传文档

表 13-3 请求报文中使用的头部名及其意义

头部名	意义
Accept	列出客户端能够接受的媒体格式
Accept-Charset	给出客户端可以处理的字符集
Accept-Encoding	给出客户端可以处理的编码方案
Accept-Language	给出客户端可以使用的语言
Host	给出目标对象所在的主机
If-Modified-Since	如果在指定的日期后有更新,则发送文档
Content-Type	给出文档的类型
Content-Length	给出文档的长度
Content-Language	给出文档的语言

图 13-6 是一个简单的检索请求报文。请求报文的第一行是请求行,在请求行中指明方法为 GET(检索报文),请求页面的路径及文件名为/network. html,使用的 HTTP 协议的版本号为 1.1。报头 HOST 指出请求页面所在的主机 IP 地址为 192.168.0.66,而 User-Agent 则显示了用户使用 Web 浏览器的类型。

```
GET /network.html HTTP/1.1
HOST: 192.168.0.66
User-Agent: Mozilla/4.0 (Compatible;MSIE5.01;Windows NT 5.0)
...
```

图 13-6 检索请求报文

2. 响应报文

与 HTTP 请求报文类似,HTTP 应答报文包括一个状态行和若干个报头行,并可能在空行后带有报文体。

- 状态行。包括 HTTP 版本、状态码、状态短语。其中,状态码由三位数字组成,2××表示成功,3××表示重定向,4××表示客户方出错,5××表示服务器方出错。状态短语是对状态的简单文字说明。主要的状态码、状态短语及其说明如表 13-4 所示。
- 报头行。服务器利用响应报文的报头行向客户机传递附加的响应信息。与请求报文的报头行类似,响应报文的报头行由一行或多行组成,每一行由一个名字、一个冒号加空格和一个值组成。实际上,有些报头行既可以在请求报文中出现,也可以在响应报文中出现。表 13-5 列出了可以在响应报文的报头行中使用的名字及其意义。
- 报文体:响应报文的报文体中通常包含着文档数据,该文档通常是客户端请求的文档。

表 13-4 主要的状态码和状态短语

状态码	状态短语	说　明	备　注
200	OK	请求成功	成功
201	Created	创建了新的 URL	
202	Accepted	收到请求但不能立即响应	
301	Moved permanently	服务器已不再使用所请求的 URL	重定向
302	Moved temporarily	请求的 URL 暂时移到了其他位置	
400	Bad request	请求中有语法错误	客户端出错
403	Forbidden	请求的服务被拒绝	
404	Not found	没有找到请求的文档	
500	Internal server error	服务器内部错误	服务器端出错
501	Not implemented	请求的动作不能完成	

表 13-5 响应报文中使用的头部名及其意义

头部名	意　义
Server	给出服务器使用的软件及版本号
Age	给出文档的使用年限
Public	给出支持的方法列表
Content-Type	给出文档的类型
Content-Length	给出文档的长度
Content-Language	给出文档的语言

图 13-7 是一个简单的 Web 服务器应答报文。报文的第一行是状态行,其中 200 是状态码,表示成功。报头 Server 指出 HTTP 服务器软件是什么,而 Content-Type 和

Content-Length 分别指出文档的数据类型和长度。从<HTML>开始是报文体，它是服务器为客户端传送的文档。

```
HTTP/1.1 200 OK

Server: Microsoft-IIS/5.0
Content-Type: text/html
Content-Length: 1086

<HTML>
  …
</HTML>
```

图 13-7　应答报文

13.3　Web 系统的页面表示方式

Web 服务器中存储的页面是一种结构化的文档，采用超文本标记语言(HTML)书写而成。一个文档如果想通过 Web 浏览器显示，就必须符合 HTML 标准。HTML 是 Web 世界的共同语言。

HTML 是 Web 上用于创建超文本链接的基本语言，可以定义格式化的文本、色彩、图像与超文本链接等，主要用于 Web 页面的创建与制作。作为 Web 的核心技术，HTML 在互联网中得到了广泛的应用。

按照标准的 HTML 规范，不同厂商开发的 Web 浏览器、Web 编辑器与 Web 转换器等各类软件可以按照同一标准对页面进行处理，以便用户能够自由地在 Web 世界中漫游。

HTML 是一个简单的标记语言，它主要用来描述 Web 文档的结构。用 HTML 描述的文档由两种成分组成，一种是 HTML 标记(tag)，另一种是普通文本。HTML 标记封装在"<"和">"之中，不区分大小写字母。大部分标记是成对出现的，如<HEAD>及</HEAD>是一对标记，分别称为开始标记和结束标记，这对标记将它所影响的文本夹在了中间。也有一些标记是单个出现的，称为元素标记，如<IMG>是图像元素的开始标记，但它无结束标记。

许多标记附有必需的或可选的属性(attribute)，它可以提供进一步的信息以便于浏览器的解释。属性的形式为"属性名＝属性值"，多个属性之间可以用空格分开。例如<IMG src＝"http://netlab.nankai.edu.cn/lan.jpg" alt＝"LAN Image">中，IMG 为标记，src 和 alt 是属性名。

1. 基本结构标记

HTML 中的基本结构标记包括<HTML>、</HTML>、<HEAD>、</HEAD>、<TITLE>、</TITLE>、<BODY>和</BODY>。

通常，一个 HTML 文档以<HTML>开始，以</HTML>结束。夹在<HEAD>

和</HEAD>之间的信息为文档的头部信息，而夹在<BODY>和</BODY>之间的信息为文档的主体信息。在头部信息中，夹在<TITLE>和</TITLE>之间的信息形成了文档的标题。

一个文档的标题信息一般显示在浏览器的标题栏中，而文档的主体信息显示在浏览器的主窗口中。图 13-8 给出了一个简单的 HTML 文档以及浏览器对它的解释结果。从中可以看到源 HTML 文档标题和主体信息在浏览器中的显示位置。

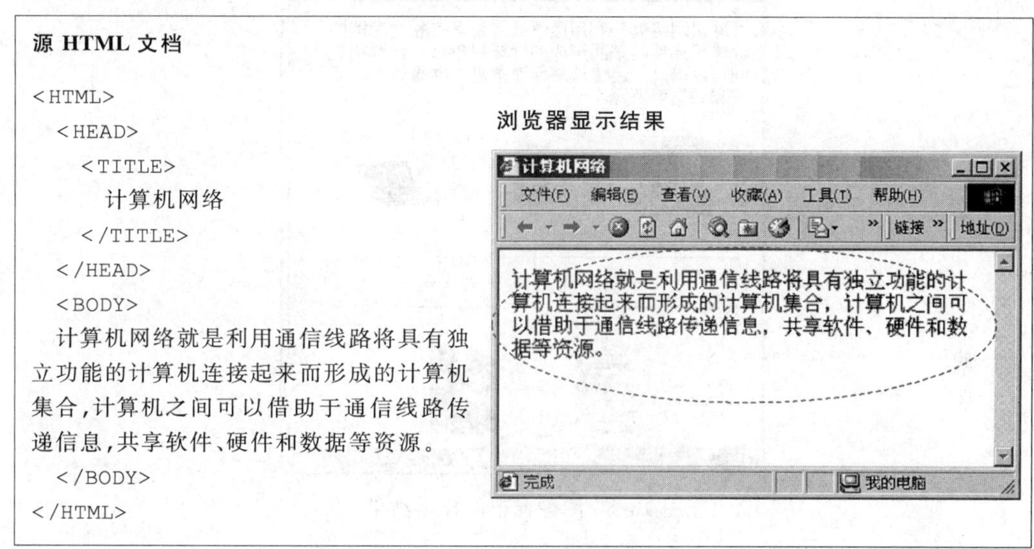

图 13-8　HTML 文档的基本结构标记示例

2. 段落标记

HTML 中最基本的元素是段落，段落可以用<P>表示，浏览器将段落的内容从左到右，从上到下显示。

3. 图像标记

如果希望在文档中嵌入图像，可以使用<IMG>标记。例如，如果希望将主机 192.168.0.66 上的图像 lan.jpg 嵌入到页面中，可以使用<IMG src="http://192.168.0.66/lan.jpg">。其中属性 src 是必需的，它的值说明图像的具体位置。图 13-9 给出了一个嵌入图像的 Web 页面，其源 HTML 文档如下：

```
<HTML>
    <HEAD>
      <TITLE>
        计算机网络
      </TITLE>
    </HEAD>
  <BODY>
计算机网络就是利用通信线路将具有独立功能的计算机连接起来而形成的计算机集合，计算机
```

之间可以借助于通信线路传递信息，共享软件、硬件和数据等资源。<P>

```
    <IMG src="http://192.168.0.66/network.jpg">
  </BODY>
</HTML>
```

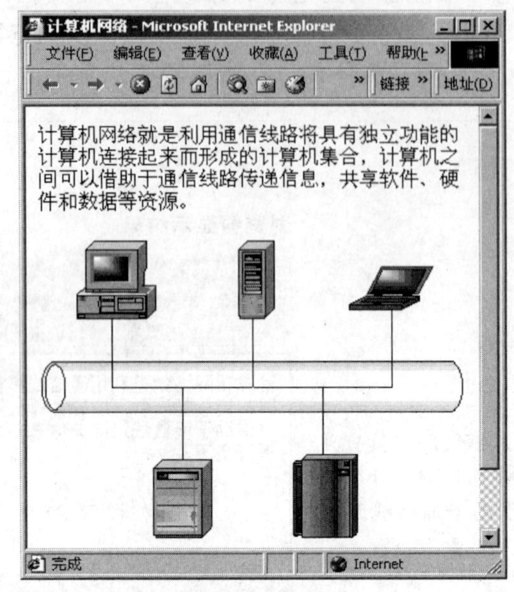

图 13-9 图像标记的显示结果

从图中可以看到，HTML 并没有将真正的图像数据插入到页面文档中，而仅仅嵌入图像的具体存放位置和名字。浏览器在解释该文档的过程中，必须首先从 src 指定的位置获得该图像，然后才可能将它显示在屏幕上。

4. 超链接标记

超链接标记是 HTML 中非常有特色的一个标记，它能将一个文档与其他文档进行关联，形成所谓的超文本。超链接标记的基本语法如下：

```
<A HREF="URL 或文件名">文本字符串</A>
```

其中，属性 HREF 指定相关联文档的具体位置，而文本字符串是该超链接在浏览器窗口中显示的文字。在图 13-10 中，增加了三个超链接标记，这三个超链接分别指向 192.168.0.66 服务器上的 lan.html、man.html 和 wan.html 文档。该页面的源 HTML 文档如下：

```
<HTML>
  <HEAD>
    <TITLE>
      计算机网络
    </TITLE>
  </HEAD>
  <BODY>
```

```
计算机网络就是利用通信线路将具有独立功能的计算机连接起来而形成的计算机集合,计算机之间可以借助于通信线路传递信息,共享软件、硬件和数据等资源。<P>
    <IMG src="http://192.168.0.66/network.jpg"><P>
    <A HREF="http://192.168.0.66/lan.html">局域网</A>
    <P>
    <A HREF="http://192.168.0.66/man.html">城域网</A>
    <P>
    <A HREF="http://192.168.0.66/wan.html">广域网</A>
  </BODY>
</HTML>
```

浏览器通常以下划线(或高亮度)方式显示带有超链接的文本(如局域网、城域网和广域网)。当用户在浏览器窗口中单击这些带有超链接的文本时,浏览器就去检索并显示这些超链接指定的文档。

不但可以使用文字作为超链接,也可以使用图像作为超链接。使用图像作为超链接的形式为如下:

```
<A HREF="URL或文件名"><IMG src="图像文件名"></A>
```

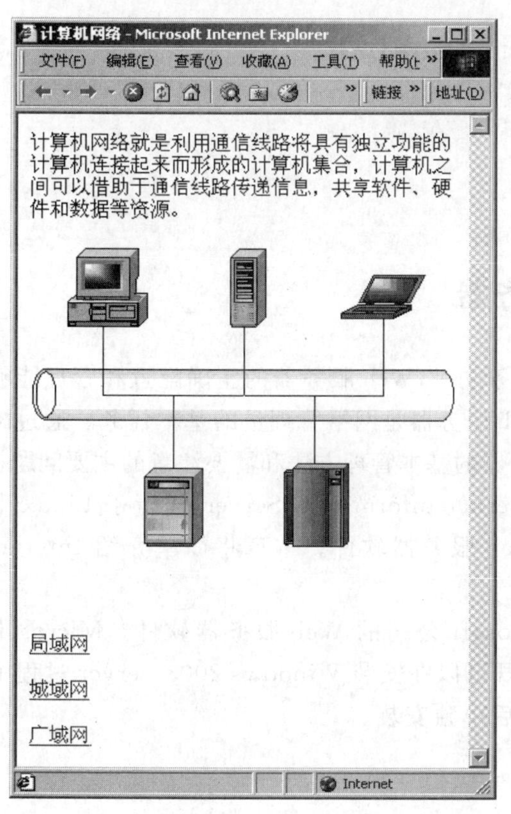

图 13-10 文字形式的超链接标记的显示结果

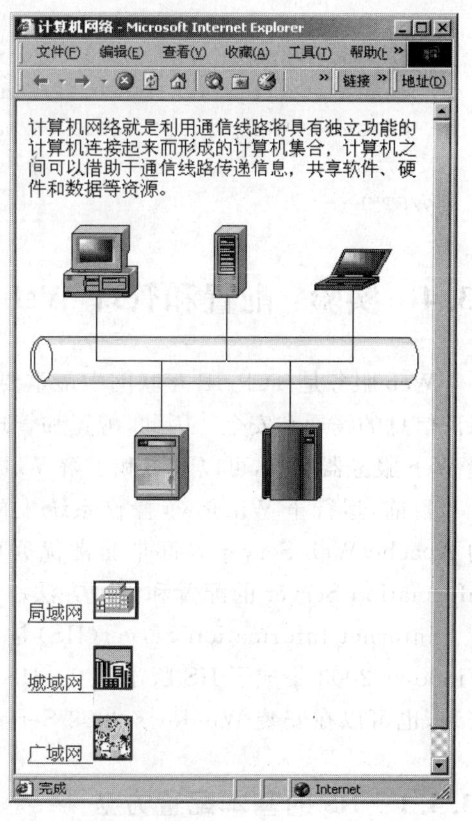

图 13-11 图像形式的超链接标记的显示结果

浏览器通常为带有超链接的图像加有彩色边框。用户单击这些图像,浏览器就会去抓取并显示这些超链接指定的文档,如图 13-11 所示。其源 HTML 文档如下:

```
<HTML>
  <HEAD>
    <TITLE>
      计算机网络
    </TITLE>
  </HEAD>
  <BODY>
  计算机网络就是利用通信线路将具有独立功能的计算机连接起来而形成的计算机集合，计算机
之间可以借助于通信线路传递信息，共享软件、硬件和数据等资源。<P>
  <IMG src="http://192.168.0.66/network.jpg"><P>
  <A HREF="http://192.168.0.66/lan.html">局域网</A>
  <A HREF="http://192.168.0.66/lan.html">
  <IMG src="http://192.168.0.66/lan.gif"></A>
  <P>
  <A HREF="http://192.168.0.66/man.html">城域网</A>
  <A HREF="http://192.168.0.66/man.html">
  <IMG src="http://192.168.0.66/man.gif"></A>
  <P>
  <A HREF="http://192.168.0.66/wan.html">广域网</A>
  <AHREF="http://192.168.0.66/wan.html">
  <IMG src="http://192.168.0.66/wan.gif"></A>
  </BODY>
</HTML>
```

13.4 实验：配置和管理 Web 服务器

Web 服务是 TCP/IP 互联网中最重要的服务之一，Web 服务器的正确配置和管理能够保证信息的畅通和安全。因此，配置和管理 Web 服务器是网络管理员的基本任务。通过配置 Web 服务器实验，可以学习和了解 Web 服务器的基本管理方法和需要注意的主要问题。

目前，运行于 Windows 操作系统上的 Internet Information Server、运行于 Linux 上的 Apache Web Server 等都是非常优秀的 Web 服务器软件。本章将简单介绍 Internet Information Server 的配置和管理方法。

Internet Information Server(IIS)是 Microsoft 公司的 Web 服务器软件。Microsoft Windows 2003 集成了 IIS 版本 6.0。IIS 6.0 既可以在安装 Windows 2003 Server 过程中安装，也可以在安装 Windows 2003 Server 以后单独安装。

13.4.1 IIS 的基本配置方法

1. 启动 Microsoft 管理控制台

IIS 6.0 的管理和配置工作需要使用 Microsoft 管理控制台(Microsoft Management

Console,MMC)进行。用户通过执行 Windows 2003 Server 的“开始”→“管理工具”→“Internet 服务管理器”命令便可以启动 Microsoft 的管理控制台,如图 13-12 所示。管理控制台的界面与资源管理器的界面类似,左边的窗口包含了 MMC 管理的所有服务,如果用户在左边窗口中选择了某项服务,则该服务中所包含的具体内容便会显示在右边的窗口中。例如,在图 13-12 中如果选择“默认站点”,则该站点中包含的目录、虚拟目录和文件就显示在右边的窗口中。另外,管理控制台的“活动工具栏”中的内容会随用户所选择的服务不同而有所区别。

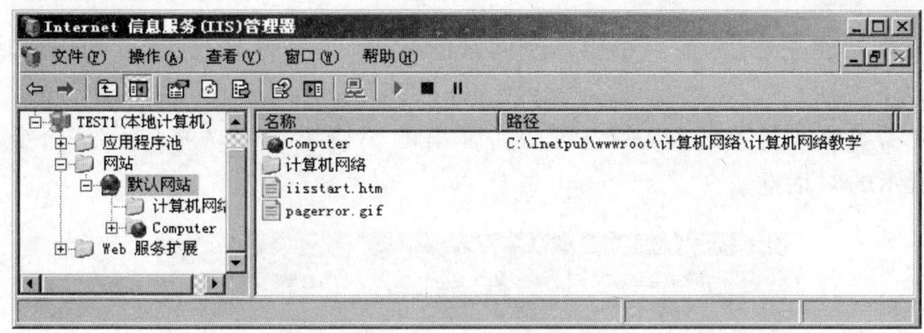

图 13-12 管理控制台窗口

2. 新建网站

IIS 6.0 安装后,系统为用户建立了一个默认的网站,如果用户希望添加新网站,可以按如下步骤完成:

(1) 选择要在其中建立网站的主机(如图 13-12 中的 TEST1),然后单击活动工具栏中的“操作”按钮,在出现的菜单中选择“新建”下面的“网站”命令,“网站创建向导”对话框就会出现在屏幕上。

(2) 按照“网站创建向导”的要求,分别输入网站描述、网站 IP 地址、网站 TCP 端口、网站主目录、网站访问权限等信息。一旦输入完成,系统将在 TEST1 主机下创建一个新的网站。

3. 网站的启动与停止

如果网站当前为“已停止”状态,那么可以使用活动工具栏中的启动项目▶按钮启动该网站。如果网站当前为启动状态,则用户可以使用活动工具栏中的暂停‖按钮或停止■按钮暂停或停止该网站。

4. 创建虚拟目录

用户可以在网站中创建虚拟目录。所谓虚拟目录是指在物理上并非包含在网站主目录中的目录,但对于访问网站的用户来说,此目录好像确实存在。实际上,创建虚拟目录就是建立一个到实际目录的指针,实际目录下的内容并不需要迁移到网站的主目录下。创建虚拟目录的方法如下:

(1) 选择要在其中创建虚拟目录的网站(如图 13-12 中的“默认网站”),然后单击活动工具栏中的“操作”按钮,在出现的菜单中选择“新建”下面的“虚拟目录”命令,则启动“虚拟目录创建向导”对话框。

(2) 用户按照“虚拟目录创建向导”的要求,分别输入访问虚拟目录使用的别名、目录的实际路径,并指定虚拟目录的访问权限。完成后在“默认网站”的右侧窗口中就增加了一个虚拟目录,如图 13-12 中的 computer。

5. 设置网站标识

在完成网站建立之后,如果希望修改网站的标识、使用的 IP 地址、TCP 端口等设置,可以采用以下方法:

(1) 在需要修改配置的网站上右击,在弹出的快捷菜单中选择“属性”命令,则出现图 13-13 所示的对话框。

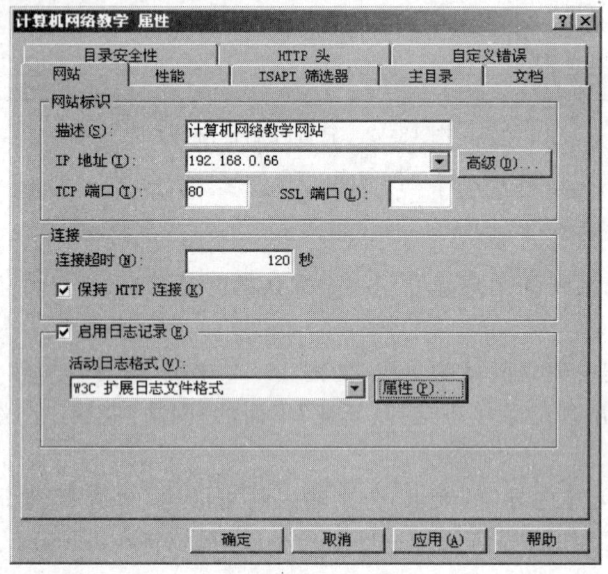

图 13-13 站点属性对话框

(2) 在“网站标识”区域可以修改网站的描述、网站使用的 IP 地址、TCP 端口等内容。

(3) 在“连接”区域的“连接超时”文本框中可以指定连接超时时间,默认值为 120 秒。如果一个连接与网站未交换信息的时间达到指定的连接超时时间,网站将中断该连接。

(4)“保持 HTTP 连接”复选框指定是否使用持久连接方式。如果该网站需要使用持久连接方式,那么需要将该复选框选中。

6. 设置主目录

主目录是网站中发布和共享文档存放的中心位置。“默认网站”的主目录可以在安装时指定,默认为\Inetpub\wwwroot。对于新建网站,主目录可以在建立过程中指定。如果建立完成后希望修改,可以按照下面的方法进行:

(1) 在图 13-13 所示的对话框中选择“主目录”选项卡,如图 13-14 所示。

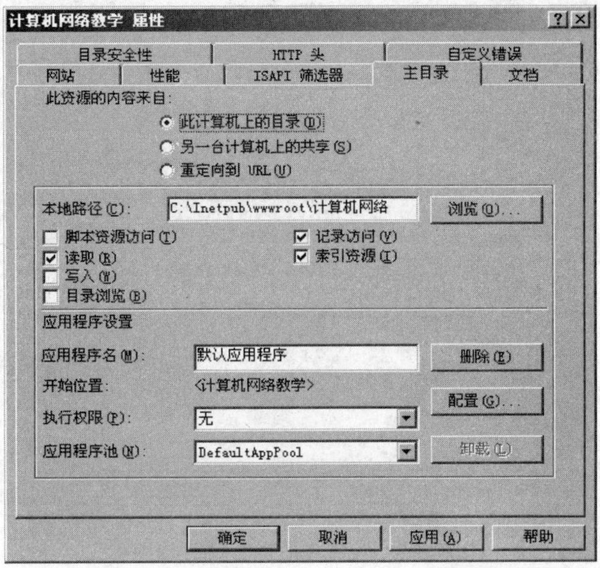

图 13-14　属性对话框的“主目录”选项卡

(2) 主目录可以来自 3 种位置:此计算机上的目录、另一计算机上的共享位置、重定向到 URL。用户选择一种位置,并在下面的“本地路径”文本框中输入本地主机的目录路径、远程主机的共享目录路径或完整的目标 URL。

7. 设置默认文档

在通过浏览器访问网站时,用户通常只在浏览器的“地址”栏输入网站的地址,而不指定具体的文件名,这时被访问的网站将其默认的文档返回给浏览器。

在 IIS 6.0 中,网站的管理人员可以指定是否启用默认文档、改变默认文档的名称以及增加和删除默认文档等。其设置方法如下:

(1) 在图 13-13 所示的对话框中选择“文档”选项卡,如图 13-15 所示。

(2) 如果要启用默认文档,选中“启用默认内容文档”复选框。

(3) 如果要增加默认文档,单击“添加”按钮,在出现的对话框中输入文档名称。IIS 6.0 中的网站支持多个默认文档,当接收到来自浏览器的请求时,网站将按列表中显示的顺序搜索默认文档。

(4) 如果要改变默认文档的搜索顺序,可选择要调整位置的文档,然后单击列表框下方的“上移”或“下移”按钮。

13.4.2　IIS 的安全性控制

1. Web 站点的访问控制级别

如果网站的内容位于 Windows 2003 Server 的 NTFS 分区,则有 4 种方法可以限制

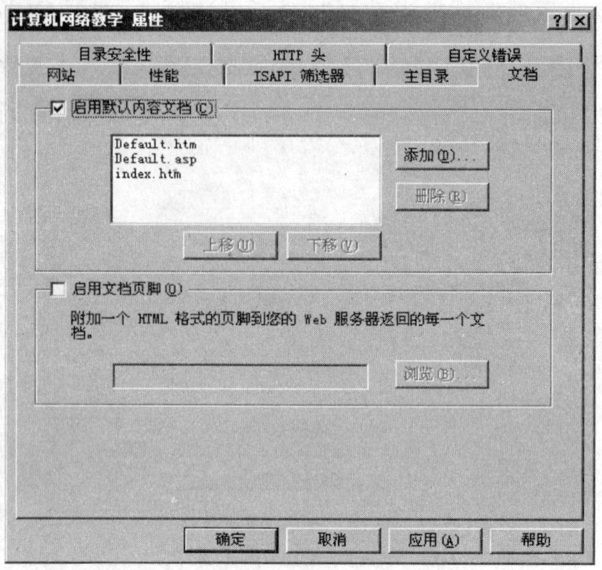

图 13-15 属性对话框"文档"选项卡

用户访问网站中提供的资源。Web 网站的 4 级访问控制之间的关系如图 13-16 所示。

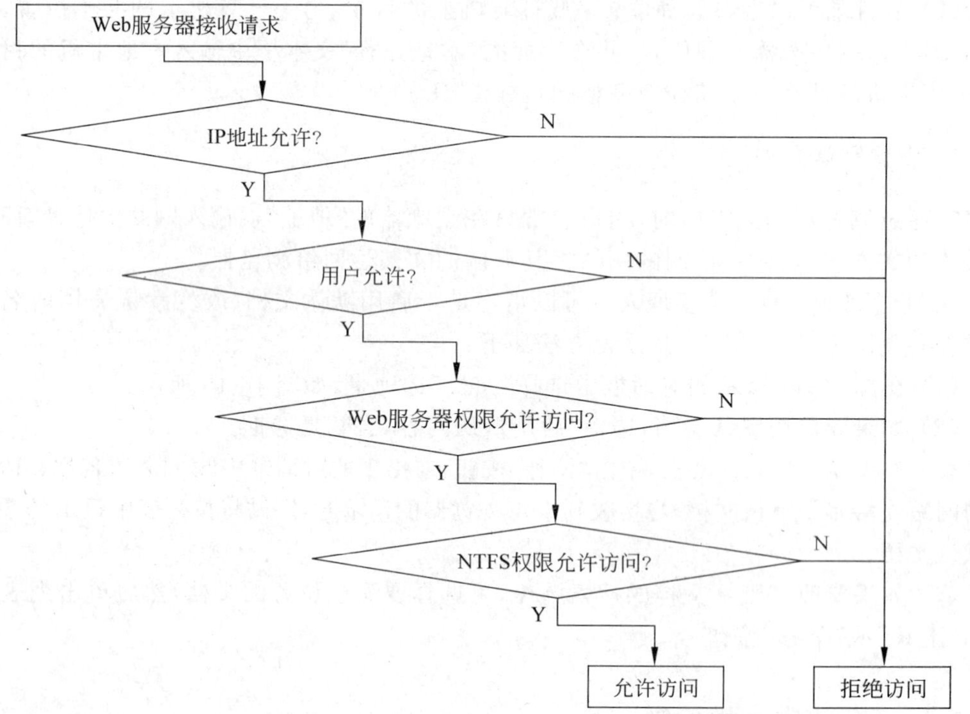

图 13-16 Web 服务器的访问控制

- IP 地址限制。通过 IP 地址限制或允许特定的计算机、计算机组或整个网络访问 Web 网站中的资源。当用户访问 Web 网站时，Web 网站将审核用户计算机的 IP

地址，以决定是否允许其访问 Web 网站中的资源。这种方法通常是有效的，但对于 IP 地址欺骗行为则显得无能为力。

- 用户验证。对于 Web 网站中的一般资源，可以使用匿名访问，而对于一些特殊资源则需要用户登录后才能访问。
- Web 权限。Web 网站的管理员可以为站点、目录和文件设置权限，如读、写或执行。这些权限适用于所有的用户，除非某个用户具有特殊的访问权限。例如，可以在更新站点内容时关闭读权限，以避免用户访问。当用户访问该站点时，将收到"访问禁止"的提示。
- NTFS 权限。如果 Web 网站的内容位于 NTFS 分区，可以借助于 NTFS 的目录和文件权限来限制用户对站点内容的访问，如完全控制、拒绝访问、读取、更改等权限。与 Web 权限不同，NTFS 权限可以针对不同的用户做不同的权限设置，设置起来更为方便。该权限设置与前面几种访问机制配合使用，可以有效地保护 Web 网站的安全。

2. IP 地址与域名限制

IP 地址与域名限制的设置方法如下：

(1) 在图 13-13 所示的对话框中选择"目录安全性"选项卡，如图 13-17 所示。单击"IP 地址和域名限制"区域中的"编辑"按钮，则显示如图 13-18 所示的对话框。

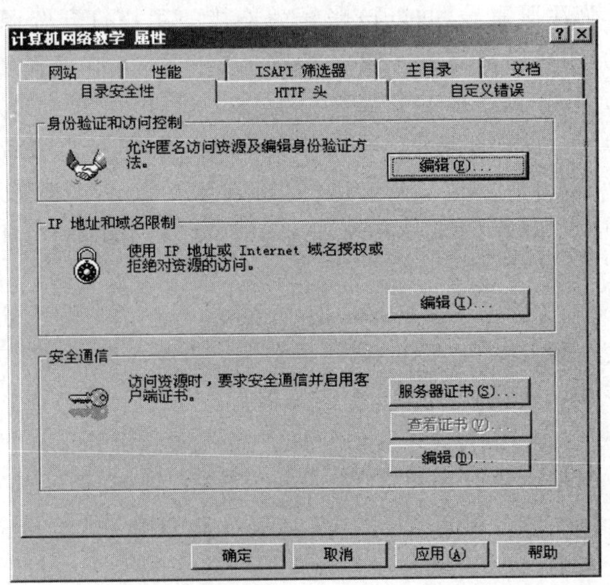

图 13-17 属性对话框"目录安全性"选项卡

(2) 如果选择"授权访问"单选按钮，则默认允许所有的计算机访问该 Web 网站。如果要限制某些计算机访问该 Web 网站，单击"添加"按钮，在"下列除外"列表中加入所限制访问的计算机。

(3) 如果选择"拒绝访问"单选按钮，则默认限制所有的计算机访问该 Web 网站。如

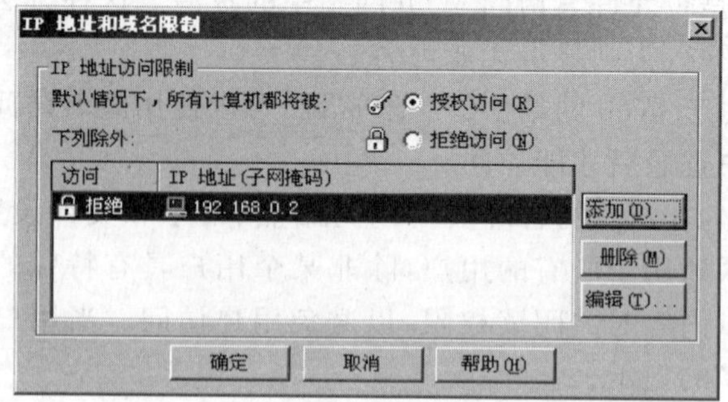

图 13-18 “IP 地址和域名限制”对话框

果要允许某些计算机访问该 Web 网站，通过单击“添加”按钮，在“下列除外”列表中加入所允许访问的计算机。

3. 匿名访问与验证控制

IIS 6.0 为 Web 站点提供了多种用户验证方法，其中包括匿名访问、基本身份验证、集成 Windows 身份验证、Windows 域服务器的摘要式身份验证、.NET Passport 身份验证等。

- 匿名访问。用户访问 Web 网站时不需要提供账号和密码，Web 服务器用一个特殊的账号作为注册账号，并以该账号为连接的用户打开资源。Web 网站默认允许匿名访问，用户通常情况下使用匿名账号与 Web 服务器建立连接。用户通过匿名方式与 Web 服务器建立连接后，只能访问到允许匿名账号访问的资源。
- 基本身份验证。用户在访问 Web 网站时要求向 Web 服务器提供有效的账号和密码。该方法是在 HTTP 规范中定义的标准方法，大多数浏览器都支持该方法。在该方法中用户提供的账号和密码通过浏览器以明文(未加密)传递给 Web 服务器。
- 集成 Windows 身份验证。该方法使用 Windows 2003 账号与密码验证方式，利用加密的办法传输用户提供的账号和密码，比基本验证更安全。但这种方法是 Windows 系统特有的，只有 IE 等浏览器支持。
- Windows 域服务器的摘要式身份验证。摘要式身份验证提供与基本身份验证相同的功能。但是由于其用户名、密码等信息的存储和传递都进行了 MD5 等单向散列函数运算①，因此基于 Windows 域服务器的摘要式身份验证方式比基本身份验证方式更安全。
- .NET Passport 身份验证。它是 Microsoft .NET Framework 的一个组件。这种身份验证方式可以将登录的用户名与数据库中的信息进行映射，从而为用户提供个性化的 Web 服务(如为不同的登录用户提供不同的广告等)。

如果要改变匿名访问和验证控制中的设置，可以使用如下方法：

① 有关单向散列函数的内容请见 15.2.2 节。

(1) 在图 13-17 中所示的“目录安全性”选项卡中单击“身份验证和访问控制”区域中的“编辑”按钮，则显示图 13-19 所示的对话框。

(2) IIS 6.0 默认允许匿名访问，IUSR_WebSERVER(WebSERVER 为计算机名)账号是在 IIS 6.0 安装时建立的默认匿名账号。通过单击“浏览”按钮，可以选择其他的用户账号作为匿名账号，也可以更改原匿名账号的权限、口令等。但是需要注意：匿名账号的权限不能过高，只保证其基本的访问权限即可。

(3) 如果要允许“基本身份验证”、“集成 Windows 身份验证”、“Windows 域服务器的摘要式身份验证”或“.NET Passport 身份验证”，请标记各自前面的复选框。

4. Web 网站中的目录文件权限

用户可以针对整个 Web 网站的主目录或其中的一个目录、文件、虚拟目录设置访问权限。由于设置方法类似，在这里仅以设置目录的访问权限为例说明具体的设置方法。

(1) 在要设置访问权限的目录上右击，在弹出的快捷菜单中选择“属性”命令。

(2) 在出现的“LAN 属性”对话框中选择“目录”选项卡，如图 13-20 所示。

(3) 设置目录的访问权限。其中“读取”权限允许用户从该目录中下载网页并浏览，而“写入”权限允许用户上载文件并更改目录中的内容。需要注意的是，设置权限应十分谨慎，避免非法用户破坏 Web 网站中的内容。

在学习 IIS 服务器的配置方法之后，可以编制一些 Web 页面并把这些页面存入 Web 网站目录下(如将图 13-11 所示的页面存入默认网站的\Inetpub\wwwroot 目录下)，以便验证 Web 服务器的配置情况。改变 IIS 的 Web 网站的配置，利用 IE 浏览器查看该站点具有的页面，验证配置是否生效。

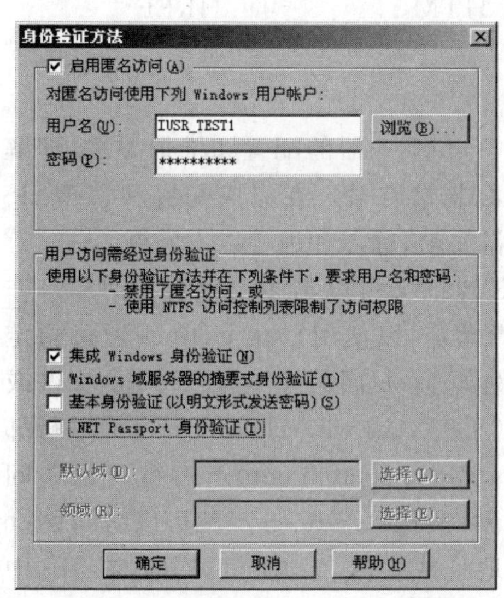

图 13-19 “身份验证方法”对话框

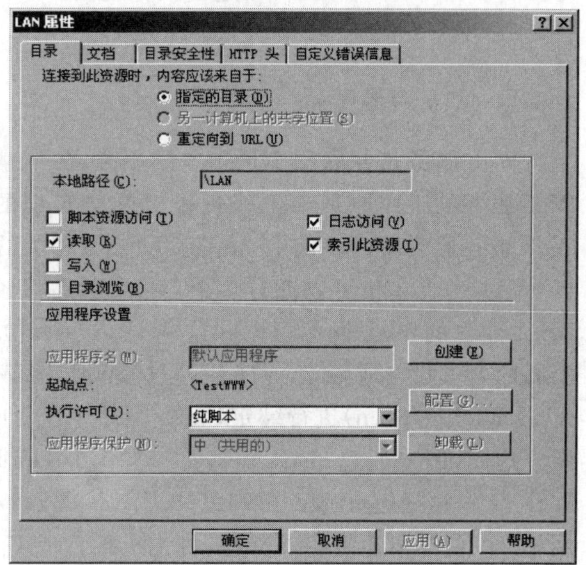

图 13-20 “LAN 属性”对话框

练习与思考

一、填空题

(1) 在 TCP/IP 互联网中，Web 服务器与 Web 浏览器之间的信息传递使用________协议。

(2) 从浏览器的结构上讲，浏览器通常由一个________单元和一系列的________单元、________单元组成。

(3) Web 服务器上的信息通常以________方式进行组织。

(4) URL 一般由三部分组成，它们是________、________和________。

(5) HTTP 的持久连接有两种操作方式，一种是________，另一种是________。

二、单项选择题

(1) 在 Web 服务系统中，编制的 Web 页面应符合(　　)。

A. HTML 规范　B. RFC822 规范　C. MIME 规范　D. HTTP 规范

(2) 在下列 URL 的表达方式中(　　)是正确的。

A. http://netlab.nankai.edu.cn/project.html

B. http://www.nankai.edu.cn\network\project.html

C. http:\\www.nankai.edu.cn\network\project.html

D. http:/www.nankai.edu.cn/project.html

(3) 在 HTML 页面中，超链接标记为(　　)。

A. IMG　B. BODY　C. HTML　D. HREF

三、动手与思考题

Web 服务是互联网中最基本的服务之一，掌握 Web 服务器的配置和维护方法，理解 Web 服务的工作原理和工作过程对网络知识的学习非常有益。在完成配置和管理 IIS Web 服务器实验的基础上，请查找和参阅相关的资料文献，练习和思考以下问题：

(1) 一台主机可以拥有多个 IP 地址，而一个 IP 地址又可以与多个域名相对应。在 IIS 中建立的 Web 网站可以和这些 IP(或域名)进行绑定，以便用户在 URL 中通过指定不同的 IP 地址(或域名)访问不同的 Web 网站。例如 Web 网站 1 与 192.168.0.1(或 w1.school.edu.cn)进行绑定，Web 网站 2 与 192.168.0.2(或 w2.school.edu.cn)进行绑定。这样，用户通过 http://192.168.0.1/(或 http://w1.school.edu.cn/)就可以访问 Web 网站 1，通过 http://192.168.0.2/(或 http://w2.school.edu.cn/)就可以访问 Web 网站 2。查找和参阅相关资料，将主机配置成多 IP 地址或多域名的主机，同时，在 IIS 中建立两个新的 Web 网站，然后对这两个新站点进行配置，使用户能够通过指定不同的 IP 地址(或不同的域名)访问不同的 Web 网站。

(2) 本章介绍了静态 Web 页面的编写方式(即 Web 服务器在收到请求后，可以将这些页面不加修改地发送给请求的浏览器），但是在很多实际应用中，Web 服务器需要根据用户具体的请求信息首先动态地生成页面，然后再发送给请求方。动态页面可以通过 ASP（Active Server Page）、CGI（Common Gateway Interface）等技术实现，同时需要 Web 服务器的支持。查找和参阅相关的资料文献，将 IIS 配置为支持 ASP（或 CGI）的 Web 服务器。编写一个简单的 ASP 页面（或 CGI 脚本程序），使之能够在用户每次请求时返回 Web 服务器当时的日期和时间。

第14章　电子邮件系统

电子邮件服务(又称 E-mail 服务)是互联网提供的一项重要服务。它为互联网用户之间发送和接收消息提供了一种快捷、廉价的现代化通信手段。早期的电子邮件系统只能传输西文文本信息,而目前的电子邮件系统不但可以传输各种语言文字的文本信息,而且可以传输图像、声音、视频等多媒体信息。事实上,很多用户对互联网的了解都是从收发电子邮件开始的。

电子邮件具有其他通信方式不可比拟的特点。与人工邮件相比,电子邮件传递速度快,可达范围广,费用低廉。与电话系统相比,电子邮件不要求通信双方都在现场,不需要知道通信对象在网络中的具体位置。电子邮件可以实现一对多的邮件传送,使一个用户向多人发出通知的过程变得简单、容易。同时,电子邮件可以将文字、图像、语音等多种类型的信息集成在一个邮件中,是多媒体信息传送的重要手段。

14.1　电子邮件系统基础

14.1.1　电子邮件系统

电子邮件系统采用客户/服务器工作模式。电子邮件服务器(简称为邮件服务器)是邮件服务系统的核心,它的作用与人工邮递系统中邮局的作用非常相似。邮件服务器一方面负责接收用户送来的邮件,并根据邮件所要发送的目的地址将其传送到对方的邮件服务器中;另一方面负责接收从其他邮件服务器发来的邮件,并根据收件人的不同将邮件分发到各人的电子邮箱(简称为邮箱)中。

邮箱是在邮件服务器中为每个合法用户开辟的一个存储用户邮件的空间,类似人工邮递系统中的信箱。电子邮箱是私人的,拥有账号和密码属性,只有合法用户才能阅读邮箱中的邮件。

在电子邮件系统中,用户发送和接收邮件需要借助于装载在客户机中的电子邮件应用程序来完成。电子邮件应用程序一方面负责将用户要发送的邮件送到邮件服务器,另一方面负责检查用户邮箱,读取邮件。因而电子邮件应用程序最基本的功能为:①创建和发送邮件;②接收、阅读和管理邮件。除此之外,电子邮件应用程序通常还提供通讯簿管理、收件箱助理及账号管理等附加功能。

14.1.2　电子邮件的传输过程

在 TCP/IP 互联网中,邮件服务器之间使用简单邮件传输协议(Simple Mail Transfer Protocol,SMTP)相互传递电子邮件。而电子邮件应用程序使用 SMTP 协议向邮件服务器发送邮件，使用第3代邮局协议（Post Office Protocol，POP3）或交互邮件访问协议（Interactive Mail Access Protocol，IMAP）从邮件服务器的邮箱中读取邮件，如图14-1所示。尽管IMAP是一种相对较新的协议，但支持IMAP协议的邮件服务器并不多，大量的服务器目前仍然使用POP3协议。

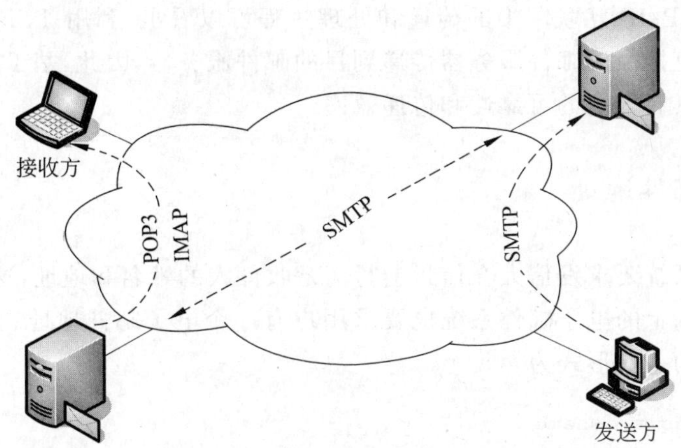

图14-1 电子邮件系统示意图

TCP/IP互联网上邮件的处理和传递过程如图14-2所示。

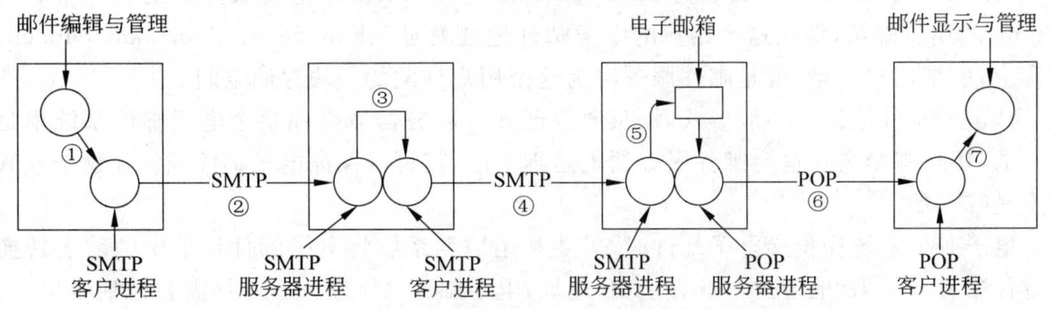

图14-2 TCP/IP互联网上的电子邮件传输过程

（1）用户需要发送电子邮件时，可以按照一定的格式撰写、编辑一封邮件。在注明收件人的邮箱后提交给本机SMTP客户进程，由本机SMTP客户进程负责邮件的发送工作。

（2）本机SMTP客户进程与本地邮件服务器的SMTP服务器进程建立连接，并按照SMTP协议将邮件传递到该服务器。

（3）邮件服务器检查收到邮件的收件人邮箱是否处于本服务器中。如果是，就将该邮件保存在这个邮箱中；如果不是，则将该邮件交由本地邮件服务器的SMTP客户进程处理。

（4）本地服务器的SMTP客户程序直接向拥有收件人邮箱的远程邮件服务器发出请求，远程SMTP服务器进程响应，并按照SMTP协议传递邮件。

（5）由于远程服务器拥有收件人的信箱，因此，邮件服务器将邮件保存在该信箱中。

（6）当用户需要查看自己的邮件时，首先利用电子邮件应用程序的POP客户进程向邮件服务器的 POP 服务进程发出请求。POP 服务进程检查用户的电子信箱，并按照 POP3 协议将信箱中的邮件传递给 POP 客户进程。

(7) POP 客户进程将收到的邮件提交给电子邮件应用程序的显示和管理模块，以便用户查看和处理。

从邮件在 TCP/IP 互联网中的传递和处理过程可以看出，利用 TCP 连接，用户发送的电子邮件可以直接由源邮件服务器传递到目的邮件服务器，因此，基于 TCP/IP 互联网的电子邮件系统具有很高的可靠性和传递效率。

14.1.3 电子邮件地址

传统的邮政系统要求发信人在信封上写清楚收件人的姓名和地址，这样，邮递员才能投递信件。互联网上的电子邮件系统也要求用户有一个电子邮件地址。TCP/IP 互联网上电子邮件地址的一般形式为

```
local-part@domain-name
```

这里“@”把邮件地址分成两部分，其中，domain-name 是邮件服务器（有时也称为邮件交换机）的域名，而 local-part 表示邮件服务器上的用户邮箱名。例如，南开大学网络实验室的一台邮件服务器的域名为 netlab. nankai. edu. cn，如果这台服务器上有一个名为 johnny 的用户邮箱，那么这个用户的电子邮件地址就是 johnny@netlab. nankai. edu. cn。实际上，所谓用户邮箱，就是邮件服务器为这个用户分配的一块存储空间。

从电子邮件地址的一般形式看，只要保证邮件服务器域名在整个电子邮件系统中是唯一的，用户邮箱名在这台邮件服务器上是唯一的，就可以保证电子邮件地址在这个互联网上是唯一的。

电子邮件系统在投递电子邮件时，需要利用域名系统将电子邮件地址中的域名转换成邮件服务器的 IP 地址。一旦有了 IP 地址，电子邮件系统就知道邮件需要送到哪里了。当目的邮件服务器收到信件后，取出电子邮件地址中的本地部分，据此将邮件放入合适的用户邮箱。

电子邮件系统不仅支持两个用户之间的通信，而且可以利用所谓的邮寄列表(mailing list)向多个用户发送同一邮件。邮寄列表是一组电子邮件地址，这组电子邮件地址有一个共同的名称，称为“别名”(alias)。发给该“别名”的邮件会自动分发到它所包含的每一个电子邮件地址。

14.2 电子邮件传递协议

14.2.1 简单邮件传输协议 SMTP

简单邮件传输协议(SMTP)是电子邮件系统中的一个重要协议，它负责将邮件从一个“邮局”传送给另一个“邮局”。SMTP 的最大特点就是简单和直观，它不规定邮件的接

收程序如何存储邮件，也不规定邮件发送程序多长时间发送一次邮件，它只规定发送程序和接收程序之间的命令和应答。

SMTP 邮件传输采用客户/服务器模式，邮件的接收程序作为 SMTP 服务器在 TCP 的 25 端口守候，邮件的发送程序作为 SMTP 客户在发送前需要请求一条到 SMTP 服务器的连接。一旦连接建立成功，收发双发就可以传递命令、响应和邮件内容。

SMTP 协议中定义的命令和响应都是可读的 ASCII 字符串。表 14-1 和表 14-2 分别给出了常用的 SMTP 命令和响应。其中，SMTP 响应字符串以 3 位数字开始，后面跟有该响应的具体描述。

表 14-1 常用的 SMTP 命令

命令	描述
HELO ＜主机域名＞	开始会话
MAIL FROM：＜发送者电子邮件地址＞	开始一个邮递处理，指出邮件发送者
RCPT TO：＜接收者电子邮件地址＞	指出邮件接收者
DATA	接收程序将 DATA 命令后面的数据作为邮件内容处理，直到＜CR＞＜LF＞.＜CR＞＜LF＞出现
RSET	中止当前的邮件处理
NOOP	无操作
QUIT	结束会话

表 14-2 常用的 SMTP 响应

命令	描述	命令	描述
220	域服务准备好	500	语法错误，命令不能识别
221	系统状态或系统帮助应答	502	命令未实现
250	请求的命令成功完成	550	邮箱不可用
354	可以发送邮件内容		

alice@nankai.edu.cn 向 bob@tsinghua.edu.cn 发送电子邮件的 SMTP 传输过程如图 14-3 所示。从图中可以看到，SMTP 邮件传递过程大致分成如下三个阶段：

(1) 连接建立阶段。在这一阶段，SMTP 客户请求与服务器的 25 端口建立一个 TCP 连接。一旦连接建立，SMTP 服务器和客户就开始相互通报自己的域名，同时确认对方的域名。

(2) 邮件发送阶段。利用 MAIL、RCPT 和 DATA 命令，SMTP 将邮件的源地址、目的地址和邮件的具体内容发送给 SMTP 服务器。SMTP 服务器进行相应的响应并接收邮件。

(3) 连接关闭阶段。SMTP 客户发送 QUIT 命令，服务器在处理命令后进行响应，随后关闭 TCP 连接。

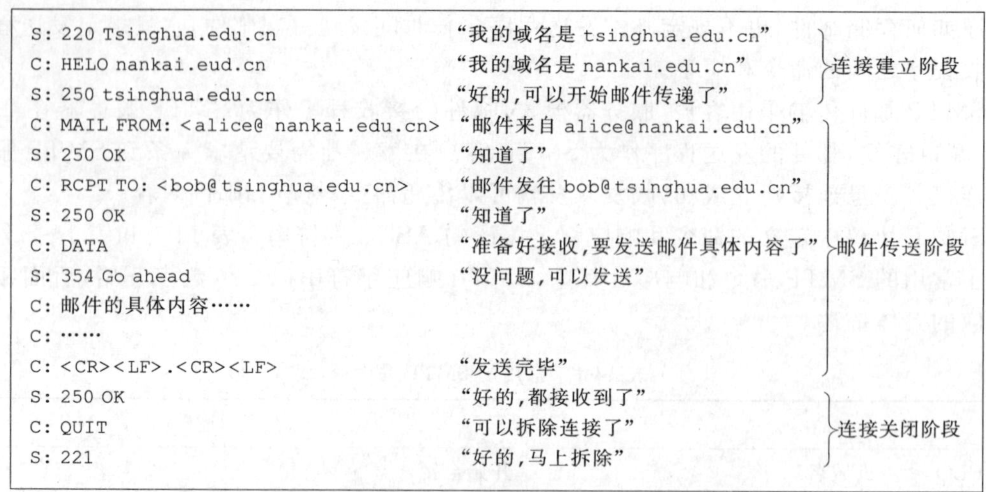

注：S—服务器,C—客户,＜CR＞—回车,＜LF＞—换行

图 14-3　SMTP 通信过程实例

14.2.2　第 3 代邮局协议 POP3

当邮件到来后,首先存储在邮件服务器的电子邮箱中。如果用户希望查看和管理这些邮件,可以通过 POP3 协议将邮件下载到用户所在的主机。

POP3 是邮局协议 POP 的第三个主要版本,它允许用户通过 PC 动态检索邮件服务器上的邮件。但是,除了下载和删除之外,POP3 没有对邮件服务器上的邮件提供很多的管理操作。

POP3 本身采用客户/服务器模式,其客户程序运行在用户的 PC 上,服务器程序运行在邮件服务器上。当用户需要下载邮件时,POP 客户首先向 POP 服务器的 TCP 守候端口 110 发送建连请求。一旦 TCP 连接建立成功,POP 客户就可以向服务器发送命令,下载和删除邮件。

与 SMTP 协议相同,POP3 的命令和响应也采用 ASCII 字符串的形式,非常直观和简单。表 14-3 列出了 POP3 常用的命令。POP3 的响应有两种基本类型,一种以"＋OK"开始,表示命令已成功执行或服务器准备就绪等;另一种以"-ERR"开始,表示错误的或不可执行的命令。在"＋OK"和"-ERR"后面,一般都跟有附加信息对响应进行具体描述。如果响应信息包含多行,那么,只包含"."的行表示响应结束。

表 14-3　常用的 POP3 命令

命　令	描　述
USER＜用户邮箱名＞	客户机希望操作的电子邮箱
PASS＜口令＞	用户邮箱的口令
STAT	查询报文总数和长度

续表

命　令	描　述
LIST [＜邮件编号＞]	列出报文的长度
RETR＜邮件编号＞	请求服务器发送指定编号的邮件
DELE＜邮件编号＞	对指定编号的邮件作删除标记
NOOP	无操作
RSET	复位操作,清除所有删除标记
QUIT	删除具有删除标记的邮件,关闭连接

图 14-4 显示了一个名为 bob 的用户检索 POP3 邮件服务器的信息传递过程。从图中可以看到,用户检索 POP3 邮件服务器的过程可以分成如下三个阶段:

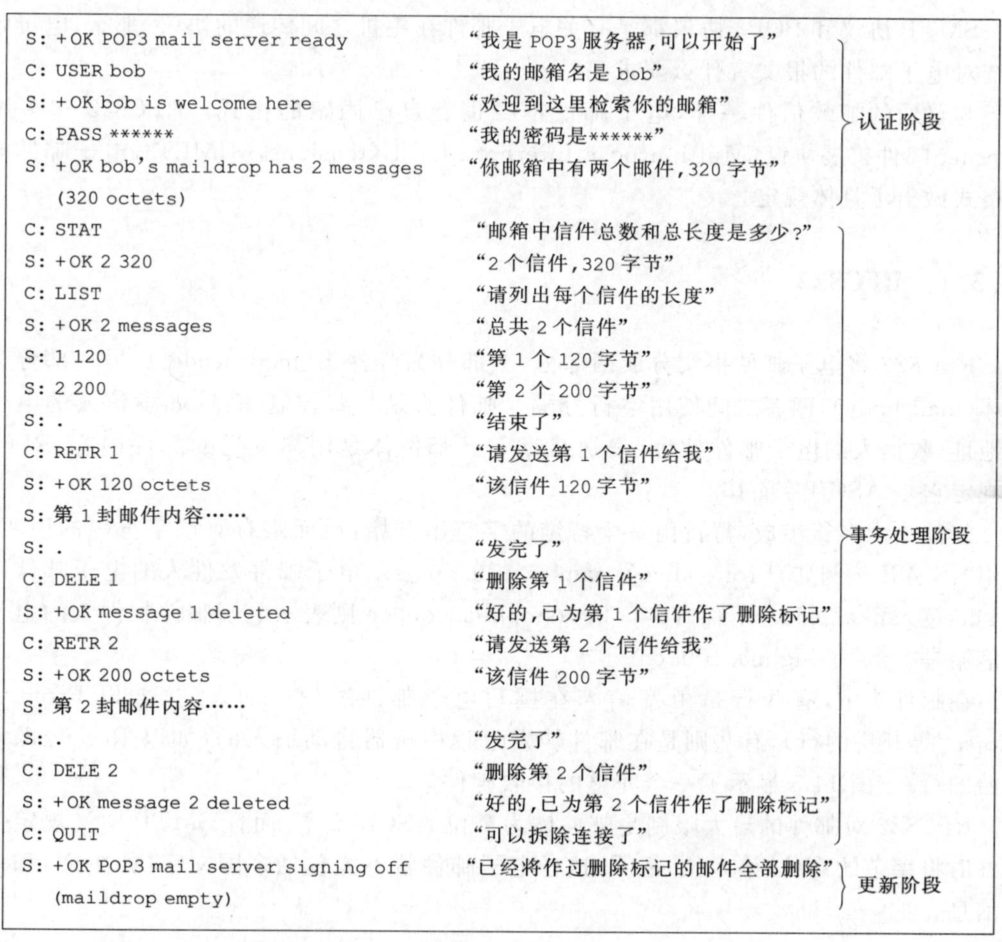

注:S—服务器,C—客户

图 14-4　POP3 通信过程实例

(1) 认证阶段。由于邮件服务器中的邮箱具有一定权限,只有有权用户才能访问,因此,在TCP连接建立之后,通信的双方随即进入认证阶段。客户程序利用USER和PASS命令将邮箱名和密码传送给服务器,服务器据此判断该用户的合法性,并给出相应的应答。一旦用户通过服务器的验证,系统就进入了事务处理阶段。

(2) 事务处理阶段。在事务处理阶段,POP3客户可以利用STAT、LIST、RETR、DELE等命令检索和管理自己的邮箱,服务器在完成客户请求的任务后返回响应。不过需要注意,服务器在处理DELE命令请求时并未将邮件真正删除,只是给邮件作了一个特定的删除标记。

(3) 更新阶段。当客户发送QUIT命令时,系统进入更新阶段。POP3服务器将作过删除标记的所有邮件从系统中全部真正删除,然后TCP关闭连接。

14.3 电子邮件的报文格式

SMTP协议和POP3协议都是有关电子邮件在主机之间传递的协议,那么,电子邮件系统对电子邮件的报文有什么要求吗?

与普通的邮政信件一样,电子邮件本身也有自己固定的格式。RFC822和多用途Internet邮件扩展协议(Multipurpose Internet Mail Extensions,MIME)对电子邮件的报文格式做出了具体规定。

14.3.1 RFC822

RFC822将电子邮件报文分成两部分,一部分为邮件头(mail header);另一部分为邮件体(mail body),两者之间使用空行分隔。邮件头是一些控制信息,如发信人的电子邮件地址、收信人的电子邮件地址、发送日期等。邮件体是用户发送的邮件内容,RFC822只规定它是ASCII字符串。

邮件头由多行组成,每行由一个特定的字符串开始,后面跟有对该字符串的说明,中间用":"隔开。例如,From:alice@nankai.edu.cn表示电子邮件发件人的电子邮件信箱是alice@nankai.edu.cn,而To:bob@tsinghua.edu.cn则表示电子邮件收件人的电子邮件信箱是bob@tsinghua.edu.cn。

在邮件头中,有些行是由发信人在撰写电子邮件过程中加入的(如以From、To、Subject等开头的行),有些则是在邮件转发过程中机器自动加入的(如以Received、Date开始的行)。图14-5显示了一个完整的接收邮件。

RFC822对邮件的最大限制是邮件体为7位ASCII文本,而且SMTP中又规定传输邮件时将字节的高位(第8位)清零,这样电子邮件就不能包括多国文字(如中文)和多媒体信息。

14.3.2 多用途Internet邮件扩展协议MIME

为了使电子邮件能够传输多媒体等二进制信息,MIME对RFC822进行了扩充。

```
Received: (qmail 36260 invoked from network); 28 Mar 2002 12:40:41 +0800
Received: from unknown (HELO tsinghua.edu.cn) (202.113..180.83)
          by nankai.edu.cn with SMTP; 28 Mar 2002 12:40:41 +0800
Received: from teacher([202.113.27.53]) by (AIMC 2.9.5.2)
          with SMTP id jm223ca2fdd2; Thr, 28 Mar 2002 12:41:39 +0800
Date: Thu, 28 Mar 2002 12:41:58 +0800
From: alice@nankai.edu.cn
To: bob@tsinghua.edu.cn
Subject: Hello
X-mailer: FoxMail 4.0 beta 2 [cn]
                                                        邮件头
--------------------------------------------------------------
Hi Bob,
Nice to get your message.
………
                                                        邮件体
Alice
```

图 14-5 收件人收到的邮件示例

MIME 协议继承了 RFC822 的基本邮件头和邮件体模式，但在此基础上增加了一些邮件头字段，并要求对邮件体进行编码，将 8 位的二进制信息变换成 7 位的 ASCII 文本。

1. 邮件体的编码算法

为了传输图像、视频、应用程序等二进制文件，电子邮件系统要求发送方使用编码技术将二进制文件转换成 7 位 ASCII 可打印字符文件。邮件的接收方通过相应的解码技术，再将编码后的文件还原成原始的二进制文件。目前，电子邮件系统常用的编码方法有两种，一种是基数 64 编码（base64）方法，另一种是带引号的可打印编码（quoted-printable）。下面以 base64 为例，介绍邮件体的编码方法。

base64 编码的基本思想是将每 3 个字节（共 24 位）作为一个整体将其划分为 4 组，每组 6 位。然后将每组 6 位的值作为索引，将其映射为对应的可打印 ASCII 字符。因此，base64 将 3 个字节转换成了 4 个可打印字符。图 14-6 显示了 base64 的编码方法，表 14-4 给出了 6 位索引值与其可打印字符的映射表。

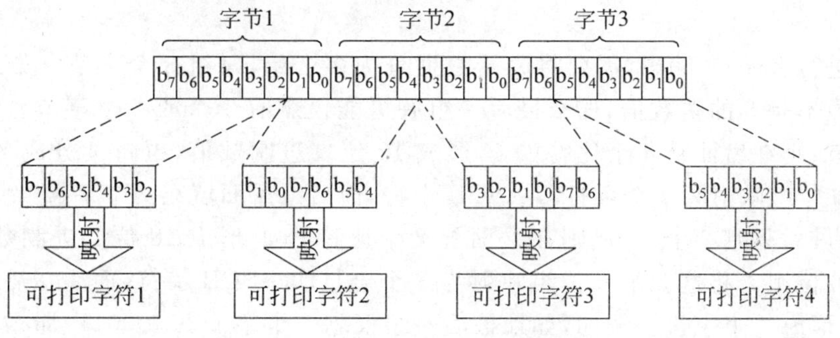

图 14-6 base64 编码方法示意图

表 14-4 base64 编码中 6 位索引值与可打印字符的对照表

6 位值	对应字符	6 位值	对应字符	6 位值	对应字符	6 位值	对应字符
0	A	16	Q	32	g	48	w
1	B	17	R	33	h	49	x
2	C	18	S	34	i	50	y
3	D	19	T	35	j	51	z
4	E	20	U	36	k	52	0
5	F	21	V	37	l	53	1
6	G	22	W	38	m	54	2
7	H	23	X	39	n	55	3
8	I	24	Y	40	o	56	4
9	J	25	Z	41	p	57	5
10	K	26	a	42	q	58	6
11	L	27	b	43	r	59	7
12	M	28	c	44	s	60	8
13	N	29	d	45	t	61	9
14	O	30	e	46	u	62	+
15	P	31	f	47	v	63	/

下面用例子说明 base64 编码方法的具体过程。假设一个二进制文件中 3 个连续的字节分别为 00100011、01011100 和 10010001，将这 3 个字节合成一个 24 位的二进制数为 001000110101110010010001。然后，将这个 24 位的二进制数每 6 位一组分为 4 部分，即 001000、110101、110010、010001。这 4 部分对应的十进制数分别为 8、53、50 和 17。利用 base64 的 6 位索引值与可打印字符对照表（如表 14-4 所示），得到最终的编码字符 I、1、y 和 R。

为了进行 base64 编码，需要将原始数据分为多个组，每组 3 个字节。如果原始数据的字节总数不是 3 的整数倍，那么最后一组有可能仅剩有 1 个或 2 个字节。如果最后只剩 1 个字节，则在后面补 4 个比特的 0，形成 12 位二进制数值，再将其分成 2 个 6 位组。将这 2 个 6 位组映射为 2 个可打印 ASCII 字符，而后在后面填充两个字符“＝”，形成 4 个字符；如果最后只剩 2 个字节，则在后面补 2 个比特的 0，形成 18 位二进制数值，再将其分成 3 个 6 位组。将这 3 个 6 位组映射为 3 个可打印 ASCII 字符，而后在后面填充 1 个字符“＝”，形成 4 个字符。例如，如果最后一组仅剩一个字节 00100011，那么首先用 0 补足为 001000110000，并分成 2 个 6 位组 001000 和 110000，其所对应的字符分别为 I 和 w。用符号“＝”填充后最终的编码为 I、w、＝和＝。

经过 base64 编码后文件仅包含表 14-4 中列出的 64 个可打印字符和“＝”字符。为了与 RFC822 兼容和显示的需要，变换后的文件中每 76 个字符之后需要增加一个回车换行。当然，在进行 base64 解码时，首先需要将添加的回车换行符过滤掉，然后才能进入正式的解码过程。

2. MIME 增加的头部字段

为了使邮件的接收者了解发送者使用 MIME 的方式，MIME 协议对 RFC822 的邮件头部进行了扩展，增加的主要邮件头字段包括：

- MIME-Version：表明该邮件遵循 MIME 标准的版本号。目前的主要标准为 1.0。
- Content-Type：说明邮件体包含的数据类型，邮件的接收者利用该字段了解使用何种方式（或何种软件）处理该邮件的邮件体。MIME 定义了 7 种邮件体类型和一系列的子类型，这 7 种类型为 text（文本）、message（报文）、image（图像）、audio（音频）、video（视频）、application（应用）和 multipart（多部分）。类型与子类型之间通过"/"分开。例如，Content-Type：text/html 说明该邮件体含有一个文本文件，该文件为 html 格式，可以使用 IE 等浏览器软件打开。
- Content-Transfer-Encoding：指出邮件体的数据编码类型。常见的编码类型包括带引号的可打印编码和基数 64 编码。

图 14-7 给出了一个使用 MIME 格式的电子邮件。其中"MIME-Version：1.0"表示使用的为 MIME 的 1.0 版本，"Content-Type：image/bmp"表示邮件体的内容为 bmp 图像，而"Content-Transfer-Encoding：base64"则表示邮件体按照 base64 方案编码。

```
Received: (qmail 36260 invoked from network); 28 Mar 2002 12:40:41 +0800
Received: from unknown (HELO tsinghua.edu.cn) (202.113..180.83)
  by nankai.edu.cn with SMTP; 28 Mar 2002 12:40:41 +0800
Received: from teacher([202.113.27.53]) by (AIMC 2.9.5.2)
       with SMTP id jm223ca2fdd2; Thr, 28 Mar 2002 12:41:39 +0800
Date: Thu, 28 Mar 2002 12:41:58 +0800
From: alice@nankai.edu.cn
To: bob@tsinghua.edu.cn
Subject: Nice Picture
X-mailer: FoxMail 4.0 beta 2 [cn]
MIME-Version:1.0
Content-Type:image/bmp
Content-Transfer-Encoding:base64                    MIME增加的邮件头字段
Qk34BAAAAAAAAHYAAAAoAAAAMAAAADAAAAABAAQAAAAAAAAAAAADDDgAAww4AAAAAAAAAAAAAAAA
AAAAgAAAgAAAAICAAIAAAACAAIAAgIAAAICAgADAwMAAAAD/AAD/AAAA//8A/wAAAP8A/wD//wAA
////AEREREExERERExMREREREExMRERERMRERERERERzMRERERMRMREREREExExERERE zMRERETMRERE
RERMTERERERERETExERERERERzEREExEREREREETETERERERERETETERERERERERMRExETMzERMxExERERERE
........                                                base64编码后的邮件体
```

图 14-7　使用 MIME 格式的电子邮件

14.4 基于 Web 的电子邮件

随着 Web 应用的普及，人们开始研究如何将 Web 服务与电子邮件服务结合起来，以提供更加方便、实用的电子邮件服务。1996 年 7 月，Hotmail 率先在全球推出了基于 Web 的电子邮件服务。在启动 Web 邮件一个月内，Hotmail 就拥有了 10 万个用户。18 个月后，Hotmail 的用户数超过了 1200 万。Hotmail 的巨大成功显示了基于 Web 电子邮件系统的强大魅力。除 Hotmail 外，网易、新浪、搜狐、Google 等网站都提供基于 Web 的电子邮件服务。

图 14-8 显示了一个基于 Web 的电子邮件系统示意图。与图 14-1 显示的传统电子邮件系统相比，基于 Web 的电子邮件客户端使用 HTTP 协议发送和接收邮件，而电子邮件服务器之间则仍然使用传统的 SMTP 协议。在 Web 电子邮件系统中，服务器具有双重功能，一方面，它具有传统电子邮件服务器的功能，支持 SMTP 协议（有些也支持 POP3 或 IMAP 协议），能够与其他 SMTP 邮件服务器（或传统的电子邮件客户端软件）交互邮件信息；另一方面，它具有 Web 服务器的功能，支持 HTTP 协议，能够与 Web 浏览器（如 IE 等）交互邮件信息。

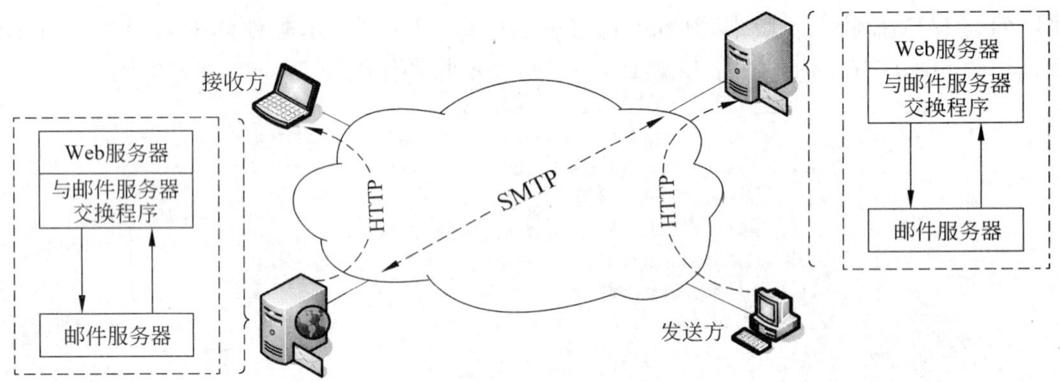

图 14-8 基于 Web 的电子邮件示意图

第 13 章介绍的 Web 页面保存在 Web 服务器中，当浏览器发出页面请求时直接检索需要的 Web 页面并进行应答，这种 Web 页面称为静态 Web 页面。但是，Web 电子邮件系统中的 Web 服务器必须支持动态 Web 页面。当收到浏览器的请求后，Web 服务器需要按照请求的信息通过程序临时生成 Web 页面并进行应答。例如，当用户通过浏览器需要查看自己的收件箱时，浏览器利用 HTTP 的 GET 或 POST 等命令将该请求传递给 Web 服务器。Web 服务器解析该请求命令得到相应的参数，然后通过程序访问本地邮件服务器。在获得用户收件箱的内容后动态形成 Web 页面并用该页面响应用户的请求。同样，当用户通过浏览器发送邮件时，浏览器利用 HTTP 的 POST 或 PUT 等命令将需要发送的邮件传递给 Web 服务器。当得到需要发送的邮件后，Web 服务器利用程序访问本地邮件服务器发送该邮件。一旦收到邮件服务器返回的发送成功或失败等状态信息，Web服务器立即形成包含发送状态的Web页面，然后用该Web页面响应用户的请求。

至于Web服务器中运行的程序如何与电子邮件服务器交互，我们不做太多的讨论。该程序可以通过标准的协议与邮件服务器交互(例如该程序可以通过IMAP协议访问邮件服务器上的邮件列表)，也可以通过自己专用的方法与邮件服务器交互。

在基于Web的电子邮件系统中，用户收发电子邮件只需要使用通用的Web浏览器，这样用户可以在单位、家里、旅途、网吧等地随时随地访问自己的邮件。同时，多数基于Web的电子邮件系统为用户提供了良好的管理界面，用户不但可以很容易地查看自己的邮件，而且可以方便地管理自己的邮件。由于Web邮件系统简单、实用，因此深受用户的欢迎。

14.5 实验：编写简化的SMTP服务器并观察其通信过程

SMTP和POP3是目前电子邮件应用系统中最重要的两个协议。深入了解SMTP和POP3的工作过程对理解整个电子邮件服务系统具有重要的意义。本实验要求编写一个简化的SMTP邮件服务器，通过观察电子邮件应用程序(如Outlook Express等)与SMTP邮件服务器的交互过程，加深对整个邮件服务系统的理解。

14.5.1 编写简化的SMTP服务器指导

为了观察电子邮件应用程序(如Outlook Express)与SMTP邮件服务器的交互过程，可以使用VC.NET提供的CAsyncSocket类编写一个简化的SMTP服务器。为了简化程序的编写，该邮件服务器在同一时刻仅支持一个用户发送邮件。它既不保存收到的邮件，也不转发收到的邮件，甚至不作错误处理。简化的SMTP邮件服务器仅仅响应电子邮件应用程序发出的SMTP命令，并将命令的交互过程和收到的电子邮件显示到屏幕上。程序的运行界面可以如图14-9所示。

SMTP服务器在TCP的25端口守候，等待邮件应用程序发出的命令。因此，在简化的SMTP邮件服务的编写过程中需要用到流式套接字。利用CAsyncSocket类编写流式套接字应用程序的使用方法参见11.3节的有关内容。该简化SMTP邮件服务器需要处理的SMTP命令和响应参见表14-1和表14-2。

14.5.2 观察SMTP客户与服务器的交互过程

为了观察SMTP客户与服务器的交互过程，首先需要在网络的一台主机上(如192.168.0.64)启动编写的SMTP服务器。这个简化的SMTP服务器的初始运行界面如图14-9所示。然后，可以在网络的另一台主机上启动电子邮件应用程序(如Outlook Express)，并创建一个SMTP服务器指向192.168.0.64的账号。由于本实验仅关心

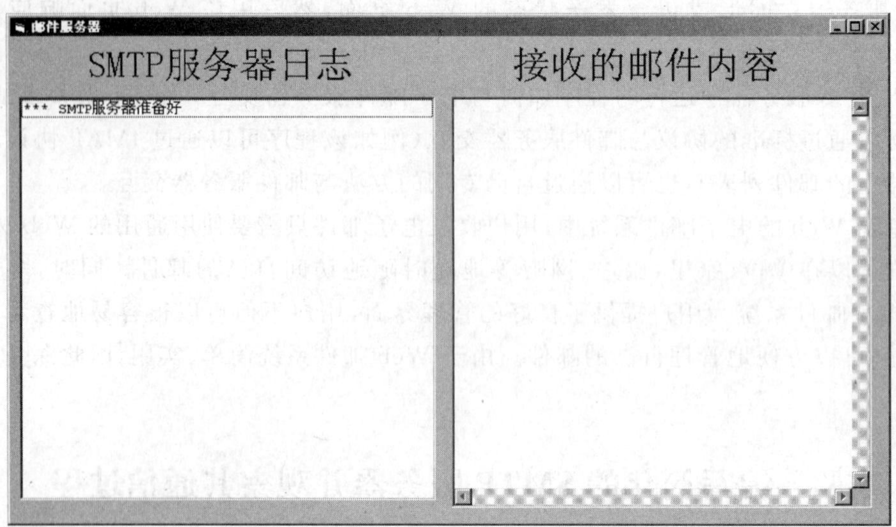

图 14-9 简化 SMTP 服务器的运行界面

SMTP 客户与服务器的交互过程，因此，该账号的账号名、POP3 服务器的地址等都可以任意填写。

一旦账号创建完成，就可以撰写一封电子邮件（如图 14-10 所示）。如果你编写的简化 SMTP 服务器程序运行正确，在该邮件发送后就可以看到如图 14-11 所示的界面。界面左侧的列表框显示了 SMTP 客户与服务器的命令交互过程，而界面右侧的文本框则列出了收到的邮件正文。仔细观察 SMTP 服务器显示的这些信息，看看能否理解它们表达的具体含义。

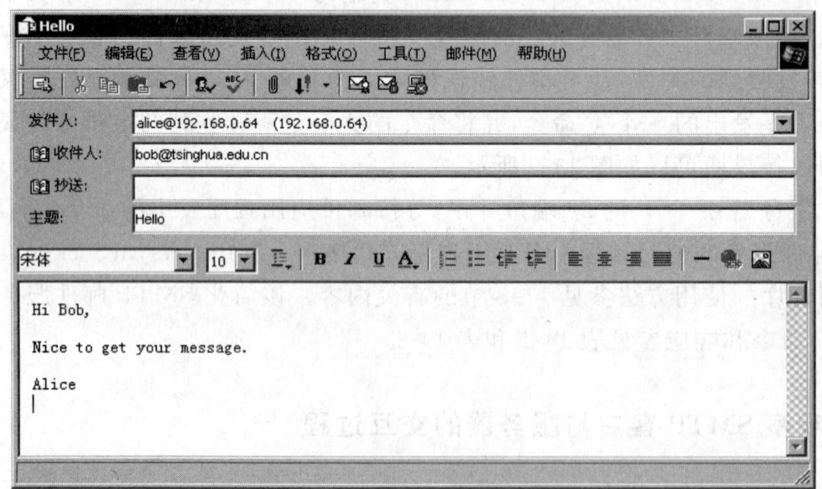

图 14-10 发送给简化 SMTP 服务器的邮件

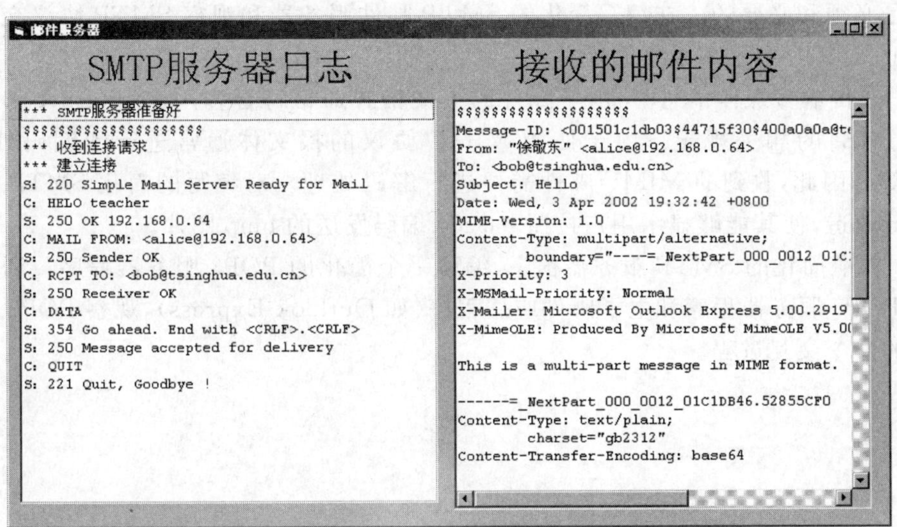

图 14-11　SMTP 服务器接收到邮件后的界面

练习与思考

一、填空题

(1) 在 TCP/IP 互联网中,电子邮件客户端程序向邮件服务器发送邮件使用________协议,电子邮件客户端程序查看邮件服务器中自己的邮箱使用________或________协议,邮件服务器之间相互传递邮件使用________协议。

(2) SMTP 服务器通常在________的________端口守候,而 POP3 服务器通常在________的________端口守候。

(3) 用户检索 POP3 邮件服务器的过程可以分成三个阶段,它们是________、________和________。

二、单项选择题

(1) 电子邮件系统的核心是(　　)。

A. 电子邮箱　　B. 邮件服务器　　C. 邮件地址　　D. 邮件客户机软件

(2) 某用户在域名为 mail. nankai. edu. cn 的邮件服务器上申请了一个电子邮箱,邮箱名为 wang,则该用户的电子邮件地址为(　　)。

A. mail. nankai. edu. cn@wang　　B. wang%mail. nankai. edu. cn

C. mail. nankai. edu. cn%wang　　D. wang@mail. nankai. edu. cn

三、动手与思考题

电子邮件是用户最常使用的互联网服务之一。掌握电子邮件的传输协议,学习电子邮件传输的报文格式,对编写电子邮件相关应用的程序员和维护电子邮件系统的网络管理员都是必须和必要的。在编写简化的SMTP邮件服务器和观察SMTP协议交互过程的基础上，请练习和思考以下问题：

(1) 在传输多媒体信息时，电子邮件的报文格式通常符合多用途Internet邮件扩展协议(MIME)的相关规定。由于使用MIME协议的报文体通常进行了编码处理(如base64等)，因此，收到的MIME邮件需要进行解码处理。对编写的简化SMTP邮件服务器进行改造，使其能够显示用户按照base64编码发送的bmp图片。

(2) 参照简化的SMTP服务器程序，编写一个简化的POP3服务器程序。利用这个简化的POP3服务器程序和电子邮件应用程序(如Outlook Express)，观察POP3客户与服务器的命令交互过程。

第15章 网络安全

自古以来人们就非常重视信息安全问题。信息安全在军事上表现得尤为突出。在战争期间，交战双方的作战计划、作战部署、作战命令、作战行动等都是军事机密，所以必须采用安全通信方式传递这些信息。与此同时，交战双方又千方百计地窃取、收集和破译对方的情报，以使战事向有利于自己的方向发展。人类的商业活动和社会活动充满了竞争，有竞争就有机密，有竞争就有情报。

在计算机网络支撑的信息时代，信息的安全防护变得更加困难。计算机网络不但需要保护传输中的敏感信息，而且需要区分信息的合法用户和非法用户，需要鉴别信息的可信性和完整性。在使用网络提供的各种服务的过程中，有些人可能无意识地非法访问并修改了某些敏感信息，致使网络服务中断；也有些人出于各种目的有意地窃取机密信息，破坏网络的正常工作。所有这些活动都是对网络正常运行的威胁。网络安全主要研究计算机网络的安全技术和安全机制，以确保网络免受各种威胁和攻击，做到正常而有序地工作。

15.1 网络安全的基本概念

网络安全是网络的一个薄弱环节，一直没有受到足够的重视。人们在当初设计TCP/IP互联网时并没有考虑它的安全问题，直到电子商务、电子政务等网络应用逐步发展之后，安全才受到越来越多的关注。安全是一个很广泛的题目，国际标准化组织(ISO)于1974年提出开放式系统互连参考模型(OSI/RM)之后，又在1989年提出了网络安全体系结构(Security Architecture，SA)。

15.1.1 网络提供的安全服务

对于一个安全的网络，它应该为用户提供如下安全服务：

- 身份认证(authentication)。验证某个通信参与者的身份与其所申明的一致，确保该通信参与者不是冒名顶替。身份认证服务是其他安全服务(如授权、访问控制和审计)的前提。
- 访问控制(access control)。保证网络资源不被未经授权的用户访问和使用(如非法地读取、写入、删除、执行文件等)。访问控制和身份认证通常是紧密结合在一起的，在一个用户被授予访问某些资源的权限前，它必须首先通过身份认证。
- 数据保密(data confidentiality)。防止信息被未授权用户获知。
- 数据完整(data integrity)。确保收到的信息在传递的过程中没有被修改、插入、删除等。

- 不可否认(non-repudiation)。防止通信参与者事后否认参与通信。不可否认既要防止数据的发送者否认曾经发送过数据,又要防止数据的接收者否认曾经收到数据。

尽管网络提供商在网络安全方面做了大量的工作,但每一个网络的安全服务都不是十全十美的。利用安全缺陷对网络实施攻击,是黑客(网络攻击者的代名词)常常使用的方法。

15.1.2 网络攻击

网络攻击可以从攻击者对网络系统的信息流干预进行说明。在正常情况下,信息应该从信源平滑地到达信宿,中间不应出现任何异常情况,如图 15-1(a)所示。但是,作为一个网络攻击者,他可以采用以下几种方式对网络上的信息流进行干预,以威胁网络的安全:

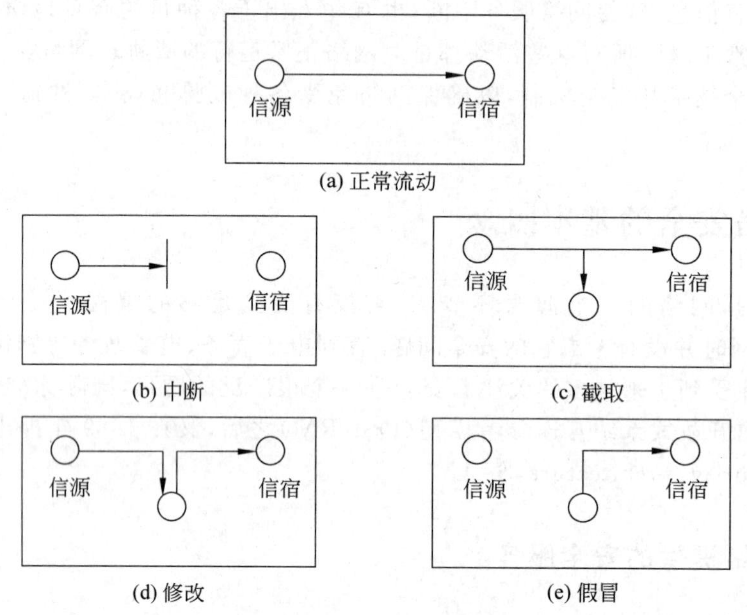

图 15-1 黑客对网络信息流的威胁

- 中断(interruption)。攻击者破坏网络系统的资源,使之变成无效的或无用的,如图 15-1(b)所示。割断通信线路、瘫痪文件系统、破坏计算机硬件等都属于中断攻击。
- 截取(interception)。攻击者非法访问网络系统的资源,如图 15-1(c)所示。窃听网络中传递的数据、非法复制网络中的文件和程序等都属于截取攻击。
- 修改(modification)。攻击者不但非法访问网络系统的资源,而且修改网络中的资源,如图 15-1(d)所示。修改一个正在网络中传输的报文内容、篡改数据文件中的值等都属于修改攻击。
- 假冒(fabricaiton)。攻击者假冒合法用户的身份,将伪造的信息非法插入网络,如

图 15-1(e)所示。在网络中非法插入伪造的报文、在网络数据库中非法添加伪造的记录等都属于假冒攻击。

另一方面,网络的攻击又可以分为主动攻击和被动攻击。

所谓被动攻击是在网络上进行监听,截取网络上传输的重要敏感信息。在共享式网络(如共享式的以太网)中,信息在各个结点都可以收听的共享信道上进行传输,因此,监听非常容易。例如,攻击者只要把监听设备连接到以太网,并将其网卡设置成接收所有帧的混杂模式,网络上传输的所有信息就会变成攻击者的囊中之物。通过分析监听到的信息,攻击者就可以得到他所希望得到的东西,进而为下一次攻击做好准备。因此,被动攻击常常是主动攻击的前奏。例如,攻击者如果通过分析所获得的信息,获得了用户注册网络的账号和口令,那么他就可以利用该账号和口令假冒该用户,堂而皇之地登录到网络,做他希望做的任何事情。

被动攻击很难被发现,因此防止被动攻击的主要方法是加密传输的信息流。利用加密机制将口令等敏感信息转换成密文传输,即使这些信息被监听,攻击者也不知道这些密文的具体意义。

主动攻击包括中断、修改、假冒等攻击方式,是攻击者利用网络本身的缺陷对网络实施的攻击。在有些情况下,主动攻击又以被动攻击获取的信息为基础。常见的主动攻击有 IP 欺骗、拒绝服务等。

所谓 IP 欺骗是指攻击者在 IP 层假冒一个合法的主机。IP 欺骗原理本身很简单,攻击者只要用伪造的 IP 源地址生成 IP 数据报就可以进行 IP 欺骗。它最主要的目的是伪装成远程某主机的合法访问者,进而访问远程主机的资源。但是,在有些时候,IP 欺骗又和其他攻击方法结合使用,用于隐瞒自己主机的真实 IP 地址。

拒绝服务攻击是一种中断方式的攻击,它针对某个特定目标发送大量的或异常的信息流,消耗目标主机的大量处理时间和资源,使其无法提供正常的服务甚至瘫痪。著名的 Ping O'Death、SYN flooding 都属于拒绝服务攻击。当然,拒绝服务的攻击者往往也采用 IP 欺骗隐瞒自己的真实地址。

尽管被动攻击难以检测,但使用加密等安全技术能够阻止它们的成功实施。而与此相反,要完全杜绝和防范主动攻击则相当困难。目前,对付主动攻击的主要措施是及时地检测出它们的存在,并迅速修复它们所造成的破坏和影响。由于网络入侵检测具有威慑力量,因此,对于防范黑客的入侵有一定的帮助。

15.2 数据加密和数字签名

在网络的安全机制中,数据加密、身份认证、数字签名等都是以密码学为基础的。

15.2.1 数据加密

随着计算机技术和网络技术的发展,网络监视和网络窃听已不再是一件复杂的事情。黑客可以轻而易举地获取在网络中传输的数据信息。如果你不希望黑客看到你传递的信息,就需要使用加密技术对传输的数据信息进行加密处理。在网络传输过程中,如果传输的是经加密处理后的数据信息,那么,即使黑客窃取了报文,由于不知道相应的解密方法和密钥,也无法将密文(加密后生成的数据信息)还原成明文(未经加密的数据信息),从而保证了信息在传输过程中的安全。

最简单的加密方法是替代法。所谓替代法就是将需要传输的数据信息使用另一种固定的数据进行代替。例如,数字字符0、1、2、3、4、5、6、7、8、9分别使用h、i、j、k、l、m、n、o、p、q代替,这样,如果要传输的信息为9628,那么,加密后生成的密文和在信道上实际传输的就是qnjp。

从理论上讲,加密可以分为加密密钥和加密算法两部分。加密密钥是在加密和解密过程中使用的一串数字,而加密算法则是作用于密钥和明文的一个数学函数。密文是明文和密钥相结合,然后经过加密算法运算的结果。在同一种加密算法下,密钥的位数越长,存在的密钥数越多,破译者破译越困难,安全性越好。在加密系统中,加密和解密算法是公开的,需要保密的是密钥。

目前,常用的加密技术主要有两种:常规密钥加密技术和公开密钥加密技术。

1. 常规密钥加密技术

常规密钥加密技术也称为对称密钥加密(symmetric cryptography)技术,是最早使用的加密技术之一。在这种技术中,加密方和解密方除必须保证使用同一种加密算法外,还需要共享同一个密钥。

图15-2显示了一个常规密钥加密系统的示意图。如果需要加密的信息为X,加密方使用加密算法E和密钥K对其进行加密,那么加密方生成的密文为$Y=E_K(X)$。当信息到达解密方后,解密方使用解密算法D和密钥K对Y进行解密,将密文还原成明文,即$X=D_K(Y)$。需要注意的是,常规密钥加密方法不但要求加密方和解密方使用的K值相同,而且该值不能透露给第三方。如果对手获得了该K值,那么他就可以利用公式$X=D_K(Y)$将密文还原成明文(注意,在加密系统中,加密和解密算法是公开的),加密方和解密方就没有什么秘密可言。

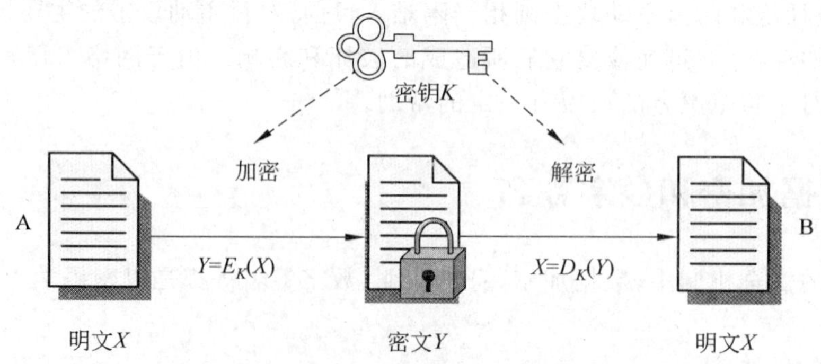

图15-2 常规密钥加密方法加密和解密使用同一个密钥

常规密钥加密技术并非坚不可“破”,入侵者用一台运算能力足够强大的计算机,凭借其“野蛮力量”对密钥逐个尝试就可以破译密文。但是破译是需要时间的,只要选择的密钥个数足够多，破译的时间超过密文的有效期，加密就是有效的。

数据加密标准（Data Encryption Standard，DES）曾经是最著名、最常用的常规密钥加密算法。它由IBM公司研制，并被国际标准化组织（ISO）认定为数据加密的国际标准。DES技术采用64位密钥长度，其中8位用于奇偶校验，剩余的56位可以被用户使用。由于DES采用的密钥长度较短，现代的计算技术对其实施破译并不是一件难事，因此逐渐被更安全的加密算法代替。

高级加密标准（Advanced Encryption Standard，AES）也称为Rijndael加密算法，是DES之后使用较多的常规密钥加密算法之一。AES可以使用128位、192位和256位的密钥长度对数据进行加密，因此，密文的安全性比DES更强。美国国家标准与技术研究所（NIST）的研究表明，如果破解56位密钥的DES需要1秒，那么破解128位密钥的AES则需要大约149万亿年。

2. 公钥加密技术

公开密钥加密也称公钥加密或非对称密钥加密（asymmetric cryptography）。公开密钥加密技术使用两个不同的密钥，一个用来加密信息，称为加密密钥，另一个用来解密信息，称为解密密钥，如图15-3所示。加密密钥与解密密钥是数学相关的，它们成对出现，但却不能由加密密钥计算出解密密钥，也不能由解密密钥计算出加密密钥。信息用某用户的加密密钥加密后所得到的数据只能用该用户的解密密钥才能解密，因此，用户可以将自己的加密密钥像自己的姓名、电话、E-mail地址一样公开。如果其他用户希望与该用户通信，就可以使用该用户公开的加密密钥进行加密，这样，只有拥有解密密钥的用户才能解开此密文。当然，用户的解密密钥不能透露给自己不信任的任何人。所以，用户公开的加密密钥又称为公钥（public key），用户自己保存的解密密钥又称为私钥（private key）。

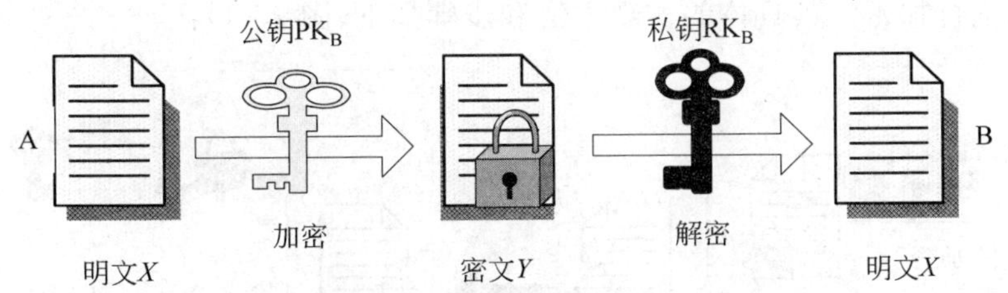

图15-3 公开密钥加密算法加密和解密使用不同的密钥

图15-3显示了一个公开密钥加密系统的示意图。如果需要加密的信息为X，那么加密方A需要使用加密算法E和解密方B的公钥PK_B对其进行加密，生成的密文$Y=E_{PK_B}(X)$。当信息到达解密方B后，解密方使用解密算法D和自己的私钥RK_B对Y进行解密，将密文还原成明文，即$X=D_{RK_B}(Y)$。公开密钥加密方法使用对方的公开密钥对信息进行加密。由于用户解密使用自己的私钥，因此即使对手掌握了用户的公开密钥也不能还原明文。但是，如果对手获得了一个用户的私钥，那么他就可以利用公式$X=D_{RK_B}(Y)$将密文还原成明文（注意，在加密系统中，加密和解密算法是公开的），加密的信息就没有什么秘密可言。

最著名的公开密钥加密算法是RSA(RSA是发明者Rivest、Shamir和Adleman名字首字母的组合)。RSA是一个可以支持变长密钥的公开密钥加密算法,在它所生成的一对相关密钥中,任何一个都可以用于加密,同时另一个用于解密。由于RSA的计算速度要比DES等慢很多,因此,比较适合于加密数据块长度较小的报文。

目前,绝大多数的安全产品和标准都采用了RSA算法,但随着计算机破译速度的不断提升,安全RSA需要采用的密钥位数越来越长。密钥位数的增加带来的直接后果就是计算机的处理负担加重,这使本来处理效率就较低的RSA雪上加霜。现在另一种公开密钥加密算法ECC(Elliptic Curve Cryptography,椭圆曲线加密)崭露头角,成为RSA算法的主要竞争对手。ECC算法的主要优越性表现在它可以使用非常少的比特数就可以提供与RSA相同强度的安全性,从而减轻计算机的处理负担。

与常规密钥加密技术相比,公开密钥加密技术中用于解密的私钥不需要发往任何地方。公钥在传递和发布过程中即使被对手截获,对破译密文的作用也不是很大。但是,公开密钥加密技术使用的算法复杂,加密与解密速度都比较慢,被加密的数据块长度不宜太大。

3. 常规密钥加密技术和公开密钥加密技术的结合

常规密钥加密算法运算效率高,但密钥不易传递;公开密钥加密算法密钥传递简单,但运算效率低。两种技术结合既可以克服常规密钥加密技术中密钥共享困难和公开密钥加密技术中加密所需时间较长的缺点,又能够充分利用常规密钥加密技术的高效性和公开密钥加密技术的灵活性,保证信息在传输过程中的安全性。

在采用这种结合技术进行一次加密时,加密方首先随机生成一个密钥,并以该密钥和常规密钥加密技术为基础对数据进行加密。由于这个随机生成的密钥只在本次加密和解密会话中使用,因此被称为会话密钥(session key)。然后利用公开密钥加密技术对生成的会话密钥进行加密。其具体的实现方法和步骤如下(图15-4):

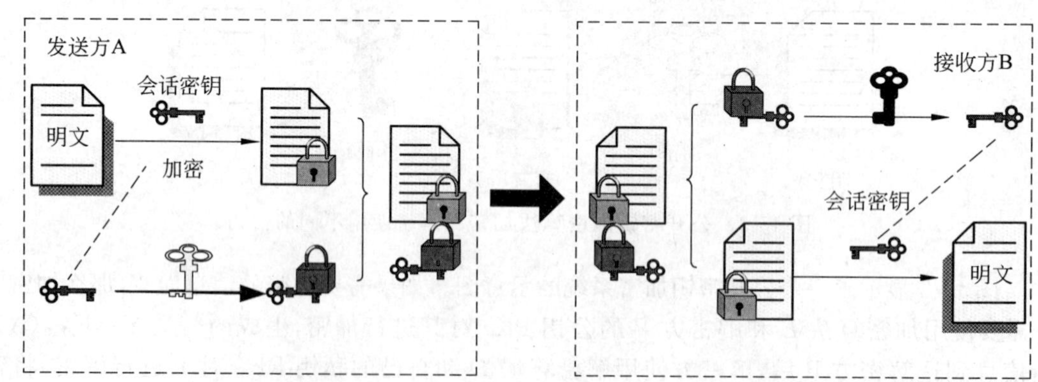

图15-4　常规密钥加密技术和公开密钥加密技术结合使用

(1) 在需要发送信息时,发送方首先生成一个会话密钥,该会话密钥仅在本次加密中使用。

(2) 利用生成的会话密钥和常规密钥加密算法对要发送的信息进行加密。

(3) 发送方利用接收方提供的公开密钥对生成的会话密钥进行加密。

(4) 发送方把加密后的密文(包括加密后的数据和加密后的会话密钥)通过网络传送给接收方。

(5) 接收方使用公开密钥加密算法,利用自己的私钥将加密的会话密钥还原成明文。

(6) 接收方利用还原出的会话密钥,使用常规密钥加密算法解密被发送方加密的信息,还原出的明文即是发送方发送的数据信息。

从以上步骤可以看出,信息在处理过程中使用了两层加密体制。在内层,利用常规密钥加密技术,每次传送信息都可以重新生成新的会话密钥,保证信息的安全性。在外层,利用公开密钥加密技术加密会话密钥,保证会话密钥传递的安全性。由于生成的会话密钥的位数通常不会太大,因此可以保证公开密钥加密方法能够快速处理完毕。常规密钥加密技术和公开密钥加密技术的结合可以保证信息的高效处理和安全传输。

15.2.2 数字签名

签名是保证文件或资料真实性的一种方法。在计算机网络中,通常使用数字签名技术来模拟文件或资料中的亲笔签名。数字签名技术可以保证信息的完整性、真实性和不可否认性。

进行数字签名最常用的技术是公开密钥加密技术(如 RSA)。在公开密钥加密技术中,由于生成的一对密钥中,一个用于加密,另一个就可以用于解密,因此当某一用户 A 使用自己的私钥“加密”了一条信息,如果其他人可以利用用户 A 公钥对其“解密”,那么就说明该信息是完整的(即信息没有在传递过程中被其他人修改过)。同时,由于只有用户 A 才能发出这样的消息,因此,可以确保该信息是由 A 发出的并且 A 对所发的信息不能否认。由于使用自己的私钥对信息进行“加密”仅能够保证信息的完整性、真实性和不可否认性,并不能保证信息的机密性(由于公钥是公开的,因此任何获得公钥的用户都可以对该信息进行“解密”),因此使用自己私钥对信息进行的操作通常被称为数字签名。

然而,公钥加密算法通常比较复杂,加密速度也很慢,不适合处理大数据块信息。在数字签名过程中,能不能提取一个大数据块的信息,将一个大数据块映射到一个小信息块,然后对这个小信息块签名呢?这就是消息摘要(message digest)技术的初始想法。

1. 消息摘要

在数字签名中,为了解决公钥加密算法不适于处理大数据块的问题,一般需要将一个大数据块映射到一个小信息块,形成所谓的消息摘要。通过对消息摘要签名就可以保证整个信息的完整性、真实性和不可否认性。这个签名过程与现实生活中的亲笔签名非常类似。我们知道,现实生活中对文档或证件的亲笔签名常常出现在文档或证件的关键部分,而我们从大信息块中计算出的消息摘要就是该信息块的关键部分。

消息摘要可以利用单向散列函数(one-way hash function)对要签名的数据进行运算生成。需要注意,单向散列函数对数据块进行运算并不是一种加密机制,它仅能提取数据块的某些关键信息。

单向散列函数具有如下主要特性：

- 单向散列函数能处理任意大小的信息，其生成的消息摘要数据块长度总是具有固定的大小，而且对同一个源数据反复执行该函数得到的消息摘要相同。
- 单向散列函数生成的消息摘要是不可预见的，产生的消息摘要的大小与原始数据信息块的大小没有任何联系，消息摘要看起来与原始数据也没有明显关系，而且原始数据信息的一个微小变化都会对新产生的消息摘要产生很大的影响。
- 单项散列函数具有不可逆性，没有办法通过生成的消息摘要重新生成原始数据信息。

由于单向散列函数具有以上特性，接收方在收到发送方的数据后，可以重新计算原始数据的消息摘要，并将该消息摘要与发送方发送来的消息摘要进行比较，如果相同，则说明该原始数据在传输过程中没有被篡改或变化。当然，必须对消息摘要进行签名，否则消息摘要也有可能被攻击者修改。

最广泛使用的消息摘要算法是 MD5 算法和 SHA-1 算法。MD5 是由 Rivest 设计的，它可以将一个任意长度的输入数据进行数学处理，产生一个 128 位的消息摘要。SHA-1 是由美国国家标准与技术研究所(NIST)认证的一种安全单项散列函数，它最初的基本版本能将任意长度的输入数据映射成一个 160 位的消息摘要。在随后的修订版本中，SHA-1 产生的消息摘要长度分别增加到 256 位、384 位和 512 位。

2. 完整的数字签名过程

数字签名的具体实现过程如下(图 15-5)：

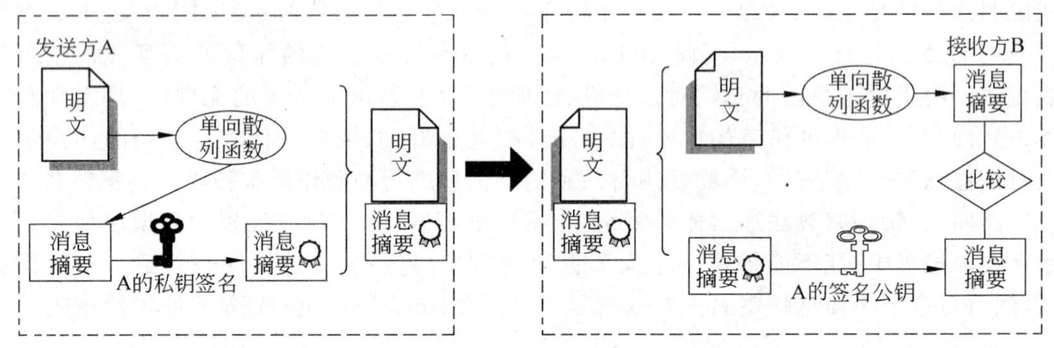

图 15-5 数字签名

(1) 发送方使用单向散列函数对要发送的信息进行运算，生成消息摘要。

(2) 发送方使用自己的私钥，利用公开密钥加密算法对生成的消息摘要进行数字签名。

(3) 发送方通过网络将信息本身和已进行数字签名的消息摘要发送给接收方。

(4) 接收方使用与发送方相同的单向散列函数对收到的信息本身进行操作，重新生成消息摘要。

(5) 接收方使用发送方的公钥，利用公开密钥加密算法解密接收的消息摘要。

(6) 通过解密的消息摘要与重新生成的消息摘要进行比较，判别接收信息的完整性和真实性。

在传递过程中，攻击者可能能够截获并看到A发送给B的信息，但是如果他希望修改这些信息后再传给B，而又不被B察觉，则基本上不可能。这是因为A的私钥由其自己保存，不会暴露给任何第三方。攻击者只能修改截获的明文信息并重新形成消息摘要，但并不能对这个摘要进行签名。因此，如果攻击者修改了A传送给B的信息，那么B在签名的验证过程中就能够发现。

15.2.3 数据加密和数字签名的区别

尽管数字签名技术通常采用公开密钥加密算法实现，但是数字签名的作用与通常意义上的数据加密的作用是不相同的。对在网络中传输的数据信息进行加密是为了保证数据信息传输的安全。即使黑客截获了该密文信息，由于没有相应的密钥，也就无法理解信息的内容。而数字签名则不同，数字签名是为了证实某一信息确实由某一人发出，并且没有被网络中的其他人修改过，它对网络中是否有人看到该信息则不加关心。数据加密使用接收者的公钥对数据进行运算，而数字签名则使用发送者自己的私钥对数据进行运算。数字签名和数据加密的区别如图15-6所示。

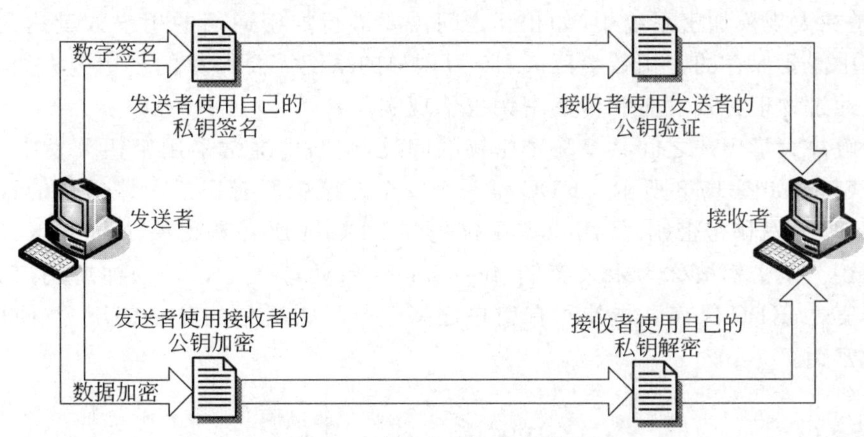

图15-6 数字签名与数据加密的区别

15.2.4 密钥的分发

如何正确地发布和共享密钥是安全系统需要解决的关键问题之一。无论使用常规密钥加密技术还是使用公开密钥加密技术，密钥的分发都需要采取一定的技术措施才能保证信息的安全。其中，常规密钥的分发通常采用密钥分发中心(Key Distribution Center，KDC)进行，而公开密钥的分发通常采用数字证书(digital certificate)技术。

1. 密钥分发中心

在使用常规密钥加密方法时，加密方和解密方需要共享一个秘密密钥，该密钥不能透露给第三方。因此，如果 N 个用户之间相互进行加密通信，那么每个用户需要保存的密钥数为 N－1，系统中需要保存的密钥数为 $N(N-1)$，如图 15-7 所示。

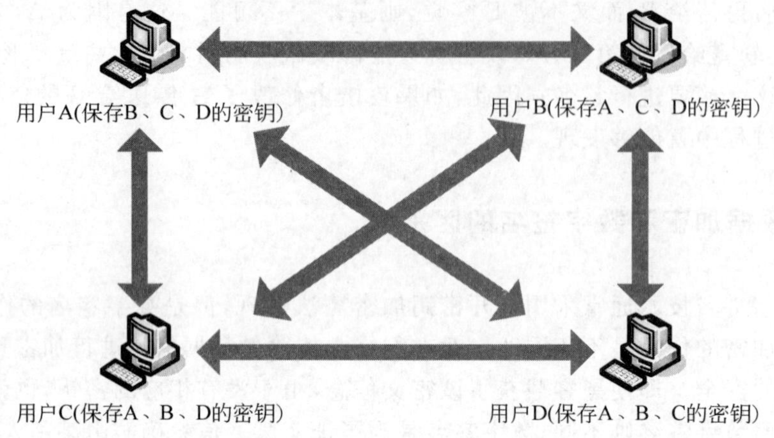

图 15-7　采用常规密钥加密技术时用户需要保存的密钥数

在小规模加密系统中，系统需要保存的密钥数量相对较少，密钥的发布和传递可以采取物理方法进行(例如，要求用户 B、C 和 D 到用户 A 所在的机房用 U 盘复制各自的密钥等)。但是在大规模加密系统中(如相互之间需要进行加密通信的用户数量达到 10 万)，不但系统中需要保存的密钥数量巨大(10 万用户的系统需要保存的密钥数大约为 100 亿个)，而且通过物理方式发布和传递密钥也不现实。

为了解决大量用户之间共享秘密密钥的问题，网络中通常采用密钥分发中心(KDC)分发秘密密钥，如图 15-8 所示。KDC 是一个安全系统中所有用户应该信任的权威中心，在使用 KDC 分发秘密密钥时，用户需要首先到 KDC 注册并获得一个与 KDC 进行加密通信的密钥。该密钥被称为永久密钥(permanent key)，用于 KDC 向注册用户分发会话密钥。换言之，KDC 保存了与其所有用户之间进行加密通信的秘密密钥，并使用该密钥分发会话密钥。

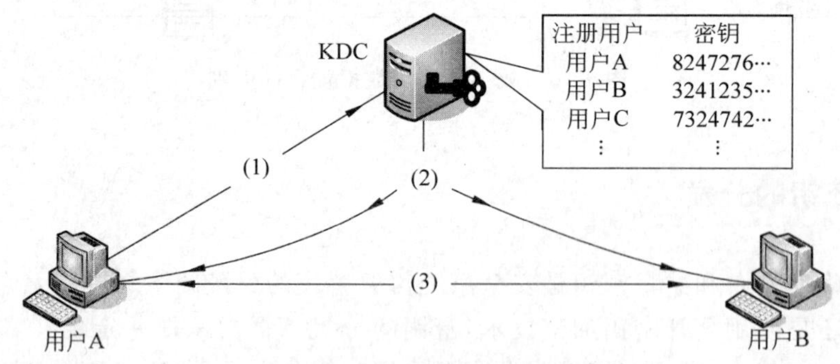

图 15-8　利用 KDC 分发密钥

当用户在 KDC 注册后，用户之间进行加密通信的过程如下(假设用户 A 需要向用户 B 发送加密信息)：

(1) 用户 A 向 KDC 发送请求信息，希望 KDC 批准自己与用户 B 进行通信。该请求信息可以使用用户A与KDC之间共享的密钥进行加密。

(2) KDC接收并解密用户A的请求信息。如果KDC确认用户A和B为自己的注册用户并且允许用户A和B之间进行加密通信,那么KDC随机生成A和B之间加密使用的会话密钥,然后将该会话密钥使用自己与用户A和用户B共享的密钥分别进行加密,再传递给用户A和用户B。

(3) 用户A和用户B接收KDC发送的信息,然后使用自己与KDC之间共享的密钥还原会话密钥。一旦得到会话密钥,用户A和用户B之间的加密通信就可以顺利开始。

KDC为用户A和B生成的会话密钥只在一次通信过程中有效。当用户A和B的一次通信结束,他们将抛弃这次通话过程中使用的会话密钥。如果用户A和B需要再次通信,那么需要请求KDC重新生成新的会话密钥。

2. 数字证书

在使用公开密钥加密方法时,由于公钥不需要保密,因此可以像邮件地址一样公布在Web网站、报纸、BBS等媒体上。当用户A需要向用户B发送加密信息时,他可以从这些公开媒体上找到用户B的公钥。在有些情况下,用户A可以向用户B发送公钥查询报文,要求用户B使用自己的公钥进行应答。但是这些方式并不安全,有时会受到假冒攻击。例如,攻击者C可以将自己的公钥以用户B的名义发布在公共媒体上,当用户A获得并使用了这个假冒B的公钥后,A传递给B的"加密"信息就会泄露攻击者C。即使A采用查询方式要求B回送自己的公钥,攻击者C也可能截获B的应答报文,将B的公钥替换成攻击者自己的公钥。

为了解决这种问题,公钥的分发通常采用数字证书方式进行。数字证书包括了用户的名称、用户拥有的公钥以及公钥的有效期等信息。为了证明用户对一个公钥的拥有,数字证书需要由可信任的第三方签名,如图15-9所示。该可信任的第三方是用户公钥的管理机构,通常被叫作安全认证中心(Certification Authority,CA)。

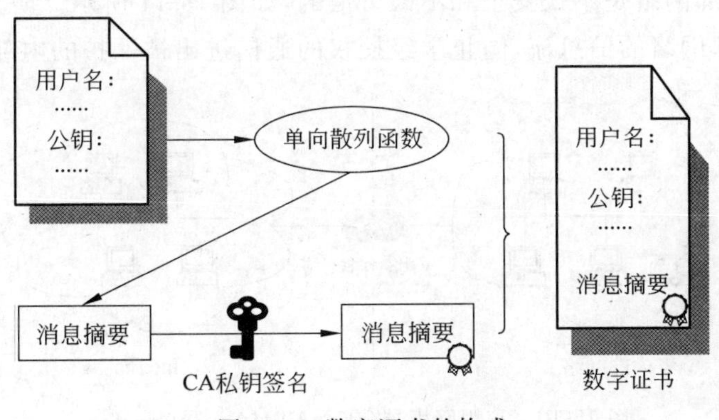

图15-9 数字证书的构成

在使用数字证书的系统中,用户的数字证书是由他们共同信任的CA中心签发的。同时,CA中心的公钥是周知的(即所有用户都可以安全地获得CA中心的公钥)。当用户A需要向用户B传送加密信息时,他可以通过多种渠道获得用户B的数字证书(如通过BBS等公众媒体等)。如果该证书能够通过CA中心公钥的签名认证,就能够说明该证书的信息(特别是证书中的公钥信息)是完整的,没有被恶意修改过,用户A可以放心使用。

15.3 保证网络安全的几种具体措施

网络的任何一部分都可能存在安全问题,针对每一个安全隐患需要采取具体的措施加以防范。在互联网上,目前最常用的安全技术包括防火墙技术、入侵检测技术、病毒防护技术、垃圾邮件处理技术、VPN技术、IPSec技术、安全套接层(Secure Socket Layer,SSL)技术等。这些技术从不同的层面对网络进行安全防护。本节主要对防火墙技术及安全套接层技术进行介绍。

15.3.1 防火墙

防火墙的概念起源于中世纪的城堡防卫系统。那时,人们在城堡的周围挖一条护城河以保护城堡的安全,每个进入城堡的人都要经过一个吊桥,接受城门守卫的检查。在网络中,人们借鉴了这种思想,设计了一种网络安全防护系统,即防火墙系统。

在不考虑安全的情况下,单位或组织一般通过一条(或少数几条)线路接入Internet,采用的接入设备既可以是路由器也可以是NAT,如图15-10所示。接入设备所在的位置非常关键,它将整个互联网分成了内部网络(Intranet)和外部网络(Internet)。由于内部网络和外部网络之间交换的信息都需经过接入设备,因此在接入设备中增加安全设施,对流经接入设备的网络流量进行监控和过滤,就可以减轻外部恶意程序对内部网络的威胁。防火墙就是这样一种安全设备,它部署在内部网络和外部网络之间,认为内部网络是安全的和可信赖的,外部网络是不太安全和不太可信的,如图15-11所示。防火墙通过检查和监测所有进出内部网络的信息流,防止未经授权的通信进出被保护的内部网络。

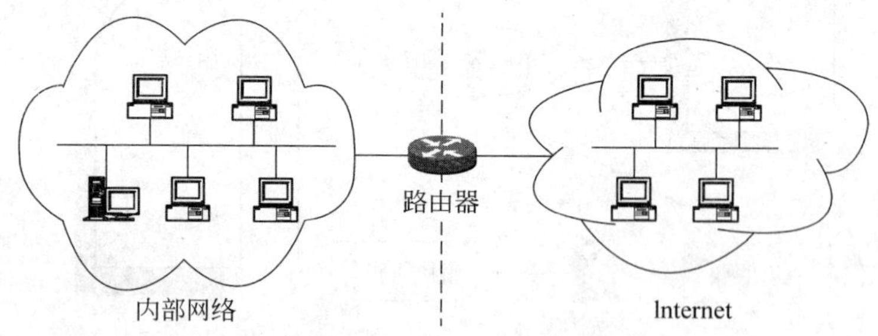

图15-10 利用路由器(或NAT)接入Internet

从技术上讲,防火墙采用的技术主要有两种类型,一种为包过滤(packet filter);另一种为应用网关(application-level gateway)。这两种类型的防火墙相互补充和协作,能够为内部网络提供较为安全的访问控制。

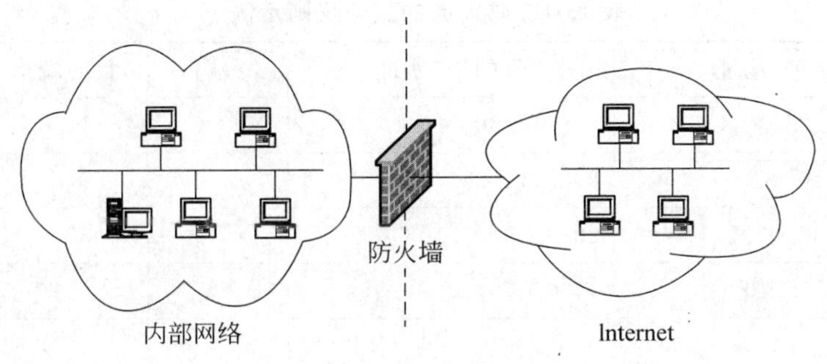

图 15-11 防火墙

1. 包过滤

采用包过滤技术的防火墙检查每个流经接入设备的IP数据报，通过匹配这些IP数据报与设定的过滤规则是否相符，决定转发还是丢弃。过滤规则主要依据数据报中IP头部和TCP头部的一些字段进行编写，主要包括：

- 源IP地址和目的IP地址。在很多情况下，由于内部网络只允许与外部网络的某些特定结点进行双向或单向通信，因此防火墙可以根据IP数据报中源主机和目的主机IP地址判定是否转发一个数据报。
- IP数据报协议字段。由于IP数据报的协议字段能够说明其携带数据的类型（如TCP数据、UDP数据、ICMP数据等），因此防火墙可以据此将可能危害内部网络的数据包（如回应请求与应答ICMP数据报）过滤掉，以保证网络的安全。
- 源端口和目的端口号。由于一些常用的网络服务（如Web、E-mail等）通常使用固定的TCP或UDP端口号，因此可以使用端口号判定整个数据报的性质，从而决定是否对其进行过滤。
- TCP的ACK字段。TCP的ACK表示TCP数据包是一个请求报文还是一个响应报文。防火墙可以利用该字段判定一个TCP连接的方向，从而决定是否将其过滤。

包过滤防火墙通常有两种默认的数据包处理方式，一种为丢弃，另一种为转发。如果防火墙采用的默认处理方式为丢弃，那么与设置规则不匹配的所有数据包都将被丢弃；如果防火墙采用的默认处理方式为转发，那么与设置规则不匹配的所有数据包都将被转发。

假设某单位内部网络的IP地址段为202.113.25.××，表15-1给出了为该单位防火墙配置的规则列表。该规则列表采用默认丢弃方式，如果一个IP数据报与规则1、2、3或4不匹配，那么防火墙将按照规则i将其丢弃。规则1和2表示防火墙信任外部208.18.36.××网段的主机，允许内部网络的主机与这个网段的主机相互进行通信。规则3和4表示外部任意主机都可以通过TCP的80端口访问内部202.113.25.10主机，该主机为一个Web站点。

表 15-1 防火墙的过滤规则示例

编号	源 IP 地址	目的 IP 地址	源端口	目的端口	动作
1	202.113.25.××	208.18.36.××	×	×	允许
2	208.18.36.××	202.113.25.××	×	×	允许
3	××.××.××.××	202.113.25.10	×	80	允许
4	202.113.25.10	××.××.××.××	80	×	允许
i	××.××.××.××	××.××.××.××	×	××	丢弃

注：默认操作采用丢弃方式；×表示任意。

过滤规则的编写工作非常复杂，稍有不慎就会引入安全漏洞。例如，如果单位允许内部用户访问 Internet 但不允许 Internet 用户访问内部主机，那么最直观的想法就是增加两条过滤规则，由表 15-1 变成表 15-2。其中，规则 5 表示无论目的 IP 地址为多少，只要源 IP 地址为内网的 202.113.25.××，防火墙就允许数据报通过。为了使外部主机的响应信息通过防火墙，需要增加过滤规则 6，允许目的 IP 地址为 202.113.25.××的数据报通过。但这样的设置既允许内部网络访问外部网络，也允许外部网络访问内部网络，使防火墙丧失了过滤数据报的能力，与过滤规则的设置初衷相违背。实际上，防火墙应该拒绝外部网络的主动请求报文，但允许对内部主机请求的响应报文通过，如图 15-12 所示。为了实现这个目标，防火墙需要具备状态的检测与记录能力，对通过的数据包进行动态监测和跟踪。例如，防火墙可以记录内部主机发起的 TCP 连接并允许该连接上后续 TCP 响应数据包的通过。

表 15-2 不正确的防火墙过滤规则示例

编号	源 IP 地址	目的 IP 地址	源端口	目的端口	动作
1	202.113.25.××	208.18.36.××	×	×	允许
2	208.18.36.××	202.113.25.××	×	×	允许
3	××.××.××.××	202.113.25.10	×	80	允许
4	202.113.25.10	××.××.××.××	80	×	允许
5	202.113.25.××	××.××.××.××	×	×	允许
6	××.××.××.××	202.113.25.××	×	×	允许
i	××.××.××.××	××.××.××.××	×	××	丢弃

注：默认操作采用丢弃方式；×表示任意。

包过滤防火墙只对数据包首部的信息进行监测，转发速度相对较快。为了解决用户配置复杂，容易引入安全漏洞的问题，防火墙产品的开发和生产厂家通常提供适应不同环境要求的多种过滤规则文件。用户通过对这些文件的内容进行简单的修改，就可以实现自己需要的过滤功能。

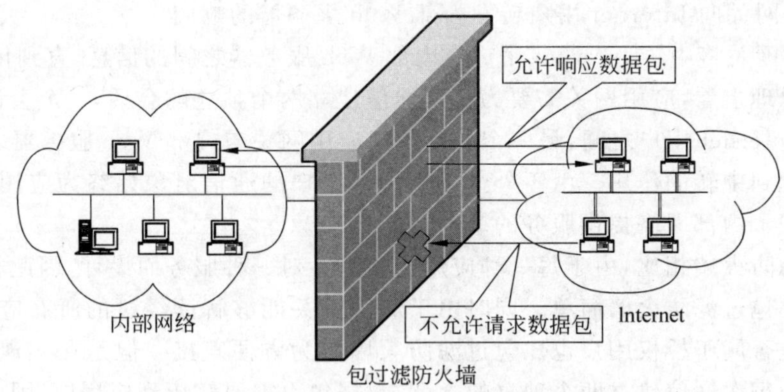

图 15-12　过滤外部 Internet 用户的主动请求

2. 应用网关

应用网关也叫应用代理，通常运行在内部网络的某些具有访问 Internet 权限的专用服务器上，为内部网络用户访问外部网络的一些特定服务(或为外部网络用户访问内部网络的一些特定服务)提供转接或控制。

图 15-13 显示了一个提供 Web 服务的应用网关。图中内部网络中的 Web 服务器可以向外部 Internet 授权用户提供 Web 服务，但 Internet 用户的请求并不能直接到达该 Web 服务器，而需要经过 Web 应用网关的中转。外部 Internet 用户访问内部 Web 服务器的过程可以归纳为如下步骤：

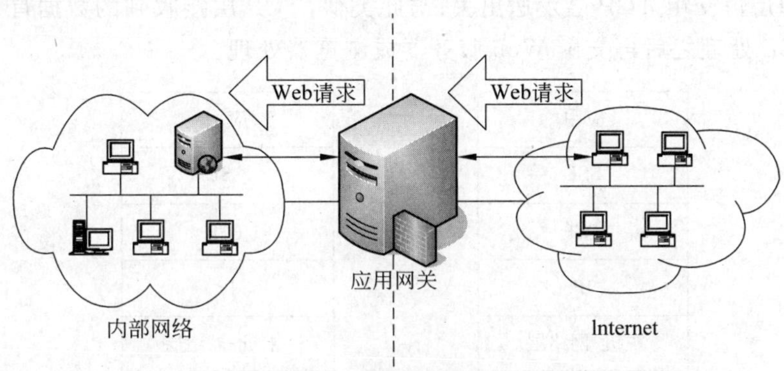

图 15-13　应用网关示意图

(1) 外部 Internet 用户与应用网关建立 TCP 连接，同时向应用网关发送使用 Web 服务的请求。

(2) 应用网关对收到的请求进行认证，如果允许该 Internet 用户访问内部 Web 服务器，那么转向(3)；否则拒绝该请求后返回。

(3) 应用网关作为客户端与内部的 Web 服务器建立 TCP 连接，将 Internet 用户的请求转发至内部 Web 服务器。

(4) 内部 Web 服务器对 Internet 用户的请求进行响应，将响应信息发往应用网关。

(5) 应用网关向 Internet 用户转发内部 Web 服务器的响应。

(6) 应用网关将中转 Internet 用户与内部 Web 服务器之间的信息,直到传输完毕。

从工作原理上看,应用网关需要为每次通信建立两个独立的会话,一个会话位于应用网关与外部 Internet 用户之间,另一个会话位于应用网关与内部 Web 服务器之间。应用网关在中间起到中转的作用。由于外部 Internet 用户的通信对象始终为应用网关,因此应用网关隐藏了内部网络提供服务的基本情况。

与包过滤防火墙相比,由于每一种应用网关只针对一种服务而设计,因此相应的控制策略的设置比包过滤防火墙简单。同时由于应用网关能够解读经过的所有应用层信息,因此鉴别其是否属于授权用户也比包过滤防火墙更为方便直接。但是在实现上,由于应用网关需要为每次通信建立两个独立的会话,数据包也需要解析到应用层,因此处理速度与包过滤防火墙相差很多。

15.3.2 SSL 协议

安全套接层(Secure Socket Layer,SSL)是目前应用最广泛的安全传输协议之一。它由 Netscape 公司于 1995 年提出并被众多的网络产品提供商所采纳,成为事实上的标准。SSL 运行在端系统的应用层与传输层之间,通过在 TCP 之上建立一个安全通道,为应用数据的传输提供安全保障,如图 15-14 所示。例如当 SSL 为 Web 应用提供安全保障时,HTTP 的报文格式、Web 服务器和浏览器对 HTTP 报文的处理方式等都与普通的 Web 应用相同。所不同的是 Web 服务器和浏览器会将 HTTP 报文传递给 SSL 层,由 SSL 层进行安全处理后再交由 TCP 层发送出去;与此类似,TCP 层接收到的数据首先需要传递给 SSL 层,SSL 处理之后再交由 Web 服务器或浏览器处理。

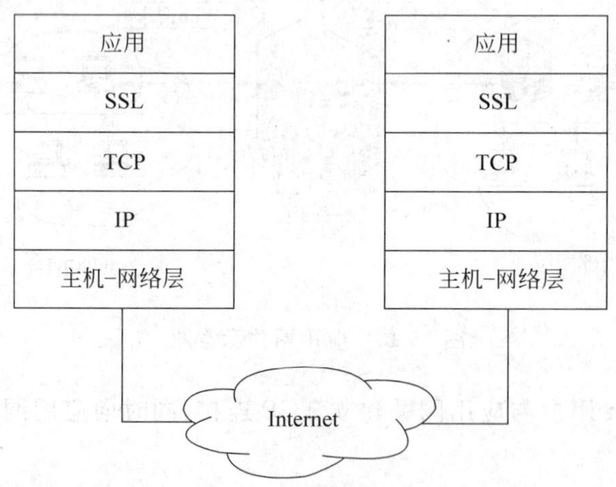

图 15-14 SSL 在网络体系结构中的位置

由于 SSL 利用公开密钥加密和常规密钥加密相结合的方式对传输的数据提供安全保障,因此,在应用数据正式传递之前两端的 SSL 需要交换相关的信息,以进行认证、会话密钥协商等工作。图 15-15 显示了一个基于 SSL 的 Web 应用中信息交换的主要步骤。

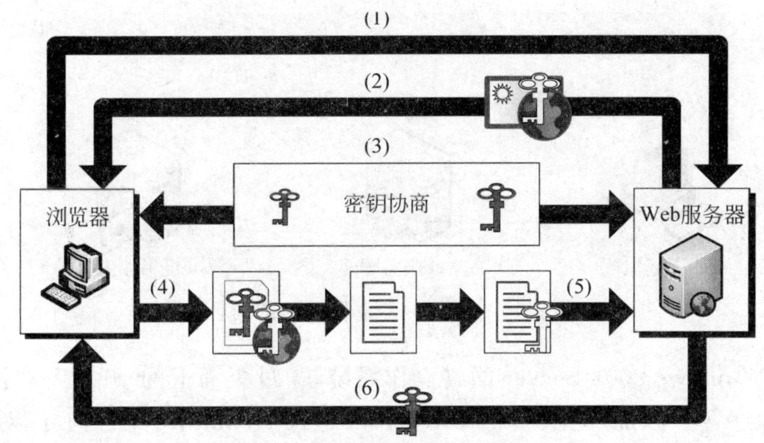

图 15-15 SSL 的工作过程

(1) Web 浏览器请求与 Web 服务器建立安全会话。

(2) Web 服务器将自己带有公钥的数字证书发送给浏览器,浏览器通过数字证书上的 CA 签名对 Web 服务器的身份进行认证。

(3) Web 服务器与浏览器协商会话使用的加密算法及密钥的长度。

(4) Web 浏览器产生会话使用的会话密钥,然后利用 Web 服务器的公钥加密后传递给 Web 服务器。

(5) Web 服务器使用自己的私钥解密,还原出会话密钥。

(6) Web 服务器和浏览器利用会话密钥及协商好的常规密钥加密算法实现数据安全传输。

尽管目前 SSL 多数应用于 Web 服务系统的安全防护,但是 SSL 的应用不限于此,它能够为所有以 TCP/IP 协议为基础的网络应用(如 FTP 应用)提供安全数据传输服务。

15.4 实验:利用 SSL 实现安全数据传输

利用 SSL 实现安全数据传输实验要求完成数字证书的申请、安装过程,同时通过配置 Web 服务器的 SSL 功能进行安全的数据通信。

尽管在实际应用中 CA 认证中心(即数字证书颁发机构)、Web 服务器和 Web 浏览器可能处于不同的物理网络,但为了方便,本实验利用一个局域网上相互配合的 3 台主机协作完成。其中第一台主机扮演证书颁发机构角色,第二台主机运行 Web 服务,第三台主机充当 Web 浏览器,如图 15-16 所示。

15.4.1 安装证书管理软件和服务

证书颁发机构管理软件是证书的处理软件,CA 认证中心利用该软件管理和签发证书。在 Windows 2003 Server 上安装证书颁发机构管理软件的步骤如下:

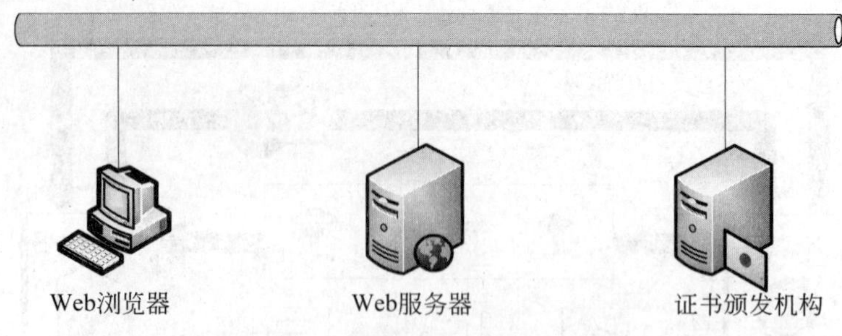

图 15-16 实验中各主机扮演的角色

(1) 启动 Windows 2003 Server 网络操作系统,通过桌面上的"开始"→"控制面板"→"添加或删除程序"→"添加/删除 Windows 组件"进入"Windows 组件向导"对话框。

(2) 在"Windows 组件向导"的组件列表中,选中"证书服务",单击"下一步"按钮,系统进入证书服务安装状态。

(3) 选择"独立根 CA"并在出现的 CA 识别信息对话框中输入 CA 的公用名称、有效期限等有关信息。

(4) 当进入指定 CA 数据存储位置对话框后,输入证书数据库、证书数据库日志在磁盘上的存储位置。单击"下一步"按钮,系统将开始安装证书服务。由于证书服务的安装需要复制 Windows 2003 Server 安装盘上的某些文件,因此,当系统提示插入安装盘时,请将 Windows 2003 Server 安装盘装入指定的光驱(或指定 Windows 2003 Server 安装文件所在的位置)。

一旦安装完毕,就可以利用安装有证书颁发机构管理软件的主机进行证书的管理和签发工作。

15.4.2 为 Web 服务器申请和安装证书

支持 SSL 协议的 Web 服务器需要申请和安装自己的证书,以便在合适的时候将自己的公钥传送给浏览器。在 Web 服务器上配置 SSL 协议需要经过证书的申请、证书的下载、证书的安装和 Web 服务器的配置等过程。与此同时,当安装有证书服务的主机接收到一个证书申请后,需要对申请者的信息进行审查,决定是否将证书颁发给申请人。

1. 准备一个证书请求信息

在为一个 Web 服务器申请证书之前,首先需要准备证书的请求信息。其过程如下:

(1) 在 Windows 2003 Server 上启动 Internet 服务管理器,选中并右击需要支持 SSL 的 Web 网站(如默认网站),在弹出的快捷菜单中执行"属性"命令,出现站点"属性"对话框中选中"目录安全性"选项卡,系统将显示如图 15-17 所示的界面。

(2) 单击"服务器证书"按钮,屏幕出现"IIS 证书向导"对话框。利用该证书向导,首先创建一个新证书,如图 15-18 所示。

(3) 选择"新建证书"单选按钮,单击"下一步"按钮,系统进入"延迟或立即请求"界

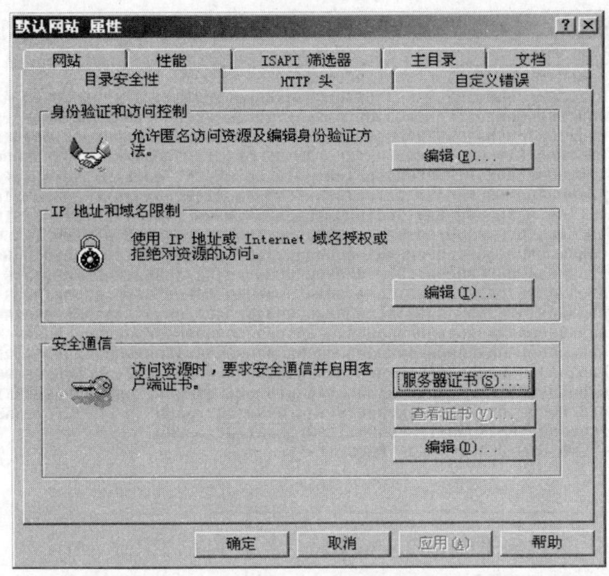

图 15-17 “默认网站 属性”对话框“目录安全性”选项卡

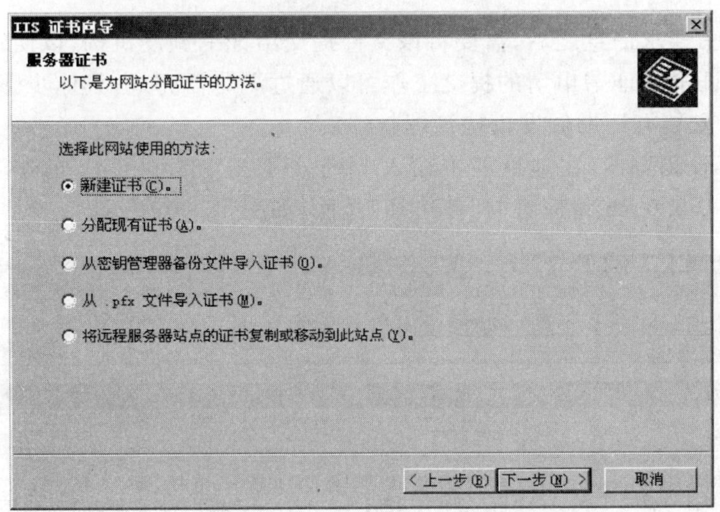

图 15-18 IIS 证书向导

面。选择“现在准备请求，但稍候发送”选项将请求的数据首先保存在文件中，然后再将该文件提交给安装有证书服务的主机。单击“下一步”按钮，系统开始收集申请证书所需要的各种信息。

(4) 申请证书需要很多信息，其中包括证书的名字、密钥的长度、所在的组织与部门等等。按照 IIS 证书向导的要求输入这些信息，系统将把它们保存在指定的文件中。IIS 证书向导形成的证书请求文件可以使用文本编辑器(如记事本程序)打开，其中的请求信息已经进行了 base64 编码，其基本形式如图 15-19 所示。

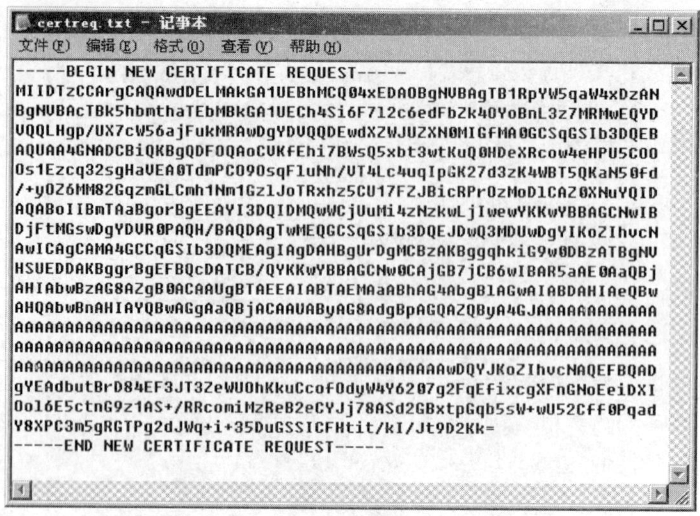

图 15-19　经编码后的证书请求信息

2. 提交证书申请

准备好证书请求信息之后，需要将该文件提交给证书颁发机构，以便管理机构为申请者签发和颁布证书。证书申请的提交工作可以通过浏览器完成，具体步骤如下(假设主机 192.168.0.66 安装有证书颁发机构管理软件)：

(1) 启动 IE 浏览器，在地址栏中输入 http://192.168.0.66/certsrv，安装有证书服务的主机 192.168.0.66 将应答"任务选择"页面，如图 15-20 所示。

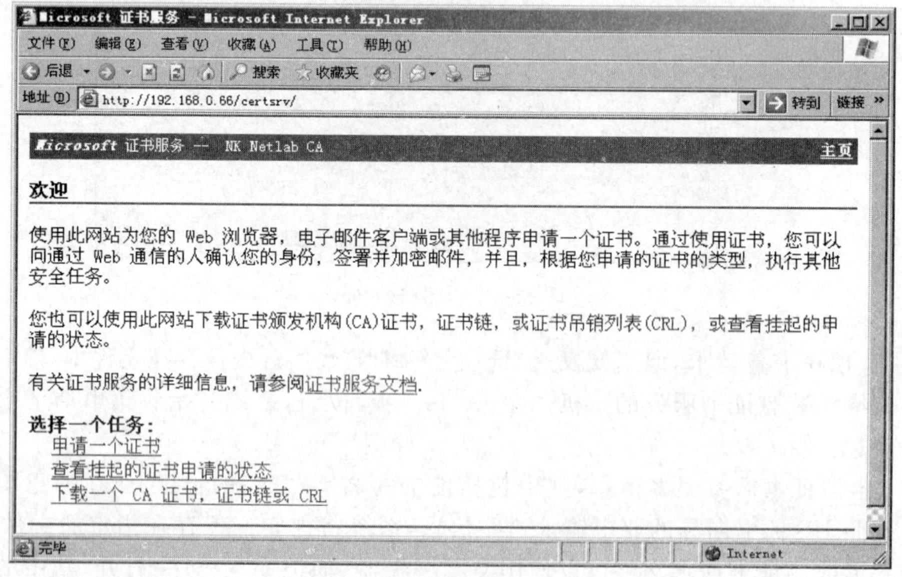

图 15-20　任务选择界面

(2) 单击"申请一个证书"选项，系统进入证书类型选择界面，如图 15-21 所示。

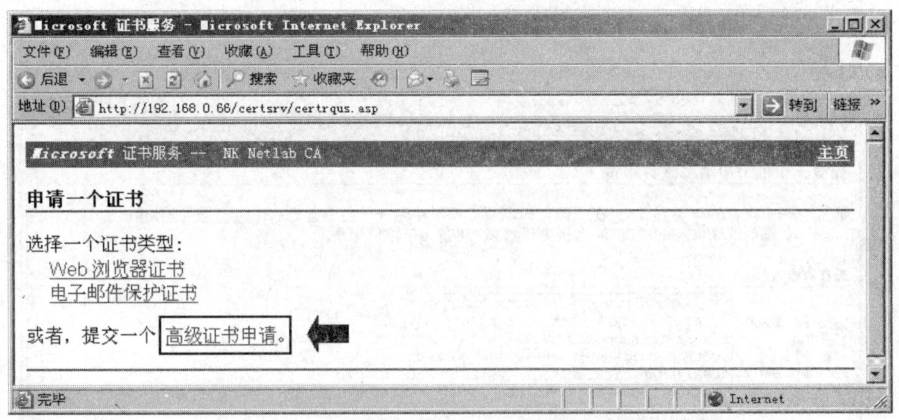

图 15-21　选择申请证书的类型

(3) 由于要为 Web 服务器申请证书，既不是 Web 浏览器证书也不是电子邮件保护证书，因此需要使用高级申请，如图 15-21 所示。单击"高级证书申请"选项则出现选择证书提交方式页面，如图 15-22 所示。

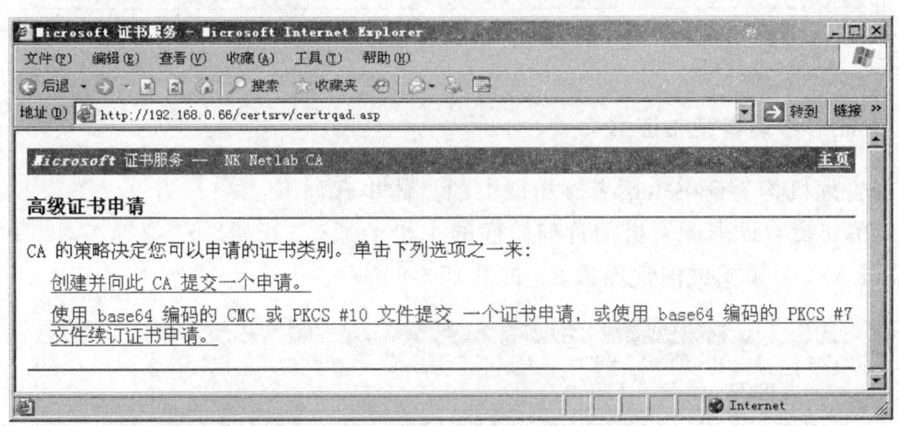

图 15-22　证书提交方式页面

(4) 由于前面已经形成了一个证书请求文件，因此在证书提交方式页面中选择使用文件提交证书申请，如图 15-22 所示。单击"使用 base64 编码的 CMC 或 PKCS ＃10 文件提交一个证书申请……"，系统允许用户选择已经准备好的证书申请文件，如图 15-23 所示。

(5) 选择证书申请文件有两种方式。一种方式是使用文本编辑器将准备好的证书申请文件打开，然后把其中的文件内容粘贴到图 15-23 所示的"base64 编码证书申请……"文本框中。另一种方式是单击"浏览要插入的文件"超链接，通过选择证书申请文件的文件名将申请信息插入。在证书申请文件选择完成之后，单击"提交"按钮，证书申请文件将传送给安装有证书颁发机构管理软件的主机 192.168.0.66。

在证书申请提交之后，通常并不能立即得到需要的证书。证书管理机构在审查有关的资料后，才可能为申请者颁发证书。

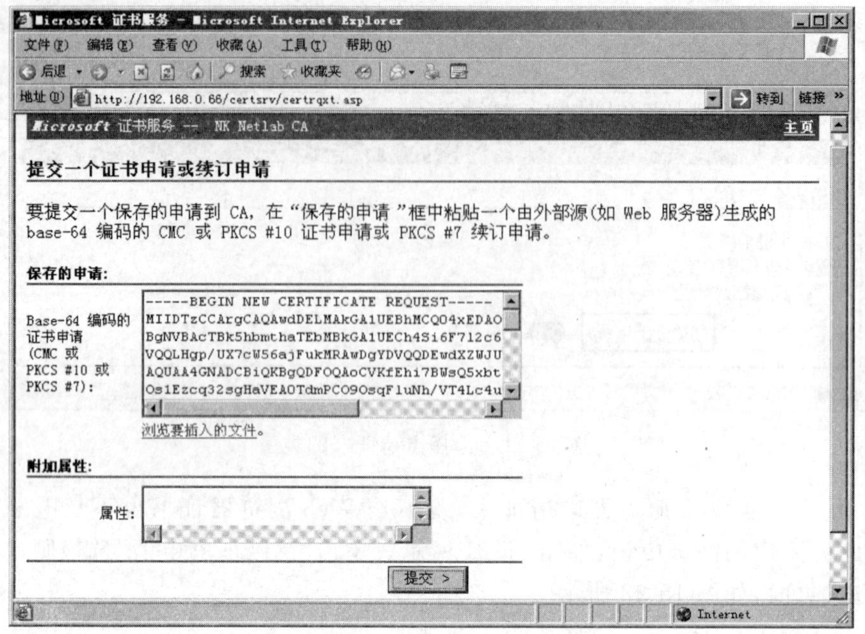

图 15-23 选择证书申请文件

3. 为证书申请者颁布证书

证书管理机构为证书申请者颁布证书的具体步骤如下：

(1) 在安装有证书颁发机构管理软件的主机上通过“开始”→“管理工具”→“证书颁发机构”进入证书颁发机构管理软件，如图 15-24 所示。

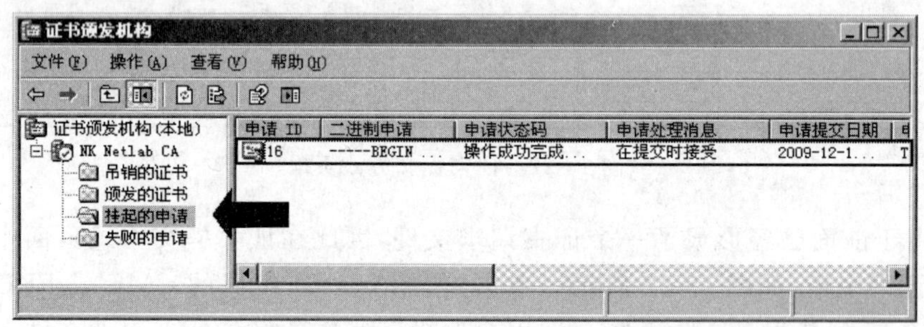

图 15-24 证书颁发机构程序界面

(2) 单击图 15-24 左边窗口中的“挂起的申请”，右边窗口将列出所有未处理的证书申请信息。通过审查这些信息，证书颁发机构既可以给申请者颁发证书，也可以拒绝其请求(如发现申请者提供的某些信息不真实)。具体颁发或拒绝的方法是：右击需要处理的证书申请，在弹出的菜单中执行“所有任务”→“颁发”或“所有任务”→“拒绝”命令，如图 15-25 所示。一旦执行了“颁发”命令，颁发的证书将显示在“颁发的证书”目录下(如图 15-26 所示)。

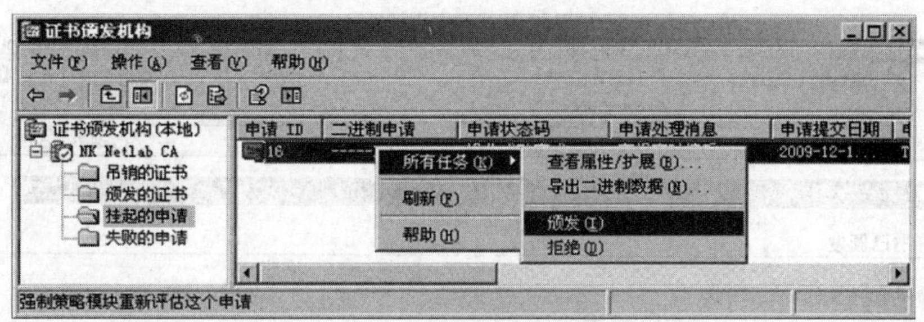

图 15-25　颁发证书或拒绝证书申请的方法

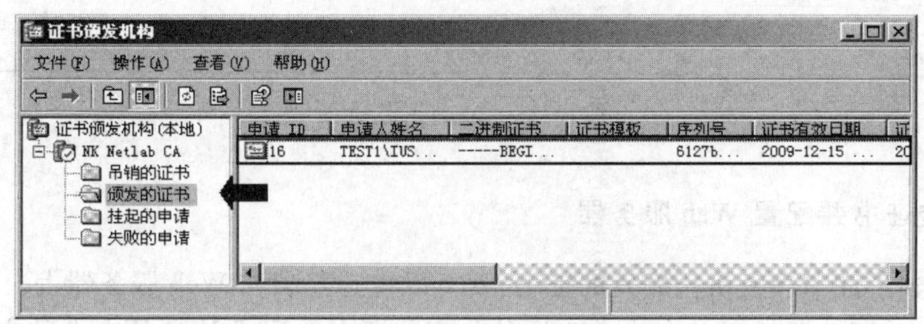

图 15-26　颁发后的证书

4. 下载证书

当证书颁发机构颁发证书之后，证书申请者可以通过浏览器下载自己的证书。具体过程如下(假设主机 192.168.0.66 安装有证书颁发机构管理软件)：

(1) 启动 IE 浏览器，在地址栏中输入 http://192.168.0.66/certsrv，安装有证书颁发机构管理软件的主机 192.168.0.66 将应答“任务选择”页面，如图 15-20 所示。

(2) 单击“查看挂起的证书申请的状态”，系统将显示所有挂起证书的列表，如图 15-27 所示。

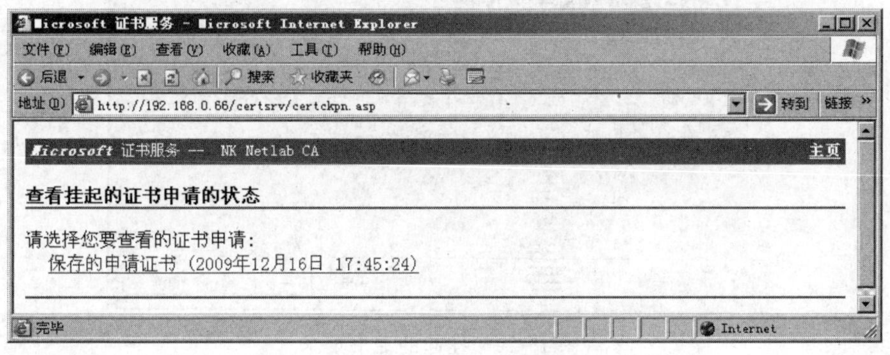

图 15-27　挂起证书列表

(3) 单击需要下载的证书，然后在出现的如图 15-28 所示的界面中单击“下载证书”，系统将把颁发的证书存储在指定的文件中。

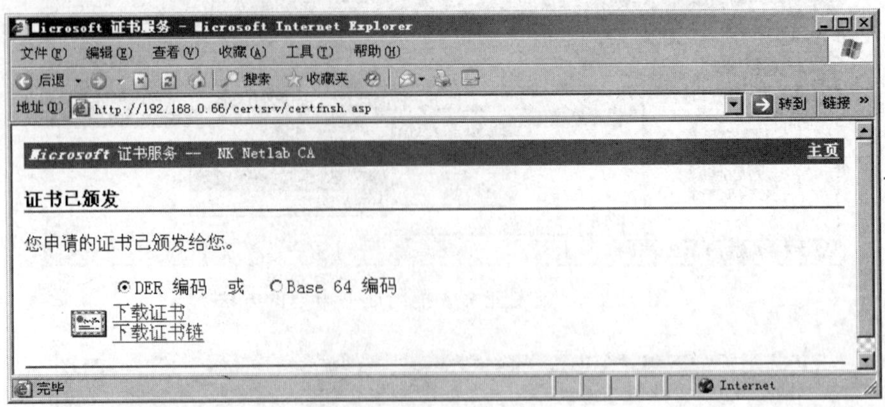

图 15-28 证书下载页面

5. 安装证书并配置 Web 服务器

一旦得到了证书颁发机构颁发的证书，就可以将它安装在 Web 服务器上。通过简单的配置过程，Web 服务器就可以支持 SSL 通信。安装证书并配置 Web 服务器的方法如下：

(1) 启动 Internet 服务管理器，选中并右击需要安装证书的 Web 网站（如默认站点），在弹出的快捷菜单中执行"属性"命令，出现站点"属性"对话框后选择"目录安全性"页面（如图 15-17 所示）。

(2) 如果该 Web 网站已经进行过"证书请求准备"处理，那么单击"服务器证书"按钮，系统将显示"挂起的证书请求"页面，如图 15-29 所示。

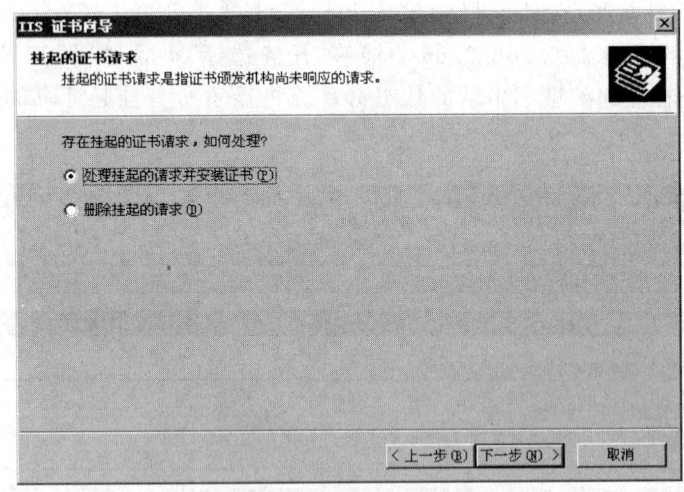

图 15-29 挂起的证书请求

(3) 在图 15-29 中选择"处理挂起的请求并安装证书"选项，单击"下一步"按钮，系统将提示输入保存证书的文件名，如图 15-30 所示。

(4) 输入保存证书的文件名，单击"下一步"按钮，按照系统的提示，证书就可以顺利

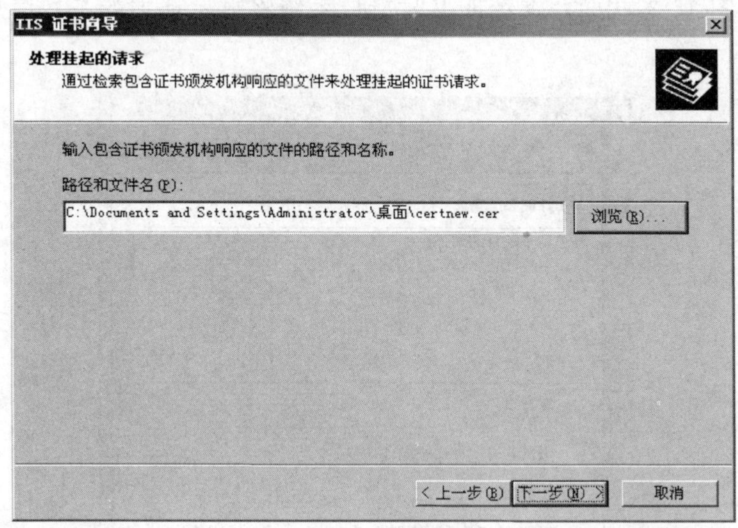

图 15-30　输入证书文件名

地安装到 Web 服务器上。

(5) 证书安装成功后，系统将返回到"默认网站 属性"对话框，如图 15-31 所示。与图 15-17 相比，安装证书之后，"安全通信"区域的"查看证书"和"编辑"按钮已经可以使用。

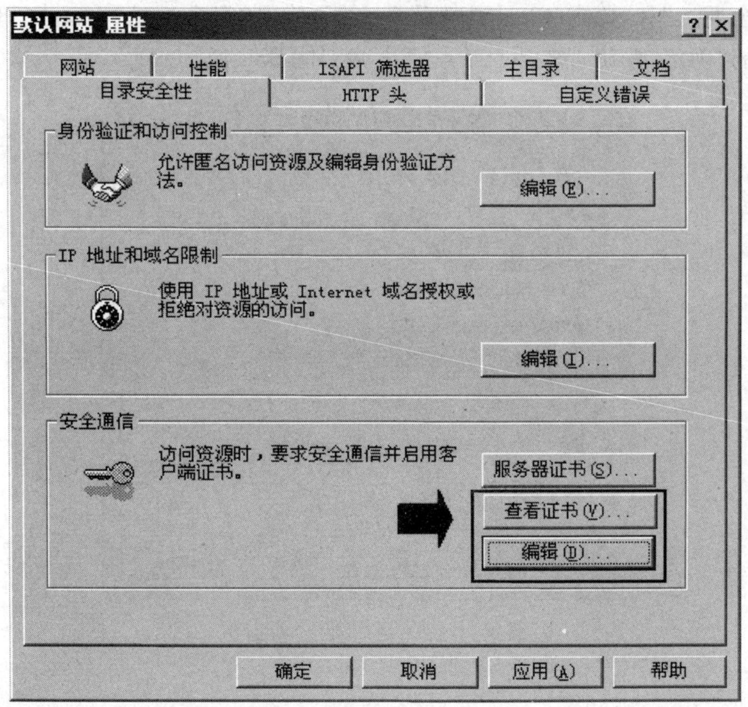

图 15-31　安装证书之后的"默认网站 属性"对话框"目录安全性"选项卡

(6) 单击图 15-31 中的"查看证书"按钮，系统将显示证书的基本信息，如图 15-32 所示。

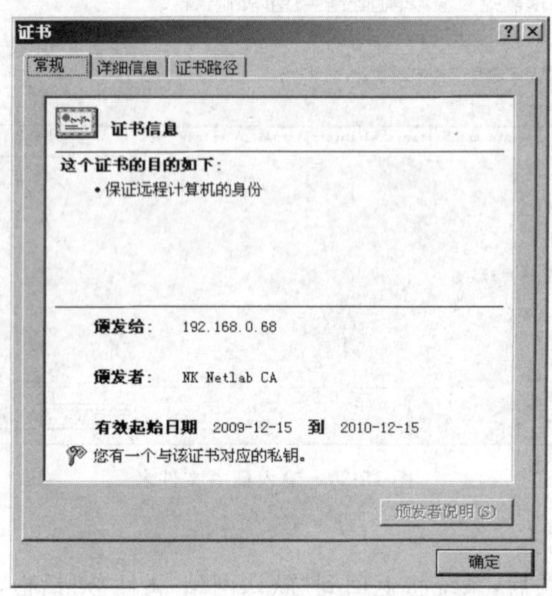

图 15-32 证书

(7) 单击图 15-31 中的"编辑"按钮，系统就进入"安全通信"对话框，如图 15-33 所示。选中"要求安全通道"和"要求 128 位加密"复选框，单击"安全通信"对话框和"默认网站 属性"对话框中的"确定"按钮，该 Web 站点将能够支持 SSL 通信。

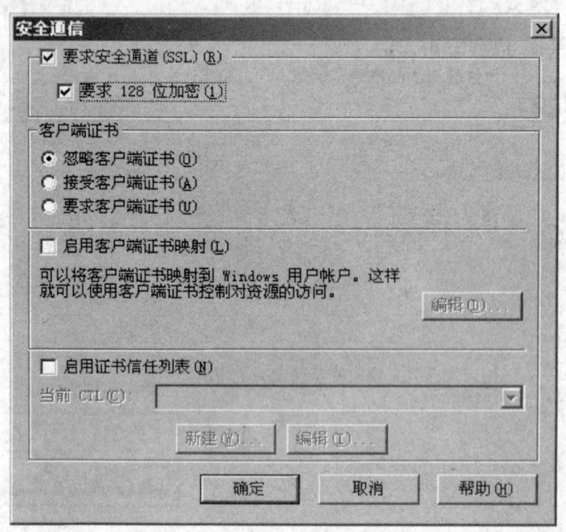

图 15-33 "安全通信"对话框

15.4.3 验证并访问安全的 Web 站点

完成了证书的申请、下载、安装和服务器的配置等工作，就可以使用 SSL 提供的加密通道进行安全数据传输了。使用安全通道的方法非常简单，打开 Web 浏览器，在向"地址"栏中输入站点地址时前面加上 https://，例如，要访问的 Web 站点为 192.168.0.68，那么，在 IE 的地址栏中应输入 https://192.168.0.68。在浏览器与 Web 服务器建立连接后，该服务器将自动向浏览器发送站点证书并开始以加密形式传输数据。这时，Web 浏览器通常会在状态栏上显示一个锁形图标，如图 15-34 所示。

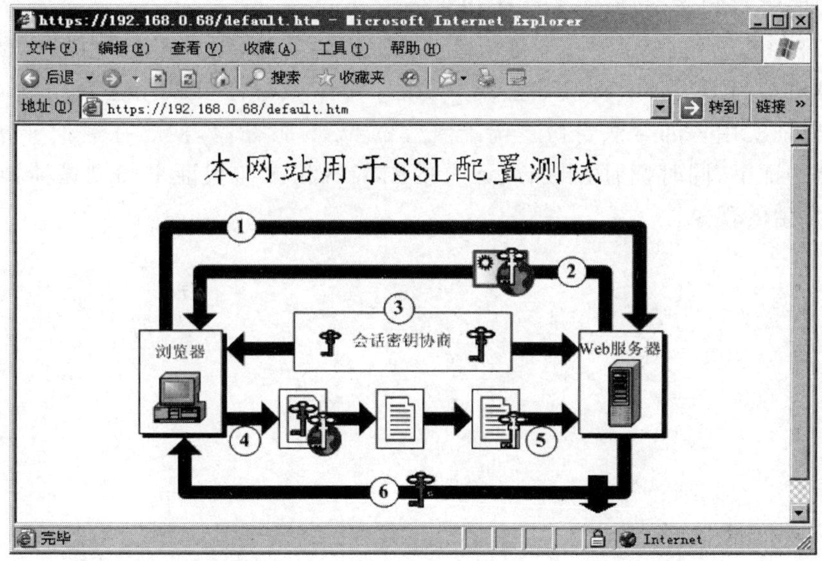

图 15-34 Web 浏览器通过 SSL 访问 Web 服务器

练习与思考

一、填空题

(1) 网络为用户提供的安全服务应包括________、________、________、________和________。

(2) 黑客对信息流的干预方式可以分为________、________、________和________。

二、单项选择题

(1) 常用的公开密钥加密算法为(　　)。

A. DES　　B. SED　　C. RSA　　D. RAS

(2) 常用的常规密钥加密算法为(　　)。

A. DES　　B. SED　　C. RSA　　D. RAS

(3) 以下关于RSA加密技术的说法中正确的是(　　)。

A. 加密方和解密方使用不同的加密算法,但共享同一个密钥

B. 加密方和解密方使用相同的加密算法,但使用不同的密钥

C. 加密方和解密方不但使用相同的加密算法,而且共享同一个密钥

D. 加密方和解密方不但使用不同的加密算法,而且使用不同的密钥

三、动手与思考题

网络安全在网络服务中占有重要的地位。SSL通过将数据加密、数据签名等安全机制结合起来,保证数据的安全性。在完成利用SSL进行安全的数据传输实验后,请查找和参阅相关的资料和文档,练习和思考以下问题:

CA认证中心为用户颁发的证书带有权威机构的签名,因此,用户也可以利用证书表明自己的身份。为了防止资源被非法用户访问,Web服务器可以在通信开始时索要浏览器的证书,以证实用户的合法身份。请配置你的Web服务器,使之在通信开始时索要和验证浏览器的证书,同时,利用未加载证书的浏览器和已加载证书的浏览器访问该Web站点,观察发生的现象。

第 16 章　接入互联网

网络接入技术(特别是宽带网络接入技术)是目前互联网研究和应用的热点。它的主要研究内容是如何将远程的计算机或计算机网络以合适的性能价格比接入互联网。由于网络接入通常需要借助于某些广域网完成,因此,在接入之前,必须认真考虑接入性能、接入效率、接入费用等诸多问题。

16.1　常用的接入技术

将计算机或计算机网络接入互联网的方法很多,无线网络(wireless network)、数字数据网(Digital Data Network,DDN)、公用电话网(Public Switch Telephone Network,PSTN)、综合业务数字网(Integrated Services Digital Network,ISDN)、非对称数字线路(Asymmetric Digital Subscriber Line,ADSL)、混合光纤/同轴电缆网(Hybrid Fiber Coaxial Cable,HFC)、3G/4G 网等都可以作为接入互联网的手段。但是,这些网络通常都是经营性的网络,由电信或其他部门建设,用户必须支付一定的费用才可使用。因此,对于不同的网络用户和不同的网络应用,选择合适的接入方式非常关键。DDN 网速度快但费用昂贵,而公用电话网费用低廉但速度受到限制。选择哪种接入手段主要取决于以下几个因素:

- 用户对网络接入速度的要求。
- 接入计算机或计算机网络与互联网之间的距离。
- 接入后网间的通信量。
- 用户希望运行的应用类型。
- 用户所能承受的接入费用和代价。

下面简单介绍几种常用的网络接入方法。

16.1.1　借助电话网接入

电话网是人们日常生活中最常用的通信网络,电话已普及到家家户户。因此,借助电话网接入互联网曾经是用户(特别是单机用户)最常用、最简单的一种办法。除了需要加入一对调制解调器(modem)外,用户端、电话局端以及互联网端基本上不需要增加额外的设备。

通过电话线路连接到互联网的示意图如图 16-1 所示。用户的计算机(或网络中的服务器)和互联网中的远程访问服务器(Remote Access Server,RAS)均通过调制解调器与电话网相连。用户在访问互联网时,通过拨号方式与互联网的 RAS 建立连接,借助 RAS 访问整个互联网。

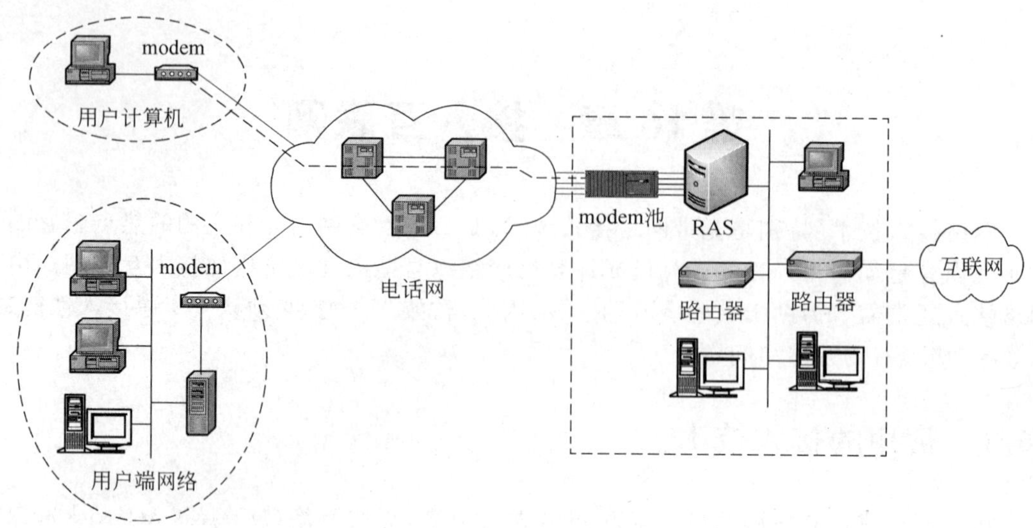

图 16-1 通过电话网连接到互联网示意图

电话线路是为传输音频信号而建设的，计算机输出的数字信号不能直接在普通的电话线路上进行传输。调制解调器在通信的一端负责将计算机输出的数字信号转换成普通电话线路能够传输的声音信号，在另一端将从电话线路上接收的声音信号转换成计算机能够处理的数字信号。

一条电话线在一个时刻只能支持一个用户接入，如果要支持多个用户同时接入，互联网端必须提供多条电话线路。例如，如果一个互联网希望能够支持 100 个用户同时与之建立连接，则必须提供 100 条电话线路。连接 100 条电话线就需要 100 台调制解调器。为了管理方便，通常在支持多个用户同时接入的互联网端使用一种叫作 modem 池的设备，将多个 modem 装入一个机架式的箱子中，进行统一管理和配置。

用户端的设备可以是一台微机直接通过调制解调器与电话网连接，也可以是一个局域网利用代理服务器，通过调制解调器与电话网连接。但是由于电话线路所能支持的传输速率有限，一般比较适合单机连接。

电话拨号线路的传输速率较低，目前较好线路的最高传输速率可以达到 56kbps，而质量较差的电话线路的传输速率可能会更低，因而电话拨号线路比较适合小型单位和个人使用。电话拨号线路除速率的限制外，它的另一个特点是需要通过拨号建立连接，接续速度很慢。同时，由于技术等多方面因素的影响，在大量信息的传输过程中拨号连接有时会断开，因而，不宜利用电话拨号线路提供诸如电子邮件、Web 发布等信息服务。

16.1.2 利用 ADSL 接入

由于电话网的数据传输速率很低，利用电话网接入互联网已经不能适应传输大量多媒体信息的要求。因此，人们开始寻求其他的接入方法以解决大容量的信息传输问题，非对称数字用户线路(ADSL)的成功应用就是其中之一。

ADSL使用比较复杂的调制解调技术，在普通的电话线路进行高速的数据传输。在数据的传输方向上，ADSL分为上行和下行两个通道。下行通道的数据传输速率远远大于上行通道的数据传输速率，这就是所谓的“非对称”性。而ADSL的“非对称”特性正好符合人们下载信息量大而上载信息量小的特点。

但是，ADSL的数据传输速率是和线路的长度成反比的。传输距离越长，信号衰减越大，越不适合高速传输。在5km（一般电话局的服务半径）的范围内，ADSL的上行速率可以达到16～640kbps，而下行速率可以达到1.5～9Mbps。

在数据传输之前，ADSL需要使用它的传输单元（ADSL Transmission Unit，ATU）将计算机使用的数字信号转换和调制为适合电话线路传输的模拟信号。因此，ATU也被称为ADSL调制解调器（ADSL modem）。与传统的modem不同，ADSL modem不是将数字信号转换为语音信号（4kHz以下），而是调制在稍高的频段上（25kHz～1.1MHz）。ADSL信号不会也不可能穿越电话交换机，它只是充分利用了公用电话网提供的用户到电话局的线路。

利用ADSL进行网络接入的示意图如图16-2所示。整个ADSL系统由用户端、电话线路和电话局端三部分组成。其中，电话线路可以利用现有的电话网资源，不需要做任何变动。

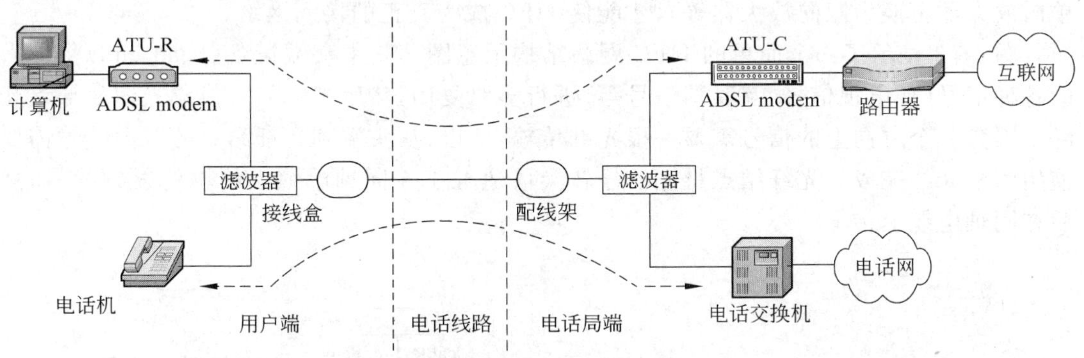

图16-2 ADSL接入示意图

为了提供ADSL接入服务，电话局需要增加相应的ADSL处理设备，其最主要的为局端ADSL modem。由于电话局需要为多个用户同时提供服务，因此，局端放置了大量的局端ADSL modem。局端ADSL modem也称为ATU-C（ADSL Transmission Unit-Central），它们通常被放入机架中，以便于管理和配置。

用户端由ADSL modem和滤波器组成，用户端ADSL modem又被称为ATU-R（ADSL Transmission Unit-Remote），它负责将数字信号转换成ADSL信号。

从图16-2中可以看到，用户端和电话局端都接入一个滤波器。滤波器的主要功能是分离音频信号和ADSL信号。这样，在一条电话线上可以同时提供电话和ADSL高速数据业务，两者互不干涉。

由于ADSL传输速率高，而且无须拨号，全天候连通，因此，ADSL不仅适用于将单台计算机接入互联网，而且可以将一个局域网接入互联网。实际上，市场上销售的大多数ADSL modem不但具有调制解调的功能，而且具有网桥、路由器和NAT的功能。ADSL modem 的网桥、路由器和 NAT 功能使单机接入和局域网接入都变得非常容易。

ADSL 可以满足影视点播、网上游戏、远程教育、远程医疗诊断等多媒体网络应用的需要，而且数据信号和电话信号可以同时传输，互不影响。与其他竞争技术相比，ADSL 所需要的电话线资源分布广泛，具有使用费用低廉、无须重新布线和建设周期短的特点，尤其适合家庭和中小型企业的互联网接入需求。

16.1.3 使用 HFC 接入

除了电话网之外，另一种被广泛使用和迅速发展的网络是有线电视网(Cable TV 或 CATV)。传统的有线电视网使用同轴电缆作为传输介质，传输质量和传输带宽比电话网使用的 2 对铜线高出很多。目前，大部分的有线电视网都经过了改造和升级，信号首先通过光纤传输到光纤结点(fiber node)，再通过同轴电缆传输到有线电视网用户。这就是所谓的混合光纤/同轴电缆网(HFC)。利用 HFC，网络的覆盖面积可以扩大到整个大中型城市，信号的传输质量可以大幅度提高。

但是，HFC 的主要目的是传播电视信号，信号的传输是单向。单向的信息传输显然不适合互联网的接入，必须将 HFC 改造成双向信息传输网络(例如将同轴电缆上使用的单向放大器更换为双向放大器等)，才能使 HFC 成为真正的接入网络。

图 16-3 显示了一个简单的 HFC 网络结构示意图。其中头端设备(head end)将传入的各种信号(如电视信号、互联网信号等)进行多路复用，然后把它们转换成光信号导入光缆。因为一个方向上的信号需要一根光纤传输，所以，从头端到光纤结点的双向传输需要使用两根光纤完成。光纤结点将光信号转换成适合于在同轴电缆上传输的射频信号，然后在同轴电缆上传输。

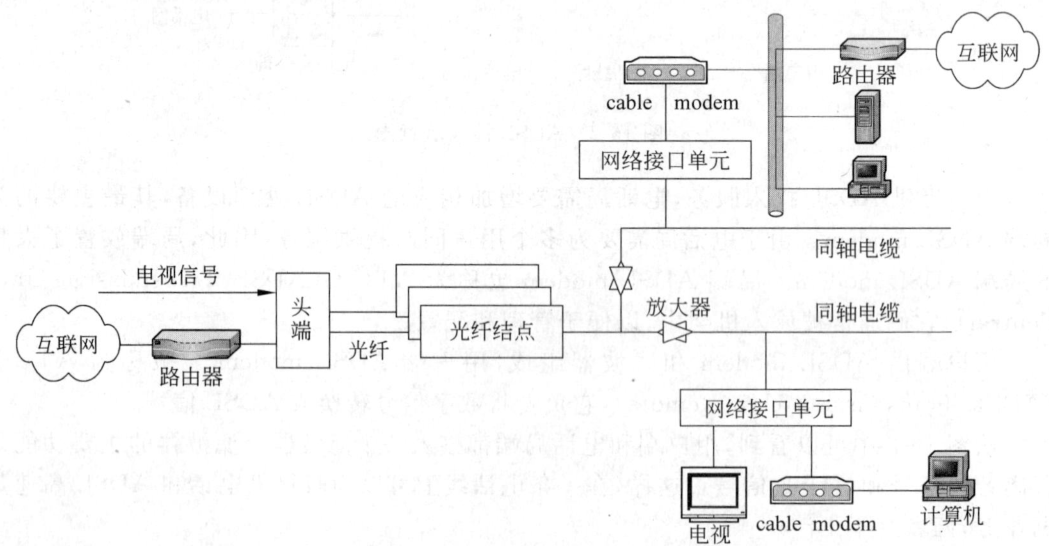

图 16-3 HFC 网络结构示意图

为了扩展同轴电缆的覆盖范围，HFC使用双向放大器对传输的信号进行放大。网络接口单元(Network Interface Unit，NIU)是服务提供网络和用户网络的分界点，NIU以内的设施由HFC网络的提供者负责管理和建设，而NIU以外的设施则由用户自己购买和使用。

HFC传输的信号分为上行信号(upstream signal)和下行信号(downstream signal)。从头端向用户方向传输的信号为下行信号，从用户向头端方向传输的信号为上行信号。上行信号通常处于5～42MHz的频带范围，而下行信号则利用50～860MHz的频带进行传输。

线缆调制解调器(cable modem)是HFC中非常重要的一个设备，它的主要任务是将从计算机接收到的信号调制成同轴电缆中传输的上行信号。同时，cable modem监听下行信号，并将收到的下行信号转换成计算机可以识别的信号提交给计算机。

尽管在同一条同轴电缆中传输，但由于频带范围不同，上行信号和下行信号的传输通道各自独立，逻辑上好像在两条线路上传输。HFC的传输模型如图16-4所示。HFC网中的每一个cable modem(如图16-4中的cable modem A、B和C)共享相同的上行通道和下行通道。它们在相同的上行信道上发送信息，在相同的下行信道接收信息。当一个cable modem(如cable modem A)向上行信道发送一个信息后，该信息首先被传送到头端设备。头端设备对收到的信息进行处理，在将信息转发到外部路由器和互联网的同时，还将该信息转发到下行信道。这样，不但外部的路由器和互联网能够接收到cable modem A发送的信息，HFC网上的其他cable modem(如cable modem B和cable modem C)都能在下行信道上接收到该信息。

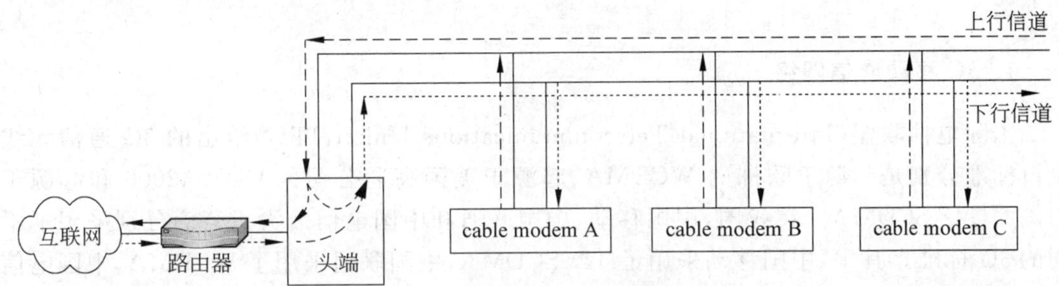

图16-4 HFC传输模型

与ADSL相似，HFC也采用非对称的数据传输速率。一般的上行传输速率在10Mbps左右，而下行传输速率为10～40Mbps。由于HFC的接入速率极高，因此，将一台主机或一个局域网接入互联网绰绰有余。而大部分cable modem不但具有调制解调的功能，而且具有网桥和路由器的功能，因此，对用户而言，无论是单机接入还是局域网接入都非常简单。

利用HFC接入互联网不但速率高，而且接入主机可以全天24小时在线。所以，既可以利用接入主机方便地访问远程互联网上的信息，也可以利用接入主机提供Web、电子邮件等各种信息服务。但需要注意，HFC采用共享式的传输方式，所有cable modem的发送和接收使用同一个上行和下行信道，因此，HFC网上的用户越多，每个用户实际可以使用的带宽就越窄。例如,如果 HFC 提供的带宽为 40Mbps,如果一个用户使用,那么他可以独享这 40Mbps 的带宽;如果 100 个用户同时使用,那么每个用户平均可以利用的带宽则仅有 400kbps。

16.1.4 利用 3G/4G 网络接入

无线局域网既可以将固定结点接入 Internet,也可以将移动结点接入 Internet。在目前普遍采用 IEEE 802.11g 和 IEEE 802.11n 的情况下,WiFi 接入的数据速率也可以达到每秒几十或几百兆位。但是,WiFi 网络的覆盖范围是有限的,如果一个用户需要随时随地接入 Internet,那么很自然地就会想到采用电信公司提供的移动蜂窝网络进行接入。在 3G 网络出现之前,移动蜂窝系统的数据速率通常为每秒几十到几百千位。人们在这样的接入速率下只能浏览简单的网页,发送简单的 E-mail。3G/4G 技术的普遍使用使移动蜂窝系统的数据接入速率一下子提高到每秒几兆位/秒到几百兆位。在 3G/4G 网络环境下,人们不但可以像在有线网络中一样使用复杂的 Web 服务,而且使用视频聊天、电影欣赏等需要大带宽的网络应用。尽管 3G/4G 网络的使用费用较高,但是随着国家提速降费政策的逐步实施,越来越多的移动终端会采用 3G/4G 方式接入 Internet。

3G 和 4G 网络分别是第 3 代移动通信网络和第 4 代移动通信网络的简称,它们是从 2G 和 2.5G 移动通信网络发展起来的。3G/4G 的共同特点是能够提供高速率的数据传输服务,而且 4G 的传输速率比 3G 还要快很多。由于目前大部分 Internet 网络应用需要使用 3G/4G 网络接入,因此本章跳过 2G 和 2.5G 网络,直接对 3G 和 4G 网络进行简单的介绍。

1. 3G 移动通信网络

国际电信联盟(International Telecommunications Union,ITU)给出的 3G 通信无线接口标准分别是起源于欧洲的 WCDMA、起源于美国高通公司的 CDMA2000 和起源于中国的 TD-SCDMA。在我国,中国移动、中国联通和中国电信 3 大运营商分别采用了不同的 3G 标准。其中,中国移动采用了 TD-SCDMA,中国联通采用了 WCDMA,中国电信采用了 CDMA2000。

码分多址(Code Division Multiple Access,CDMA)是 3G 网络使用的主要技术之一,它是在扩频通信的基础上发展起来的。所谓码分多址就是利用不同的编码对不同的用户进行区分。由于 CDMA 采用正交的编码方式,因此多个用户可以利用相同或相近的频带进行数据传输,减少了相互之间的干扰,提高了频带的利用率。关于扩频和正交编码的简单介绍参见第 4 章的相关内容。

由于蜂窝移动通信网络底层的通信和编码技术不属于本书的讲解范围,因此在下面的内容中不区分这三种标准,仅对 3G 网络的体系结构等基础知识进行简单的介绍。

3G 移动通信网络的体系结构由 4 部分组成,它们是用户终端(User Equipment,UE)、陆地无线接入网络(UMTS Terrestrial Radio Access Network,UTRAN)、核心网络(Core Network,CN)和外部网络(external network),如图 16-5 所示。

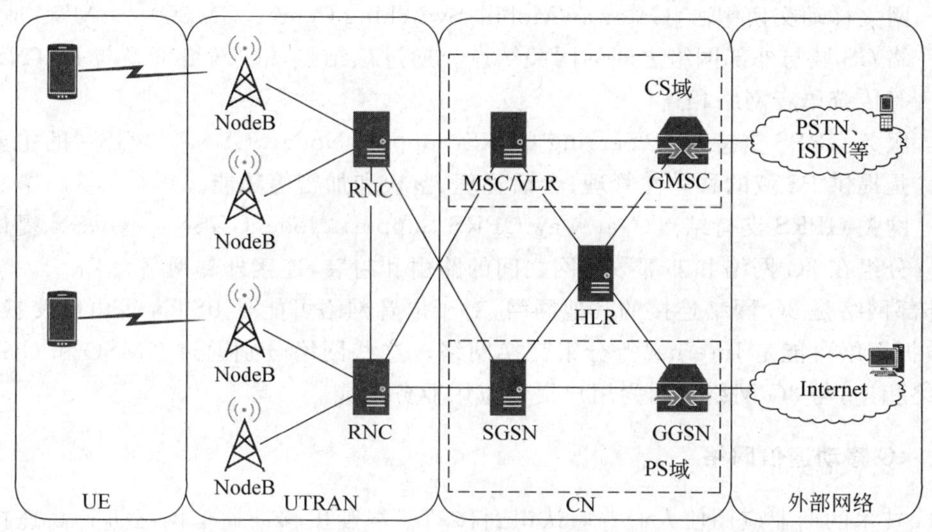

图 16-5 3G 网络的体系结构示意图

UE 就是我们常用的移动电话、平板电脑等移动设备，它们由发射和接收处理单元、数字信号处理单元、协议栈模块以及应用层模块等组成。UE 通过空中接口与和 UTRAN 中的基站(NodeB)进行数据交互，为用户提供各种业务服务功能。UE 提供的服务功能包括电路交换域(Circuit Switching，CS)的业务和分组交换域(Packet Switching，PS)的业务。其中 CS 业务以传统的语音通话为主，PS 业务包括数据通信、Internet 应用等。

UTRAN 分为基站和无线网络控制器(Radio Network Controller，RNC)两部分。3G 网络的基站(与无线局域网中的 AP 相似)主要完成扩频/解扩、调制解调、信道编解码等功能。基站是由 RNC 控制的，一个 RNC 可以控制一个基站，也可以控制多个基站。RNC 主要完成用户的连接与断开、用户在不同基站之间的切换、发射功率的控制、无线资源的分配等功能。RNC 之间可以相互通信，以进行切换、资源分配等协调工作。

CN 包括 CS 域和 PS 域两大部分。其中，CS 域具有电话语音信息的控制和处理功能，PS 域具有分组数据控制和处理功能，而 HLR 是 CS 域和 PS 域共有的功能结点。CN 的组成较为复杂，它的主要功能为：

- 归属位置寄存器(Home Location Register，HLR)。HLR 可以看成一个静态的数据库，保存着用户的签约信息。当移动终端开机注册时，CN 利用 HLR 进行鉴权并查询该用户能够享受的服务。
- 拜访位置寄存器(Visitor Location Register，VLR)。VLR 可以看成一个动态的数据库，保存着移动到该 CN 管理范围下的移动用户信息。当一个用户移动到该 CN 下时，在 VLR 中增加这个用户的信息；当一个用户离开该 CN 时，将该用户的信息从 VLR 中删除。
- 移动交换中心(Mobile Switching Center，MSC)。与有线电话网络中的程控交换机类似，MSC 主要完成语音电话的呼叫控制、移动性管理等工作。

- 网关移动交换中心(Gateway Mobile Switching Center,GMSC)。GMSC是3G网络CS域与外部网络之间的网关结点。通过该结点,3G网络可以与PSTN、ISDN等传统语音网络相连。
- 服务GRPS支持结点(Serving GPRS Support Node,SGSN)。SGSN的主要功能是提供PS域的移动性管理、会话管理、鉴权和加密等功能。
- 网关GPRS支持结点(Gateway GPRS Support Node,GGSN)。GGSN提供数据分组在3G网络和外部数据网之间的路由和封装,连接外部网络。

外部网络是3G网络连接的其他网络,对于语音网络可能是PSTN等电路交换网络,对于数据网络可能是Internet等分组交换网络。这些网络分别通过GMSC和GGSN与3G网络相连,与3G网络共同为用户提供应用业务功能。

2. 4G移动通信网络

3G技术的商业应用使人们普遍认识到移动终端利用移动通信网络进行高速接入是可行的。然而,网络速度的发展没有最快,只有更快。3G技术之后,3GPP(3rd Generation Partnership Project,第三代伙伴计划)启动了一个更大的新技术研发项目LTE(Long Term Evolution,长期演进)。LTE项目的主要性能目标包括:在20MHz频谱带宽下提供下行100Mbps、上行50Mbps的峰值速率,降低系统的延迟,改善小区边缘用户的性能,提高小区容量,支持100km半径的小区覆盖,为350km/h高速移动用户提供大于100kbps的接入服务,等等。伴随着研究的不断深入,LTE技术逐渐开始商用,这就是我们现在看到4G移动通信网络。

为了达到3GPP为LTE项目制定的目标,4G移动通信网络采用了OFDM、MIMO等无线局域网使用的技术。同时,4G网络还对3G网络的体系结构进一步做了改进,使其成为全IP化、扁平化的网络,以减少数据传输延迟。一个简单的4G网络体系结构示意图如图16-6所示。

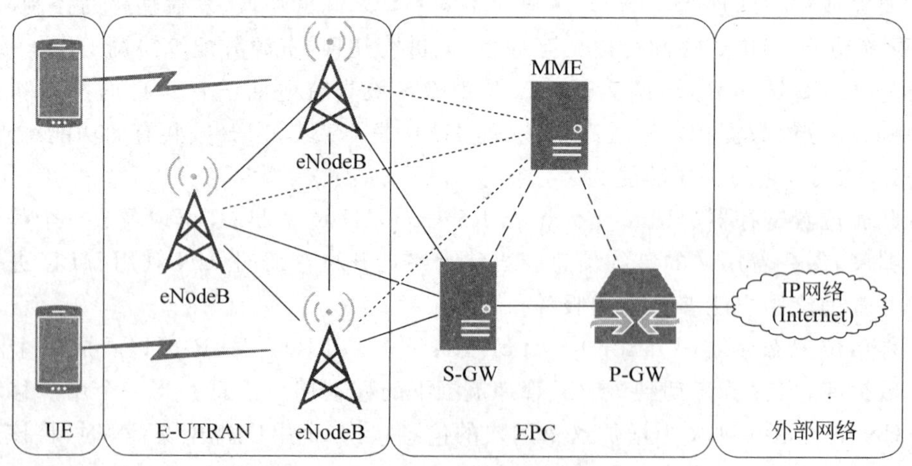

图16-6 4G网络的体系结构示意图

与3G网络的体系结构比较,4G网络的UE和外部网络部分变化不大,但接入网和核心网部分有了很大的变化。3G网络中的UTRAN在4G网络中变成了E-UTRAN(Evolved UTRAN,演进UTRAN),3G网络中的CN在4G网络中变成了EPC(Evolved Packet Core,演进分组核心网)。

在4G网络的E-UTRAN中,3G中的RNC、NodeB融合为一体,变成了4G网络中的eNodeB。eNodeB之间可以相互连接,采用IP传输技术,形成一个Mesh网络(网状网络)。当UE在从一个eNodeB覆盖的范围内移动到另一个eNodeB覆盖的范围内时,这种Mesh结构可以保证用户的无缝切换。与3G网络的UTRAN相比,E-UTRAN减少了组成单元的种类,降低了成本,有利于减少数据传输延迟。另外,eNodeB除了可以相互连接之外,还可以和EPC中的MME/S-GW相连。一个eNodeB可以和多个MME/S-GW相连,多个eNodeB也可以和一个MME/S-GW相连。

由于采用全IP技术,4G网络中的EPC只保留了PS域,抛弃了3G网络CN中的CS域。同时,EPC的组成单元也进行了简化。EPC的设计思想采用了控制与承载分离的理念,将3G网络PS域中SGSN的移动性管理、信令处理等控制功能与用户数据(如用户传输的文件、多媒体信息等)转发功能分离出来,分别由两个实体完成。其中,移动管理实体(Mobility Management Entity,MME)负责移动性管理、信令处理等功能;服务网关(Serving Gateway,S-GW)负责实际用户数据的处理及转发等功能。在EPC中,分组数据网关(PDN Gateway,P-GW)承担了3G网络中GGSN的职能,负责与外部网络连接。

3G/4G网络给人们带来的接入体验是前所未有的。随着LTE项目的继续演进,移动通信网络的接入速度和接入效率将会有更大的提高。目前,用户采用3G/4G网络接入的主要问题是费用问题,但是,随着国家提速降费政策的推进和用户数量的增加,3G/4G网络接入成本会逐步下降,3G/4G网络接入将会越来越受到人们的欢迎。

16.1.5 通过数据通信线路接入

数据通信网是专门为数据信息传输建设的网络,如果需要传输性能更好、传输质量更高的接入方式,可以考虑数据通信线路接入。

数据通信网的种类很多,DDN、ATM、帧中继等网络都属于数据通信网。这些数据通信网由电信部门建设和管理,用户可以租用。

通过数据通信线路接入互联网的示意图如图16-7所示。目前,大部分路由器都可以配备和加载各种接口模块(如DDN网接口模块、ATM网接口模块、帧中继网接口模块等),通过配备有相应接口模块的路由器,用户的局域网和远程互联网就可以与数据通信网相连,并通过数据网交换信息。

利用数据通信线路接入,用户端的规模既可以小到一台微机,也可以大到一个企业网或校园网。但是由于用户所租用的数据通信网线路的带宽通常较宽,租用的通信费用十分昂贵,因此,如果只连接一台微机则显得大材小用。因而在这种接入形式中,用户端通常为一定规模的局域网。

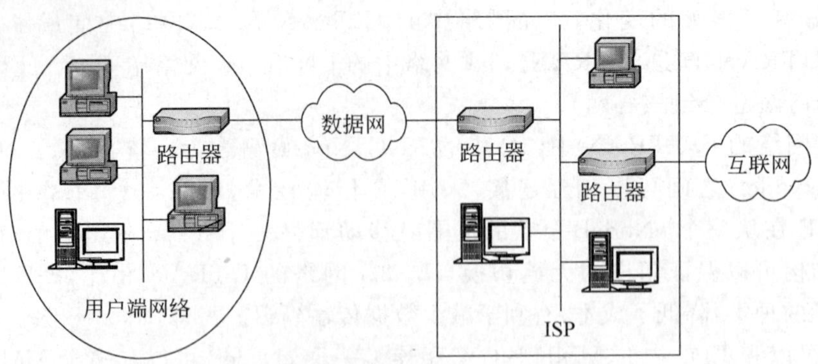

图 16-7 通过数据通信网接入互联网

16.2 接入控制与 PPPoE

与使用家庭内部或单位内部的局域网不同,网络接入服务提供商通常需要对接入的用户进行控制,有时还需要按照一定的计费标准对用户的使用量进行计费。对于点到点的通信链路,由于接入控制系统能够比较容易地识别接入的用户,因此实现技术比较直观。但是由于以太网仅提供多点到多点的通信信道,本身并不提供用户信息,因此如果不增加新的网络协议,那么很难按照以太网用户对其进行接入控制。

PPPoE(PPP over Ethernet)是一种以太网上使用的点到点协议,它通过为每个以太网用户建立一条点到点的会话连接,从而简化网络接入服务提供商的接入控制。

在采用 PPPoE 技术时,网络服务提供商不但能通过同一个接入设备连接远程的多个用户主机,而且能提供类似点到点链路的接入控制和计费功能。由于其实现和维护成本低,因此在网络服务接入领域得到了广泛的应用。

PPPoE 协议是以 PPP(Point-to-Point Protocol)为基础的。本节首先简单介绍 PPP 协议的主要功能,然后讨论 PPPoE 的基本工作过程。

16.2.1 PPP 协议

PPP 协议是一种点到点链路上运行的链路层协议,与以太网协议相同,PPP 协议能将链路一端网络层传来的数据报(如 IP 数据报)进行封装,然后传递给另一端。在正式封装和传递网络层数据报之前,PPP 协议需要对链路层使用的参数、网络层使用的参数进行协商,同时还可以使用认证协议对链路两端的实体进行认证。图 16-8 显示了一个简化的 PPP 状态转换示意图。

- 死亡态(dead)。PPP 总是以死亡态开始和结束。在物理链路未准备好时,PPP 协议通常处于死亡态。一旦物理链路准备好(例如检测到线路的载波、网络管理员强制线路状态良好等),PPP 将从死亡态转换为链路建立态。
- 链路建立态(establish)。在该状态中,PPP 协议利用链路控制协议(Link Control

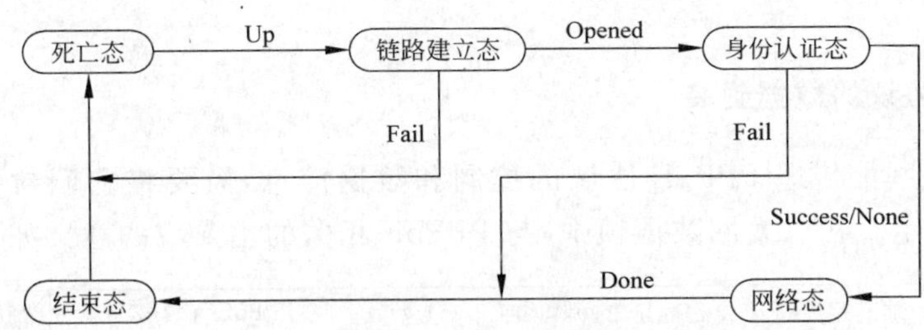

图 16-8 简化的 PPP 状态转换示意图

Protocol,LCP)协商链路配置选项(例如通信使用的最大帧长度、是否进行身份认证以及认证协议等)。为了实现这一目标,链路一端发送 LCP 配置请求帧,该帧包含它希望使用配置信息,然后另一端使用 LCP 配置确认帧对其进行确认。协商成功后,PPP 将离开链路建立状态,进入身份认证或网络态。

- 身份认证态(authentication)。在 PPP 协议中,身份认证是一种可选功能。如果链路建立过程中两端协商使用身份认证,那么 PPP 需要在身份认证状态中按照协商的认证协议进行身份认证。常用的认证协议包括密码认证协议(Password Authentication Protocol, PAP)、挑战握手认证协议(Challenge Handshake Authentication Protocol,CHAP)等。
- 网络态(network)。进入网络态后,PPP 首先使用网络控制协议(Network Control Protocol,NCP)配置链路两端的网络层模块。如果网络层使用的为 IP 协议,那么进入网络层配置状态后需要运行 IP 控制协议(IP Control Protocol, IPCP)配置链路两端的 IP 协议模块(如配置 IP 地址等),同时协商 IP 协议使用的一些参数(如 IP 数据报是否以压缩形式发送等)。一旦配置和协商成功,PPP 将正式在链路两端封装和传递上层的 IP 数据报。
- 结束态(terminate)。由于载波丢失、认证失败、线路质量下降、管理员强行关闭等原因,PPP 可以在任意时刻结束链路的连接。进入结束态后,链路两端的设备通过发送结束请求和结束应答 LCP 数据报相互进行确认。同时,PPP 通知上层的协议模块(如 IP 模块)以便其进行合适的处理。当结束态的任务完成后,PPP 将返回死亡态。

借助电话网接入互联网的应用基本上都采用了 PPP 协议,如图 16-1 所示。由于 RAS 设备能够识别每条接入的点到点链路,因此网络接入服务提供商可以方便地对远程接入用户进行控制和计费。

16.2.2 PPPoE 协议

制定 PPPoE 协议的主要目的是希望在以太网上为每个用户建立一条类似于点到点的通信链路,以方便对以太网用户进行控制。为此,整个 PPPoE 协议分成了发现(discovery)和 PPP 会话(PPP session)两个阶段。其中发现阶段在以太网用户与 PPPoE 服务器之间建立一条点到点的会话连接,PPP 会话阶段利用这些点到点的会话连接传送

PPP 数据。

1. PPPoE 协议的数据封装

为了在以太网上传递 PPPoE 协议的控制和数据信息，需要将它们封装在以太网帧中，如图 16-9 所示。在以太网数据帧中，与 PPPoE 相关的主要域的意义如下：

前导码 (7B)	帧前定界符 (1B)	目的地址 (6B)	源地址 (6B)	类型 (2B)	PPPoE有效载荷 (可变长度,46~1500B)	帧校验码 (4B)

图 16-9 PPPoE 协议数据的封装

- 目的地址。在发现阶段，目的地址既可以是单播地址也可以是广播地址；在 PPP 会话阶段，目的地址必须是单播地址。
- 源地址。必须为发送数据源主机的 MAC 地址。
- 类型。在发现阶段，类型域的值为 0x8863；在 PPP 会话阶段，类型域的值为 0x8864。
- PPPoE 有效载荷。其数据格式如图 16-10 所示。其中，版本域指示该 PPPoE 有效载荷格式遵循的版本号。目前的版本号为 1；类型域和编码域用于说明该有效载荷的具体类型。目前类型域必须设置为 1，具体类型的区分使用编码域完成。会话 ID(session ID)域包含了 PPPoE 服务器在发现阶段为该点到点会话连接指定的"会话标识"；长度域指示后面所带的数据长度。

<table>
<tr><td colspan="3">0 … 15</td></tr>
<tr><td>版本
(4b)</td><td>类型
(4b)</td><td>编码
(8b)</td></tr>
<tr><td colspan="3">会话ID
(16b)</td></tr>
<tr><td colspan="3">长度
(16b)</td></tr>
<tr><td colspan="3">数据
(可变长)</td></tr>
</table>

图 16-10 PPPoE 有效载荷数据格式

2. 发现阶段

发现阶段的主要任务是为以太网用户分配会话 ID，以便逻辑上建立一条到达 PPPoE 服务器的点到点会话连接。一个网络中通常可以安装多台 PPPoE 服务器，当用户在发现多个 PPPoE 服务器可用时，可以选择并使用其中的一个。

图 16-11 显示了一个具有两个 PPPoE 服务器的网络示意图。当用户 A 希望开始一个 PPPoE 会话时，用户 A 与 PPPoE 服务器的信息交换过程如下：

(1) 主机广播 PADI 数据包。为了发现网络中存在的 PPPoE 服务器，用户 A 的主机广播一个 PADI(PPPoE Active Discovery Initiation)数据包。该数据包含有用户 A 希望得到的 PPPoE 服务并希望 PPPoE 服务器进行应答。

(2) PPPoE 服务器回送 PADO 数据包。由于用户 A 主机以广播方式发送 PADI 数据包，因此 PPPoE 服务器 X 和 Y 都能收到该信息。如果服务器 X 和服务器 Y 都能提供 PADI 数据包中要求的服务，那么它们分别使用 PADO(PPPoE Active Discovery Offer)数据包对用户 A 进行响应。

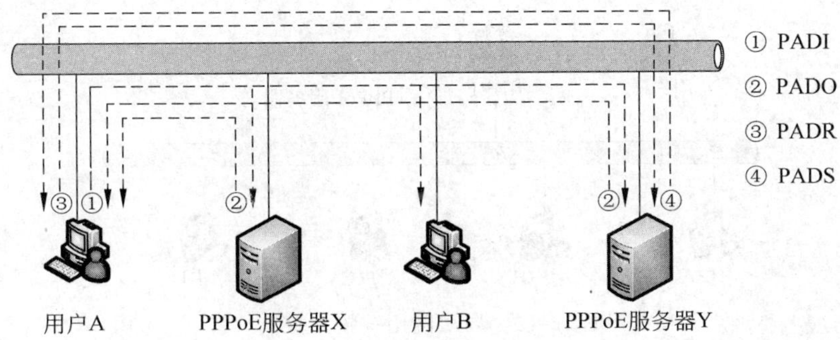

图 16-11 PPPoE 的发现阶段

(3) 主机发送 PADR 数据包。在主机收到一个或多个 PPPoE 响应的 PADO 数据包后,从中选择一个使用(例如用户 A 可以选择使用 PPPoE 服务器 Y)。然后,主机向选择的 PPPoE 服务器以单播方式发送 PADR(PPPoE Active Discovery Request)数据包,要求该服务器为其分配会话 ID。

(4) PPPoE 服务器回送 PADS 数据包。当接收到用户 A 的主机发送的 PADR 数据包后,PPPoE 服务器为用户 A 创建一个会话 ID,然后使用 PADS(PPPoE Active Discovery Session-confirmation)数据包将该会话 ID 传递给用户 A。一旦用户 A 收到 PADS 数据包并解析出会话 ID,用户 A 和 PPPoE 服务器之间就能够建立一条点到点会话连接。

用户与 PPPoE 服务器之间的点到点会话连接链路是通过主机的 MAC 地址和会话 ID 标识的,因此 PPP 会话阶段传输的数据包中必须包含该会话 ID,以便主机和 PPPoE 服务器识别一个 PPPoE 数据属于哪个用户。

3. PPP 会话阶段

在用户获得 PPPoE 服务器为自己分配的会话 ID 后,PPPoE 协议进入 PPP 会话阶段。PPP 会话阶段包括了 PPP 协议的 LCP 处理、NCP 处理以及身份认证处理等过程。所有 PPP 数据包都必须封装在以太网帧中传递,而且帧的目的地址必须是单播地址。由于主机 MAC 地址与会话 ID 的结合才能使 PPPoE 确认一个以太网数据帧来自哪个用户,因此在整个 PPP 会话阶段中,用户主机与 PPPoE 服务器之间传递的数据包中会话 ID 必须保持不变,而且该会话 ID 必须是发现阶段 PPPoE 服务器为其分配的会话 ID。

4. PPPoE 的应用

目前,绝大多数的局域网接入和 ADSL 接入都采用了 PPPoE 方式。图 16-12 显示了一个利用 PPPoE 协议对以太网用户进行上网控制的示意图。如果以太网用户希望访问 Internet,那么他们必须进行"虚拟"拨号与 PPPoE 服务器建立点到点会话连接。只有用户请求通过验证,那么 PPPoE 服务器才允许该会话连接的存在。一台 PPPoE 服务器可以对多个用户的接入进行控制,不但可以统计用户的上网流量,而且可以限制用户的上网时间。

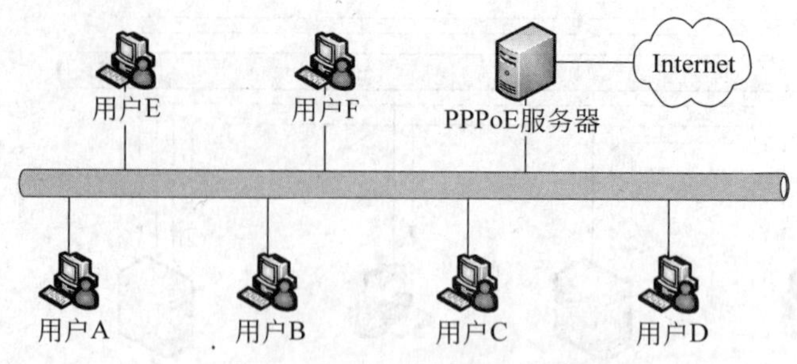

图 16-12 局域网用户接入控制

ADSL 接入是目前家庭用户最常用的接入方式。图 16-13 显示了一个采用 PPPoE 方式对 ADSL 用户接入进行控制的示意图。在用户一端，计算机通过以太网接口连接本地的 ADSL 调制解调器；在网络接入提供商一端，ADSL 调制解调器、PPPoE 服务器等设备接入了一个以太网。ADSL 调制解调器具有网桥功能，能够完成以太网帧和 ADSL 线路信号的转换。用户发送的以太网帧经本地 ADSL 调制解调器转换后在 ADSL 线路上传输，局端 ADSL 调制解调器接收这些数据并将其还原成以太网帧。因此，从逻辑上看，图 16-13 显示的接入方式与图 16-12 类似，ADSL 线路仅仅起到扩展距离的作用。用户计算机上的数据帧可以到达局端的以太网，局端以太网上的数据帧可以到达用户的计算机。

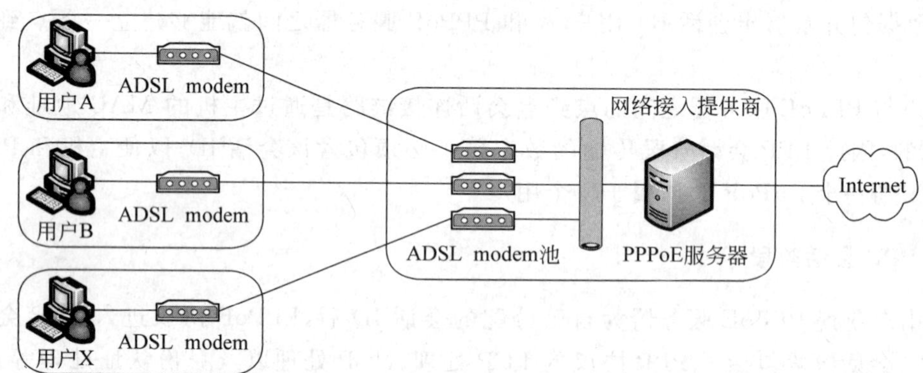

图 16-13 ADSL 用户接入控制

当 ADSL 用户希望访问 Internet 时，他们首先使用“虚拟”拨号方式与局端的 PPPoE 服务器建立点到点的会话连接。一旦通过身份认证，用户就可以顺利访问 Internet。PPPoE 服务器可以对这些用户的上网时间和上网流量等进行控制。

16.3 实验：PPPoE 服务器的配置和应用

在学习了网络接入的有关方法和知识后，本实验配置一个 PPPoE 服务器，实现以太网用户的接入控制。

尽管 Windows 2003 系统实现了 PPPoE 的客户端，但是并不具备 PPPoE 的服务器功能。因此，如果希望利用 Windows 2003 完成 PPPoE 客户端的接入控制，那么必须加载第三方软件。RASPPPOE 是目前较为流行的一种 PPPoE 软件，它既实现了 PPPoE 客户端，又具备 PPPoE 服务器功能。如果不是出于商业目的，RASPPPOE 软件可以免费使用。

结合 RASPPPOE 软件，Windows 2003 可以通过路由和远程访问、传入连接两种方式对局域网接入用户进行控制。传入连接方式设置简单，路由和远程访问方式控制功能强大。本实验要求采用路由和远程访问方式实现以太网用户的访问控制，实验采用的网络结构如图 16-14 所示。其中，无线局域网模拟 Internet 环境，Alice 和 Bob 为以太网中两个需要接入 Internet 的用户。在完成本实验后，用户 Alice、Bob 应能顺利访问 Internet 区域中的 Web 服务器。

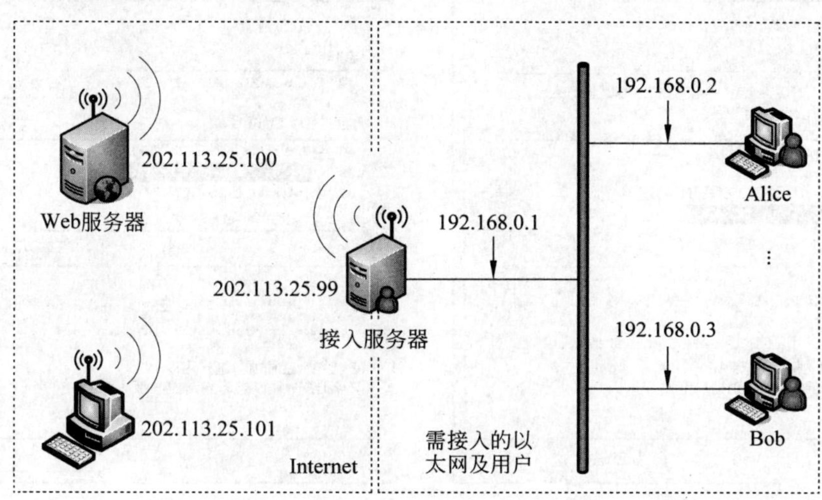

图 16-14　配置接入服务器使用的网络结构示意图

16.3.1　网络和接入服务器的配置

为了完成本接入和配置实验，需要进行 IP 地址的配置、RASPPPOE 软件的安装、接入服务器的配置、PPPoE 客户端的配置等工作。

1. 组建和配置实验网络

在配置 PPPoE 服务器和客户之前，请按照前面介绍的方法分别组建一个有线以太网和一个自组无线局域网。在本实验中，组建的无线局域网用于模拟 Internet，假设其 IP 地址的范围为 202.113.25.50 至 202.113.25.254。组建的有线以太网分配给需要接入的用户使用，其 IP 地址范围为 192.168.0.1 至 192.168.0.254。接入服务器连接 Internet（无线局域网）和有线以太网，其 IP 地址分别为 202.113.25.99 和 192.168.0.1。另外，IP 地址 202.113.25.10 至 202.113.25.19 保留，以便在接入时分配给接入用户使用。

2. RASPPPOE 软件的安装和配置

由于 Windows 2003 Server 不支持 PPPoE 服务器协议，因此在配置接入服务器之前首先需要安装第三方的 RASPPPOE 软件。RASPPPOE 软件可以在网站 http://www.raspppoe.com 下载得到，其安装和配置过程如下：

(1)通过 Windows 2003 桌面上的“开始”→“控制面板”→“网络连接”→“本地连接”进入“本地连接 属性”对话框，如图 16-15 所示。单击“安装”按钮并选择“从磁盘安装”安装 PPPoE 协议。PPPoE 安装完成后的“本地连接 属性”对话框如图 16-16 所示。

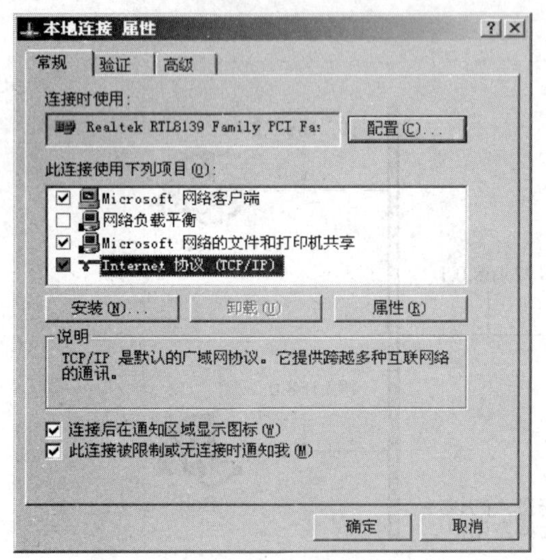

图 16-15 “本地连接 属性”对话框

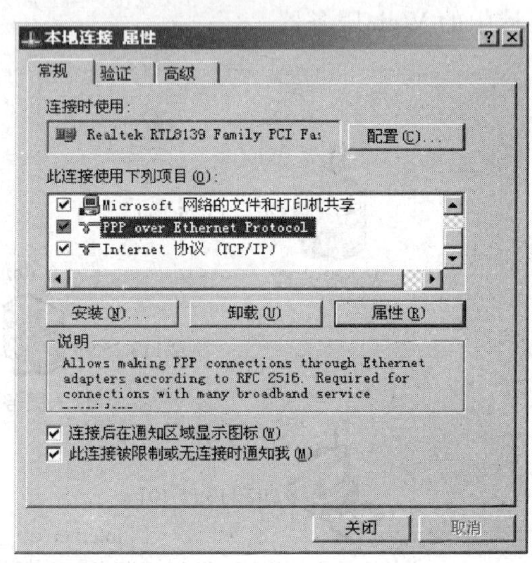

图 16-16 PPPoE 协议安装后的“本地连接 属性”对话框

(2) 选中图 16-16 中的 PPPoE 协议(PPP over Ethernet Protocol)，单击“属性”按钮，可以对安装的 PPPoE 协议进行配置。在默认情况下，RASPPPOE 在同一时刻仅仅支持一个用户接入，如果希望多个用户能够同时接入，那么需要对图 16-17 所示的 PPPoE 配置界面中的 Number of Lines 进行修改。不过需要注意，该配置完成后需要重新启动机器，配置才能生效。

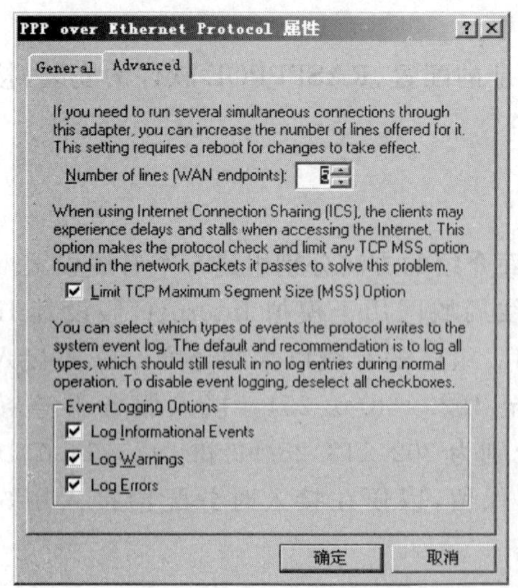

图 16-17 PPPoE 协议的配置界面

3. 配置 PPPoE 接入服务器

由于本实验通过路由和远程访问软件控制 PPPoE 用户接入，因此在图 16-14 显示的接入服务器中需要启动路由和远程访问程序。其配置过程如下：

(1) 远程访问服务功能选择。为了使路由和远程访问程序支持远程访问控制功能，需要在运行远程接入的服务器上右击并执行“属性”命令，如图 16-18 所示。然后在服务器的属性对话框中选中“远程访问服务器”复选框，如图 16-19 所示。

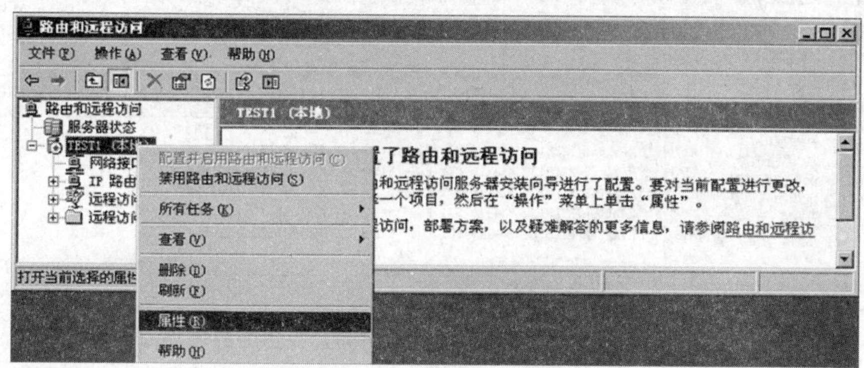

图 16-18 路由和远程访问程序主界面

(2) 与 IP 相关的功能配置。路由和远程访问程序可以为接入的用户分配 IP 地址。为此，单击图 16-19 中的 IP 选项卡进入与 IP 地址相关的配置界面，如图 16-20 所示。选中“静态地址池”，单击“添加”按钮即可添加为用户分配的地址区间。为了简单起见，本实验为用户分配的地址区间最好与连接 Internet 网卡上的 IP 地址处于同一网段，否则需要进行相应的路由设置才能使接入用户访问 Internet。另外，如果希望接入用户能够访问接入服务器连接的 Internet，那么需要选中图 16-20 所示的“启动 IP 路由”复选框，否则接入用户只能访问接入服务器上的资源。

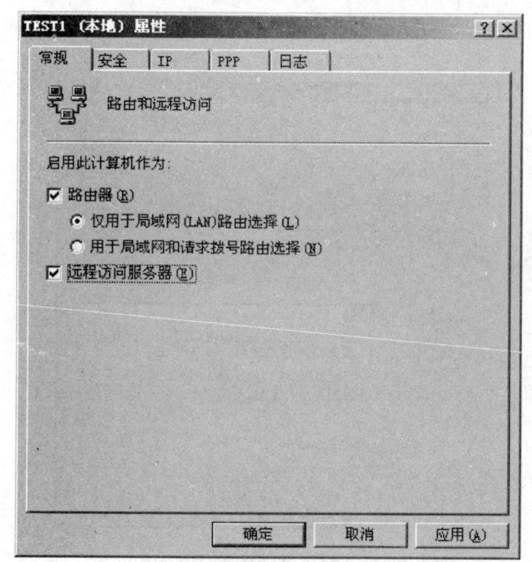

图 16-19 路由和远程访问程序的功能选择对话框

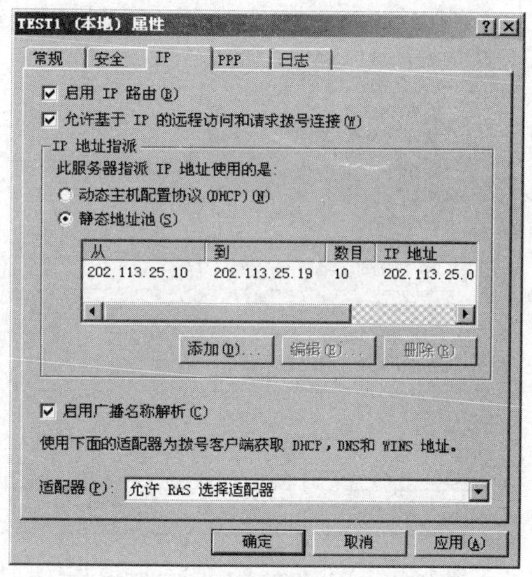

图 16-20 与 IP 地址相关的配置界面

(3) 接入端口的配置。完成以上配置之后，可用于远程接入的端口将显示在“路由和远程访问”主界面中，如图 16-21 所示。右击“端口”并在弹出的快捷菜单中执行“属性”命令，可以配置每个端口的属性。在本实验中，必须将以太网卡上的 PPPoE 端口设置为允许远程访问连接。

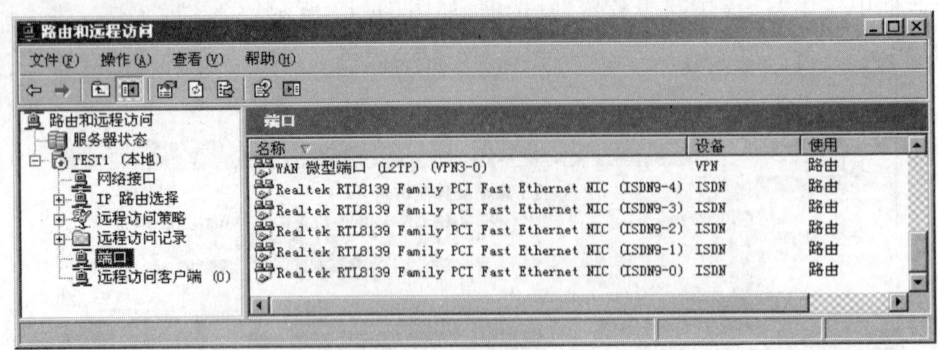

图 16-21 具有远程接入功能的路由和远程访问程序界面

(4) 用户控制。为了使以太网用户能够顺利接入 Internet,需要在接入服务器中为其建立用户账号。在 Windows 2003 Server 中,每个用户账号都有一个"拨入"属性页,如图 16-22 所示。在"远程访问权限"区域,如果选择"允许访问"单选按钮,则允许该用户远程接入;如果选择"拒绝访问"单选按钮,则不允许该用户远程接入;如果选择"通过远程访问策略控制访问"单选按钮,则需要在路由和远程访问程序中的"远程访问策略"中添加一条或多条策略,进而决定是否允许该用户接入,如图 16-21 所示。为了实验简单,可以选择"允许访问"单选按钮,允许远程用户接入。

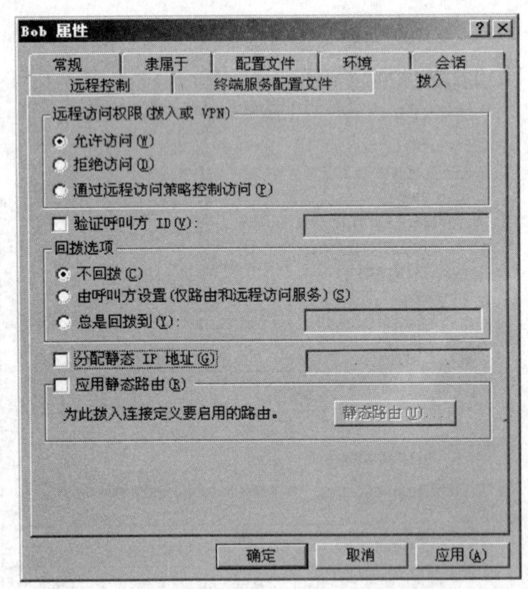

图 16-22 Windows 2003 Server 用户账号的"拨入"选项卡

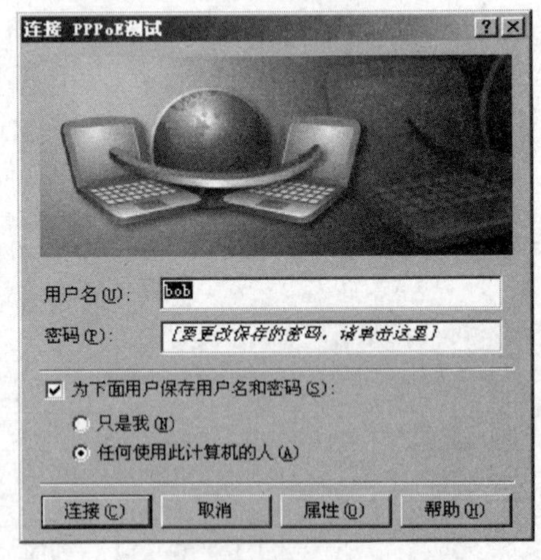

图 16-23 客户端 PPPoE 连接界面

4. 配置 PPPoE 客户端

由于 Windows 2003 本身支持 PPPoE 客户功能,因此不需要在接入的主机中(如图

16-14 中的 Alice 和 Bob 的主机中)安装 RASPPPOE 软件。在 Windows 2003 Server 桌面上通过"开始"→"管理工具"→"网络连接"→"新建网络连接向导"启动建立 PPPoE 连接向导,而后在连接向导中分别选择"连接到 Internet"和"用要求用户名和密码的宽带连接来连接",就可以建立一条用于 PPPoE 的拨号连接。

16.3.2 接入 Internet

在 PPPoE 服务器端和客户端配置完成后,用户在客户端运行为远程接入建立的连接(如图 16-23 所示)。只要输入用户名和密码,用户就可以通过接入服务器连入 Internet。

在用户连接后,接入服务器上的"路由和远程访问"会在其显示的对话框中显示接入用户信息,如图 16-24 所示。双击该用户(如图 16-24 中的 bob),可以查看该用户的详细信息并对其进行管理。同时,在用户连接后,用户计算机屏幕右下方的"通知区域"会增加一个图标。双击该图标,可以在弹出的界面中那个断开接入的连接,查看接入连接的状态。另外,可以通过 ipconfig 命令查看本机 IP 地址信息的变化情况。

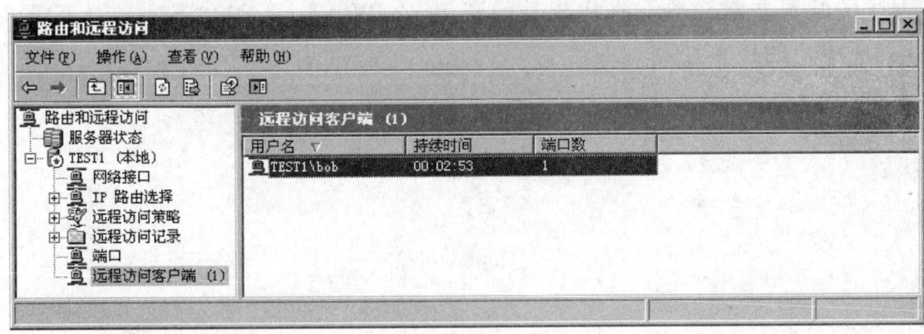

图 16-24 用户连接后的路由和远程访问程序界面

练习与思考

一、填空题

(1) ADSL 的"非对称"性是指________。

(2) HFC 中的上行信号是指________,下行信号是指________。

(3) 4G 网络的体系结构由 4 部分组成,它们是________,________,________和________。

二、单项选择题

(1) 选择互联网接入方式时可以不考虑(   )。

A. 用户对网络接入速度的要求　　B. 用户所能承受的接入费用和代价

C. 接入用户与互联网之间的距离　　D. 互联网上主机运行的操作系统类型

(2) ADSL 通常使用(　　)进行信号传输。

A. 电话线路　　B. ATM 网　　C. DDN 网　　D. 有线电视网

(3) 目前,调制解调器的传输速率最高为(　　)。

A. 33.6kbps　　B. 33.6Mbps　　C. 56kbps　　D. 56Mbps

(4) 以下关于 3G 网络的描述中正确的是(　　)。

A. 核心网被称为 EPC　　B. CDMA 是其关键技术之一

C. 下载速率可以达到 100Mbps　　D. 采用全 IP 传输技术

三、动手与思考题

(1) Windows 2003 Server 提供的路由和远程访问程序不但能对接入的用户进行控制,而且能提供相关用户的计费信息。在完成本章实验的基础上查找相关的资料,利用路由和远程访问程序提供的计费信息实现一个简单的计费软件,对接入用户按时长计费。

(2) 除了路由和远程访问方式外,Windows 2003 Server 还可以利用传入连接实现远程用户接入控制。尽管传入连接方式对用户的控制没有路由和远程访问方式强大,但传入连接方式的配置非常简单。查找相关的资料,在 Windows 2003 Server 上配置一个传入连接,实现用户的接入控制。

参考文献

[1] James F. Kurose，Keith W. Ross. 计算机网络：自顶向下方法. 6 版. 北京：机械工业出版社，2014.

[2] Larry L. Peterson. Computer Networks：A system approach. 4th Ed. Elsevier Inc，2007.

[3] Behrouz A. Forouzan. Data Communications and Networking. 4th Ed. McGraw-Hill Companies，Inc，2007.

[4] Andrew S. Tanenbaum. 计算机网络. 5 版. 北京：清华大学出版社，2012.

[5] 陈鸣. 计算机网络：原理与实践. 北京：高等教育出版社，2013.

[6] EmadAboelela. 计算机网络实验教程. 北京：机械工业出版社，2013.

[7] Joseph Davies. 深入解析 IPv6. 3 版. 北京：人民邮电出版社，2014.

[8] 孙宇彤. LTE 教程：原理与实现. 北京：电子工业出版社，2014.

[9] 罗文茂. 3G 技术原理与工程应用. 北京：高等教育出版社，2012.

[10] 赵锦蓉. Internet 原理与技术. 北京：清华大学出版社，2001.

[11] 王卫红. 计算机网络与互联网. 北京：机械工业出版社，2008.

[12] 吴功宜. 计算机网络高级教程. 北京：清华大学出版社，2007.

[13] 徐敬东. 计算机网络. 2 版. 北京：清华大学出版社，2009.

[14] W. Rihard Stevens. TCP/IP Illustrated：Volume 1-3. Addison-Wesley，1994-1996.

[15] W. Rihard Stevens. Unix Network Programming：Volume 1，2. Prentice Hall，1998-1999.

[16] Douglas E. Comer. Internetworking with TCP/IP：Volume 1-3. 3rd Ed. Prentice Hall，2001.

[17] Vito Amato. 思科网络技术学院教程. 北京：人民邮电出版社，2000.

[18] 胡胜红. 网络工程原理与实践教程. 2 版. 北京：人民邮电出版社，2008.

[19] 张建忠. 计算机网络实验指导书. 2 版. 北京：清华大学出版社，2008.

[20] 张力军. 计算机网络实验教程. 北京：高等教育出版社，2005.

[21] 谢希仁. 计算机网络. 6 版. 北京：电子工业出版社，2013.

[22] 徐明伟. 计算机网络原理实验教程. 2 版. 北京：机械工业出版社，2013.

[23] 王盛邦. 计算机网络实验教程. 北京：清华大学出版社，2012.

[24] Douglas E. Comer. Computer Networks and Internets. 4th Ed. Prentice Hall，2009.

[25] William Stallings. Data and Computer Communications. 6th Ed. Prentice Hall，2000.

[26] William Stallings. Network Security Essentials：Applications and Standards. 3rd Ed. Prentice Hall，2007.

[27] Mani Subramanian. Network Management：Principles and Practice. Pearson Education，2000.

[28] Allan Liska. The Practice of Network Security：Deployment Strategies for Production Environments. Prentice Hall，2003.

[29] Michael A. Gallo. Computer Communications and Networking Technologies. Thomson Leaning，2002.

[30] Timothy Parker. Linux 系统管理. 北京：电子工业出版社，2000.

[31] Markminasi. Windows Server 2003 从入门到精通(中文版). 北京：电子工业出版社，2004.

[32] 戴有炜. Windows Server 2003 网络专业指南. 北京：清华大学出版社，2004.

[33] 张伍荣. 网管实战宝典：Windows Server 2003 服务器架设与管理. 北京：清华大学出版社，2008.

[34] 丁奇. 大话移动通信. 北京：人民邮电出版社，2011.

[35] 元泉. LTE 轻松进阶. 北京：电子工业出版社，2012.

[36] Tom Adelstein. Linux System Administration. O'Reilly Media, Inc，2007.

[37] 陈涛. 企业级 Linux 服务攻略. 北京：清华大学出版社，2008.

[38] RFC Database. http://www.rfc-editor.org/rfc.html.

[39] Microsoft Technet. http://technet.microsoft.com/.